ECONOMICS & MANAGEMENT

教育部经济管理类主干课程教材
管理科学与工程系列

Project Management
现代项目管理教程

（第4版）

刘国靖　编著

中国人民大学出版社
· 北京 ·

前　言

项目与变化不可分，只要想变化就需要项目，只要有变化就会有项目。实践表明，项目推动发展，项目促进变化，项日带来创新。人类社会发展进步的一切都离不开各类项目的有力支撑。项目是具有目标、期限（起点与终点）、预算、资源约束与资源消耗以及专门组织的一次性独特任务。无论是社会成员个体的学习、工作和生活，现代家庭专门组织的家庭活动，还是公共组织开展的各类活动，以及企业单位组织的各项经营管理活动，均普遍带有项目的烙印，它们在很大程度上都具有共同的特点和规律。项目管理实质上就是“想事、做事、做成事”的学问，古今中外发展到今天，已具有一套较为成熟的价值理念和工具方法，是组织战略规划、战略实施与战略调整的主要手段。项目管理是高效率、低风险、高效益“想事、做事、做成事”的思维方法论和工具方法论，是围绕具体问题，应对变化，有效管理风险和不确定性的一套有效管理体系，更是各类组织应对“条块分割”“效率低下”以及“官僚体系”的有效手段。

项目管理在管理思维模式和运作方式上力争最大限度地整合和利用组织的内外资源，改善工作流程，提高效率，通过成功来实现共赢。21 世纪以来，项目管理的应用范围空前扩大，在发达国家和地区几乎各行各业以及组织的各个层面都不同程度地应用着项目管理的理念与方法，项目管理已成为实现组织战略目标的“利器”。离开项目管理，其他管理将失去战略方向和发展目标。经过长期的实践探索与理论研究总结，在成熟市场经济国家，项目管理已发展成为相对独立的学科体系，成为现代管理科学理论与实践的重要领域，是所有管理者都应掌握的一门“集大成”的管理技能。

世界各国经济社会的发展变化已充分证明：21 世纪是项目林立的时代，项目管理与运作水平的高低决定着一个国家、地区以及组织的竞争力与创新力。长期以来，我国项目管理与运作水平较低，项目管理实践中相当范围内存在“部门割裂、信息孤岛，纵强横弱、重略轻术，责任不清、推诿扯皮，建建停停、修修补补，反反复复、无果而终，变更较多、协调困难，拖进度、降质量、涨费用，等待、迟疑、观望、频繁转换”的现象，导致资源分散、重复建设、化整为零、效率低下，严重制约了经济与社会的健康发展。推动项目管理的标准化与国际化，普及最新的项目管理知识与技能，从整体上提高我国项目管理人员的素养、知识与能力水平，对提高我国的综合国力以及企业的核心竞争力具有重要意义。在当前及今后一个较长时期，国内各行各业均迫切需要具有标准化、现代化与国际化水准的跨学科专业的复合型高级项目管理人才。不论是大学生、研究生，还是技术或管理工作者，特别是各类创业者，只要接受过系统的项目管理教育培训、能够掌握项目管理技能，在日益复杂的创业与就业环境中就会占据优势。

目前，国内外有关项目管理方面的著作、教材已多达百余种，但能够以精练的语言、翔实的内容、合理的结构体系和丰富的案例及分析打动读者的并不多见，针对各个学科专业背景的在校大学生、研究生，各个行业企事业单位的技术与管理工作者，特别是各类创业者的，具有普遍适用性的项目管理书籍尤其缺乏。因此，笔者在多年的项目管理理论研究和具体的多学科领域技术工作与管理实践的基础上，不断进行总结提高，编著了针对初学者的简约版《现代项目管理——形成、发展、体系、模式、实践》（西安交通大学出版社 2002 年 12 月出版）；与邓韬先生合作编著了针对理工科和工程专业背景大学生、研究生和管理者的《21 世纪新项目管理——理念、体系、流程、方法、实践》（清华大学出版社 2003 年 9 月出版）；编著了针对文管类专业背景在校大学生和研究生以及政府部门和企事业单位管理者的《现代项目管理教程》（第一版中国人民大学出版社 2004 年 2 月出版，第二版中国人民大学出版社 2009 年 2 月出版，第三版中国人民大学出版社 2013 年 2 月出版）。以上教材均受到广大师生、从业经营管理者和创业者的普遍欢迎。《现代项目管理教程》（第三版）经过 5 年的教学使用，收到大量反馈信息，应广大读者的需要，经过与出版社协商，并结合教学实际需要和当前项目管理领域发展的最新动向，决定对该书进行修订。

本次修订量超过 30%，继续强化素材资料的新颖性、方法的可操作性和体系的完备性，在全书各章节中的背景资料和案例部分增加了 2013 年以来的具体实例；语言文字上更为精练，更加强调简约化、结构化和可视化，提供大量图表实例，大幅压缩文字叙述篇幅；案例涉及面更为全面，项目类型包括公共项目、企业项目、家庭项目以及居民个人项目，以体现现代项目管理模式应用领域的广泛性和普遍性，并体现经营和管理实践中笔者一贯倡导的“全面项目管理”“项目化管理”的发展趋势；对原基础篇和方法篇的诸章节进行了进一步的简化和优化调整；对实践篇中第 10 章的案例进行了新的分类，增强了近几年有代表性的电子商务、教育培训、文化创意、文化旅游、文艺创作与经营项目实例。第 11 章增加了演练项目类型，增强了教材的普遍适用性；同时为选用本书的教师或培训师提供了完整的多媒体课件。

本书继续保持文理兼顾、注重实践的风格，进一步提高普遍适用性，使读者更为轻松地阅读和学习。本书从项目管理全过程的角度进行阐述，既符合我国的管理现实，也符合国际惯例，吸收了国际上先进的项目管理思想与模式，将现代项目管理理念、体系、流程、方法和实践加以有效集成，反映了项目管理领域的最新发展，具有较广的应用范围，是学习者参加各类认证考试以及从事项目管理工作实践之前应学习并掌握的核心基础知识体系。

同前三版一样，第 4 版针对国内项目管理学科与实践领域的实际需要，结合笔者长期从事项目管理理论与实践研究，特别是实际从事项目全程创意、策划、设计、计划、组织、运营操作的心得和经验，参考和借鉴了美国项目管理协会、国际项目管理协会、英国项目管理协会有关专家学者的研究成果，参考了甲骨文（Oracle）、脸书（Facebook）、杜邦、IBM、惠普、微软、阿尔卡特-朗讯、西门子、腾讯、华为、恒大、联想、万科等国内外顶级企业的项目管理模式，并运用系统思想和项目管理的方法进行内容的安排和结构设计，力图做到深入浅出、言简意赅。本书采用了模块化与体系化的篇章结构，在各章自成体系的同时，又形成全书的有机联合，可供各学科专业在校大学生、研究生学习，并可供不同层面的技术工作者，公共组织管理者，企业经理人，项目经理，项目管理师以及PMP，IPMP，MBA，MPA，EMBA，COO/CFO/CEO 学员学习参考。本书也可作为项目管理培训教师的培训和授课教材。

本书经过体系再造，将动态的管理流程与静态的管理体系有机结合，继续保持以下几个特点：

- 保持完整性：内容包括项目管理全系统、全过程、各领域，是一个有机整体。
- 注重通用性：体现共性特征、方法和规律，不涉及专业技术。
- 突出实用性：面向实践，构建基于项目管理流程的方法体系。
- 力求模块化：按篇目和章节诸要素反映最先进的项目管理思想和知识体系。
- 表述精练化：通俗易懂，深入浅出，便于读者学习和应用。

全书分为基础篇、方法篇和实践篇 3 部分，共 11 章。内容的组织兼顾了项目管理理念、体系、流程、方法和实践等方面，既介绍项目管理的基本过程，也涵盖项目管理涉及的各个知识领域。在具体的操作中包括若干案例、项目管理基本表格和一些具体的方法，力图通过这些内容帮助读者建立一种更实际的项目管理背景，给读者提供一些实用的项目管理工具，使读者掌握项目管理的必要技能。

本书可以说是原始创新、集成创新与引进消化吸收再创新的综合统一体。如果说本书具有一定的学术价值和实践参考价值，离不开前人的研究成果和实践经验，没有前人或同时代学者与管理实践者辛勤的劳动和睿智的思想所带来的研究成果，笔者也不可能编著出本书，因此，在此对在书中引用到其思想的专家、学者和管理实践者表示深深的谢意！尽管力图标明被引用者的姓名、论著出处，但还是可能遗漏，对于已经引用其思想而没有注明的学者、专家和管理实践者，笔者深表歉意，并在此同样致谢！清华大学、上海交通大学、西安交通大学、山东大学、浙江大学、同济大学、天津大学一些专家学者的研究成果和实践成果也为本书提供了不少有益的帮助，这些成果的主要参编者们也直接或间接地为本书提供了翔实的资料，在此表示衷心的感谢！此外，中国人民大学出版社的编辑为本书的出版付出了艰辛的劳动，在此表示衷心的感谢！

本书的框架结构由笔者根据当前项目管理学科与实践发展的现状和趋势，结合自身多年从事多个学科领域的基层管理、高层管理、科学研究以及项目管理实践的研究成果拟定，书中大部分内容经过了笔者长期为企业、政府、高校和部队单位进行项目管理教学与培训的实践检验。为了创造更大的社会价值，本书将以各学科专业背景的在校大学生、研究生和各行业在职人员为读者对象，希望对培养国内项目管理人才乃至提高我国国民的整体项目管理能力有所裨益！

当然，现代项目管理属于集大成的管理，涉及多个行业、领域，受到人口素质、思维习惯、管理观念、体制机制以及政策法规等多方面的制约，在我国仍处于发展深化期，科学与规范的项目管理操作具有很大难度，需要有识之士共同努力，以克服各种困难，从根本上改善我国项目管理的环境。此外，笔者的实践和经验有限，对于书中存在的不足之处，希望广大读者惠予指正，并提供宝贵意见，以便今后改进。联系方式：13991920363，13991920363@139. com。

刘国靖

2018年3月

目 录

基础篇

方法篇

实践篇

基础篇

篇首语

当前，“项目”已经成为人们使用频繁的词汇和一种普遍的社会现象。项目既是社会进步与组织创新的基本单元，也是家庭重大事项的综合体现。只要有创新、有变化，就会有项目。项目是创新的载体，是实现跨越发展、获得成功的载体。项目既包含以实业投资、工程建设、产品开发、订单组织生产等为代表的“硬性”项目，也包括以各类活动策划组织、教育培训、会议筹办、政策法规制定、规划计划编制、体制改革、企业重组、专项治理等各类有计划、有组织的专项活动为代表的“软性”项目。

在宏观上，项目成功能提高国家或地区的竞争力；在微观上，项目成功能提高组织或个人的竞争力。项目带动发展，项目的成功意味着组织或社会创造了在新的平台上运作的条件。即使是家庭的和睦安康，也需要项目的有效运作与管理。

当前，项目、投资、工程、资金等词语已成为政府官员、企业管理者、社会团体甚至普通居民在语言和文字信息表达中使用最为普遍的词汇。项目是投资与资金的载体，工程仅为项目的一种表现形式，资金是项目的“血液”，各类有计划、有组织的专项活动则是项目的主体。

好的项目已成为国家、地区和企业发展的支柱。项目的作用表现为以突变与跳跃的方式获得收益、推动组织发展与社会进步。

本篇由现代管理与项目管理理念、项目与项目管理基础和项目组织管理三章组成，构成项目管理的基础内容。

第 1 章 Chapter 1 现代管理与项目管理理念

本章将主要从现代管理理念和项目管理理念的角度阐述项目管理，引出变化与创新的理念，阐明传统管理理念的缺陷，介绍现代管理理念与价值，并在此基础上给出项目管理的发展与应用，指出项目管理的作用和面临的挑战，阐述组织的项目管理导入模式，旨在使读者能够站在组织全局的高度，重视现代项目管理的重大作用，树立跨职能部门一体化联合协调推进项目各项工作的管理理念，并养成良好的管理习惯，培养跨专业的集成性复合型管理能力，善于化零为整、整合资源、形成合力。

1.1 现代管理理念

实践表明，管理是一项基础国力，是一个社会基本的、普遍的、通用的、决定性的“器官”，大师级的管理者更是一种宝贵的稀缺性资源。

一流的组织必须具有一流的管理理念，而一流的管理理念主要通过一流的核心价值观来体现。表现卓越的企业之所以在过去、现在或未来获得成功，就是源于它们独特的管理理念及其管理理念的不断创新。在日益复杂的人类社会环境中，现代组织的核心能力按照同心圆从外到里依次体现为好服务、好管理与好技术、好人才、好团队、好机制、好体制、好理念；好理念带来好体制，好体制保证好机制，好机制打造好团队，好团队培养好人才，好人才掌握好技术并推行好管理，好技术与好管理最终保障好服务。

1.1.1 变化与创新的理念

21 世纪是创新的世纪，创新是 21 世纪的主题，并已渗透到政治、经济、社会、文化、技术等领域。在当前国内的各类创新活动中，管理创新尤其是管理理念创新具有至关重要的作用。我们需要科学家，也需要工程师，但是，我们更需要具有创新能力的管理大师。

1. 组织时刻面临生死考验

2000 年以来，一些世界级的大公司，如惠普、诺基亚、西门子、微软、摩托罗拉等纷纷引入危机管理，微软甚至把自己可能倒闭的时间定为 18 个月，以此鞭策自己不断奋发向上。海尔集团是年销售收入早已超过 1 000 亿元的中国顶级企业，其总裁张瑞敏先生多次强调“我们如履薄冰，我们如临深渊”。近年来，全球每天都有数以万计的企业开业，同时又有数以万计的企业破产。相当一部分陷入危机或破产的企业并不是业绩平平的一般公司，而是被广泛认为不会倒闭的大型企业，甚至是《财富》世界 500 强企业。例如，2001 年美国宣布破产的大型企业有 257 家，总资产高达 2 580 亿美元。而 2007—2010 年之间，世界范围的能源与原材料价格上涨以及美国乃至世界范围的金融危机，加之国内外消费者价格指数与生产者价格指数的居高不下，最终体现为国内外的房地产及证券资产大幅缩水，国内外众多企业的资金与债务链断裂，国内外大量的金融机构和制造企业亏损，甚至破产倒闭。

公共组织也同样面临生与死的考验，如伊拉克、阿富汗、利比亚、叙利亚、伊朗、韩国等国家的政府组织以及多个国家的政党组织，在国际舞台的经济、政治、文化、军事以及外交活动中或者在本国的政治权力斗争中，均已出现或正在发生权力更迭乃至人亡政息的变化。国际政治、军事和经济环境错综复杂，变化多端，可以说是危机四伏。综上所述，我们可以看出：组织时刻面临着生死考验。

2. 只有变化是永恒的

早在公元前 513 年，古希腊哲学家赫拉克利特在其《学生的哲学史》中就提出了“只有变化是永恒的”这一论断。当今的商业社会表现出四个显著的特点：第一是复杂性提高，主要表现为政治、经济、社会以及技术等因素的相互作用，使得商业环境的结构、层次、容量日益复杂。第二是竞争加剧，主要表现为生存与发展空间相对狭小，如产品的交货期、质量、成本以及服务的竞争日益白热化；国家间在发展空间、利益拓展方面的竞争甚至是冲突也在不断加剧。第三是变化加快，主要表现为产品的生命周期日益缩短带来产业周期的不断缩短，产业结构调整不断加快，各类变化因素的作用日益加强。第四是需求复杂，主要表现为居民、组织、地区乃至国家的各种需求，其多样化、个性化以及即时性不断加强。例如，客户生理需求与心理需求的多样性使社会日益丰富多彩。以上四个特点给各类组织带来的必然结果就是挑战。

3. 时间是最为稀缺的资源

从过去到现在再到将来，我们最直接的感受就是时间不够。美国通用电气公司前总裁杰克·韦尔奇曾经感叹："与 20 世纪 90 年代的发展速度相比，80 年代就像是在公园里野餐和散步。"麦肯锡公司的一项调查表明，推迟 6 个月上市的新产品，其开支虽然在预算范围内，但获得的利润要减少 33%；按期上市的新产品，其开支即使是超出预算 50%，获得的利润也仅仅减少 4%。2000 年我们又产生了一个新的计时单位，那就是"网年"，将 35 天定义成一个网年，也就是在互联网上 35 天的变化率等于地球上 365 天的变化率。在互联网上，不到 9 个月，内容就会翻一番；一个网页的寿命是 45 天。工程技术量不到 5 年就会翻番，而计算机技术量不到 2 年就会翻番，IT 领域 70%的收入来源于 2 年以前并不存在的产品。比尔·盖茨也断言："由于信息速度的不断加快，企业未来 10 年的变化要超过前 50 年的变化。"在短短不到 10 年的时间里，一些国际知名公司的产品研发周期大幅缩短。在这种情况下，时间成为最稀缺的资源，最大的压力是时间。在新的商业环境里，不再以大鱼吃小鱼为主流，而更多地表现为快鱼吃慢鱼。

4. 管理者的感受

(1) 本领恐慌。第一个就是本领恐慌！毛泽东同志曾说：我们队伍里边有一种恐慌，不是政治恐慌，也不是经济恐慌，而是本领恐慌！可以说，在 21 世纪的今天，我们的这种恐慌应该是大大增加了。具体的表现就是，我们总感到自身能力的增长速度赶不上变化的速度。

(2) 选择困难。还有就是选择困难。选择什么目标？目标如何实现？路径如何设计？过程如何监控？效果如何评价？如果说在 20 世纪 90 年代以前，我们还常常因为缺少选择机会而感到苦恼的话，那么在 21 世纪的今天，我们则会为选择太多而备感痛苦。机会成本、沉没成本和转移成本等虚拟成本带给我们越来越多的困惑。

1.1.2　传统管理理念

新的商业环境给我们带来了新的挑战，需要我们认真面对。但是，一些传统管理理念存在相当大的缺陷，严重制约了企业在新的商业环境中的生存与发展。传统管理理念主要表现在以下几个方面。

1. 重实施轻规划

一个时期以来，摆脱贫困与落后、加速发展的冲动时刻主导着我们的行为。我们讲大干快上，但往往忽视了规划，即便有一些规划，也是条块分割、"各自为战"的单项或单一专业规划。经济社会发展规划、国土资源规划、环保规划、城乡建设规划、各个产业规划之间相互交叉重叠、自相矛盾、莫衷一是的问题长期存在，因此，发改部门、规划部门、国土部门的"三规合一"势在必行。规划是什么？规划就是目标明确的总计划，是行动的纲领，是战略性布局。改革开放以来，我国已成为世界上最大的"工地"，成为世界的加工厂，但由于缺乏规划，在一些城市中充斥着"寻事军""扒路军"与"误工队"。由于没有科学、严格的规划，往往仅看到收益，却忽视风险，缺乏风险识别与评估，没有风险应对计划与监控，带来大量的投资失误、返工、重建与浪费。人们常说的“三拍”，就是决策时拍脑袋，执行时拍胸脯，出了问题拍屁股。研究表明，在规划阶段花 1 元钱就能解决的问题，在设计阶段要花 10 元，在实施阶段要花 100 元，在结束阶段要花 1 000 元，在运营阶段则要花 10 000 元。由于规划弱化，企业投资和经济社会发展过程中成本高、浪费大、失败多。

2. 重控制轻协调

我们当前所形成的组织管理与控制思想主要源于 20 世纪的科学管理思想，但当时欧美国家的管理对象主要来源于大批破产的农民，他们受教育程度低，在当时单一品种大批量的生产模式下，采取严格规范的管理控制方式对提高效率无疑起到了巨大的作用。但当今社会，商业环境的特点以及生产方式向多品种、小批量甚至是单件定制的方向发展，信息流、业务流、知识流的横向流动不断增多，价值不断提高，知识型员工和理性消费者成为社会主流，重控制轻协调带来的必然结果就是只对上负责，对职能负责，而不是对业务流负责，导致信息封锁、业务流与知识流阻断。我们对组织进行分割，以为完美无缺，但实际上却导致越位、不到位与错位的发生，官僚体系相互扯皮推诿，效率低下。带来的必然结果就是重常规轻变化，我们习惯于按部就班、墨守成规，习惯于日常事务，但对变化、应急性事件就会不知所措。我们往往会因为前无古人，就担心后无来者。

3. 重内部轻环境

重内部轻环境带来的必然结果就是故步自封、夜郎自大与井底之蛙。因此，在经济全球化和信息化迅猛发展的 21 世纪，更需要我们高度重视对外交流与合作，以实现优势互补，取长补短。现代管理需要组织充分借助和整合外部资源，重视调查研究，重视吸收借鉴组织外的知识和经验，各级管理者应具有国际视野、战略思维和全局观念。

4. 重分析轻综合

我们常常会说“解剖一只麻雀”，但解剖麻雀干什么？原来只想知道麻雀有五脏六腑，麻雀虽小，五脏俱全，仅此而已。更重要的是什么？是造一只麻雀，或是实现麻雀的某一功能。我们常常人为地割裂分析与综合，无法整合资源、形成合力。我们需要系统思想，需要系统集成意识。

传统的管理理念带来的组织形式往往是原始型与制度型的，这种组织形式和管理模式导致目标不明确，指令不清晰，缺乏过程指导和监控，不提供条件（工具和方法），封锁信息和缺乏激励。但社会的发展与进步更需要创业型与创新型的组织，传统的管理理念是难以奏效的。

总之，传统的管理理念存在很多缺陷和危害，必须进行管理理念创新，构建新型管理理念体系。

1.1.3　现代管理理念与价值

1. 核心能力的含义

20 世纪 90 年代以来，核心能力理论得到各类组织的普遍认同，培育组织核心能力、保持持续竞争优势，成为管理者追求的目标。所谓核心能力，就是组织所独有的、其他组织难以模仿的能力，从外到内表现为产品或服务、技术与管理、人才与团队、机制与理念等几个层次，它们的相互交融和集中则构成了现代组织的核心竞争力。各类组织的核心能力表现在战略、结构、计量、专业技能、激励、网络、文化等各个方面。

随着社会的不断发展，改变组织运行状态的创新性项目活动日益频繁，要求组织不断调整管理主线，由职能管理向项目管理转变。项目推动发展，无论是公共组织的活动还是企业组织的活动，甚至是居民家庭与个体的工作、学习和生存活动，均普遍带有项目的烙印。组织发展过程中对项目的运作与管理能力，已成为现代组织核心能力的最直接体现。

2. 现代管理理念与价值

管理理念是指在一定历史条件下通过社会实践所形成的、针对组织并体现为特有管理风格的意识、价值观、道德、行为规范和准则的总和，可以用管理传统、管理思想、管理哲学、价值观来表现，反映出特有的管理风格。

现代管理理念表现在开放、学习、信任、柔性、协作、沟通、服务等方面，追求使利益相关者满意，反映出组织的柔性竞争力。

现代管理理念了解创新推动发展，理解变革无处不在、无时不在。组织应具有创新的意识，牢记应变事关生存，追求定位的一致性和目标的明确性，将组织的使命、价值观、方向、目标、策略、方法和项目与创新融为一体，追求持续不断改进，使组织成为体系的制定者、标准的制定者、需求的创造者和理念的引导者。现代管理理念的形成为组织注入了生机和活力。

1.2　项目管理理念

人类社会形成以来，一直存在各类有组织的活动，这些有组织的人类活动的存在和不断分化是人类社会存在和发展的基础。这些有组织的活动一般分为两种类型：一种是循环往复、不断重复的活动，该类活动整个过程的不确定性很小，一致性较高，往往有比较成型的标准性参考依据，人们称之为运作或作业（operations)，如农耕时期“日出而作，日落而息”的人类日常活动，现代社会中居民的日常生活、企业生产线的日常产品加工活动、交通运输企业的日常运营活动以及电信运营商的日常运营活动等；另一种是临时性、特殊性、一次性的活动，这种活动往往带有一定的创新性或创造性，不确定性较高，一致性较低，缺少现成的标准性参考依据，人们称之为项目（projects），如开发建设新城区，修建大桥，开发软件，企业技术改造、产品开发、设备大修与安装，公共组织制定出台政策法规、编制规划计划，举办庆典活动，筹办体育赛事，筹划组织举办艺术节，家庭婚、丧、嫁、娶活动，家庭聚会、出游、节日庆典等。

为了促进人类社会的不断进步与组织的不断发展，组织的各类创新性活动日益频繁，其对社会进步与组织发展所产生的促进作用不断加强。人类社会创新性活动日益频繁、各类创新性活动的不确定性与复杂性不断增加的现实，促进了项目与项目管理的不断推广与普及。项目管理是组织战略规划、战略实施与战略调整的主要手段。

1.2.1 项目管理的发展及应用

1. 项目管理的发展

现代项目管理的应用与发展过程可以看作由传统的经验型管理模式向现代的科学型管理模式过渡的过程。

人类社会一直进行着各种类型的项目，中国的长城、都江堰水利工程、新疆坎儿井、20世纪90年代至21世纪初长江三峡水利工程以及北京奥运会和上海世博会，古埃及的金字塔，古罗马的尼姆水道，美国20世纪初的纽约金门大桥、第二次世界大战期间研制原子弹的曼哈顿计划、20世纪六七十年代的阿波罗登月计划等，都可以称为人类历史上运作大型复杂项目的范例。当然，我国改革开放以来沿海开放试点城市规划布局建设，西电东送、西气东输和南水北调工程，西部开发、东北振兴、中部崛起战略布局，深圳特区、浦东新区、天津滨海新区规划布局建设，多个自贸区规划布局和京津冀协同发展、雄安新区等战略布局，国家级和省市区县级的各类发展规划、专项规划等，也都是一系列大型复杂项目群的集中体现。在企业经营与管理过程中，制度与组织的创新、技术创新以及新产品的市场开拓活动都可以称为项目活动。可以看出，人类社会的项目活动所涉及的领域不断拓展，类型不断增加。

项目管理从古代走向现代、从经验走向科学，经历了漫长的过程。本书作者刘国靖教授认为，项目管理的发展经历了传统项目管理、近代项目管理、现代项目管理和全面项目管理四个阶段。

(1) 传统项目管理阶段：从远古时代到20世纪30年代，主要分为潜意识的传统项目管理和经验型的传统项目管理两个时期。这一阶段的项目管理没有形成相对独立的体系和标准，虽然在20世纪初出现了直观有效、用于计划与监控项目进展状况的横道图（又称甘特图），但是它难以体现项目各工作环节之间的逻辑关系，在大中型项目管理中没有定量的计划与管理方法，仍主要注重个人的经验与智慧，缺乏科学性。这一阶段的项目管理强调成果性（功能）目标，旨在完成既定的任务。具体成果如古埃及的金字塔、中国的长城、古罗马的尼姆水道以及文艺复兴时期到20世纪初期的工业文明时代所产生的各类文明成果（生产系统、城市系统、交通运输系统、电力系统等）。这一阶段项目管理的主要引导与代表行业为建筑业。

（2）近代项目管理阶段：20世纪40—70年代。这一阶段的项目管理主要注重时间、成本和质量三大目标的实现；基本上与传统项目管理阶段类似，认为项目管理者的工作就是单纯地完成既定的任务，是项目的执行者。项目管理者的工作包括根据特定的规范，在预算范围内按时保质地完成任务。该阶段对项目管理者的基本能力要求主要表现在范围管理、时间管理、费用管理以及人力资源管理等方面。项目管理的重点集中在计划、执行、控制以及评价等方面，强调项目管理技术，注重工具方法的开发与运用，与系统工程学科相伴发展，里程碑计划系统和网络计划技术在大型工程项目中得到广泛运用。

20世纪50年代，美国杜邦公司开发了关键路径法（critical path method，CPM），取得了节约投资、缩短建设期的显著效果，并迅速在美国政府招标项目管理以及军方武器采办项目管理中推广。与此同时，美国海军在研究开发北极星潜艇远程导弹项目中开发出计划评审技术（program evaluation & review techniques，PERT），该技术考虑项目各工作环节在完成时间上的不确定性，有效地解决了大型军事开发工程项目的多方协调与组织问题。此后，在美国政府与国防部各自的管辖范围内全面推广了该技术。1966年，引入随机函数和流线图理论的图示评审技术（graphical evaluation & review techniques）开发成功，增加了项目管理工作的随机适应性分析。随后，计算机程序模拟技术以及风险评审技术（venture evaluation & review techniques）开发成功，使人们能够综合分析项目时间、性能和费用问题，项目管理在风险决策上有很大突破。

发达国家的经验表明：应用网络计划技术，可使项目投资节约10%～15%，项目工期缩短15%～20%，而编制网络计划所需要的费用仅在总费用的0.1%以内。

这一阶段的主要代表项目有美国的曼哈顿计划（历时4年，1.5万名科学家和工程师参与）、北极星潜艇远程导弹计划（历时6年，200多个承包商、1万多家企业参与）、阿波罗登月计划（耗资300亿美元，历时11年，42万名科学家和工程师、2万多个部门和单位参与）。这一阶段项目管理的主要引导与代表行业为国防科技工业。

近代项目管理往往忽视了客户的重要性，过分注重项目管理工具与方法的运用；对项目范围，无论是在项目周期方面还是在项目管理者的管理范围方面都定义得过于狭窄；在项目选择方面重视不够，项目管理者被动执行项目。这些问题导致项目失败的比例较高。

（3）现代项目管理阶段：20世纪70年代末至2010年。这一阶段，人类社会与各类组织的内外环境发生了根本性的变化，项目管理面临信息技术迅猛发展、人类社会进步多层次性与复杂性不断加剧的现实，在内容与形式上也发生了根本性的变化。这一阶段的项目管理应用领域和范围不断扩大，可以说渗透到人类社会活动的各个领域，项目发生的频度不断提高；项目管理强调使利益相关者满意，在体系上注重模块化、专业化、标准化与国际化发展；强调面向市场与竞争、注重以人为本、生态化与柔性管理，在管理技术与工具上重视项目管理软件的应用，在管理理念与组织上强调开放性。

现代项目管理体现出工程学、经济学、管理学以及社会学多学科交叉的特点，各类项目管理学术组织在推动项目管理的普及上发挥了巨大作用。这一阶段对项目管理者进行了重新定位，认为项目管理者不仅仅是项目的执行者，还要具有创造性与决策能力，能胜任多领域的领导工作，同时要具有一定的经营技巧和解决冲突的能力；项目管理者除应具备范围管理、时间管理、费用管理以及人力资源管理等方面的能力，还需要在风险管理、沟通管理、采购管理和综合管理方面具备较高能力；对项目生命周期中的项目需求、项目选择、项目收尾总结以及项目管理实践的知识积累的重视程度不断提高。

在该阶段，本书作者刘国靖教授于2002年创立了“管理项目化”“项目管理化”的理念与概念，2004年创立了“项目股份化”“全面项目管理”的理念、概念与方法体系，得到了管理学界的普遍关注。

（4）全面项目管理阶段：2011年以来。现在，人类社会加速进入移动互联时代，现代交通、通信、生物技术、新材料技术迅猛发展，特别是电子商务、互联网金融、大数据、云计算、物联网及人工智能技术不断成熟和实际运用，跨界经营与共享经济方兴未艾，人们的生活方式、学习方式和工作方式正在发生深刻变化，自由职业者、创业合伙人、“零工经济”、“大众创业、万众创新”风起云涌，项目管理应用向各个领域拓展，无论是公共组织部门、企事业单位、个人家庭单位，还是农林牧渔、科教文卫、工业领域、服务行业，以项目为核心、以契约为纽带的临时性专项活动普遍存在。此阶段的项目管理有以下三个方面的特点：一是管理思想的现代化，主要体现为系统性、整体性和动态性；二是管理组织的现代化，主要体现为开放、柔性和注重环境；三是管理方法的现代化，主要体现为软件技术、信息化和网络化。此外，共建共享的项目管理文化得到广泛认同。

这一时期项目管理在实践上基本实现全球化与多元化，国际项目交流与应用十分普遍，引入跨文化管理，软项目与硬项目相融合、大项目与小项目间相配合；共性的项目管理思想与方法体系和各行业领域特殊的理念体系共同构成科学的项目管理学科专业体系，在知识体系、工作职能体系以及具体的工具方法体系等方面已相当规范和成熟；项目管理人才培养方面呈现项目管理专业学历教育和项目管理专业资质培训与认证不断升温的态势，各个行业和领域都迫切需要开展普及型的项目管培训和实践研究。

由本书作者刘国靖教授创立的“企业经营管控与项目开发”“以项目管理为中心，打造组织核心竞争力”“项目化管理”“全面项目管理”“项目股份化”的理念、体系以及工具方法教学实践与工作实践成果得到广泛运用。这一时期，本书作者刘国靖教授于2014年又创立了“精细化全面项目管理”的理念、概念与方法体系。

2. 项目管理的应用

从学科体系方面看，项目管理应该是一门颇具活力的新兴学科。从近代的项目管理到现代的项目管理，项目管理已从国防建设和建筑领域拓展到制造业、信息业、农业以及政府管理等各个行业；项目管理者从仅仅是项目的执行者转变为具有战略眼光和经营技巧的项目组织与协调者，从某一领域的专门人才转变为具有多学科知识与技能的复合型人才。

目前，在全球发达国家的政府部门、公司和军工企业，项目管理已成为其运作的中心模式，如美国行政管理和预算办公室、美国海军研究实验室、洛克菲勒、杜邦、IBM、摩托罗拉、AT&T、ABB、诺基亚、波音、惠普、洛克希德马丁、甲骨文、通用电气等。世界主要航空公司、电信运营公司等也均在其运营核心部门采用项目管理的方式，并取得了显著的效果。

项目管理顺应了“压缩组织规模、组织结构扁平化、向一线员工授权以及借助外部资源、提供跨职能部门解决方案、建立学习型柔性组织”的现代管理潮流，适应了新的商业环境，已渗透到现代企业、政府部门和各类组织的管理活动之中。

在居民家庭甚至居民个体的各类重大事项中，现代项目管理的理念、体系、流程和方法也能发挥巨大的功效。如婚丧嫁娶、装修搬迁、旅游聚会、求学就医等各项活动的筹划与组织，其实就是一个个家庭项目的筹划与组织。

项目管理的应用发展过程，就是由传统的“管理项目”的基本管理理念发展到“通过项目进行管理”的中级管理理念，再发展到“按项目进行管理”和“全面项目管理”的高级管理理念的过程，体现了“管理项目化”这一管理理念不断延伸的过程。

本书作者刘国靖教授2002年以来相继提出的“全面项目管理”“公务活动项目化管理”“企业活动项目化管理”“家庭活动项目化管理”“项目股份化”“精细化全面项目管理”的理念方法和运作模式正在迅速扩展。现代项目管理理念就是“全面项目管理”的理念或是“项目化管理”的理念。

1.2.2 项目管理的作用及面临的挑战

1. 项目管理的作用

美国项目管理专业资质（project management professional，PMP）认证委员会主席保罗·格雷斯（Paul Grace）曾断言：“当今社会，一切都是项目，一切也将成为项目。”实践表明，项目与项目管理已成为社会进步与组织发展的关键，项目管理是面对变化与挑战，推动社会进步与组织发展的有力武器，这要求各类组织必须以项目为中心来提高竞争能力。在未来的社会管理和企业管理中，项目管理在组织发展的创新活动中将扮演重要的角色。

项目管理已成为维系组织核心竞争力的纽带。从发达国家成功组织的发展历程来看，以项目为单元的创新活动在组织发展中处于战略地位。随着信息技术的飞速发展，知识的更新速度正日益加快，个人的学习速度已难以赶上这种更新速度。因此，由来自不同知识领域的、已掌握那些组织所需知识和能力的人组成团队来运作成为一种趋势，而项目管理正是以这种团队为基础来实现的。管理者和经理人对项目的把握和管理能力成为其在市场竞争中立足的重要基础。

在宏观上，项目成功能提高国家或地区的竞争力；在微观上，项目成功则能提高组织的竞争力。推动项目管理在我国的专业化、标准化与国际化发展，普及最新的项目管理知识与技能，使之尽早与世界接轨，从整体上提高我国项目管理人员的知识与水平，对提高我国各类组织的核心竞争力具有重要意义。

实践表明，项目管理在组织中处于关键地位，投资者进行项目投资，需要懂项目管理，否则就会赔本；项目管理者对项目进行管理，需要懂得项目管理，否则就会"砸锅"；信贷机构为项目提供贷款，也要懂得项目管理，否则就不能降低信贷风险；承担项目任务，也要懂项目管理，否则就会白干。总之，项目的主要利益相关者都应该懂得项目管理。

21世纪，从事项目管理的专业人员将推动新商业，促进企业的成功与发展。

实施项目管理会给组织带来明显的价值。这一结论是美国项目管理商务实践中心（CBP）在对100多位高级项目管理人员调查之后得出的。超过94%的回答者表示项目管理提高了其组织的价值。这些组织从财务标准、用户标准、项目/过程标准以及学习和成长标准等方面表明了自身的重要进步。

调查表明，被调查组织的平均改进按顺序排列为：财务绩效方面54%，项目/过程执行改进方面50%，用户满意方面36%，雇员满意方面30%。与实行项目管理的组织相比，那些不实行项目管理的组织将处于竞争的劣势。

CBP还调查了对所在组织的项目管理实践及其组织业务成果有所掌握的高级项目管理人员，结果显示，由于率先实行项目管理，组织的确有明显进步：

（1）有更好的工作能见度并更注重结果。

（2）对不同的工作任务可改进协调和控制。

（3）项目成员有较高的工作热情和较明确的任务方向。

（4）广泛的项目职责能够加快管理人员的成长。

（5）能够缩短产品开发时间。

（6）能够减少总计划费用，提高利润率。

（7）项目的安全监控较好。

总之，项目管理是组织面对变化，提高竞争力与促进发展的关键，是成功的关键。项目管理已发展成为日趋完善与成熟的思想、知识与方法工具体系。项目管理具有重大的经济意义、社会意义、环境意义和商业价值。

2. 项目管理面临的挑战

项目管理所面临的挑战，概括起来就是复杂性、不确定性与竞争性的加剧，这一切因素的变化对项目管理思维、项目管理理论以及项目管理方法产生着巨大的影响。在新的商业环境下，企业传统的作业业务日益具备项目的特色，多品种、小批量甚至单件定制成为产品生产的主流。

变化中包含大量的项目，项目又带来大量的变化。资源的稀缺性与项目的重要性的变化已成为项目的管理面临的两大挑战。

新的挑战要求项目组织必须实现组织结构扁平化，以提高效率、降低成本；实现组织决策分散化，合理授权，讲求民主科学，以降低风险；实现组织运作虚拟化，以有效借助外部资源，实现资源共享、风险共担、利益共享。

因此，进行组织管理再造，把握项目管理的理念、体系、流程、方法和实践，成为提高组织生存能力和个人发展能力的最有效措施。

1.2.3　组织项目管理的导入模式

项目管理作为一种有效的管理模式，注重工程化与简单化，基本不需要进行大规模的硬件投资，推行项目管理的投资风险较低。项目管理在发达国家的组织中发挥着重大作用。国内各类组织中推行项目管理收效不理想的主要原因在于：组织决策者普遍认为项目管理仅仅是一种技术性的底层管理模式，没有将项目管理与组织的战略设计与实施相结合，仅在组织技术管理操作层面局部推行；组织对现代项目管理的系统性、动态性和开放性认识不够，对现代项目管理的理念理解不深；组织文化、组织结构、业务流程、员工的知识能力结构以及组织绩效评定体系没有在整体上围绕项目管理的特点和要求进行设计，使得企业项目资源的配置难以实现选优和优化。本书作者刘国靖教授多年从事项目管理理论研究与项目管理实践探索，总结出了一套在国内各类组织中推行项目管理的较为通用的有效推进模式。

1.　树立以项目为中心的理念

项目管理是组织战略规划、战略实施与战略调整的主要手段。长期以来，国内各类组织沿用计划体制的管理模式，强调部门与职能，重分析轻综合，重常规轻变化，注重各类资源在职能部门内部的分配与占用，强调以局部的职能为中心，绩效考核体系不利于组织的各类创新，导致政出多门、资源分散、重复建设、化整为零，使得组织的系统集成能力不足，效率与效益低下。

要通过对组织全体员工进行新商业环境与现代组织管理变革的系统培训，使得组织各级管理者能够树立以项目为中心的经营管理理念，能够站在组织全局决策的高度来认识项目和项目管理。要使全体员工树立在变革中求发展的工作理念，充分认识到以项目为单元的创新活动在组织发展中处于战略地位；要使全体员工认识到现代项目管理是面对变化与不确定性、提高组织竞争力与促进其发展的关键，是成功的关键；要使全体员工认识到项目的绩效具有效益性、效率性、风险性和递延性的特点，组织的绩效考核体系也要围绕项目的特点重新设置。

2.　把握项目管理知识体系

项目管理属于集大成的管理，对于其他门类的管理课程来说，项目管理如同“打基础、搭框架、做总体”，而其他门类的管理课程相当于“精装修”。由于学科专业划分过于狭窄，国内各类组织内部的管理知识体系结构普遍存在不合理的问题，在应用项目管理的过程中缺乏标准性与系统性。具体表现为工具方法体系不完善，工作与职能体系不健全，知识体系没有得到有效整合，这使得各类组织的产品与服务的提供在具体的技术方法层、系统方法层与哲理层三个层面上被割裂，造成产品与服务的提供在流程上难以达到平衡和有序。

经过组织的具体项目管理实践，全体员工能够理解现代项目管理体系的最大特征是模块化与系统化，是多个专业领域理论与实践的结合。例如，现代装备制造企业在产品设计、开发、生产和销售过程中推行项目管理，需要全体管理者掌握的内容涉及范围管理、时间管理、成本管理、质量管理、人力资源管理、沟通与信息管理、风险管理、采购管理、干系人管理和综合管理十大知识领域。现代项目管理涉及项目启动、项目计划、项目执行、项目监控以及项目收尾五个过程。要使全体员工根据具体产品与服务的特征，自觉按照项目管理体系进行工作分配与职责定位。

3. 组织再造，建立混合矩阵式管理组织

国内各类组织有80%以上仍因循职能型管理的组织模式，各职能部门的权限过大，条块分割、利益部门化倾向较为普遍，项目资源的横向流动常常受到不良制约，不合理的组织结构成为制约国内各类经济组织建立和保持竞争优势的主要因素。

要按照“先整体后局部，淡化职能、强化功能，淡化专业、强化成果”的总体思路，对国内各类组织的现有职能型组织结构进行再造，构建混合矩阵式管理组织，由常设的项目管理办公室在组织决策层的直接领导下，负责组织中项目的总体规划与项目资源统筹以及重大项目的协调推进，制定和维护组织中的项目管理标准和流程，培训项目管理人员，并参加对项目所涉及职能部门工作绩效的考核；适当削弱原有职能部门的资源配置权限，增强原有职能部门的服务与支持职能，使整个组织在一定的产品与技术平台上按产品项目配置资源，这对改善国内各类组织的管理与服务具有重大作用。

4. 培养项目管理骨干，把握项目管理流程与工具方法

国内各类组织推行项目管理，需要大批项目管理骨干。由组织培养项目管理骨干，形成组织内部的“特种作战部队”，并掌握项目管理流程与工具方法，对于降低项目管理的随意性、提高成功率具有重大意义。掌握项目管理的流程和方法，形成项目管理习惯，对于降低项目风险、提高效益和效率具有直接意义。

长期以来，国内各类组织普遍缺乏创新管理的有效积累，对项目的把握能力较弱，缺乏对项目管理流程与工具方法的把握和共识。项目管理的意义在于实践中的具体运用，项目管理的流程主要有项目选择与确定、项目目标与范围描述、重大里程碑计划、组织设计、工作任务分解、责任分配、资源计划、费用分解、网络计划图绘制、累计费用曲线绘制、风险管理、进展状态控制、项目总结以及移交、项目后评价等内容，具有严格的规范性和程序性。

项目管理工具方法体系体现了多学科知识与技能的融合，主要有要素分层法、方案比较法、资金的时间价值、评价指标体系、项目财务评价、不确定性分析、环

境影响评价、项目融资、模拟技术、里程碑计划、工作任务分解结构、责任矩阵、网络计划技术、甘特图、资源与费用曲线、质量技术文件、并行工程、数理统计、偏差分析、决策树、鱼骨图、直方图、生命周期成本等工具方法。随着计算机技术的不断发展，项目管理软件技术进步很快，项目管理工具方法体系更直接地体现在具体的项目管理软件当中。

5. 重视知识管理，实现技术与管理的标准化和流程化

良好的知识管理是各类组织所有运营与管理活动的最高境界。其主要活动分别是知识获取、知识筛选、知识创造、内部化、外部化；次要活动分别是领导、协调、控制、测量。项目管理注重人员的专业化培养，依靠标准化与流程化将知识与载体分离，并将个人的知识、经验与能力转化为企业的知识、经验与能力。实现技术与管理的标准化与流程化，是各类组织的一项基础管理工作，对组织项目管理水平的迅速提高具有重要意义。

例如，企业的产品生产、市场营销以及组织再造具有很强的任务性特点，如果能将每次产品开发、设计、制造、交付的经验教训以及各类文件资料按照严密的标准和流程进行整理归档，并按阶段设定项目监控点，进行项目进展状况、变更状况等有关管理与技术资料的收集与整理，就能够快速积累组织的无形资产，形成组织独特的项目管理知识体系。国内企业在推行项目管理的过程中，往往不能将项目实施全过程所形成的新知识、新工艺、新技术、新信息、新数据进行有效积累，以形成企业的知识和无形资产，在实施新项目的过程中难以有效借鉴以往的经验和教训，最终使组织的项目管理、标准化管理和知识管理不能有效结合，从而使组织的整体效率和效益指标提升较慢，创新能力难以持续提高，竞争优势难以保持。

总之，国内各类组织推进项目管理模式有六个需要：一是需要营造以项目为中心的管理理念与管理文化；二是需要在组织范围内进行项目管理体系的培训；三是需要培养项目管理骨干队伍；四是需要对组织进行混合矩阵式组织的再造；五是需要严格按项目管理的流程和工具方法开展运营与管理工作；六是需要重视组织的知识管理，实现组织技术与管理工作的标准化和流程化。

1.3 示例：IBM 的项目管理*

IBM 这样界定项目管理的作用——良好的项目管理工作对 IBM 商务活动的成功具有重要的作用。

在生产和开发部门，项目管理的方法和手段不仅对客户而且对 IBM 本身也发挥出显著的作用。软件部门已经实现出错率的降低和单位产品开发费用的减少；硬件部门也更好地完成了预定计划。通过实行项目管理，缩短了产品投放市场的时

* 本示例由 IBM 全球杰出项目管理中心主任休·格思里（Sue Guthrie）提供。

间，也为客户增加了价值。

一个世界性的企业组织必须能够按计划提交高质量的问题解决方案。通过培养合格的项目经理和运用恰当的工具及方法，可以监控工作的进展、预测结果和评估风险——所有这些都是不断取得成功的保证。

在IBM的全球性商务活动中，员工必须具备杰出的项目管理能力，以履行对客户的承诺。要使客户对IBM保持永久的忠诚，训练有素的项目经理很关键。

由于认识到项目管理的重要作用，IBM的决策者于1996年制定了公司世界范围内的初步计划以增强项目管理能力，并确定公司在全世界范围内的所有商务活动中均采取统一的项目管理原则。在各个地区，这一计划目标的实现要求有效的商务活动必须以项目为基本单元展开。为保证此计划目标的实现，IBM成立了公司全球杰出项目管理中心（PM/COE），中心已在许多地区进行了艰辛的尝试，旨在建立统一的项目管理原则，增强公司的项目管理能力。其部分工作如下：

（1）制定推广新的世界范围内的项目管理课程，分别针对基层、中层、高层项目经理进行培训。

（2）推行针对项目组所有成员、高级管理者、决策者的项目管理培训。

（3）完善公司内部项目经理认证过程，从而额外赋予商务活动和项目经理新的价值。

（4）完善项目经理的主要项目管理手段。

（5）完善评估项目管理目标实现过程的诊断和补救工作。

（6）为IBM与其他公司及政府部门合作的实践活动制定最佳项目管理标准，为尝试和采用新的项目管理方法奠定基础。

（7）制定并推广项目管理专家咨询制度。

IBM意识到，要不断增强项目管理能力，就要坚持努力执行公司全球范围内的初始计划。IBM的项目团队由来自不同职能部门包括市场营销、金融、技术、法律及其他部门的雇员组成。后来的项目队伍逐渐发展成为一种国际混合型组织，其中包括客户和供应商。由于团队成员具有不同背景、来自不同区域，因此对所有成员来讲，熟知项目管理基础知识、明白各自的职能作用就显得很重要。另外，项目管理实践活动要求有章可循，按照特定规则，不同的团队能够迅速组织起来执行任务。这就需要所有项目团队既要非常熟悉项目管理实践，又要按一致的原则行事，这一点对于公司特别重要。

为使团队操作熟练和协调一致，IBM新的世界统一应用的项目管理课程强调，对所有商务过程和所有区域，要保证所教授的项目管理基础知识的一致性。此外，所设计的中高级项目管理课程旨在通过附加课程，如国际化管理以及复杂项目管理，拓宽基础知识的应用。为帮助项目经理承担具有不同特点商务活动的项目，IBM还设计了一些特殊课程，以适应风险处理、人员录用、评估以及其他研究，特别是项目环境研究的需要。当然，公司也特别重视项目管理实践的协调一致性。

公司内部项目经理认证过程不仅对商务活动，而且对项目经理个人都有一定益处。

（1）通过对项目经理的认证过程，可考察项目经理的能力，以证实其是否具备项目管理基础知识和管理诸多项目所需的项目管理实践经验。

(2) 通过对项目经理的认证过程，可帮助项目经理界定其技能水平和实践经验的类型。在工作中，项目经理必须获取实践经验并加以升华，以取得事业的进步。认证本身还是对项目经理成就认可的标志。

(3) 在全球范围内，认证过程都是相同的，目的是使项目管理标准在全公司范围内易于理解和比较。

近来，由富有经验的 IBM（日本）的项目经理组织制定的项目管理咨询制度正在亚太地区和北美地区的国家执行。这是一项综合制度，需要商务部门、咨询部门、受惠者多方共同执行。其设计出台是为了给项目经理及商务活动带来方便。

以上仅是 IBM 全球杰出项目管理中心所做的一部分工作，主要是为了帮助项目管理者提高其项目管理能力。此外，许多尝试还旨在改善项目管理过程、方法、手段，以及提高团队成员、项目经理、决策者的项目管理技能。

要想使项目管理工作取得成功，需要为全面增强组织的项目管理能力做出不懈的努力。

1.4　示例：经济社会发展重大项目库*

项目库分类	项目类别
产业类	
农业项目	如农、林、牧、渔等
工业项目	如能源、钢铁、材料、化工、制造、原材料等
现代服务业项目	如旅游、商贸、房地产、物流、医疗、养老等，以及其他经营性服务产业
高新技术产业项目	如电子信息、软件开发、新材料、生物医药等
一体化综合产业项目	如特色小镇布局建设、美丽乡村＋文化旅游投资开发项目等
公共类	
基础性投资项目	如交通、电力、通信、供水、供热、供气、排污处理、市政建设等
公益性投资项目	如科学、教育、文化、卫生、体育、环保、基础设施建设等
大型活动类	
重要会议项目	如各届（次）人大、政协、党代会，政府重要工作会议筹办等
重要会展项目	如招商引资与贸易洽谈会、大型展览、大型赛事、大型庆典、艺术节、大型公共祭拜活动筹办等
专项治理活动	如“打击假冒伪劣”专项行动、“治污减霾”专项行动、“扫黄打非”专项行动、“打击车匪路霸”专项行动等
重要政策、法规、规划研究与制定	如全面深化改革相关决策与重大举措、全面依法治国相关决策与重大举措、经济社会发展规划编制与发布等

* 本示例为本书作者刘国靖教授的咨询项目，摘自刘国靖教授 EMBA/MBA/CEO《战略项目管理》系列培训资料。

□ 思考题

1. 假设你即将走上领导岗位，负责一个单位的管理工作，你应该具备什么样的管理理念？

2. 假设你即将创业，开办一家小型企业，你应该具备什么样的管理理念？

3. 请说明新商业环境的本质特征。

4. 传统管理理念的主要表现有哪些？

5. 项目管理的发展经历了哪几个阶段？

6. 请简要说明项目管理的作用。

7. 组织中导入项目管理应采取哪些有效措施？

第 2 章 Chapter 2 项目与项目管理基础

本章旨在讨论项目与项目管理的基础知识内容体系，将讲述项目的定义与特征、项目的基本要素、项目的分类、项目活动的一般层次结构；说明项目的生命周期、项目的利益相关者以及项目与作业的区别；给出项目管理的定义，解析项目管理过程与活动；介绍项目管理的知识体系和对项目管理人员的基本要求；分析公共投资项目和企业投资项目等项目分类问题；阐明项目管理的三维结构；讨论多项目管理和项目管理办公室。本章将从应用角度出发，深入浅出地为读者提供学习和应用项目管理的必备知识。

2.1 项目

当今世界，环境决定战略，战略决定项目，项目决定组织形式。项目是一切工作的重心，离开了项目的战略是空洞的战略；除了与组织正常运转相关的工作，与战略和项目无关的工作往往是无效的工作，将会浪费大量的资源。

2.1.1 项目的定义与特征

1. 项目的定义

项目的定义有很多，比较有代表性的有两种。一是美国项目管理协会（Project Management Institute，PMI）给出的定义：项目是一种被承办的旨在创造某种特殊产品或服务的临时性努力。二是英国项目管理协会（Association of Project Management，APM）给出的定义：项目是为了在规定的时间、费用和性能参数下满足特定目标而由一个人或组织进行的具有规定的开始和结束日期、相互协调的独特的活动集合。该定义被国际标准化组织（International Organization for Standard，

ISO）采用（ISO 10006）。

结合多方观点，本书给出如下定义：项目是具有目标、期限（起点与终点）、预算、资源约束与资源消耗以及专门组织的一次性独特任务。

从项目的定义可以看出，项目可以是开发建设一个新社区、建造一座大桥、扩建一个街道、修建一条铁路，也可以是开发一项技术、研究一个课题，还可以是举办一次演出活动、筹办一次出访活动或者安排一个生日晚会等。

2. 项目的基本特征

根据项目的定义，可以总结出项目的基本特征。

（1）目标性。也称目的性。项目的结果可以是一种期望的产品，也可以是期望得到的某种特定的服务。项目的目标遵循 SMART 原则，即具体性、可测量性、可实现性、全员相关性以及期限性。

（2）一次性。也称临时性，是指每个项目都有其确定的起点和终点。当一个项目的目标已经实现，或者已经明确知道目标不可能实现，或者对项目的需求已经不存在时，该项目就到达了它的终点。

（3）唯一性。也称独特性、独一无二性。项目中必然包含一些以前没有做过的事情，所以它是唯一的。一项产品或服务尽管包含很多的种类，仍然可以是唯一的。

（4）整体性。也称系统性。由于项目是为实现特定目标而展开的多项任务的集合，是一系列活动的有机结合，是一个完整的过程，因此具有整体性。

（5）多目标性。项目的目标由成果性目标和约束性目标构成。成果性目标体现为明确的交付物或某项服务，而约束性目标则体现为时间、质量、成本等可以量化的约束性条件。

（6）生命周期性。项目作为一次性的独特任务，有起点和终点。任何项目都表现为启动、成长、成熟和终止四个阶段。在生命周期上表现为慢开始（论证与筹划）、快增长（实施与监控）和慢结束（总结与评估）的规律。

（7）相互依赖性。世界上一切事物、现象和过程之间的普遍联系是客观存在的。项目由组织、资源、目标等若干不同的组成要素构成，要素间相互作用与制约的多样性决定了项目的多样性。

（8）冲突性。项目内部诸要素之间以及项目内部诸要素与项目所处的企业或社会环境之间由于项目的临时性与不确定性，存在资源冲突以及主导权等方面的冲突，项目协调与沟通管理对提高项目的成功率发挥着日益重要的作用。

2.1.2 项目的基本要素

根据项目的定义，为使项目获得成功，达到预期的目标，以下六个要素缺一不可，它们是项目的基本要素。这六个基本要素是实现项目目标需要考虑和把握的基本内容。

1. 项目的环境

主要体现为项目所处的政治、社会、经济、技术、生态、人文等一般环境以及供应商、客户、竞争者和公众（政府部门、社会组织、个人）等具体环境。

2. 项目的范围

主要体现为项目的工作内容界定，是指为了实现项目目标必须完成的所有工作。一般通过定义交付物（deliverable）和交付物标准来定义工作范围。工作范围根据项目目标分解得到，它指出了“完成哪些工作就可以达到项目的目标”，或者“完成哪些工作项目就可以结束了”。如果没有工作范围的定义，项目就可能永远做不完。要严格控制工作范围的变化，一旦失控就会出现“出力不讨好”的尴尬局面：一方面做了许多与实现目标无关的额外工作，另一方面却因额外工作影响了原定目标的实现，造成商业和声誉的双重损失。

3. 项目的组织

主要体现为项目的组织形式、人员配备、工作职责、管理流程以及组织文化，包括项目组织类型、项目团队、项目负责人、项目人力资源、项目文化等相关内容。

4. 项目的时间

主要体现为项目的进度控制和周期。与项目时间相关的因素可以用进度计划描述，进度计划不仅说明了完成项目工作范围内所有工作所需要的时间，也规定了每个活动的具体开始和完成日期。项目中的活动根据工作范围确定，在确定活动的开始和结束时间时还要考虑它们之间的依赖关系。

5. 项目的质量

主要体现为项目达到利益相关者各方要求的性能，是指项目满足明确或隐含需求的程度。一般通过定义工作范围中的交付物标准来明确定义这些标准，包括各种特性以及这些特性需要得到满足的具体要求。另外，有时还可能对项目的过程有明确要求，比如规定过程应该遵循的规范和标准，并要求提供这些过程得以有效执行的证据。

6. 项目的成本

主要体现为项目实现最终目标在各个阶段和结束时的费用，是指完成项目需要的所有款项，包括人力成本、原材料、设备租金、分包费用和咨询费用等。项目的总成本以预算为基础，项目结束时的最终成本应控制在预算范围内。特别值得注意的是，在研发项目中人力成本所占的比例很大，而工作量又难以估计，因而制定预算难度很大。

2.1.3 项目的分类

1. 项目的分类方式

（1）按项目的作用，可分为进取型项目与守成型项目。如一个企业进行职工宿舍的改扩建，就是一个守成型项目；而进行技术改造、扩大生产规模或是进行新产品开发，则可以认为是进取型项目。

（2）按项目的规模，可分为宏观型项目、中观型项目与微观型项目。如我国的西电东送工程就可以看作宏观型项目；某一省市的城市改造工程则可以看作中观型项目；而一家企业的新产品推广可以看作微观型项目。

（3）按项目实施的主体，可分为内控型项目、引进型项目与外包型项目。如一家建筑公司为自己的员工建造宿舍楼项目，就可以看作内控型项目；而某家电信运营商购买国外先进的通信系统或是委托一家电信制造商开发一套新型网管系统，则可以看作引进型项目，引进型项目可分为技术引进型项目、管理引进型项目以及文化教育引进型项目等；某家建设公司把所承揽工程中的一部分转包给另一家建筑公司，转包的部分则可以看作外包型项目，外包型项目可分为现场外包型项目、近域外包型项目和离岸外包型项目等。

（4）按项目的物理形态，可分为硬项目和软项目。如修建一座水库，可以看作硬项目；而开发一套商业软件或是筹办一场晚会则可以看作软项目，软项目的成果一般为政策法规、规划计划、方案、程序、标准以及文化活动等。

（5）按项目所属的主体，可分为私人项目与公共项目。如企业为增加收入而进行的新产品开发项目，可以看作私人项目；而政府为增强国防实力而进行的新型武器系统研制项目，则可以看作公共项目。与私人项目的成果相比，公共项目的成果具有非竞争性、不可分割性以及非排他性的特点。

（6）按项目的周期，可分为长周期项目和短周期项目。短周期项目可以短到1天以内，长周期项目可以达到10～20年甚至更长。

（7）按项目的复杂性，可分为国际复杂项目、大型复杂项目、一般复杂项目和一般项目。

（8）按项目的风险性，可分为高风险项目、中度风险项目和低风险项目。将高风险项目转化为低风险项目的能力体现了项目管理水平的高低。

（9）按项目的成果，可分为有形产品项目和无形产品项目。建设工程项目直接提供有形产品；项目也可提供无形产品，如服务、知识、信息、标准、技术、数据、商业模式、品牌等。

（10）按产业，可分为一次产业项目、二次产业项目、三次产业项目和一体化综合项目。一次产业项目主要是农业项目，如农、林、牧、渔等行业的项目；二次产业项目主要是工业项目，如资源、能源、机械、钢铁、材料、电子、制造等行业的项目；三次产业项目主要是服务业项目，如交通、房地产、商贸、物流、展览、旅游、文化、医疗、科研、教育、养老、金融等行业的项目；一体化综合项目也可称为六次产业项目（1＋2＋3 或 1×2×3），如“休闲农业＋美丽乡村＋农产品加工＋文化＋科技＋旅游”综合项目、“产业＋旅游＋人居＋金融”特色小镇开发建设项目等。

随着经济社会的不断发展和进步，项目分布的发展趋势是：一、二次产业项目的比重不断降低，数量不断减少；三次产业项目的比重不断提升，规模不断扩大，数量不断增加；一体化综合项目的比重不断提升，数量不断增加。

2. 具体项目类型

（1）按项目的技术成熟度，可分为技术工程项目和技术开发项目。技术工程项目有建设工程、公共设施、国防工程、系统集成等。技术开发项目有软件开发、仪器设备开发、工艺技术开发、技术改造等。

（2）按项目的组织属性，可分为政府项目、企业项目、非政府组织（社团）项目以及家庭项目。政府项目主要有政治、经济、社会、文化、军事、国防、外交等领域的项目，具体有政策与法规制定、规划计划编制、基础设施投资建设、产业投资建设、大型会议筹办、专项治理整顿以及突发性事件应急处置等。企业项目有各类企业的制度与组织变革、投融资与兼并重组、改扩建与技术改造、技术（工艺）与产品开发以及市场推广、品牌与文化建设等方面的项目。社团项目主要是一些非营利组织、社会团体的建设类与服务类项目，如一些行业协会、专业学会发起和举办的各类活动。家庭项目可分为衣食住行保障类项目、投资理财类项目、教育类项目、娱乐类项目以及婚丧嫁娶类项目；也可分为家庭投资理财项目、家庭大型活动项目以及家庭基本建设项目三大类，涉及学习、生活、投资和消费等各个方面，如置业投资、婚丧嫁娶、装修搬迁、旅游聚会、求学就医、子女培养等。

2.1.4　项目活动的一般层次结构

1. 项目活动的一般结构

项目的定义将项目解释为努力、活动的集合，为此我们需要进一步了解项目究竟由什么内容组成，以及这些内容是一种什么样的结构。

首先，项目是由一系列需要人去做的工作组成的。尽管项目是有组织进行的，但项目并不就是组织本身；尽管项目的结果可能是某种产品或服务，但项目也不是产品或服务本身。例如，如果谈到一个工程项目，我们应当把它理解为包括项目选定、设计、采购、制造（施工）、安装调试、移交用户在内的整个工作过程。

其次，组成项目的所有工作不都是同样规模的工作，所有工作按照规模大小分属于不同的层次，较大的工作由一些较小的工作组成。所以，全部的项目工作形成一种树形层次结构，如图 2－1 所示。

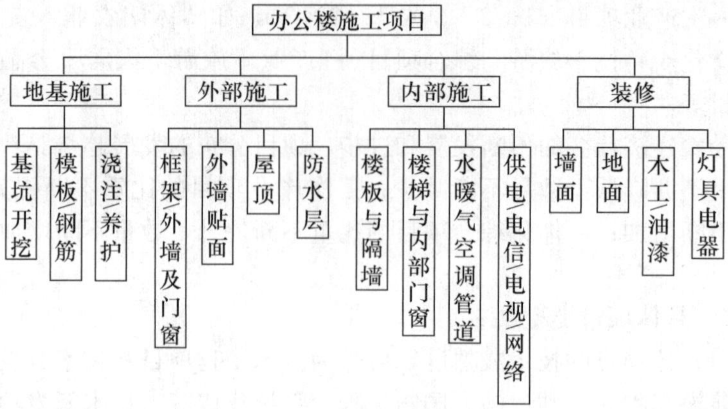

图2-1 项目结构示意图

2. 项目活动的内容层次

一个项目中包含的工作层次并不是固定不变的，它与项目的规模大小有关，但一般认为，大多数项目的层次可以按下面的体系考虑：

(1) 大型项目、项目群（program）。大型项目不同于一般项目，它通常由若干个有联系的或类似的项目组成，有时大型项目也指那些规模特别大、时间相当长的项目。

(2) 项目（project）。项目是本书讨论的对象，是大型项目的组成部分。很难从理论上定量确定一个项目的最小范围，实践中的基本原则是一个项目应有相应的独立完整的生命周期，有能交付的独立产品。

(3) 任务或活动（task or activity）。项目由任务或活动组成。任务或活动就是构成项目的大量工作。

(4) 工作包（work package）。任务或活动由工作包组成。工作包是定义在工作任务分解结构中同一层次上的一组相关工作。

(5) 工作单元（work unit）。工作单元是工作包的组成部分，也是项目最基础的组成单位。

任何项目都可以根据上述层次进行分解。当然，这些层次只是最基本的，现实项目在分解时往往层次更多。

每一个项目均是特殊的，但在将项目分解为具体的工作单元，再分解为具体的工序和步骤之后，将会出现许多能够从以往的项目中得到参考依据的信息和知识经验，对降低项目的不确定性具有重要意义。

2.1.5 项目的生命周期

1. 项目生命周期的概念

项目的生命周期是项目的一系列阶段，这些阶段的名称和数量是由介入项目的组织根据其控制需要确定的。

每个项目的全部过程必然经过启动、成长、成熟、终止这几个阶段，并且每个项目的生命周期都是独一无二的。每个项目的过程都不允许少于这些阶段，否则就不是一个完整的项目；每个项目的过程也不会多于这几个阶段，如果认为项目生命周期可以多于这个范围，那必定是错用了项目的概念。如有些管理者把新生产线建设项目在建设完工后投入生产运行的阶段也当作该项目生命周期的阶段之一，就用错了项目的概念。

2. 典型项目的生命周期示例

莫里斯（Morris）描述的一个建设项目的生命周期包括以下部分（见图 2-2）。

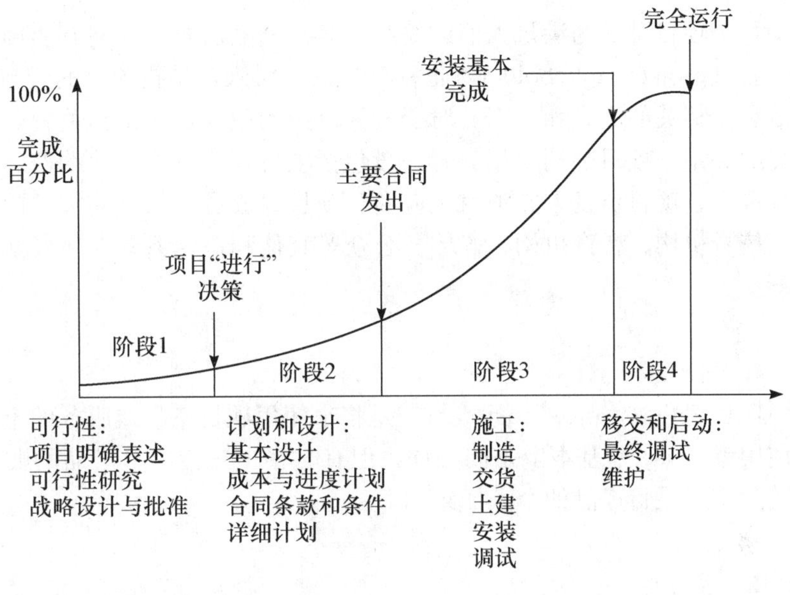

图 2-2　建设项目的生命周期

（1）可行性——项目明确表述、可行性研究、战略设计与批准。在此阶段结束时，要做出项目是否继续进行的决策。

（2）计划和设计——基本设计、成本与进度计划、合同条款和条件、详细计划。项目的主要合同是在这一阶段结束时发出的。

（3）施工——制造、交货、土建、安装和调试。在此阶段结束时，设施已基本完成。

（4）移交和启动——最终调试和维护。在此阶段结束时，设施应完全运转。

穆恩奇（Muench）等描述了一个软件开发项目的螺旋形生命周期，它有四个循环和四个象限。

（1）概念证实循环——捕捉商业需求，确定概念证实的目标，进行概念性系统设计和逻辑设计，进行概念证实，制定验收测试计划，进行风险分析并提出建议。

（2）第一次开发循环——导出系统要求，确定第一次开发的目标，进行逻辑系统设计，设计和进行第一次开发，编制子系统测试计划，评审第一次开发的成果并提出建议。

(3) 第二次开发循环——导出子系统要求，确定第二次开发的目标，进行实体设计和第二次开发，编制系统测试计划，评审第二次开发的成果并提出建议。

(4) 最后一次开发循环——完成单元要求和最后设计，进行最后开发，进行单元、子系统、系统验收测试。

2.1.6 项目的利益相关者

每个项目都是为满足人们或组织的某些利益需要而发起并实施的，项目的利益相关者（project stakeholder）也称项目的干系人，是指项目的参与者以及与项目的成败利益相关的个人和组织。对于较为复杂的项目，利益相关者之间一般存在一定的契约关系。项目的利益相关者一般包括项目客户、项目承约商、项目发起人、项目投资人、项目负责人、项目供应商、项目组成员、项目支持部门。此外，还有政府、信贷机构、咨询机构、媒体、公众等其他利益相关者。项目基本的利益相关者如下。

1. 客户

项目客户（project customer）是将来使用项目产品或服务的个人或组织。客户与使用者（user）基本上是同义词，但有时客户是指项目产品的购买者，而使用者是实际使用项目产品的个人或组织。

2. 承约商

项目承约商（project contractor）又称被委托人，即项目的承建方。承约商在承接项目以后，根据客户的需求，从项目的启动、规划到项目的实施与收尾对整个项目负直接责任。承约商的信用以及经营管理水平决定着项目的成败。

3. 发起人

项目发起人（project sponsor）可以是客户，也可以是项目所属组织的上级领导部门或个人（也可以是创新创业项目核心团队）。项目发起人对项目所需的资源以及项目的计划安排负有最高责任。

4. 投资人

项目投资人（project investor）是项目执行组织内部或外部以现金或实物为项目提供财务资源以求获得回报的个人或团体。

5. 项目负责人

项目负责人（project manager）是负责管理某一个项目的个人。项目负责人一般要有足够的权力以便管理整个项目，并向用户负责，承担实现项目目标的责任。项目负责人是项目组织的领导人。

6. 供应商

项目供应商（project supplier）是为项目承约商提供原材料、设备、工具、动力等物资设备或服务，获取报酬的人或组织。供应商的信用以及供应保障水平直接影响项目的进程与结果。

7. 项目组成员

项目组成员（project team member）指执行项目工作任务的人员，具有临时性的特点。

8. 项目支持部门

项目支持部门（project support department）是组织中不完全固定地参与某一项目，为该项目提供保障服务的相关职能部门。如企业的人、财、物、产、供、销、信息、质量等职能部门为企业项目提供支持。项目管理者需要进行协调与沟通，以获得积极的支持。

项目的不同利益相关者对项目有不同的期望和需求，有明示的需求，也有隐含的需求。项目诸利益相关者所关注的目标和重点往往差异很大，而且可以直接对项目施加各种影响，他们的满意度直接影响项目的成败。在发起项目或实施项目之前，将所有利益相关者分类，研究分析他们各自的需求和期望，尽可能加以协调与沟通，体现了项目管理者的项目管理能力。

2.1.7 项目与作业的区别

项目必须是一次性的，要求在一定的期限内完成，不得超过一定的费用，并有一定的性能要求。而作业则是重复性的工作，是连续不断、周而复始、程式化的活动，往往具有以往的相同活动可以对照。

项目与作业的主要区别如表 2－1 所示。

表 2－1　项目与作业的比较

项目	作业	项目	作业
独一无二	重复进行	资源需求多变	资源需求稳定
有限时间	无限时间（相对）	临时性、柔性组织	稳定、刚性组织
带来突变	带来渐变	面向目标	面向任务
资源不均衡	资源均衡	注重效果	注重效率
目标不均衡	目标均衡	不确定性、风险性高	标准性、程序性强

2.2 项目管理

随着社会的不断发展，改变组织运行状态的创新性项目管理活动日益频繁，要求各类组织不断调整管理主线，由职能管理向项目管理转变。项目管理力争最大限度地利用组织的内外资源，优化工作流程，以极大地提高组织的运转绩效和管理效率。

2.2.1 项目管理的定义

1. 项目管理的定义

传统上，项目管理的直观概念就是“对项目进行管理”，项目管理的对象就是项目。随着项目管理实践与理论体系的不断发展，项目管理一词具有了两种含义：一是指一种有意识地按照项目的特点和规律进行组织管理的活动，即实践活动；二是指一门管理学科，即以项目管理活动为研究对象的一门学科或理论体系。

美国项目管理协会在其项目管理知识体系中对项目管理的解释为：“项目管理就是指把各种系统、方法和人员结合在一起，在规定的时间、预算和质量目标范围内完成项目的各项工作。有效的项目管理是指在规定用来实现具体目标和指标的时间内，对组织机构资源进行计划、引导和控制工作。”

本书作者刘国靖教授认为：项目管理是在有限的资源约束下，通过项目负责人和项目组织等各利益相关者的共同努力，运用系统理论和方法对项目所涉及的资源进行计划、组织、指挥、协调与控制，以实现项目特定目标的管理方法体系和管理过程。项目管理研究的主要内容是项目管理知识体系、项目管理工作职能体系与项目管理工具方法体系。

2. 项目管理的基本要素与基本职能

（1）基本要素。项目管理的基本要素主要有项目资源、项目需求与目标、项目组织以及项目环境（政治经济、文化意识、规章标准）四个方面。项目资源是项目实施与成功的根本保证；项目需求与目标是项目实施与成功的基本要求；项目组织是项目实施与成功的主体；项目环境是项目实施与成功的基础。

（2）基本职能。项目管理的基本职能有项目计划、项目组织和项目监控与评价。

3. 项目管理的特点

由于项目的一次性、特殊性与不确定性等特点，项目管理必须通过不完全确定的过程，在确定的期限和预算限制内完成不完全确定的产品。项目管理具有如下特点：

（1）面向成果：关注项目的完成，通常运用目标管理法。

（2）基于团队：注重协作与沟通。

（3）借助外部资源：高效率、低成本。

（4）具有柔性：面对变化、适应变化。

（5）具有探索性：面对挑战，存在复杂性、不确定性与风险性问题。

（6）注重知识与经验的积累：知识挖掘与整合，注重创新文化培育。

（7）以人为本：共同愿景、共同价值、共同目标、共同参与、共同创造、共同分享、共同发展。

2.2.2　项目管理过程与活动

项目由一系列过程组成，过程是“带来某个结果的一系列行动”。项目管理过程是关于描述和组织项目工作的过程。项目管理过程在大多数时候可以用于大多数项目。

项目管理可以科学地划分为项目选择与确定、项目启动、项目计划、项目执行、项目监控、项目收尾和项目后评价七个过程。

一般而言，对于项目执行部门或执行团队，项目管理过程可以分成五个模块化的阶段。

（1）启动过程（initiating processes）——认定一个项目或阶段应当开始并保证去做。

（2）计划过程（planning processes）——为了实现承担项目所致力的商业需要或组织需要而做出并维持一个可操作系统的计划。

（3）执行过程（executing processes）——为了执行计划而协调人和其他资源。

（4）监控过程（controlling processes）——通过监测和测量进展并在必要时采取纠正行动确保项目目标得以实现。

（5）结束过程（closing processes）——项目或阶段正式被接受并使其有序地结束。

以上过程之间的关系如图 2－3 所示。

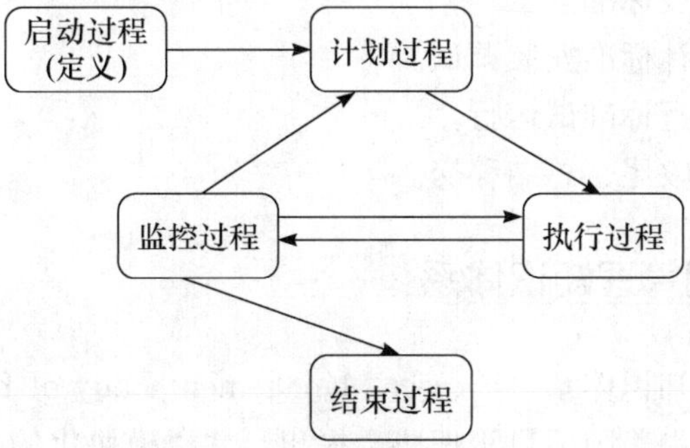

图 2－3　项目管理过程

项目管理过程与项目过程在项目期间存在交叉和交互，如图 2-4 所示。

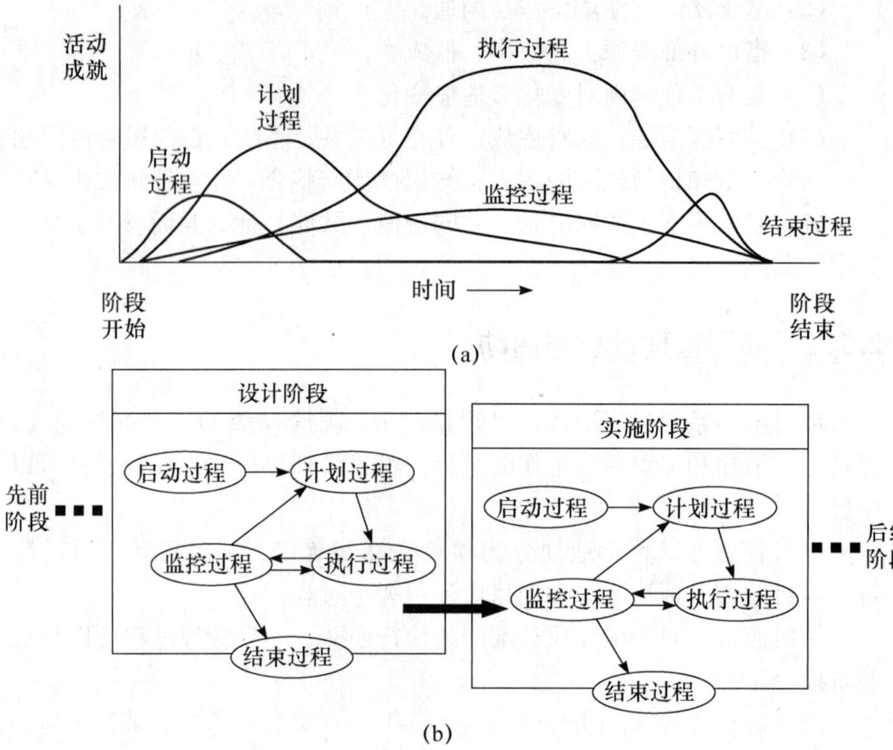

图 2-4　项目管理过程与项目过程

［例 2-1］

生产性工厂建设项目的管理流程如下：

依据标准，以进度、资源和费用为核心。

（1）资本项目战略及运作规划。

（2）项目概念及备选方案、可行性论证分析。

（3）流程设计、范围设定及战略性采购。

（4）项目详细设计及常规性采购。

（5）按建设标准开工。

（6）按设计标准安装调试。

（7）按运行标准试运行。

（8）项目收尾、总结移交。

2.2.3　项目管理知识体系

项目管理知识体系（Project Management Body of Knowledge，PMBOK）是一个专有名词，由美国项目管理协会提出，并以模块化的方式逐渐完善。当前专指由一些项目管理专业学术组织，如美国项目管理协会、国际项目管理协会（IPMA）、英国项目管理协会以及中国（双法）项目管理研究委员会（PMRC）等制定的项目管理知识、项目管理工作内容与流程、项目管理工具方法等方面的标准化文件。

项目管理按其特征，可归纳为三个层次：一是技术方法层（technology method level），主要是指一些相对独立的技术和方法；二是系统方法层（system method level），强调的是一种综合集成型的方法和技术，注重相关性与整体性；三是哲理层（philosophy level），强调的是一种管理思想、管理理念与管理文化。

《项目管理知识体系指南》是美国项目管理协会编制的现代项目管理标准，其演变过程如下：1983 年成立 SEA 小组，开始编制基本框架；1987 年完成《项目管理知识体系》草稿；1996 年加上“指南”两个字，为第一版，随后每几年更新一次；2000 年为第二版；2004 年为第三版；2008 年为第四版；2012 年为第五版；2017 年为第六版。第五版强调当今项目干系人管理对项目成败的重大作用，将干系人管理作为独立一章加以讲解，强调干系人管理的重要性。在第四版中是 9 大知识领域和 42 个过程，而在第五版中是 10 大知识领域和 47 个过程。具体如下：

1. 项目集成管理

项目集成管理是一种保障项目成功实施和全面满足项目相关利益主体需要的一项重要管理工作，而且是项目管理专项管理中统领全局的管理工作。项目集成管理的集成性体现在：项目管理中的不同知识领域的活动项目相互关联和集成；项目工作和组织的日常工作相互关联和集成；项目管理活动和项目具体活动（例如和产品、技术相关的活动）相互关联和集成。

包括 6 个过程：项目计划制定、项目初步范围说明书制定、项目管理计划制定、项目计划执行、监控项目工作、总体变更控制、结束项目或阶段。其作用是保证各种项目要素协调运作，对冲突目标进行权衡折中，最大限度满足项目相关人员的利益要求和期望。

（1）项目计划制定：将其他计划过程的结果汇集成一个统一的计划文件。

（2）项目初步范围说明书制定。

（3）项目管理计划规定。

（4）项目计划执行：通过完成项目管理各领域的活动来执行计划。

（5）监控项目工作。

（6）总体变更控制：协调项目整个过程中的变更。

（7）结束项目或阶段。

2. 项目范围管理

包括 5 个过程：启动、范围规划、范围定义、范围审核、范围变更控制。其作用是保证项目计划包括且仅包括为成功完成项目所需要进行的所有工作。范围分为产品范围和项目范围。产品范围指将要包含在产品或服务中的特性和功能，其完成与否用需求来度量。项目范围指为了完成规定的特性或功能而必须进行的工作，其完成与否用计划来度量。二者必须很好地结合，才能确保项目的工作符合事先确定的规格。

（1）启动。启动是一种认可过程，用来正式认可一个新项目的存在，或认可一个当前项目的新的阶段。其主要输出是项目任务书。

（2）范围规划。范围规划是生成书面的有关范围文件的过程，其主要输出是范围说明、项目产品和交付件定义。

（3）范围定义。范围定义是将主要的项目可交付部分分成更小的、更易于管理的活动。其主要输出是工作任务分解。

（4）范围审核。范围审核是投资者、赞助人、用户、客户等正式接收项目范围的一种过程，审核工作产品和结果，进行验收。

（5）范围变更控制。即控制项目范围的变化。范围变更控制必须与其他控制，如时间、成本、质量控制综合起来。

3. 项目时间管理

由5个过程构成：活动定义、活动排序、活动时间估算、进度安排、进度控制。其作用是保证在规定时间内完成项目。

（1）活动定义。识别为完成项目所需的各种特定活动。

（2）活动排序。识别活动之间的时间依赖关系并整理成文件。

（3）活动时间估算。估算为完成各项活动所需工作时间。

（4）进度安排。分析活动顺序、活动工期、资源需求，以便安排进度。

（5）进度控制。控制项目进度变化。

4. 项目成本管理

包括4个过程：资源计划、成本估计、成本预算、成本控制。其作用是保证在规定预算内完成项目。

（1）资源计划。确定为执行项目活动所需要的资源（人员、设备和材料）及其数量，明确工作分解结构各级元素所需要的资源及其数量。

（2）成本估计。估算出为完成项目活动所需资源的成本的近似值。

（3）成本预算。将估算出的成本分配到各项目活动上，用以建立项目基线，监控项目进度。

（4）成本控制。

5. 项目质量管理

包括3个过程：质量计划、质量保证、质量控制。其作用是保证满足承诺的项目质量要求。

（1）质量计划。识别与项目相关的质量标准，并确定如何满足这些标准。

（2）质量保证。定期评估项目整体绩效，以确保项目满足相关质量标准。它是贯穿项目始终的活动，可以分为两种：一是内部质量保证，即提供给项目管理小组和管理执行组织的保证；二是外部质量保证，即提供给客户和其他非密切参与人员的保证。

（3）质量控制。监控特定的项目结果，确定它们是否遵循相关质量标准，并找出消除不满意绩效的途径，贯穿项目始终的活动。项目结果包括产品结果（可交付使用部分）和管理成果（如成本、进度等）。

6. 项目人力资源管理

包括 4 个过程：人力资源规划、团队组建、团队建设、项目团队管理。其作用是保证最有效地使用项目人力资源完成项目活动。

（1）人力资源规划。识别、记录和分配项目角色、职责和汇报关系。其主要输出是人员管理计划，描述人力资源在何时以何种方式引入和撤出项目组。

（2）团队组建。将所需的人力资源分配到项目并投入工作。其主要输出是项目成员清单。

（3）团队建设。提升项目成员的个人能力和项目组的整体能力。

（4）项目团队管理。

7. 项目风险管理

包括 6 个过程：风险管理计划、风险辨识、定性风险分析、定量风险分析、风险响应计划、风险监控。其作用是识别、分析风险以及对项目风险做出响应。

（1）风险管理计划。确定风险管理活动，制定风险管理计划。

（2）风险辨识。辨识可能影响项目目标的风险，并将每种风险的特征整理成文档。

（3）定性风险分析。对已辨识出的风险评估其影响和发生可能性，并进行风险排序。

（4）定量风险分析。对每种风险量化其对项目目标的影响和发生可能性，并据此得到整个项目风险的数量指标。

（5）风险响应计划。风险应对措施包括避免、转移、减缓、接受。

（6）风险监控。监控整个风险管理过程。

8. 项目沟通管理

包括 4 个过程：编制沟通计划、信息传播、性能汇报、项目关闭。其作用是保证及时准确地产生、收集、传播、存储以及最终处理项目信息。

（1）编制沟通计划。确定信息和项目相关人员的沟通需求：谁需要什么信息、他们在何时需要信息以及如何向他们传递信息。

（2）信息传播。及时地使项目相关人员得到需要的信息。

（3）性能汇报。收集并传播有关项目性能的信息，包括状态汇报、过程衡量以及预报。

（4）项目关闭。产生、收集和传播信息，使项目阶段或项目的完成正式化。

9. 项目采购管理

包括 6 个过程：编制采购规划、编制招标规划、招标、招标对象选择、合同管理、合同结束。其作用是从机构外获得项目所需的产品和服务。项目采购管理是根据买卖双方中买方的观点来讨论的。特别地，对于执行机构与其他部门内部签订的正式协议，同样适用。当涉及非正式协议时，可以使用项目资源管理和沟通管理的方式解决。

（1）编制采购规划。识别哪些项目需求可通过采购执行机构之外的产品或服务而得到最大满足。需要考虑是否需要采购，如何采购，采购什么，何时采购，采购数量多少。

（2）编制招标规划。将对产品的要求编成文件，识别潜在的来源。招标规划涉及支持招标所需文件的编写。

（3）招标。获得报价，投标，报盘或选择合适的方案。招标涉及从未来的卖方得到有关项目需求如何可以得到满足的信息。

（4）招标对象选择。从潜在的买方中进行选择。涉及接收投标书或方案，根据评估准则确定供应商。此过程往往比较复杂。

（5）合同管理。

（6）合同结束。完成合同，进行决算，包括解决所有未决的项目。主要涉及产品的鉴定、验收、资料归档。

10. 干系人管理

包括4个过程：包括识别干系人、规划干系人管理、管理关系人参与、控制干系人参与。干系人管理在第四版中归入沟通管理的章节。美国项目管理协会认识到当今干系人管理对项目成败的重大作用，所以在第五版中将干系人管理作为独立一章加以讲解，强调干系人管理的重要性。项目干系人管理用于开展下列工作的各个过程：识别能影响项目或受项目影响的全部人员、群体和组织，分析干系人对项目的期望和影响，制定适合的管理策略来有效调动干系人参与项目决策和执行。干系人管理还关注与干系人保持持续沟通，以便了解干系人的需要和期望，管理利益冲突，解决实际出现的问题。应该把干系人满意度作为一个关键的项目目标进行管理。

（1）识别干系人。识别能影响项目或受项目影响的全部人员、群体和组织，以及识别项目决策、活动或结果影响的人、群体或组织，并分析记录他们的相关信息。

（2）规划干系人管理。基于对干系人的需求、利益及对项目成功的潜在影响的分析，制定适当的管理策略，以有效调动干系人参与整个项目生命周期。

（3）管理干系人参与。在整个项目周期中，与干系人进行沟通和协作，以满足其需要与期望，解决实际出现的问题，并促进干系人合理参与项目活动。

（4）控制干系人参与。全面监督项目干系人之间的关系，调整策略和计划，以调动干系人参与。每个项目都有干系人，他们受项目的积极或消极影响，或者能对项目施加积极或消极的影响。有些项目关系人对项目的影响有限，有些可能对项目及其结果有重大影响。项目经理正确识别并合理管理干系人的能力，决定着项目的成败。

此外，根据项目开发与建设的需要，还应加上项目融资管理。

2.2.4 项目的分类管理

1. 项目管理的分类

(1) 根据隶属组织类型，一般分为公共投资项目管理和企业投资项目管理。

(2) 根据项目管理的层次，一般分为宏观项目管理、中观项目管理和微观项目管理。

1) 宏观项目管理：国家或区域性的项目群管理，包括项目战略、政策、规划、安排、审批等的管理。

2) 中观项目管理：行业或部门的项目组管理，包括项目战略、计划、分类、比选、政策、资源、资金等的管理。

3) 微观项目管理：

- 不同主体：包括投资方、评估方、论证方、设计方、施工（执行）方、监理方、供应方等的管理。
- 不同层次：包括总体及环境方面、关键环节方面、具体任务和技术方面等的管理。
- 生命周期的不同阶段：包括概念阶段、开发阶段、实施阶段、监控阶段、结束阶段等的管理。
- 集中与分散管理：包括投标、采购、供应、现场、远程管理。

2. 公共投资项目管理

公共投资项目主要有公共基础设施投资建设项目、公共基础产业开发投资项目以及公共服务开发投资项目等。

(1) 公共投资项目分类。公共投资项目分为经营性投资项目和非经营性投资项目两类。经营性投资项目主要有道路、桥梁、隧道、水厂、机场、示范项目等；非经营性投资项目主要有国防设施、行政与司法设施、文化教育等。

(2) 公共投资项目管理基本模式。对于非经营性投资项目，要使投资、建设、管理、使用分离管理。对于经营性投资项目，要实行项目法人责任制、综合效益统筹。

总之，政府应该在提供规划、环保、政策、法规、消防、安全等服务方面发挥作用。为有效管理公共投资项目，应完善和落实项目法人责任制，落实项目投标招标制，完善和落实建设项目监理制，完善和落实项目质量管理制度，规范合同管理制度和项目风险管理制度。

3. 企业投资项目管理

(1) 企业投资项目管理的产生。企业具有一定的生命周期，一般分为创业阶段、集体化阶段、规范化阶段、精细化阶段以及战略创新阶段。在企业发展的各个阶段一般会发生制度变革、理念变革、组织创新、管理创新、技术创新等多种变化，企业投资项目管理适应了以上企业变革与发展的要求。项目管理模式适用于动态多变的市场环境，强调以人为本和项目团队的作用，是解决企业决策分权问题、多元化经营问题、资源共享问题以及人员进出问题的有效手段。

（2）典型的企业投资项目。现代企业经营管理过程中存在的多种项目，均可以按照项目管理的原理和方法进行。新产品开发、单件产品定制、软件系统开发、设备大修、技术改造以及技术与工艺开发等均为典型的企业投资项目；此外，企业的管理变革、流程再造、大型促销活动等也是发展必不可少的项目，发挥着巨大的作用。

（3）项目与企业发展。从企业角度看，项目是实现企业战略目标的载体，日常经营活动则是维持企业正常运转的必要条件。企业作为一个经济组织，需要面对变化的环境，为其生存和发展制定长远的战略，进行总体谋划，然后确定赖以生存的经营业务，明确组织使命，再将组织使命通过企业价值观的构造，细化为一个个具体的方向和目标，并寻找实现这些具体目标和方向的策略与方法，最后通过一个个具体的项目运作来实现。项目促进企业发展，项目的成功意味着企业在一个新的起点上重新运作。

（4）企业投资项目管理的一般原则。首先，由于受资源有限性的制约，企业投资项目管理要解决企业投资项目的选择问题，要建立规范有效的项目选择程序，依据企业的发展战略、目标和方针确定项目。在项目选择中要基于以下几个方面的考虑：一是对企业发展战略有重要意义；二是能够为企业建立竞争优势；三是能够降低运营成本；四是能够提高客户的满意度或满足客户的期望；五是对企业价值的提升有作用；六是投资有回报。其次，企业项目管理要重视企业资源在诸项目上的合理配置。由于企业发展涉及诸多项目，项目间的资源冲突问题普遍存在，因此建立企业项目资源配置的程序就显得十分有意义：一是要正确评价企业资源在项目上运用的有效性；二是要把握关键项目和关键项目资源。最后，要在企业各层面普及项目管理知识体系、项目管理工作职能体系和项目管理工具方法体系，形成项目管理文化，按照项目管理的理念和模式进行企业项目管理。

4. 家庭项目的管理

家庭项目涉及家庭生活的各个方面，关乎家庭和睦与成员的健康幸福，应引起家庭主要成员的高度重视。对于家庭项目的有效管理，第一点是应先建立家庭利益相关者同心圆，该同心圆最核心圈是夫妻，第二圈是子女，第三圈是双方的父母，第四圈是双方的兄弟姐妹，第五圈是双方的其他亲朋好友，夫妻双方应由里及外正确处理家庭成员的情感与利益关系，这是做好家庭项目管理的前提。第二点是对于家庭项目，要做好有效的需求分析与管理，使得项目能够满足家庭内部利益相关者的需求。第三点是要做好计划和方案，确保家庭项目计划合理、方案可行。第四点是要做好家庭项目的实施控制，确保家庭项目按既定计划和方案推进。第五点是要及时总结评价，不断提高家庭项目的品质。例如，对于家庭装修项目，装修风格与定位一般应主要由女方确定，而如何装修及施工管理则应主要由男方负责。而对于教育培养孩子这一家庭最为重要的项目，则应从把握最佳受孕时机、控制孕期情绪、落实母婴营养与保健、科学实施胎教、顺利生产到产后婴幼儿教育培养、学前教育培养、小学阶段教育培养、初中阶段教育培养、高中阶段教育培养以及大学阶段教育培养等分阶段编制全过程培养规划，夫妻双方要在子女教育培养理念、方法和手段上达成一致，相互配合，力争有的放矢、形成合力。

2.2.5 项目管理的三维立体结构

参考并补充美国学者霍尔（A. D. Hall）于1969年提出的系统工程的三维立体结构，即时间维、逻辑维和知识维，我们构造出工程类（实体化）项目管理的三维结构。

1. 时间维（工作维）

对于项目管理来说，时间资源是第一资源，其他一切资源都要以时间为主线予以配置，离开了时间，什么都没有意义。

（1）规划阶段。又称需求调研与可行性分析阶段。通过调研进行预测，提出项目的总体目标及达到目标的各种途径的设想，进行项目概念与总体方案设计。

（2）计划阶段。根据规划确定的项目目标，进行管理方案设计，化项目为任务，确定各项任务完成期限、工作量、资源数量和来源等，进行组织与流程建设。

（3）研制（建设）阶段。编制技术与实施方案，进行多方案比选，确定最终方案，开展研制（建设）工作。

（4）安装调试阶段。安装好系统，通过试验运行，改进项目试运行方案。

（5）试运行阶段。按既定的目标使项目正常运行，发现问题，改进提高，并完善档案资料。

（6）更新改造阶段。充实或改进原项目系统，降低成本，提高效率与质量，总结评价。

当然，时间维度也可细分为需求、创意、规划、论证、评审、决策、招标、计划、执行、监控、总结收尾以及后评价阶段。

2. 逻辑维（思考维）

（1）明确问题。同各利益相关者协商对话，明确所要解决的问题及其确切要求。信息收集要客观全面。

（2）建立评价指标体系。有利于衡量所有备选方案以及项目工作效果。

（3）项目分析。按照项目达成的目标、解决问题的途径与利益相关者的满意程度等情况，分析总结，深入了解政策、活动、控制方法及项目内部的相互关系。

（4）项目综合。综合备选方案、政策措施及控制方法，构成项目的整体概念，建成系统。

（5）项目优化。选择可行方案的参数与系数，调整完善，使可行方案能最佳地满足需求。

（6）领导决策。根据资源约束条件，做出选择决策，实施方案。

（7）实施计划。保证每个阶段的顺利实施。

（8）效果评价与总结。进行知识积累与再造。

3. 知识维（工作与逻辑平台）

专业知识的集中与挖掘，包括工程学、管理学、经济学、社会学、技术经济学、心理学、法学以及各相关专业技术知识、经验等的融合。知识维的建立是一个潜移默化的过程，需要长期坚持从理论上和实践中学习，并不断积累总结。

2.2.6 多项目管理

随着商业环境的日益复杂，无论是企业还是政府部门，需要进行的项目越来越多，组织面临的首要困难是众多的项目需要同时进行而资源有限。因此，如何同时管理好多个项目，就成为组织项目管理面临的重要问题。

1. 多项目管理的概念与分类

（1）多项目管理的概念。所谓多项目管理，就是指在组织中同时管理、协调多个项目的选择、评估、计划、监控、执行以及收尾等各项工作。当然，将一个复杂的项目分解为子项目进行管理的情况仍然属于一般的项目管理范畴。如一个企业同时进行多项新产品开发、多项技术改造、多项工程建设以及技术引进项目，企业项目管理办公室对这些项目集中统一管理，就属于多项目管理。

（2）多项目管理的分类。根据组织中多个项目之间的关联特征，可以将多项目管理分为两种类型：一类是项目成组管理，这是将具有相似性、可以相互对照参考的项目放在一起进行管理，这些项目可以形成规模经济，提高资源配置效率。如某企业集团同时对其两条不同型号产品的装配生产线进行技术改造，为降低成本，可以组建一个项目小组负责这两个项目，以增加重复性职能和共性工作在项目管理中的应用比例，改善项目管理学习曲线，这就是项目成组管理。另一类是项目组合管理，这是从组织的整体目标或战略出发，动态地选择不具有类似性的项目，形成互补，对组织所拥有的资源进行优化组合、合理配置，以分散组织的风险，实现企业效益最大化或增强组织的核心竞争力。如某家电制造商为增强市场竞争力，增强发展后劲，并分散经营风险，同时涉足网络产品开发、手机开发以及电脑产品开发领域，公司决策层对这三个项目集中统筹管理，这就是项目组合管理。虽然网络产品开发和电脑产品开发两个项目没有达到预期的效果，但在手机领域取得了很大的成功，为公司向高端信息技术（IT）行业拓展打下了基础。

2. 多项目管理的适用范围

（1）项目成组管理的适用范围。项目成组管理旨在降低成本、提高效率，适用于组织中优先级相同、项目类型相似、复杂度相似、成熟度相近、资源需求类似、生命周期相近以及所需技术相近的多项目管理。

（2）项目组合管理的适用范围。项目组合管理旨在实现战略布局，降低组织风险，适用于长期项目与短期快速项目间组合、高风险愿景型项目与低风险有把握型项目间组合、不同业务类型项目间组合、不同技术类型项目间组合、新产品开发项目与现有产品改造项目间组合、产品创新项目与工艺技术创新项目间组合。

2.2.7　项目管理办公室

1. 项目管理办公室的概念

（1）项目管理办公室的定义。项目管理办公室是组织项目管理常用的一种组织形式，是协助项目管理者实现项目目标的组织实体，它对项目进行计划、评估、监控以及提供日常行政支持，为项目管理者提供项目管理标准、信息、方法和咨询服务，是组织内部项目管理的业务支持机构或内部咨询机构。项目管理办公室的存在旨在减少组织中项目管理职能的成本和提高项目管理的规范性与标准性。项目管理通过项目管理办公室向组织的各个角落延伸。

（2）项目管理办公室的常见形式。项目管理办公室的常见形式主要有：项目办公室（project office）、项目支持办公室（project support office）、计划支持办公室（program support office）、计划办公室（program office）、项目管理支持办公室（project management support office）等。

2. 项目管理办公室的职责

项目管理办公室的具体职责取决于组织发展的实际需要。一般来说，项目管理办公室的主要职责有：

（1）开发和维护组织的项目管理标准、方法和程序。

（2）为组织提供项目管理咨询和指导。

（3）为组织选拔和培养合格的项目负责人。

（4）为组织提供项目管理培训。

（5）进行项目风险评估。

3. 项目管理办公室的客户

项目管理办公室的客户主要指按照某种原则，接受项目管理办公室的产品和服务的个人或单位，主要有：

（1）组织决策者。

（2）项目负责人或项目主管。

（3）项目团队成员。

（4）职能部门负责人。

（5）其他项目利益相关者。

2.3 示例：美国联合碳化物公司项目实施八段法*

美国联合碳化物公司（UCC）是一家以从事技术开发项目为主的大型公司，拥有自己的拳头产品开发基地，每年将盈利额的10%或更多投入技术开发和研究。该公司的项目工作法具有典型的代表性，提供了一套综合各项目业务功能并确定投资项目规划、程序表及其执行过程的工作方法。具体项目的确定和实施共分八个阶段，对于实业投资工程类项目管理（如资源能源开发、工业投资、产业园区开发等）具有普遍的借鉴意义。

（1）业务战略与基础规划。

（2）项目方案（设备和范围）设计。

（3）项目方案确定。

（4）工艺及基础设计。

（5）详细工程设计。

（6）施工和预试车。

（7）试车、开车和验收。

（8）项目竣工、评审和审计。

以下介绍UCC的项目实施八段法。

2.3.1 第一阶段——业务战略与基础规划

本阶段的初期包括高水平的业务战略开发以及共同资源分配法（corporate resource allocation process，CRA）的利用。该法决定项目的侧重点以及需要组织提供财源、人力的业务。本阶段的工作就是利用工程及技术支持系统（engineering and technology support system，ETSS）对所需要的业务进行研究。该阶段需要长期的业务战略观点，包括在竞争中具有优势所需的技术和设备。

在对业务资源分配法（RAP）进行评估时能确定各项业务机会。这些评估活动往往会引发对项目研究的要求，以确定捕捉业务机会的最佳途径。如果这个机会是指销售量的增加，则可能增加生产某种产品的各种方法，包括：

（1）购买，然后转卖某种产品。

（2）寻求一种来料加工的行动路线。

（3）解决现有设备装置中的瓶颈问题。

（4）使用旧的或新的技术建造新装置。

（5）购买现成的设施。

在工程研究及有关研发完成后，就可以决定：达到目标的最佳方法是建设或改

* 龚渝明，庄朝晖．美国UCC公司项目实施八段法．工业设计，1999，9（1）：39-42.

造原有的生产装置。实际上，这就是确定要上新项目。此时，利用概念成本和时间表等资料编制项目建议书，然后输入基建支出费用报告和预测系统（CERFS）数据库，这标志着第一阶段工作的完成。

第一阶段应交付的关键工程文件有：

（1）项目开发或基础设施建议书。

（2）修订后的总项目开发进度计划。

（3）修订后的公司投资项目总计划。

2.3.2　第二阶段——项目方案设计

本阶段的目标是设计开发一个概念性的装置框架，包括装置规模、产品配比、装置地点、采用的技术、时间进度等。

工程部经理通过发布业主项目目标（OPOS）草案以及一个方案设计总则开展第二阶段工作。OPOS 描述了业务目标并提供方案设计的工作量投入以及其他应考虑的因素。方案设计总则描述了方案设计工作组的任务。这个多功能小组的工作是本阶段的主要活动。本阶段的设计开发工作包括平行协调的三种工作过程：项目工作过程（PWP）、工程及技术支持系统（ETIS）和研发。

研发应交付的工程文件包括：

（1）方案设计报告。包括建议项目范围、选址、大范围成本及进度估计等。

（2）技术基础文件。包括为本工艺过程选择可采用最佳技术所做的工作及为本阶段研发提供输入的文件资料。

（3）项目方案报告。它是上述两个文件的执行概要。

其中前两个文件提供第二阶段已做工作的档案库并作为“技术及范围”的输入资料，服务于项目第三阶段及其他方面的工作组。第三个文件提供工作组所需信息，借以确定该项目是否仍需进行。本阶段工作本着“偏向撤销该项目”的精神进行（美国资料称，90%以上的项目建议在本阶段被否决）。

如果工作组决定继续其工作，则工程部经理应修订基本 OPOS。修订过的 OPOS、方案设计报告以及技术基础文件必须通过本阶段的质量检验。一旦通过，就可成立项目执行委员会，并指定项目负责人，此时第二阶段工作完成。

第二阶段应交付的关键工程文件有：

（1）业主项目目标草案。

（2）项目开发总则。

（3）安全分析。

（4）技术基础/选择。

（5）明确的业主项目目标。

（6）项目建议。

1. 业主项目目标

业主项目目标的制定是为了便于把项目目标和项目要求简单明了地传达给准备

开发项目及准备接收操作设备和装置的工作人员。

典型的项目目标将确定以下内容：

（1）项目所有权。

（2）管理责任/具体责任。

（3）项目关键参数。

（4）项目时间安排（时机选择）的要求。

（5）项目的成本和财务评估。

（6）对参与人员明确项目的工艺技术要求。

（7）生产规模的要求和其他操作因素。

（8）要求的产品质量。

（9）应考虑的原料因素。

（10）设备（装置）性能的可扩展性。

（11）评价准则、风险管理和价值工程的考虑因素。

（12）生命周期分析/设备（装置）寿命。

（13）应考虑的各种选择/必要的研究。

（14）特殊考虑因素。

2. 项目职责

除了对项目工作过程中采纳的各个特定的项目步骤的规定，还应指派专门人员并组成功能性小组来负责任务的执行，这对于更好地执行项目负责人负责制具有重要意义。因此，职责广义上被定义为：一个人通过物质的和精神的努力满足一个职位或一个工作的要求时所应承担的责任。

在上述定义范围内以及在项目职责管理中运用时，工作任务的执行是从工作人员所起的作用及相互关系进行考察的，共有四个考察点，一般称为RACI，这四个考察点定义如下：

（1）具体责任者（responsible）。实际完成一项指定任务者（可以不止一人）。

（2）管理责任者（accountable）。确保一项任务或文件的完成，且必须满足质量要求的最终责任者（只可任命一人）。

（3）被咨询者（consulted）。最终决策或行动完成之前必须涉及的人员（可以不止一人）。

（4）被通知者（informed）。一项决策或行动完成之后必须通知的人员（可以不止一人）。

2.3.3 第三阶段——项目方案确定

本阶段将最终确定能获得财务批准的装置框架和规划。它在达到上述两个阶段质量标准的基础上，确定项目目标和项目实施的最终基本决策。它们将支配随后的工艺及基础设计、详细工程设计。

本阶段工作的完成对项目的商业成功具有最大的潜在影响。

项目方案的确定阶段包括下列主要决策和活动：

(1) 决定是否需要进一步的技术改进。

(2) 组成一个核心项目组并开始工作。

(3) 颁布变更控制程序。

(4) 准备采用的最佳实施决策。

(5) 进行必需的健康、安全和环保（HS&E）审查。

(6) 完成风险/替换方案审查。

(7) 决定是否要上一个项目。

(8) 发布技术定义报告。

(9) 确定业主项目目标。

(10) 拟定采购计划。

(11) 完成主体装置范围定义包（FSP）。

(12) 发布全面、协调的项目执行计划。

(13) 进行一次项目认可会议。

(14) 准备项目批准申请书。

这一阶段以公司的行政管理机构正式批准项目而结束。

第三阶段应交付的关键工程文件有：

(1) 项目战略计划。

(2) 最终的业主项目目标。

(3) 技术的定义。

(4) 主体装置范围定义包。

(5) 经审批的大规模融资计划。

欧美国家的大公司非常重视这前三个阶段。其项目方案报告提供工作组所需的项目范围、选址、时间、费用估算和最佳技术等信息，根据这些信息公司决定是否要上马该项目，且通常是以偏向撤销该项目为指导思想的。这体现欧美公司对上马项目的慎重和严谨态度，与我国现行的项目可行性报告往往按上级主管部门的要求偏向项目可行的考虑大相径庭。

2.3.4　第四阶段——工艺及基础设计

本阶段将完成包括进行详细工程及履行工程设计、采购及施工（EPC）合同所需的全部标准和资料。

因此，应完成下列几项检查工作并提供资料：

(1) 制定战略性项目执行计划（指具体的执行方法，不同于战略性计划）。

(2) 按计划调整项目各部门成员。

(3) 完成总平面及设备布置。

(4) 制定操作安全规范（OSS）。

(5) 确定EPC需要的，包括可能采用的集散装物料供货商。

(6) 进行强制性、独立的HS&E审查。

(7) 公布详细的主体装置范围定义包。

(8) 制定EPC主计划表和修订的成本估算。

本阶段结束时将通过一个质量检验，即检查详细工程设计的关键文件及应交付的工程文件是否符合要求并且完整。

第四阶段应交付的关键工程文件有：

(1) 项目执行计划（包括承包商选择等）。

(2) 项目范围准则。

(3) EPC进度。

(4) 最低限度应交付的工程文件。

(5) 详细装置范围定义包。

典型的项目执行计划的内容包括：

(1) 引言。

(2) 项目描述。

(3) 业主的项目目标。

(4) 项目组织。

(5) 工程计划。

(6) 技术。

(7) 工程工艺计划。

(8) (HS&E) 审查。

(9) 环保许可计划。

(10) 物资管理计划。

(11) 项目监控计划。

(12) 项目准则。

(13) 项目审批计划。

(14) 经营计划。

(15) 详细工程设计计划。

(16) 施工计划。

(17) 制造计划。

(18) 特殊考虑。

2.3.5 第五阶段——详细工程设计

本阶段包括为发布施工图所需的详细设计工作和购买所有设备材料，其早期工作包括项目负责人对第三阶段和第四阶段进行评议：哪些工作完成得好，可作为以后项目考虑的依据；哪些工作完成得不够好，应及时进行改进。本阶段应完成下列基础性工作：

(1) 采购所有关键的工程设备以及从订货到交货需要长时间间隔的散装物资。

(2) 进行单独科目的安全审查。

(3) 申领环保许可证。

(4) 完成施工计划和动员工作。

(5) 采购非关键性物资及设备。

本阶段完成时，项目负责人进行质量审查，以保证发放的资料既完整又适于施工。

第五阶段应交付的关键工程文件有：

(1) 设计报告。

(2) 施工图和详细说明。

(3) 施工材料表。

(4) 批准书。

2.3.6 第六阶段——施工和预试车

本阶段包括施工的各个方面，并且以把设备管理、保养和控制正式移交给负责生产的部门为结束标志。本阶段应完成下列主要工作并提供文件资料：

(1) 项目组成员召开施工开工会议（项目成功的关键）。

(2) 生产部门编制、发布标准操作规程（SOP）文件。

(3) 完成各专业施工图（IFC）的发布/交底。

(4) 施工部门完成直接人工汇总表及有关的执行计划。

(5) 生产部门组成开车组并准备试车、开车程序。

(6) 进行操作和维修人员的培训和资质确认。

(7) 施工部门完成机械施工。

(8) 生产部门进行预开车安全检查（PSSR）。

(9) 生产部门接受已完工设备的管理、保养和控制。

(10) 施工部门完成（为了记录）项目的修改标记图。

本阶段完成时，项目负责人进行质量检查，以确保主要工作步骤及其基础文件资料已圆满完成。

第六阶段应交付的关键工程文件有：

(1) 操作和维修工程文件。

(2) 管理、保养和控制文件。

(3) 操作员培训手册。

(4) 开车前的安全检查和开车进度表。

(5) 技术员/分析员名单及 SOP 手册。

2.3.7 第七阶段——试车、开车和验收

本阶段的主要目的是通过一切技术和人力的支持，实现项目的实际完成，并达

到业主可接受的运行程度。如果该工程包含新技术，则一定要准备有关技术验证计划。此外，还需完成下列活动：

（1）项目组成员召开开工会议（成功的关键）。

（2）证实所有必要的临时设施是否安装正确，如开车滤网、过滤器、零部件（已装好或未妥善装好的）等。

（3）保证移开干燥剂、油品、润滑油、储藏保护剂等，或证实这些物品不妨碍试车物料及试车活动。

（4）安装活动盲板，把试车装置及仍在施工中的装置分隔开。

（5）经车间管理组织认可，装置及人员准备好安全试运转。

（6）工艺易燃物不进入试运行，采用（氮、空气体等）代替工艺物料，在此前提下尽可能近似地模拟操作。

（7）保证工艺易燃物安全进入装置所必需的安全设备及设施能正确试车和运转。

（8）进行双重检查，校正和测试仪表必须符合操作安全标准和关键操作规程。

（9）车间管理组织批准设备和人员准备工艺物料安全进入装置。

（10）在可能范围内采用实际工艺流体进行动力操作和测试，但不得有任何化学反应。

（11）在开始操作前要完成所有的开车前安全检查项目。

（12）保证业主操作性能测试标准放在合适的地方。

（13）车间管理层要求相关人员做好安全操作的准备。

（14）原料和催化剂投入设备，以尝试生产可出售的产品（初步运行）。

（15）完成操作性能测试，并鉴别出缺陷。

（16）业主决定接受运行或纠正缺陷。

（17）达到正常运行，解散开车班子。

（18）完成现场施工活动。

（19）所有竣工图按大家同意的完工日期记录并发布。

（20）开始按操作图维持运作。

本阶段结束时，项目负责人进行质量审查并编制成文件，以证实完成的工作，包括：

（1）与业主目标比较的结果。

（2）证明全部具体负责人已停止活动。

（3）已进行设备与操作变更复查。

第七阶段应交付的关键工程文件有：

（1）项目机械完工报告。

（2）证实项目达到业主项目目标。

（3）竣工图。

2.3.8 第八阶段——项目竣工、评审和审计

本阶段包括下列要素：

(1) 竣工决算。

(2) 根据在项目进行过程中的有益经验和教训的记录，编制工程总结报告，并由项目负责人发布。

(3) 证明该项目达到竣工验收标准，各项指标达到合同要求，并可交付使用。

本阶段工作结束后，在项目投产运行的前 18 个月内，还要完成一次“工作组战略复查”，对比原来的期望值与项目的实际商业结果。

第八阶段应交付的关键工程文件有：

(1) 最终评审文件。

(2) 修订后的技术规范及操作手册。

(3) 项目执行过程中的经验与教训。

(4) 归档记录。

(5) 竣工验收报告。

(6) 商业审计及工程费用结算。

实际上，UCC 后五个阶段的工作与国内工程公司参与的项目总承包，在方法和内容上基本相似。但它对质量的要求非常高，如第七阶段试车运行中多次提到保证、认可、批准，有的甚至要双重检查。

2.3.9　结论

UCC 的项目实施八段工作法在发达国家具有一定的代表性。它为实现优秀项目所采取的战略是，在项目开发的每个阶段均达到全优质量，即在每个阶段都应做到：

(1) 明确什么是重要的。

(2) 明确谁是具体负责人，谁是管理负责人，向谁咨询和通知谁，即 RACI。

(3) 在工作开始前明确工作程序、实施要求（标准规范）和应交付文件的定义。

(4) 有确切的决策传达、决策控制和目标管理。

(5) 在每个重要步骤中有明确的质量保证和质量要求。

“他山之石，可以攻玉”，UCC 的项目实施八段工作法对我国的项目实施和管理工作有较大借鉴作用。如今，我们已跨入知识经济时代，如何把知识型管理经验运用到项目实施和管理中，是值得深思的问题。

2.4　示例：部分休闲农业、主题公园、旅游小镇、温泉项目概况

2.4.1　××年××市世界园艺博览会

地点：××市××区广运潭生态公园。

规模：265公顷。

项目背景：××年××市世界园艺博览会在××市举办，主题为“天人长安·创意自然——城市与自然和谐共生”。为保证筹备工作有条不紊地按照一定计划顺利开展，对筹备期间可能涉及的所有工作、园区规划和产品、会展策划等进行总体研究和具体分析，形成博览会总体方案、博览园概念性规划方案、会展策划、园区产品及持续利用策划。

项目规划设计与综合管控任务：整合总体方案、概念方案、园区策划、会展策划、商业策划、招商、可研、环评、政府立项、管控体系设计、项目综合计划、预算、招标、工程管理、进程控制等各类相关资源，全程指导。

2.4.2 ××国际陶艺文化旅游产业园

地点：××省××县城关镇温泉河北部区域。

规模：策划1万亩；概规5 000亩；修规1 500亩。

项目背景：××县位于××省关中平原中北部，是关中—天水经济区与西安国际化大都市的重要构成部门，但目前仍比较落后，城市综合发展急需新的突破。在此背景下，提出了在温泉河北部区域建设“国际陶艺文化旅游产业园区项目”的战略构想，旨在以“美丽××核心载体”“全国新型城镇化典范”为目标，通过文化与旅游导向的区域综合开发，打造××县的城市客厅与超级名片，与县城、工业园区、农业基地等形成高度互补，有力地推动××产业升级与新型城镇化建设。

项目规划设计与综合管控任务：整合总体方案、概念方案、园区策划、商业策划、招商、可研、环评、政府立项、管控体系设计、项目综合计划、预算、招标、工程管理、进程控制等各类相关资源，全程指导。

时间：2011年。

2.4.3 ××庄园

地点：××市××区。

规模：1 100亩。

设计理念：为满足游客休闲、娱乐、体验、聚会等都市生活的补充需求，项目组围绕“蓝调”意境，运用产业创意整合法、养生创意提升法、动静结合创意法、时尚化创意法、特色设施创意法五大创意休闲农业的打造手法，系统完整地规划设计了蓝梦工厂、蓝莓四季果庄、水晶古堡温泉花园、爱的伊甸园、青年之家五大组团，致力于将本项目建成××市第一家集蓝莓种植、生产销售、加工和体验为一体的蓝莓生产基地，实现“创意升级农业，浪漫打造农庄”。

项目规划设计与综合管控任务：整合总体方案、概念方案、园区策划、商业策划、招商、可研、环评、政府立项、管控体系设计、项目综合计划、预算、招标、工程管理、进程控制等各类相关资源，全程指导。

2.4.4 ××省农业现代转型综改示范园新农村社区

地点：××省××县甘亭镇，辖6个行政村。

规模：23 000亩。

项目背景：在相关政策的指引下，甲方2011年着手建设现代农业转型综改示范园区。该示范园以科技创新为先导，立足特色工程苗木生产，以苗木新品种的引进、开发和新技术的示范推广为重点，融生产、科技开发、技术示范、观光旅游和新技术培训等为一体。

项目规划设计与综合管控任务：整合总体方案、概念方案、园区策划、商业策划、招商、可研、环评、政府立项、管控体系设计、项目综合计划、预算、招标、工程管理、进程控制等各类相关资源，全程指导。

2.4.5 ××省旅游小镇项目

地点：××省风景名胜区内。

规模：1 794亩。

项目背景：本项目位于××省风景名胜区内，是委托方进入××省景区着力打造的重点项目，以改变××省旅游景区××寺一家独大的现状，将其他旅游景区资源有效整理，展现旅游发展的角度，打造旅游集散中心，诠释“天地之中”的文化地位，建设天中小镇。

核心思路：选取××省文化中具有中原文化典型特征，且受“天地之中”传统宇宙观影响深远的文化符号，作为本项目核心文化圈层，打造古街意境中的功夫梦、古镇环境中的遗产文化体验地、“天地之中”世遗地的“双生态”度假村核心吸引力。

项目规划设计与综合管控任务：明确需求和总体创意，整合总体方案、概念方案、园区策划、商业策划、招商、可研、环评、政府立项、管控体系设计、项目综合计划、预算、招标、工程管理、进程控制等各类相关资源，全程指导。

2.4.6 ××省仙境思拉堡温泉小镇

地点：××省盖州双台子镇思拉堡村。

规模：总占地10平方公里，一期365亩，温泉区占地90亩。

核心思路：一期项目主要包含温泉小镇项目主入口以北西侧的365亩地。根据策划，一期项目是承东启西、贯通大盘的重要战略节点。将一期重点区域的总体布局分为“一核三区、四大板块”的结构。一核为温泉娱乐核心，同时搭配南北两部分主题地产分区以及服务分区，形成酒店度假别墅、温泉高尔夫娱乐、温泉度假公寓、入口服务四个主要板块。

项目规划设计与综合管控任务：整合策划及概念性规划资源，管控体系设计顾问，综合计划编制顾问。

思考题

1. 项目管理过程分为哪几个阶段？各自的主要特点是什么？
2. 什么是项目？其主要特征是什么？
3. 简要描述项目的生命周期。
4. 项目的基本要素有哪些？
5. 项目与作业的主要区别是什么？
6. 简要说明项目的主要利益相关者。
7. 什么是项目管理？其主要特点是什么？
8. 简述项目管理的知识体系（重点比较不同版本的异同）。
9. 试述项目管理的分类。
10. 简要说明公共投资项目管理与企业投资项目管理的一般原则。
11. 简要说明多项目管理。
12. 说明项目管理办公室的作用和职责。

第3章 项目组织管理

Chapter 3

本章将讲述有关项目组织的基础知识，给出项目组织的定义与特点、项目组织的生命周期、项目组织结构形式以及项目组织设计与项目组织的一般工作内容；阐述项目团队的定义与特点、项目团队的层次和类型、影响项目团队工作的主要因素、高效项目团队的表现和常用的项目团队决策方法；重点论述项目负责人的作用与地位、责任与权力、素质与能力、挑选与培养，介绍项目负责人的激励与薪酬设计；介绍项目人力资源管理和项目管理文化。

3.1 项目组织

组织是一切管理活动取得成功的基本要素。项目组织的主要目的是充分发挥项目管理的功能，提高项目管理的整体效率，以达到项目管理的目标。随着社会经济的发展、组织运转与管理环境的不断变化，在现实的组织管理工作中出现了许多新的问题，项目组织与人力资源管理为提高组织的决策能力和反应速度提供了新的途径。项目组织与人力资源管理模式具有高度的灵活性，强调团队的协作精神，是应对变化、实现资源优化配置、提高组织运转绩效和管理水平的有力武器。

3.1.1 项目组织的定义与特点

1. 有关项目组织的定义

现代项目管理作为一种新型的管理方式，其所依托的组织与传统的组织既有相同之处，又有不同之处。项目组织与传统组织相比，最大的区别就在于项目组织具有临时性，更强调负责人的作用，更强调团队的协作精神，其组织形式具有更大的灵活性和柔性。

项目组织是为完成项目而建立的组织，是指为完成项目任务而由不同部门、不同专业人员组成的一个临时性特别组织。它不完全受现存职能组织构造的束缚，但也不能完全代替各种职能组织的职能活动。项目组织中的业务流、知识流、信息流、物流更多地表现为横向流动，而职能组织中更多地表现为纵向流动。

2. 项目组织的特点

针对不同的项目类型和管理模式，项目组织也存在多种形式，表现出很大的差异性。但与传统的职能组织相比，项目组织也具有一些共同的特点。

（1）适应项目的一次性特点。项目组织因项目的临时性而具有临时性特点，通常为任务而设。项目组织与项目一样，具有生命周期，需要经历一个建立、发展和解散的过程。

（2）适应柔性的特点。项目组织没有明显的组织边界，项目利益相关者之间的契约关系决定了项目具有机动灵活的组织形式和用人机制，讲求专业化与复合化的统一。

（3）注重协作和沟通的特点。由于项目具有较高的不确定性和风险性，大力协作与充分沟通、发挥集体决策的作用，是减少突发性问题的有效手段。

（4）注重借助外部资源。项目的效率与效益指标成为项目的主要指标，没有冗员。借助外部资源是项目管理的基本手段，也是降低项目风险、提高项目成功率的重要手段。

（5）团队精神发挥着更大的作用。由于成员的忠诚度不够，团队精神是项目管理组织发挥有效作用的基础。

（6）跨职能部门的特点。项目是一个综合的系统，项目组织内部需要多领域专业人员的协作与分工，项目成员来源于多个部门，应注重跨职能部门的横向协调。在管理实践中，经过科学论证、充分酝酿以及严密计划的项目往往体现为客观需要，而职能的发挥却常常会以主观方式体现，因此，主观的职能应尽可能服务、服从于项目的客观需要。

3.1.2 项目组织的生命周期

项目组织最显著的特征就是它的临时性。根据项目周期的长短，项目组织可能存在一天，也可能存在数年。在它的生命周期中，包括五个重要的阶段：形成、磨合、规范、执行和解体，如图3-1所示。

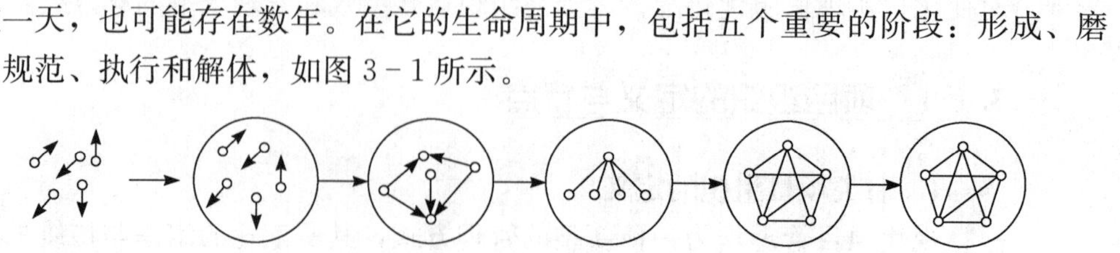

图3-1 项目组织发展阶段示意图

1. 形成阶段

项目组织成员“都是来自五湖四海”，为了一个共同的目标走到一起来的。从不同的组织集中到一起，每个成员都试图了解项目的目标和确定自己在项目组织中的角色。在这个阶段，对成员的定位非常重要。成员了解项目的目标后，根据组织的安排与自己的选择，承担相应的工作任务。

在这一阶段，项目负责人要进行项目组织的指导和构建工作，说明项目目标，公布项目的质量标准、进度计划、组织结构以及每个成员在项目中充当的角色等。

2. 磨合阶段

磨合阶段又称风暴阶段（storming）。项目组织的成员明确目标后，便开始运用自己的技能执行分配的任务。但是，现实的工作内容可能和个人设想的不一致，彼此就会发生一些摩擦。在该阶段，会发生无端的争论和争吵，最容易产生冲突。

在这一阶段，项目负责人要对项目组织中每个成员的角色和职责有明确的定义和分工，同时，要努力创造一个和谐的、相互理解和相互容忍的工作环境。

3. 规范阶段

当项目组织的目标更加清楚，项目组织的管理、工作环境得到改进和规范后，项目成员有了相应的自由，期望能够采取行动，相互配合以高效完成工作。

在这一阶段，项目成员间建立了互相信任、互相帮助的关系，合作意识明显增强。其他利益相关者和项目负责人要对项目组织的成果给予相应的支持。

4. 执行阶段

在此阶段，项目的运作步入正轨，工作方法、行为规范、成员的任务都得到了明确的定义。项目成员都急于实现项目目标。项目成员间的工作范围已经超过了原先对个人的界定，进而相互依赖，协同工作。

在这一阶段，项目负责人的工作是协助、修正项目进度的制定和执行。

5. 解体阶段

这个阶段，项目小组完成了任务，准备解散。项目成员中的个体将回到各自原先的部门。

3.1.3 项目组织的结构形式

由于项目具有一次性与独特性的特点，在确立一个项目以后，就需要根据这个项目的具体情况建立项目小组，负责项目的实施、费用、时间、质量的控制和管理等工作。项目结束之后，项目小组完成了自己的任务，也就不复存在了。

项目组织的结构实质上决定了项目组织实施项目时获得所需资源的可能方法与相应权力，不同的项目组织结构对项目的实施会产生不同的影响。

一般组织的特征及设计原则同样适用于项目组织，但必须同时反映项目管理工作的特征。

一个组织中的工作部门、工作部门的等级以及管理层级和管理幅度设计确定之后，各个工作部门之间内在关系的不同就决定了组织结构的不同形式。组织结构设计的影响因素有很多，通常主要取决于生产力水平和技术的进步。组织结构的设计还受组织规模的影响，组织规模越大，专业化程度越高，分权程度也越高。组织所采取的战略不同，组织结构模式也不同。组织结构的基本形式有职能型组织结构、项目型组织结构和矩阵型组织结构等。

1. 职能型组织结构

职能型组织结构如图3－2所示。

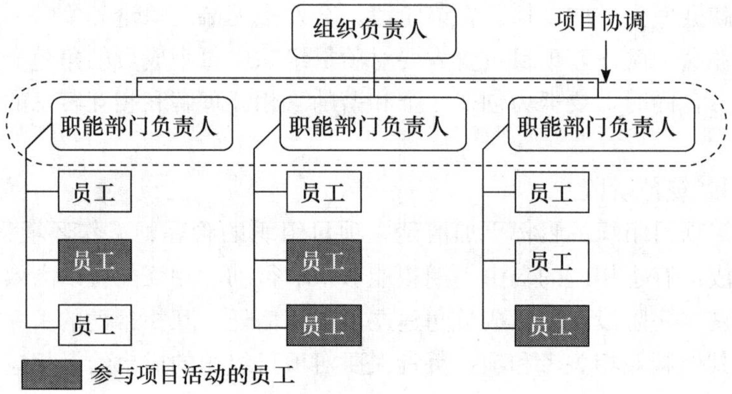

图3－2 职能型组织结构

职能型组织结构是按管理职能以及职能的相似性来划分工作部门所组成的层次性管理组织。这种组织结构属于纵向划分组织结构。职能型组织结构中的职能部门在自己的职能范围内独立于其他职能部门进行工作，职能工作人员接受相应的职能部门负责人的领导。在这种组织系统中进行项目工作时需要各职能部门的共同配合，承担各自职能范围内的工作，共同完成。在职能型组织结构中，每个工作部门只有唯一的上级领导或上级部门，即上下级呈直线形的领导与被领导的权责关系，一级服从一级，上级工作部门在所管辖的范围内对直接下级具有直接的指挥权，下级部门必须绝对服从。

项目的职能型组织结构出现在这种情况下：项目管理实施小组的组织并不十分明确，各职能部门均承担项目的部分工作，而涉及职能部门之间的项目事务和问题由各个部门的负责人处理和解决，并负责进行协调。该组织的特点是项目成员不脱离原来所隶属的职能部门，没有明确的项目负责人。

项目的职能型组织结构具有的优点是：有利于专业化水平的提高，有利于集权管理。其缺点是：项目协调困难，难以保证项目责任的落实。

职能型组织结构适用于规模较小、偏重于技术的项目，不适用于不确定性较大、规模较大和复杂性较高的项目。

2. 项目型组织结构

项目型组织结构如图 3－3 所示。

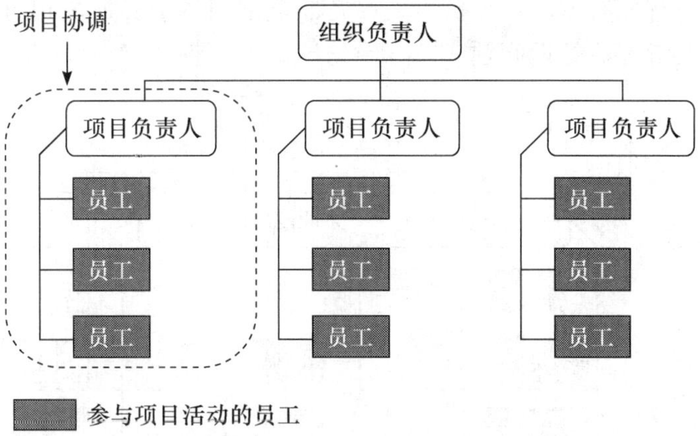

图 3－3　项目型组织结构

项目型组织结构中的工作部门一般是综合的、按项目进行设置的，这种组织结构按项目来配置组织的所有资源，属于横向划分组织结构；组织的经营业务由一个个项目组合构成，每个项目之间相对独立。部门隶属于项目，设有明确的项目负责人，责任明确，直接对组织决策层负责，项目负责人具有举足轻重的作用和地位。在这种模式下，项目可以直接获得系统中大部分的组织资源，项目负责人具有较大的独立性和对项目的绝对权力，对项目总体负责。

项目型组织结构的优点是：可以防止产生多源指令、政出多门；对各个项目来说，目标明确，管理程序简捷，便于控制；有利于培养复合型人才。其缺点是：项目负责人责任重大，往往要求其是全能式的人物；组织内部的资源难以充分利用，专业化程度低；组织内的专业化、标准化和通用化比较困难；组织的稳定性较差。

项目型组织结构适用于不确定性较高、规模较大、复杂性较高和持续时间较长的项目。

3. 矩阵型组织结构

职能型组织结构和项目型组织结构在项目管理方面具有互补性。矩阵型组织结构将纵向职能型组织结构与横向项目型组织结构相结合，有效解决了纵向控制与横向协调的矛盾。矩阵型组织结构融合了项目型组织结构和职能型组织结构的优点，在组织资源合理配置与利用方面显示出巨大的优越性。根据横向划分与纵向划分相结合的强弱程度，矩阵型组织结构又分为弱矩阵型、平衡矩阵型和强矩阵型。

(1) 弱矩阵型组织结构（见图 3－4）。弱矩阵型组织结构保留了项目职能型组织结构的主要特征，但在组织系统中为了更好地实施项目，建立了相对明确的项目管理团队，团队由各职能部门的职能人员组成。这样一来，针对某一个项目就有了对项目总体负责的项目管理人员。然而，在弱矩阵型组织结构中并没有明确的对项目目标负责的项目负责人，项目管理人员只扮演项目协调者的角色，而项目成员的唯一直接领导还是各自职能部门的负责人。对项目管理而言，弱矩阵型组织结构优于职能型组织结构，但由于项目化特征较弱，当项目涉及各职能部门且产生矛盾时，因没有强有力的项目负责人，各职能部门的项目成员很可能过多地从本部门的利益出发考虑、处理问题。

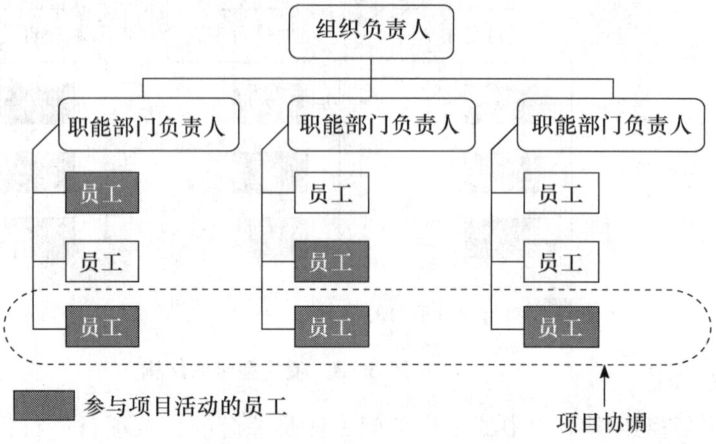

图3-4 弱矩阵型组织结构

（2）平衡矩阵型组织结构（见图3-5）。平衡矩阵型组织结构是对弱矩阵型组织结构的改进。为强化对项目的管理，在项目团队中从职能部门参与该项目的成员中任命一名项目负责人，赋予一定的权力，对项目总体与项目目标负责。平衡矩阵型组织结构比弱矩阵型组织结构对项目管理有利，项目负责人可以调动和指挥相关职能部门的资源来实现项目目标，在项目上拥有相应的权力。

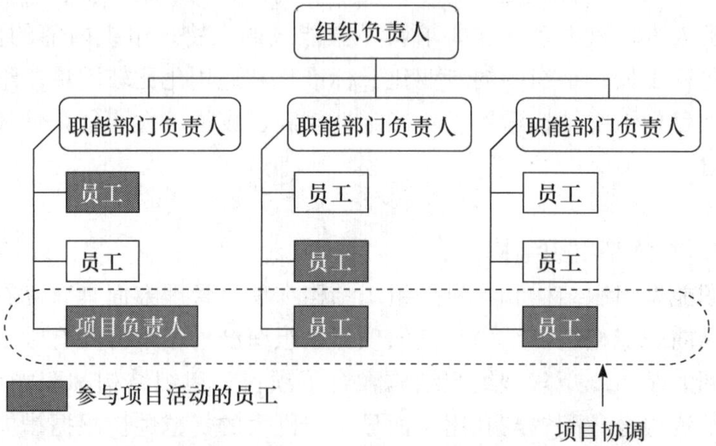

图3-5 平衡矩阵型组织结构

（3）强矩阵型组织结构（见图3-6）。强矩阵型组织结构具有项目型组织结构的主要特征。它是在原有的职能型组织结构的基础上，由组织的最高领导任命对项目全权负责的项目负责人，项目负责人直接向最高领导负责。或者，在组织中增设与职能部门属同一层次的项目管理部门，直接接受组织最高领导的指令。项目管理部门再按不同的项目，委任相应的项目负责人。项目管理部门的负责人是所有项目负责人的领导。强矩阵型组织结构对实施大型复杂的，需要各个相关职能部门通力配合、协调推进的项目比较有利。

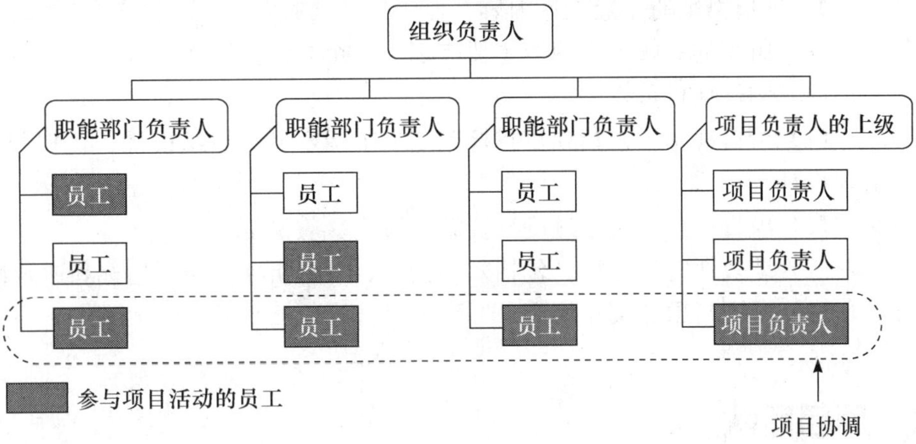

图 3－6　强矩阵型组织结构

3.1.4　项目组织设计与项目组织的一般工作内容

1. 项目组织设计

（1）项目组织设计的依据。项目组织设计的依据有项目的目标分析、项目的工作任务分解结构分析以及项目的环境分析三个方面。项目的目标分析涉及目标分解与层次划分；项目的工作任务分解结构分析涉及项目的规划、过程、成果、资源以及组织等多个方面；项目的环境分析则涉及外部的政治、经济、技术、商业、利益相关者以及内部的文化、氛围等多个方面。

（2）项目组织设计的内容。与一般的组织设计内容相同，项目组织设计的内容也包括组织结构设计和组织流程设计两个方面。组织结构设计包括组织结构、职责分配、组织关系等方面，成果是项目组织结构单元和工作单元；组织流程设计包括组织间信息流、知识流、物流的方向和层次。

职能型组织结构适用于生产、销售标准化产品的工商企业，拥有单一品种、大批量生产的企业以及仅提供单项服务的专业化公共组织，该类企业或公共组织的创新性活动极少。

项目型组织结构适用于做多个项目但没有形成生产规模的项目组织，这类组织的变化较为频繁，创新性活动较多。项目团队专门从事一个项目。专职的项目负责人对项目团队有控制、管理的权力。这种组织结构是以项目的目标和客户的需要为导向运作的，如果有几个项目同时进行，可以带来低成本的优势。

矩阵型组织结构是近几年在国外大型企业以及政府组织中风靡的组织结构，特别是在以人为本的服务导向型组织中。它既有线性结构，注重项目和客户的要求和特殊性，又保留了职能结构中对某一职能的专注性。这类组织的开放性与建设性均可达到一个较高的水平，专业性与复合型也均易得到保证，组织的生命力与可持续性较强。

2. 项目组织的一般工作内容

项目组织的一般工作内容主要有以下几个方面。

（1）聘任项目负责人。

（2）项目规划。包括项目目标确定、范围定义、组织设计、责权利划分、资源需求设计。

（3）项目监控。包括进度、资源、费用、质量等。

（4）绩效评定与考核。包括效率指标、效益指标、风险指标和递延性指标。

（5）培训与项目文化培育。

3.2 项目团队

团队是一种为了实现某一个共同目标而由共同遵循同一规范、相互协作的若干个体组成的正式群体。团队工作就是团队成员为实现某一共同目标所从事的具体活动。团队建设是项目管理的一项重要内容和必要技能。

3.2.1 项目团队的定义与特点

1. 项目团队的定义

项目团队是为适应项目管理而建立的团队。建设一个团结、和谐、士气高昂、工作高效的项目团队，对最终实现项目目标具有至关重要的意义。项目团队能够促进多领域专家能力的合成和信息与知识的共享，激发成员的创造力和凝聚力，对项目的成败具有重大意义。一个有效率的项目团队不一定能决定项目的成功，而一个效率低下的团队必定会使项目失败。

2. 项目团队的特点

团队是一种先进的组织形式和运作方式。20世纪70年代，沃尔沃、丰田等公司率先把团队概念引入其生产过程，在企业界轰动一时，以至于成为新闻热点。现在，情况不同了，不愿采用团队管理方式的现代企业倒有可能成为笑谈。

项目团队如同项目本身，组成的规模有大有小，存在的时间有长有短。有些组织结构相对复杂，而有些却很简单；有些动态性强，人员要经常更换，而有些却相对稳定。团队是一组人的集合，他们为共同的目标而努力工作，其中每个人的努力必须协调一致。当前，项目团队的组织形式十分盛行，其特点也很多，主要有如下几点。

（1）共同的目标。由于项目的临时性与一次性特点，成员在项目中往往扮演多种角色、从事多种工作并完成多项任务。制定明确的目标并让全体项目团队成员接受，使项目目标成为团队共同的目标，建立项目团队成员的共同愿景，对激发团队成员的工作热情、促使项目成功具有重大意义。

(2) 合理的角色定位。团队是一个有机而精干的集体。一般来说，一个人在项目组织中可能有多个角色，而且根据有关情况的变化，角色也会有相应的变化。在项目成员必须执行的行为中，最主要的就是项目成员的工作任务及任务要求，这是构成项目团队所必需的，也是团队成员角色定位的最基本内容。因此，在目标明确以后，进行合理的分工与协作，使项目团队成员明确自己的角色和责权利，是十分必要的。

(3) 共同的规范。作为正式群体的项目团队必定有自己的规范，即所有团队成员都必须接受的各种规定和纪律，如具体工作指标、出勤率、工作进度以及工作中相互配合的范围和要求等。只有这样，团队才能健康地存在，才能正常地运行。

(4) 高度的凝聚力和归属感。凝聚力是指项目团队成员在项目内的相互团结与吸引。人们喜欢与团队的其他成员在一起工作和相互交流，这种工作中的相互作用是满足他们归属感的主要手段。对绝大多数人来讲，工作团队非常有助于满足人们的友谊和社交需求。建设一个好的项目团队，前提之一就是进一步提升其凝聚力和其成员的集体归属感。

(5) 合作与支持。这是指项目团队中项目成员之间在工作中相互配合的默契程度。项目团队是一个高度互动的群体。毫无疑问，人们都会认为那种内部意见分歧、缺乏合作的集体办事效率要比意见统一、相互配合的集体低。项目团队的组织形式有利于倡导和建设相互合作和相互支持的机制和氛围。

(6) 民主与激励。项目团队的组织形式给项目成员提供了一个参与管理和参与决策的平台，这种参与性将极大地增强组织内部的民主气氛。在参与过程中项目成员能够充分感受到自己的价值，这是一种十分有效的激励，会最大限度地调动项目成员的工作积极性和创造性。

(7) 灵活、优化、高效。在目前多变的市场经济环境中，项目团队与传统的组织结构和其他形式的群体相比，具有反应迅速和灵活的优点。项目团队是用来完成那些单靠个人力量、单一技能、单一经验很难实现的任务，以及提升组织绩效的最佳组织方式。

3.2.2 项目团队的层次和类型

1. 项目团队的层次

项目团队一般可分为三个层次，具体如图 3-7 所示。图中第一层是指面对面相互在一起直接从事项目工作的一群人，他们是项目团队的核心层。在这一层中，无论专职还是兼职，都是项目团队中的核心成员。第二层人员与第一层人员有密切的联系，直接为核心层的工作提供服务或与之有紧密联系，可称其为中间层。实际工作中为了有效地开展工作，中间层往往成为人数较多的部分。第三层是对第一层人员和第二层人员有影响，或受项目工作影响但与项目工作没有直接联系的人，可称为项目团队的外延层。

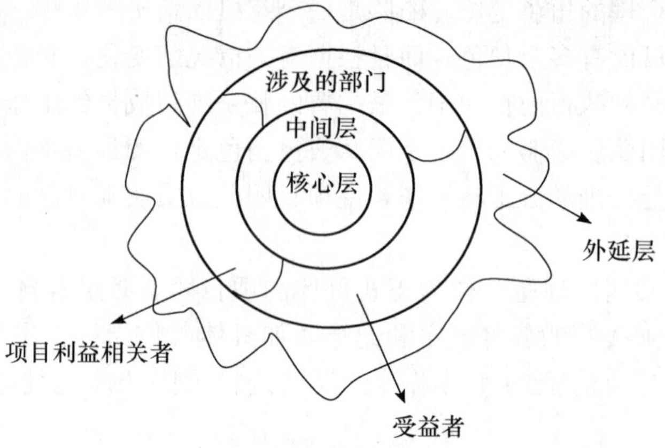

图 3－7　项目团队的三个层次

2. 项目团队的类型

根据组建团队的目的，我们可以对其进行分类。在实际的团队组织中，有三种类型比较常见：问题解决型团队、自我管理型团队、多功能型团队，如图 3－8 所示。

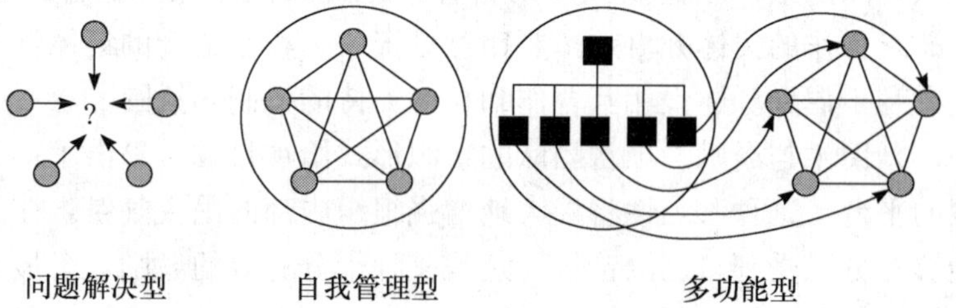

图 3－8　三种类型团队的示意图

（1）问题解决型团队。20 世纪 80 年代，团队这一事物刚刚在发达国家盛行的时候，大多数团队的组织形式和功能都比较类似。团队首先出现在从事生产的企业中，一般由来自同一部门的 5～12 人组成，他们每周聚集起来，用几小时的时间讨论如何才能提高产品质量、生产效率和改善工作环境等。我们把这种团队称为问题解决型团队。

在问题解决型团队里，成员仅就工作范围内的问题，如改进工作程序、改进工作方法等，互相交换看法并提出改进建议。但是，这种团队因为没有得到授权，几乎无权根据这些建议单方面采取行动。此外，20 世纪 80 年代，很多企业为解决质量问题，一般把 8～10 名职责范围部分相互重叠的员工和主管人员组织起来，定期相聚，共同讨论存在的质量问题，调查分析问题产生的原因，提出解决问题的方案，并采取有效的行动。这些都属于问题解决型团队。

（2）自我管理型团队。采用问题解决型团队的做法对于解决很多问题行之有效，但在调动团队成员参与决策过程的积极性方面还存在不足，这就引发企业去努力创建新型的团队形式。新的自我管理型团队通常由 10～15 人组成，这种团队承担了以前自己的主管所承担的部分责任。他们的责任范围包括：设置任务目标，制定团队的工作计划，控制工作的进度，确定成员角色并分配任务。彻底的自我管理型团队甚至可以挑选自己的成员，让成员相互进行绩效评估，建立与能力相关的薪资标准，以及解雇成员。这种新型团队是真正独立自主的团队，它不仅注意问题的解决，执行解决问题的方案，而且具有设立规范、处理人事和薪资分配的权力。它对工作过程和工作结果承担全部责任。

这种自我管理型团队的模式一度十分盛行，它对于提高员工的满意度、降低生产成本、提高生产效率等起到了积极的作用。据统计，到 20 世纪末，美国大约有 1/2 的公司采用过这种团队管理形式。

管理体制专家的综合调查研究表明，自我管理型团队有很多长处，但有些组织采用这种团队形式之后，并没有带来积极的效果。比如，在一些采用自我管理型团队的组织中，员工的满意度确实有所提高，但与传统的工作组织形式相比，员工的缺勤率和流动率偏高。

（3）多功能型团队。多功能型团队是一个独立的能够自我调节、相互约束的工作团队，团队成员来自各个不同的领域并具有不同的能力，他们的目的是共同完成某项任务。这种团队综合了上述两种类型团队的全部功能。

在一些企业或科研部门常常有一些项目组或科研攻关组，他们人数不等，成员来自不同部门或岗位，可能有设计人员、技术能手、维修人员、推销人员、财务人员以及客户等，这种团队把设计、试验、生产、销售、使用和维修看作一个有机整体，打破了那种传统的按顺序依次类推的生产方式。它不仅能使生产部门的意见及时反馈到设计人员那里，甚至连客户意见都能得到极迅速的反馈，可以集体攻关解决很多在过去传统的方式下很难解决或不能解决的难题。最重要的是，它可以降低生产成本，提高生产效率。

总之，多功能型团队是一种有效的生产和管理方式，它能使组织内部甚至组织之间或不同领域人员之间交换信息，激发出新的创意，解决面临的问题，完成复杂的项目任务。

3. 项目团队建设的原则

项目团队建设对项目的成败具有重大意义，故应遵循以下原则：

（1）明确每一个成员都将给团队带来所需的知识与技能。

（2）发扬主人翁精神。

（3）选择合适的项目负责人。

（4）在项目规划阶段就花时间和精力进行团队建设。

（5）明确和共享项目目标。

（6）充分沟通并选择简化的沟通方式。

（7）明确责任，建立合作型组织。

（8）充分利用项目管理工具方法。

3.2.3 影响项目团队工作的主要因素与高效项目团队的表现

1. 影响项目团队工作的主要因素

（1）意见不统一，存在特权与私利。

（2）目标不明确。

（3）角色冲突。

（4）环境变化。

（5）领导权之争。

（6）组织结构未确定。

（7）人员选择错误。

（8）领导的可信赖程度不够。

（9）缺乏上级支持。

2. 高效项目团队的表现

建设一个高效项目团队，不仅需要科学的项目计划和项目负责人的高超工作技能，还需要全体项目成员具有较高素质，进行工作技能的优化组合，需要一套好的运作机制和一个相互协作、共同奋斗的工作环境。高效项目团队是一个综合性概念，涉及很多因素。简单机械地把一组人员集合在一个项目中共同工作，还不能形成团队，而且团队的组织形式也不能自发地提升工作效率。项目团队并非仅仅是指被分配到某个项目中的一组工作人员，还指一支互相依赖、齐心协力为实现共同的项目目标而奋斗的战斗队伍。近年来的研究表明，高效项目团队具有如下特征，如图3-9所示。

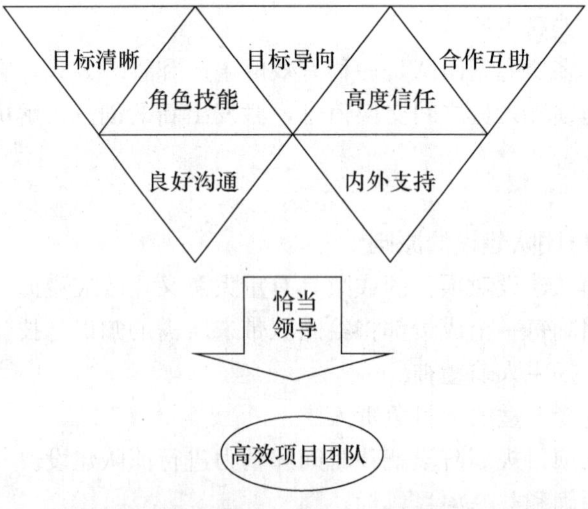

图3-9 高效项目团队特征示意图

（1）目标清晰。高效项目团队要使每个成员对所要达到的项目目标有清晰的了解，明确工作范围、质量标准、预算和进度计划。每个成员清楚地知道自己在做什么，坚信这一目标有着重要的价值和意义，并在目标的激励下把个人目标升华到团队目标中。在高效项目团队中，项目成员愿意为团队目标做出保证并付出最大的努力以完成自己的任务。

（2）角色技能。高效项目团队是由一群有机结合的有能力的成员组成的，他们每个人都具备实现项目目标所必需的某方面的技术和能力，这些技术和能力相互关联成为一个系统。此外，他们还具有良好的合作品质。在组建项目团队的时候，往往强调成员技术和能力的有机组合，而他们是否具备合作的品质常常容易被忽视。特别是在现实生活中，那些有精湛技术和能力的人往往不能较好地处理合作关系，高效项目团队的成员则必须兼而有之。

（3）目标导向。高效项目团队的成员都强烈希望为实现项目目标付出努力。团队成员对项目群体具有认同感，把自己属于该群体的身份看作自我实现的一个重要方面。为实现项目目标，他们愿意克服各种困难，必要时愿意牺牲休息时间去完成任务，愿意为实现这一目标调动和发挥自己的最大潜能。

（4）高度信任。高效项目团队成员之间的理解和信任，是项目成功的重要因素，也是高效项目团队的一个显著特征。也就是说，每位成员对其他成员的品行和能力都确信不疑，相信他们可以努力工作，并按标准和计划完成预期的任务。团队鼓励成员之间有不同的意见，允许对方自由地表达出来，并重视这些意见。对一些容易产生争议或冲突的问题，团队成员能够大胆地提出自己的看法，而不必顾虑遭到别人的报复。在日常的人际关系中，信任是相当脆弱的，需要花大量的时间和精力去培养而又很容易被破坏。正因为如此，崇尚开放、诚实、协作的办事原则，鼓励成员的参与性和自主性，始终维持内部的相互信任，是高效项目团队十分重视的问题。

（5）合作互助。一个高效项目团队通常要进行开放、坦诚、及时的交流与合作。一个项目特别是大项目通常需要很多人或若干个子项目相互密切配合才能完成，成员之间经常需要进行工程或信息等方面的大量合作，而且对于高效项目团队来说，其成员角色具有灵活的多变性，根据任务的需要经常要进行不断的调整。高效项目团队成员之间愿意给对方以帮助，也不羞于寻求其他成员的帮助，他们希望通过相互合作使任务顺利完成。基于这种合作，项目团队在解决各种困难时能集中群体的智慧和力量，表现出高度的积极性和创造性。

（6）良好沟通。毫无疑问，这是高效项目团队必不可少的一个特征。项目成员之间通过各种渠道，始终保持各种语言或非语言信息的畅通交流，项目负责人及项目管理层与团队成员之间不断进行顺畅的信息交流，这些都是良好沟通的重要方面，它有助于团队成员之间消除误解，迅速而准确地了解彼此的想法和情感，以便在完成项目任务中更自觉地采取统一行动。

（7）恰当领导。高效项目团队的领导表现为：给团队指明方向，把项目成员团结在一起，让团队成员跟自己共渡难关，向团队成员阐明变革的可能性，鼓舞团队坚定信心，最大限度地调动和发挥每个成员的潜能，以最终实现项目目标。领导不一定非得指示或控制，可以充当团队教练和后盾的角色，为团队提供指导和支持。他们摒弃传统的管理方式，完成了从上级到后盾的角色转换，从发号施令转向团队服务，反对专制式的管理，推崇新型的权力共享的管理新理念。

（8）内外支持。形成高效项目团队的最后一个必要条件就是它的支持环境。从内部看，团队应该拥有一个合理的结构基础。它包括及时的培训、一套易于理解和操作的评估项目成员工作绩效的系统，以及一个起支撑作用的人力资源系统等。从外部看，项目团队的上级管理层应该为其完成项目任务提供所必需的各种资源。

总之，开放的环境、开明的管理、鼓励创新、培育参与感和成就感、提供丰富的资源是项目团队有效开展工作的有力保证。

3. 优秀项目团队成员的表现

项目团队有着重要的组织意义，而且日益盛行，为提高工作绩效提供了一个极好的组织平台和内部机制。项目团队为整合和提升工作效能提供了条件，但工作成效不能自动产生，建设一个高效的项目团队，要依靠包括项目负责人和成员在内的所有人共同努力。一个优秀的项目团队成员，自身要有追求发展的愿望，思想开放，注重修养，有一定的专业知识和能力，有责任感，努力工作，应该是一个智商、情商和专业能力兼备的人。塑造一个优秀的项目团队成员，不仅项目负责人负有责任，更全面地说，应该是成员自身和组织共同的责任。

一个优秀的项目团队成员应该有强烈的完成任务的欲望，对完成任务充满信心，能努力按计划、保质量地完成团队赋予的任务。他们对自己有高度的期望，保持自律，能富有创造性地克服工作中的困难，始终按计划或提前完成任务。他们清楚地了解自己的工作在项目总体任务中的位置和意义，绝不让自己的工作因进度和质量问题而影响项目总任务的完成。

一个优秀的项目团队成员能积极参与有关项目的各种活动，并表现出很强的参与和沟通能力。只要对工作有益，他们就会在会议或其他适当的场合积极讨论并表达自己的看法。他们能够主动和项目负责人、其他团队成员及时进行毫无保留的沟通，大胆提出建设性的意见。优秀的团队成员在工作中处处表现出令人称道的主动性，认为自己有责任及早发现工作中潜在的问题，不会因问题的产生而去指责项目负责人或其他成员，不但能发现问题，也能提出解决问题的方案，并愿意与其他团队成员一道合作来解决这些问题。优秀的团队成员具有主人翁意识，从不说“那不是我的问题”，“那不是我职责范围内的工作”，他们希望通过合作实现团队的预期目标。

一个优秀的项目团队成员会尽力创造一个信任与合作、积极而有建设性、以有机整体出现的项目人际环境。团队中允许有个性但没有自我概念，允许有个人的成绩但最终没有个人的成败，因为只有整个项目成功了，每个团队成员才是赢家。团队成员要把个人的职业发展升华成为团队的利益而工作。不论在相同还是不同的民族、国家的文化背景下，优秀的团队成员正视团队成员中的文化差异、个性特点，他们不仅尊重其他成员的人格和秉性，也尊重他们的思想和观点，给对方以充分的理解和信任。他们愿意与同伴合作共事并提供无私的帮助，反对骄傲、自满和固执己见，并始终为营造和维护团队团结向上的氛围而努力。

3.2.4 常用的项目团队决策方法

项目管理的各个阶段涉及多种问题和矛盾，进行决策并解决问题的能力体现了项目管理水平。项目团队的工作效率和效果取决于其决策质量的高低。项目团队的决策要体现集思广益、知识与能力的结合。

几种常用的项目团队决策方法有标准日程法、头脑风暴法、德尔菲法、点式计划法、名义小组法、电子会议法、解决问题九步法等。

1. 标准日程法

标准日程法将解决问题的过程严格地分成七个步骤，以解决问题为目标，严格按流程进行。具体步骤如下：

第一步：了解团队面临的问题，确定解决问题的期限，确定资源约束条件。

第二步：分析问题的原因、实质和位置，准确定义问题。

第三步：收集信息，充分沟通，分析信息。

第四步：建立标准，寻找并分析各种可能的障碍（包括技术、规则、政策、法规等）。

第五步：集思广益，制定备选方案。

第六步：将各种方案与所建立的标准相比较。

第七步：选择最佳的解决办法或解决方案。

2. 头脑风暴法

该方法以一种圆桌会议的形式利用一种思想产生过程，一般用于解决问题的前期阶段。由团队成员循环自由地提出各自的主张和想法，并由专人当场记录下来，要求对各种想法不进行讨论，不允许有判断性的评论。这种方法注重想法的数量。

3. 德尔菲法

这是一种比较复杂和耗时的方法，是一种"背靠背"以问卷调查的形式进行意见征询或方案设计的方法，主要用于复杂而稳妥的决策。具体步骤如下：

第一步：确定问题，设计问卷，要求被征询者提供可能的解决方案。

第二步：每个被征询者匿名独立地完成第一组问卷。

第三步：将第一组问卷的结果集中、编辑、复制。

第四部：每个被征询者收到一份问卷结果的复制件。

第五步：待每个被征询者看过结果后，再次请他们提出方案，并匿名交回。

第六步：重复第四步、第五步，直到取得大体一致的意见。

4. 点式计划法

该方法主要用于大型团队确定工作重点，具体步骤如下：

第一步：团队成员集思广益，将各自的每一个有关工作的观点记录在不同的纸上，公开张贴于会议室。

第二步：给每个成员发同样数量的三种颜色的即时贴，分别表示最重要、次重要、一般重要。

第三步：团队成员在所有贴出来的个人意见纸上，按照自己的判断，贴上相应的即时贴。

第四步：根据张贴于会议室代表不同观点的纸上所贴即时贴的种类和数量，找出最重要的观点。

5. 名义小组法

为提高决策效率，在团队会议中一般要对讨论加以必要的限制，要求独立思考。该方法的具体步骤如下：

第一步：成员在讨论前，独立写出对问题的看法。

第二步：一段时间后，每个成员将自己的看法交给专人，依次向大家陈述各自的看法，并由专人记录。

第三步：成员开始讨论，使个人的想法清晰化，并进行评价。

第四步：成员独立地对各种观点排序，综合排序最高的想法就是最后的决策。

6. 电子会议法

该方法的特点是匿名、诚实和快速，消除了闲聊和讨论偏题的情况。在一个配有多台计算机终端的圆桌旁，每个成员使用一台计算机终端，每台计算机的信息可以通过会议室的投影仪显示，通过每个成员独立地在计算机上回答公示的问题，并将个人的评论以及投票统计都投影在屏幕上，加快解决问题的决策进程。

7. 解决问题九步法

项目管理过程中会遇到各种问题，团队工作对问题的解决发挥着重要作用。用该方法解决问题一般要经过以下九个步骤。

第一步：问题说明。要以书面形式说明，最好量化。

第二步：问题原因查明。采取以上多种方法，如头脑风暴法，或进行专家咨询等。

第三步：数据收集。通过观察、询问、测试、报告查阅以及数据分析等多种形式进行。

第四步：可行性方案提出。就可行性方案征询有关方面的意见。

第五步：可行性方案评估。确定评估标准、权重，制定评估计分表。

第六步：确定最佳方案。

第七步：计划修改。明确具体问题，预测新问题和新风险。

第八步：方案实施。

第九步：判断问题解决的程度。

3.3　项目负责人

由于项目的挑战性，在项目管理中人是最重要的因素。项目负责人对项目的成败承担责任，这决定了项目负责人在项目管理中的重要作用和地位。项目负责人的管理、组织与协调能力，以及素质与知识结构对项目的成败有着决定性影响。项目负责人又称项目总指挥、项目经理、项目总监等。作为一种职业，项目负责人在众多国际著名公司是人才培养的一个重要方向，在人才市场上是稀缺的资源。取得项目管理专业资格认证已成为众多管理人士求职的资格证和个人事业发展的一个里程碑。

3.3.1　项目负责人的作用与地位

项目负责人在项目管理中起着关键的作用，是组织执行项目活动并实现项目目标的责任人，对组织负责；是项目团队工作的指挥，领导项目组成功完成项目，对项目成员负责；是项目所对应的客户关于该项目活动的正式接洽人，确保项目完成客户预期目标，对客户负责。

项目负责人的作用决定了项目负责人所处的地位。特别是全球经济逐步迈向知识经济的今天，各类组织创新性的项目活动需要大批专业化的项目负责人。项目负责人备受组织各级领导的重视和组织其他成员的尊敬。

项目负责人在组织中是管理人员，但其管理工作与组织常设的其他管理职位大不相同。组织的其他管理人员，如部门负责人，负责组织日常业务的管理，或某一职能部门的管理，从整体上计划、组织、控制该部门的业务以达成组织的业务目标。该部门的业务通常以项目的方式进行，即通过获得并完成各个项目来完成部门的目标。一般来说，部门内的项目负责人在行政上将受其部门负责人的领导，但跨职能部门的复合性业务项目负责人则直接向组织高层领导汇报。

项目负责人在组织中不是常设的。如果项目负责人没有被指派到项目中，则没有权力对组织的资源进行调配和管理。但是，对于他所负责管理的项目及所分配到的人力、物力资源等，则拥有很大的权力，往往比自己行政上的上级（如本部门负责人）更有支配权。

3.3.2　项目负责人的责任与权力

1. 项目负责人的任务

项目负责人的任务就是通过对项目的全面管理，在计划的时间内充分利用所获得的各种项目资源，实现项目所设定的目标。项目的全面管理工作包括：

（1）了解项目设立的背景。

（2）评估项目可行性。

（3）制定项目计划。

（4）组建项目团队。

（5）获得项目其他的相关资源。

（6）根据计划使用和配置项目资源。

（7）报告和监控项目进展。

（8）调整项目管理计划。

（9）处理各种影响项目的问题。

（10）达成项目的目标。

2. 项目负责人对上级组织的责任

项目负责人对上级组织负责，保证项目的目标与组织的目标一致。项目负责人应了解组织的环境状况、本组织的定位和战略目标。在选择和评估项目时，确保组织选择正确恰当的项目；在执行项目时，与组织其他项目组协调，充分利用组织的资源，并与组织高层管理者保持沟通，解决项目过程中的冲突和变更，使相关调整符合组织的战略调整。

3. 项目负责人对具体项目的责任与权力

项目负责人对具体的项目承担责任，通过对项目实施计划、监督与控制，确保所执行的项目按照计划的时间，在给定的项目预算范围内，达到项目预期的目标。项目负责人必须明确项目的目标，明确项目的资源和预算，明确项目相关的组织和领导关系。项目负责人必须保证项目的整体性和一致性，在项目的实施过程中始终以实现项目目标为中心，面对项目过程中的冲突和矛盾，权衡利害，化解矛盾。

项目负责人必须组织和管理好项目团队，才能有效地进行项目管理工作。项目负责人作为项目的总责任人，必须促使项目团队成员形成一个集体，使团队成员认同项目的目标，并且相互配合。

项目负责人虽然对项目的成败负责，但在组织中的正式权力不大，往往没有直接的财务权和人事权。在领导项目时，一方面靠项目负责人的影响力，即项目成员对项目负责人过去的经验、说服能力、大局观念、果断的决策能力的信服；另一方面靠组织对项目负责人的授权，对项目涉及的人、财、物提出要求和进行分配。大型项目的项目负责人则直接向组织高层领导汇报，将有更多、更直接的授权。这些授权在项目完成后终止。

项目负责人通过自身的影响力和组织的正式授权，在项目中拥有的权力表现在以下三个方面：一是对项目进行组织，挑选项目成员的权力。项目负责人对项目成员的挑选和任务分配有决定权，并通过与各方协商做出决定。虽然项目负责人对项目成员的晋升没有决策权，但可以将该成员的工作表现反馈给成员的直接领导。二是项目实施过程中有关的决策权力。三是对项目所获得的资源进行分配的权力。

3.3.3 项目负责人的素质与能力

1. 项目负责人的素质要求

项目负责人是复合型的管理人才，在项目范围内对项目全权负责，涉及人、财、物的管理。在超大型项目中，项目负责人所管理的业务甚至比某一部门的负责人还要多，其职位也相当高。项目负责人应该是能够总揽全局的人才。

(1) 项目负责人应具备的素质特征。

1) 具有管理经验，是一个精明而实际的管理者。

2) 个性成熟，有人格魅力，能够团结和激励项目团队成员。

3) 与高层领导有良好的关系。

4) 具有技术背景和行业知识。

5) 具有丰富的工作经验，具有广泛的人际关系，便于开展工作。

6) 具有创造性思维。

7) 具有灵活性，同时具有组织性和纪律性。

(2) 项目负责人应具备的性格特征。

1) 诚实、正直、热情。

2) 遇事沉着、冷静、果断。

3) 善于沟通。

4) 敏感、反应迅速。

5) 善于变通。

6) 精力充沛，坚韧不拔。

7) 自信，具有进取心。

8) 善解人意。

2. 项目负责人的能力要求

项目的唯一性和复杂性特点使项目负责人在项目的实施过程中，始终面临各种各样的问题和冲突，而且要在很短时间内做出决定并执行。项目负责人几乎每天都要做出很多艰难的决定，这是项目负责人面临的巨大挑战。

(1) 总体把握项目目标的能力。在大中型组织中，项目负责人之间流传这样一句话："好的项目负责人最重要的能力是选择正确的项目。"在对项目没有充分了解时就接任项目负责人的工作，是非常危险的。因此，项目负责人应该在设立项目的过程中参与项目的前期工作，充分了解项目的需求、创意、规划、论证、评审情况，以及项目的时间目标、交付结果、成本预算、技术目标等，并能够平衡它们之间的关系。如果项目存在特别的风险，或者项目负责人认为项目必须具备一定的前提，则在项目设立前就应与组织高层领导沟通，以在项目执行时得到相关支持。

项目负责人管理项目的目标是多样化的，如项目的时间目标、技术目标、成本目标、利益相关者满意度目标等。这些目标在项目中相互作用，存在一种权衡关系，在项目执行过程的不同阶段，其相对重要性不同。例如在项目初期，技术目标相对重要；在项目中期，成本目标相对重要；在项目后期，时间目标相对重要。项目负责人必须同时实现项目的多个目标，在这些目标之间权衡，保证项目在预算范围内按照计划的时间实现技术目标和利益相关者满意。

（2）获得项目资源的能力。组织的资源总是相对有限的，使用有限的资源交付一定的结果就是项目的目标。项目负责人通常面临项目资源短缺的问题。项目负责人必须分析所负责项目需要的资源，关注紧缺的和特别的资源。在制定项目预算时，适当的预算可以帮助项目负责人获得资源。但是，资金并不一定能解决资源紧缺的问题——正所谓“金钱也不是万能的”——项目负责人还需要借助各种关系和高层领导，获得项目所需的资源。

（3）组织和建设项目团队的能力。项目负责人依靠项目团队执行项目。项目团队是为了特定的项目由项目负责人临时组建并领导的团队。首先，项目负责人必须明确项目所需要的人才并获得这些人才。项目负责人了解项目的目标，在有关专家的帮助下，对项目工作任务进行分解和计划，初步确定实施项目需要的人员安排，然后在部门范围内、组织范围内以及组织以外落实这些人员安排。项目的人员安排是一个复杂的问题，往往不能与理想的计划完全一致。

刚刚组建的项目团队是没有战斗力的，像一盘散沙。项目负责人要把这组人员建设成一个有效的项目团队，让每位成员认同项目的目标，调整个人的发展目标以支持共同的项目目标，促进项目成员之间的交流，使每位成员都有合作的团队精神。特别是让成员相信项目负责人的项目计划的合理性，认同项目的目标是大家通过努力奋斗可以完成的。在此基础上，根据工作任务的分解，将项目的任务落实到每位成员。项目的团队建设应该贯穿项目的全过程，始终保持项目团队的活力和战斗力。

（4）应对危机和解决冲突的能力。项目的执行过程中面临各种各样的潜在危机，如资源条件危机、环境变化危机、人员危机等。项目负责人必须了解危机的存在并具有对风险和危机的评判能力，尽早预见问题、发现问题，做好应对准备。

项目的执行过程中存在各种各样的冲突，如项目成员之间、项目组与组织其他部门之间、组织与合作伙伴之间、项目组与其他利益相关者之间时刻都有不一致，必然存在冲突。如果冲突不能有效解决，将影响项目的实施。了解冲突发生的缘由并有效地予以解决是项目负责人的日常工作。

（5）谈判和广泛沟通的能力。项目负责人的主要工作方式就是谈判和沟通。项目中各种各样的冲突需要项目负责人通过谈判或沟通来解决。项目负责人需要进行大量的沟通，如与组织的高层管理人员、组织的相关部门、项目的合作伙伴、客户和项目成员等进行沟通。

（6）领导和管理的能力。项目负责人作为项目的管理者，必须具备领导和管理的能力。项目负责人必须清楚项目的目标是什么；必须很明确地与项目成员沟通，激励项目成员完成在项目中承担的工作；必须有快速决策的能力，在动态的环境中收集和处理相关信息，做出有效的决策。

管理能力是项目负责人的核心能力，包括计划、人力资源管理、项目预算、进度安排及其他控制技术。计划能力是对项目负责人最基本的管理技能的要求。在项目开始之前，项目负责人必须制定一个项目的总体管理计划（project management plan），作为项目整个实施过程中的指导性文件。

授权也是项目负责人管理项目的重要手段之一。通过授权，项目负责人明确项目成员在项目实施过程中的地位和角色。特别是大型项目中，项目负责人可通过授权从项目管理的细节中摆脱出来，充分应对项目的重大事项。

（7）行业和技术的概念能力。与早期不同，今天的职业项目负责人不一定是相关行业和技术领域的技术专家，而是要具有基本的技术和行业背景，了解环境，对项目和组织所处的环境有充分的理解。特别是科技发展使技术越来越复杂、项目涉及的技术层面越来越多的情况下，项目负责人已不可能掌握所有的技术细节，而必须依靠各个方面的技术专家处理技术问题。此时项目负责人需要综合各个方面技术专家的建议并进行项目决策，其行业和技术的概念能力是关键。

3.3.4 项目负责人的挑选与培养

由于项目负责人是决定项目成败的关键人物，选择合适的项目负责人与选择合适的项目一样，是项目管理工作中最为重要的内容之一。

1. 项目负责人的挑选

（1）挑选原则。挑选的原则主要有两个：一是要充分考虑项目的特点、性质、复杂程度以及重要性等因素对项目负责人的要求；二是对项目负责人候选人的能力、素质和经验等方面进行客观全面的考察，必要时可设定权重，进行量化打分。

（2）挑选程序。一是分析项目要求；二是确定选聘标准；三是发布选聘信息；四是登记候选人；五是组织评定；六是候选人录用。

2. 项目负责人的培养

项目负责人一般来源于实践，是具有战略眼光及跨专业学习、实践和研究背景的复合型高级人才，是注重实践的应用型人才，是具有管理风险能力和管理变化能力的高级人才。项目负责人的培养已经形成专业化、标准化、现代化和国际化的体系。项目负责人的培养一般经过以下几个过程。

（1）基本知识培养。主要是对涉及项目管理的基本知识进行学习，包括管理学、经济学、行为科学、系统工程、价值工程、计算机、英语等基础应用学科的学习。可通过在职培训或学历教育方式培养。

（2）项目管理共性体系培养。主要包括项目管理知识体系、工作职能体系和工具方法体系的学习。可通过在职培训、学历教育和专业资格认证方式培养。

（3）项目实践培养。从事项目管理实践，首先以项目负责人助理的身份进行一定时间的基层工作实践，再独立主持单项专业项目或小型项目的管理工作，最后视其发展情况，决定能否成为项目负责人。

3.3.5 项目负责人的激励与薪酬设计

1. 项目负责人的激励

项目负责人的工作责任感与主动性对项目的成败具有重要影响。建立科学有效的项目负责人激励机制，对发挥项目负责人的创造性，激发其责任感，具有重要意义。激励机制不仅要有有形的薪酬系统提供动力，更要有项目负责人行为规范和组织文化来深化有形的薪酬系统对项目负责人的影响，在给予项目负责人合理报酬、福利的同时，以组织文化的培养、渗透、融合、创造来增强项目负责人的内在薪酬满足。对项目负责人的激励措施一般包括目标激励、精神激励和薪酬福利激励三个方面。

（1）目标激励。组织目标就是组织成员受同一思想、信仰的推动，以共有的价值观维系，共同负责一定专业，朝一致方向努力与奋斗，所要获得的“最后组织成就或成果”。项目负责人作为复合型的管理人才往往具有强烈的事业心和成就动机，希望能够发挥自己的专长，因此，明确组织的战略与经营目标，规划组织的共同愿景，使项目负责人产生与组织目标相一致的价值观和追求，对激发项目负责人的事业心和创新精神具有重要作用。目标激励分为组织发展目标激励与个人发展目标激励两个方面。

对项目负责人的目标激励能够使项目负责人准确把握自己的岗位责任，工作有准备；使项目负责人有自我实现感、有信心、有参与感；有利于项目负责人职业生涯设计和自我规划。

（2）精神激励。精神激励是通过给予项目负责人各种精神奖励和荣誉，理解与支持项目负责人的工作，对项目负责人给予应有的信任和宽容，关心和体贴项目负责人的疾苦，充分承认项目负责人的价值和鼓励创新，以达到对项目负责人激励的目的。对项目负责人来说，精神激励的效果往往优于薪酬福利激励。

（3）薪酬福利激励。薪酬是组织为劳动者提供的生活保障，也是组织留住员工并调动员工积极性的一种重要手段。一套良好的薪酬体系可以让组织在不增加成本的情况下，提高成员对报酬的满意度。随着管理的不断创新，薪酬福利激励体系也在不断更新，项目负责人的薪酬福利激励体系可以使组织与项目负责人的利益紧密地结合在一起，同时建立在公正、互惠原则基础上的项目负责人薪酬福利激励体系也可以促使项目的成功与组织均衡、快速发展。

项目负责人的薪酬福利激励体系是组织从人力投资和激励机制的角度出发为项目负责人提供的有形与无形的酬劳总和，除了静态工资、动态工资、各种福利，还有项目负责人相应的剩余索取权效益，如股票期权、人性化的组织文化、良好的工作环境、发展的机会等。

2. 项目负责人的薪酬设计

薪酬政策要服务于组织的长远发展战略，所以建立长期激励机制有利于组织成员和组织的利益有机地结合在一起，建立利益相关者的命运共同体。一个有效的薪酬管理体系必须解决以下四个问题：奖励应当奖励的成员；奖励应当奖励的事；以适当的程度奖励成员；以适当的方式奖励成员。

（1）设计原则。组织薪酬设计的一般原则是：对外具有竞争力，对内具有公平性，对个人具有激励性，以及易于管理。对于项目负责人的薪酬设计还应在注重绩效考评的基础上，充分考虑项目成果对组织的重要性和项目成果的运行价值。除考虑适当的货币形式收入，还可以针对项目收益实行股权、期权分配机制，实行项目股份化，具体有收入股份化、设置管理股和股票期权等手段。虽然项目具有实施的一次性特点，具有一定的短期性，但项目成果往往具有长期性，因此，实施项目股份化是激励经营管理者与员工共同努力，克服各种困难，达到项目目标，实现组织长期发展目标的有效手段。实行项目股份化能使委托人和代理人的目标达到最大程度的一致；能减轻组织日常支付现金的负担，节省大量营运资金，有利于组织的财务运作；能避免组织人才流失，并为组织吸引更多的优秀人才。

（2）项目负责人的薪酬结构。早期的项目管理中，项目负责人的薪酬结构中主要是货币化收入。现代项目管理中，项目负责人的薪酬结构发生了很大变化，直接的货币化收入所占比重逐渐下降，而非货币化收入所占比重逐渐上升，体现出项目管理对项目最终成果的价值重视程度不断提高。

对于项目负责人和项目团队核心成员，其薪酬福利体系应“淡化工资，强化收入”，即其工资应仅占实际收入的一小部分，只有把项目做好了，其补贴、提成、奖金以及其他项目期权才能实现。通过事先的契约按照项目推进的绩效对工资以外的其他收入进行延期支付是一个通行的原则。

2010 年以来，项目股份制、创业合伙人制等带有期权性质或核心团队“跟投股本”、主发起人和其他发起人联合投资协同创新或共同创业的运作模式占比不断提高，项目负责人和项目核心团队的薪酬福利体系愈加呈现出参与项目投资成果剩余索取权分配的局面。

3.4 项目人力资源管理

一个项目的实施需要多种资源，其中人力资源是最基本、最重要、最具创造性的资源。项目人力资源可以说是项目的关键战略资源，是项目成败的决定因素。

3.4.1 项目人力资源管理的定义与特点

1. 项目人力资源管理的定义

项目人力资源是一个涵盖甚广、较为抽象的概念范畴，涉及项目管理层、策划与实施层、合作者以及项目客户等诸多层面的不同人员，如项目负责人、项目团队所属人员、进度计划人员、费用控制人员、质量管理人员、项目资金投入者以及项目建成投产后的使用者等。

所谓项目人力资源管理，就是要在对项目目标、规划、任务、进展情况以及各种内外因变量进行合理、有序的分析、规划和统筹的基础上，采用科学的方法，对项目过程中的所有人员，包括项目负责人、项目班子其他成员、项目发起方、项目投资方以及项目客户等予以有效的协调、控制和管理，使他们能够同项目管理班子紧密配合，在思想、行为等方面尽可能地符合项目的发展需求，激励并保持项目成员对项目的忠诚与献身精神，最大限度地挖掘项目队伍的人才潜能，充分发挥项目成员的主观能动性，最终实现项目的战略目标。

2. 项目人力资源管理的特点

项目人力资源管理是组织人力资源管理的具体运用，但由于组织的存在相对于项目来说是长期、稳定的，而项目是临时、突发、独特和短期的，因此，与组织人力资源管理相比，项目人力资源管理具有如下特点：

（1）管理的短期性。项目人力资源管理针对项目对人力资源的需求，具有一定的生命周期，表现为满足项目需要。

（2）工作强度的多样性。由于项目进展周期中工作负荷不断发生变化，人力资源管理工作的强度呈现出多样性的特点。

（3）选聘与解聘的非常规性。组织中的人力资源选聘与解聘往往依据既定的程序进行，而由于项目自身的不确定性特点，在项目人力资源选聘与解聘方面往往具有一定的权变性与随意性。

（4）绩效考核的效果性。项目的绩效考核具有明确的效果性，强调短期考核。

（5）激励的重物质性。一般项目的人力资源往往是临时雇用的，缺乏应有的忠诚度，物质激励的效果更为直接有效。

（6）培训的具体性与针对性强。项目人力资源的培训主要是针对项目的具体需要，进行特定的工具方法与管理制度规范的培训。

3.4.2 项目人力资源管理的主要内容

项目人力资源管理可以理解为对人力资源的获取、培训、保留和使用等方面所进行的计划、组织、指挥和控制活动，主要内容有项目组织规划、建立项目组织和项目组织建设等方面。

1. 项目组织规划

根据项目的目标，确定项目管理所需的工作，进行工作分析，确定岗位，明确岗位责任，确定各岗位角色之间的从属关系，进行项目人力资源预测。

2. 建立项目组织

根据项目实际需要，为实际和潜在的职位空缺找到合适的候选人，按组织规划形成的文件将各个角色的责任和权力分派给项目成员，明确协作、汇报与隶属关系。

3. 项目组织建设

项目组织建成以后，最迫切的任务就是形成管理能力，需要培养、改进和提高项目组织成员个人以及项目组织的整体工作能力，使项目组织成为一个有机协作的整体。项目组织建设包括职责、流程、计量、考核、文化等多个方面。

4. 项目人力资源激励

项目人力资源激励是指激发项目人力资源的积极性，勉励项目人力资源朝项目所期望的方向而努力的一种对精神力量或状态加以调节的手段，它是项目人力资源管理的重要内容。科学研究和管理实践的经验表明：人的行为或工作动机产生于人的某种需求、欲望或期望。这是人的共性，是人的能动性的源泉和动力，也是调动项目人力资源积极性、提高项目人力资源工作效能的根本性问题。

5. 项目人力资源使用

所谓项目人力资源使用，是指项目人力资源管理部门按照项目的任务要求，把所聘人员分派到项目的具体岗位上，或对原有项目人力资源进行重新调配，并赋予具体的职责和权力，使他们进入工作角色，为实现项目目标发挥作用。

6. 项目人力资源绩效考核

项目管理的特点是借助外部资源使利益相关者满意，项目人力资源的绩效受到多种因素的影响，包括各类资源和利益相关者。由于项目管理工作的创造性特征，项目人力资源的绩效表现在交付的成果和技能提高两个方面。项目人力资源的绩效具有过程性与非人为性的特点。项目管理的绩效指标可分为效率性指标、效益性指标、递延性指标和风险性指标，与一般的管理绩效指标有很大不同。图 3－10 所示的绩效考核模型可以直观地反映影响项目人力资源效能的主要因素。

由于项目的动态性与项目组织的动态性特点，以及项目所涉及的诸多利益相关者的期望难以折中，项目人力资源的考核与一般的常规组织人力资源绩效考核有很大区别。根据丁荣贵博士的研究成果，项目人力资源绩效考核应遵循以下原则：

（1）以项目的各类过程统计数据作为绩效考核的基础，而不是通常的仅以某个时段结尾的状态或产出物数据作为绩效考核的依据。

（2）以持续不断的反馈作为绩效考核的手段。反馈来自项目所有的利益相关者，来自项目组织的各个阶段。反馈有利于沟通，有利于绩效的持续改善。用于质量改进的戴明环（PDCA）法，将有利于项目人力资源绩效的不断改进。

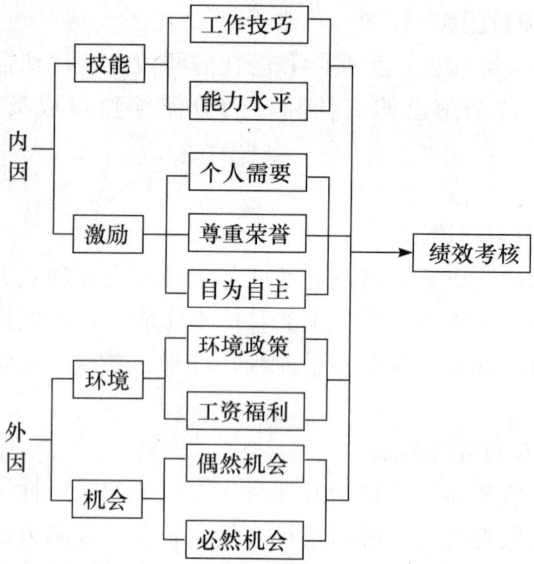

图 3-10 项目人力资源绩效考核模型

（3）以里程碑作为绩效考核的数据采集点。里程碑体现了项目重要事件的开始或完成时间基准，是项目战略计划的主体框架。里程碑为项目组织和利益相关者对项目人力资源的绩效进行考核、分析提供了机会，为认识项目进展过程中的各种偏差以及下一步的工作安排或调整提供了依据。

（4）以利益相关者作为绩效考核的主体。系统分析利益相关者的需求和心理期望，将项目人力资源的实际绩效指标与项目利益相关者的期望指标进行比较。

7. 项目人力资源培训

所谓项目人力资源培训，就是使项目人力资源通过多种学习的形式，提高专业知识和自身价值，充分发挥潜能，进一步增强对团队的归属感和责任感，促进项目目标的成功实现。培训从工作和学习的时间安排上看，可以分为在职培训、脱产培训；从培训方式和培训内容上，又可分为专题研修、案例教学或亲验性学习。

3.5 项目管理文化

每个地区、每个行业、每个组织都有其独特的文化，文化影响人的心理活动、动机和行为。所谓文化，是指在一定历史条件下通过社会实践形成的并为组织全体成员所接受的共同意识、价值观、道德要求、行为规范和准则的总和。组织文化是组织内部环境的综合表现，具有导向性、规范性、约束性、凝聚性、融合性和时代性。它对组织成员的行为和态度具有持久、深远的影响，最终将组织成员引导到一个共同的目标。组织文化被称作“组织之魂、动力之源”。研究和营造科学的项目管理文化，对项目管理的有效性发挥着巨大作用。

3.5.1　项目管理文化的内涵与表现

1. 项目管理文化的内涵

项目管理文化是指项目管理过程中的沟通方式、规则、技术和文件的标准，以及项目管理特有的领导风格、方法、素质、水平、信仰、价值观和思想体系；是内在的指导项目管理进程的准绳，是组织内部所独有的、不易被效仿的有力竞争武器。在科学技术迅猛发展、信息经济与知识经济逐渐成为主流的当今社会，项目管理文化对项目的成败起着关键作用，其作用远大于对现有成熟项目管理工具和方法的具体运用。项目失败很少是由技术缺乏造成的，而往往是因为项目管理文化的匮乏。

2. 项目管理文化的表现

卓越的项目管理文化体现在洞察力、价值观、信念以及项目组织的群体动机等方面。项目管理文化主要表现在以下几个方面。

（1）参与度。项目组织成员参加制定项目的战略和决策，对项目的完成产生积极影响。高文化参与度的效果随着时间的推移会迅速增强，提高参与度对项目的促进作用基本不受环境的影响。

（2）连续性。具有连续性的项目管理文化可以提高项目管理水平，任何有关项目组织的经验教训都具有很强的项目管理文化背景。强大的项目管理文化成为组织的资本。

（3）适应性。项目组织具有很强的项目管理文化，可以对环境的变化敏感地做出反应，缩短响应时间，并对项目中各种潜在的变化和不确定性做出预见性的反应。

（4）责任感。项目管理文化有助于项目组织成员明确目标与使命，明确责任与权力，提高项目组织的工作效率。

3.5.2　卓越项目管理文化的塑造

卓越的项目管理文化与组织的战略、结构、流程、网络、激励、计量密切相关，与项目管理的技术方法、工艺、信息、组织结构形成互补，能够促进项目组织在极少的控制下高效运转，给项目组织带来竞争优势。建立协调一致的卓越的项目管理文化要重点把握以下几个方面：

（1）鼓励创新与宽容失败。

（2）团体学习与形成共同愿景。

（3）明确使命与目标。

（4）既注重宏观逻辑，又重视微观应用。

（5）分析与综合并举，重在综合。

（6）崇尚共赢，使利益相关者满意。

3.6 示例：联想的IT项目管理*

联想一直是我国IT行业的代表性企业，其所推行的IT项目管理模式至今仍具有普遍的借鉴意义。

3.6.1 IT项目管理背景

项目管理源于实践，第二次世界大战期间美国的曼哈顿计划和后来的阿波罗登月计划具备了项目管理的雏形。20世纪80年代以后，随着信息时代的到来，项目管理广泛应用于工商、金融、信息等产业以及政府部门等行政管理领域。目前，在全球最发达的政府部门和企业机构中，项目管理已成为其运作的中心模式，如IBM、ABB、摩托罗拉、AT&T、诺基亚、惠普等。

但具体到IT企业，数据显示项目管理实施的效果并不理想。1997年高德纳公司（Gartner Research Group）的调查结果显示：在美国，即使借助项目管理，90%的IT项目仍未能在规定的时间和预算范围内完成，如图3-11所示。

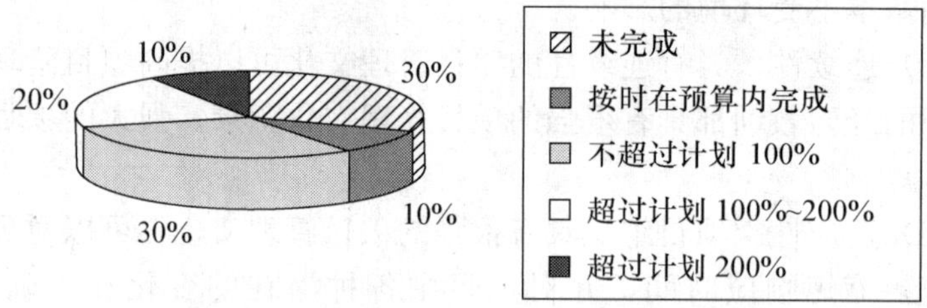

图3-11 美国高科技项目完成情况

分析相关组织的报告，不难发现项目管理失败的原因主要在于：

（1）大多数企业过于追求项目管理技术层面的应用，没有把项目管理作为一种理念或者文化，并与自身的企业文化融合。

（2）在项目管理方法的应用上，没有把项目管理的各个领域（如范围管理、时间管理、成本管理等）系统地加以实施，削弱了项目管理方法整体的效力，无法为项目提供全方位的立体支援。

（3）缺乏项目管理软件平台的支持。

（4）人员素质不能保证。

以上分析告诉我们：项目管理体系本身源于实践，有其存在的价值，之所以没有取得预期的成效，关键在于体系与实践的融合欠佳，即缺乏实施方法论。因此，要在联想这样典型的IT企业成功实施项目管理体系，必须有方法论的指导。

---

* 常程，禚春磊，陈文晖. 环境、方法、人——项目管理体系实施方法论. [2009-12-23]. http://wenku.baidu.com/view/c84b162ded630b1c59eeb5a5.html.

3.6.2 实施方法论

首先，基于以下几个方面的原因，在联想消费电脑事业部实施项目管理体系有成功的可能性。

(1) 适应企业发展的需要。消费电脑事业部的重点任务是将产品项目最终转化为客户、市场认可的商品，因此产品项目的策划、研发、工程化和市场推广成为企业的中心活动。

(2) 体现以人为本的价值观。在信息高度发达、竞争日益激烈的现代社会，资源特别是人力资源日益成为制约项目成功的一个重要因素。如何保证拥有必需的人才，并且保证合适的人在合适的时间从事合适的项目，是企业更是项目管理关心的问题。

(3) 符合团队的工作模式。项目管理的吸引力在于，它使企业能处理需要跨领域解决方案的复杂问题，并能实现更高的运作效率。来自不同职能部门的成员因为某一项目而组成团队，这个团队因而具有广泛领域的知识——不仅仅是技术知识。与传统的管理模式不同，项目运作不是通过等级命令体系来实施的，而是通过所谓平面化的结构。其最终的目的是使项目能够按时在预算范围内实现其目标。

基于上述分析，我们提出的实施方法论如下：

环境＋方法＋人⇒成功的项目管理体系

1. 环境

环境建设的一个基本诉求就是将项目管理作为一种理念（或文化）与企业文化、组织和流程等有机融合，通过建设项目管理环境，最终让其成为企业的基本元素，如图3-12所示。

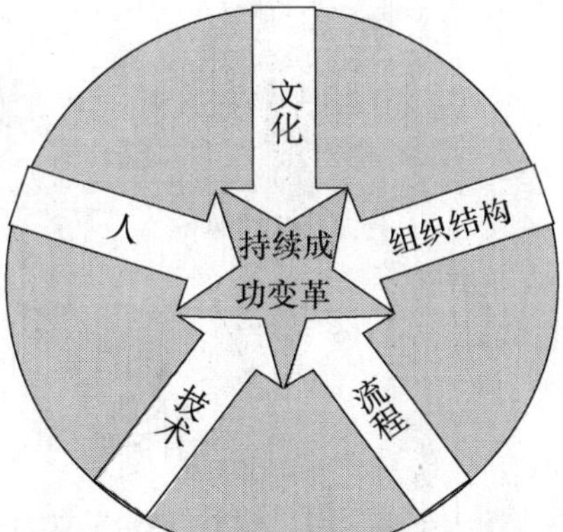

图3-12 项目管理与企业文化

具体到消费电脑事业部，重点解决了项目管理体系与现有组织结构和业务流程的融合问题，构建了消费电脑事业部的项目管理环境，如图3-13所示。力求通过不断的实施与改进，最终将项目管理融入整个企业的文化之中，为项目管理体系的成功运作提供最强有力的支持。

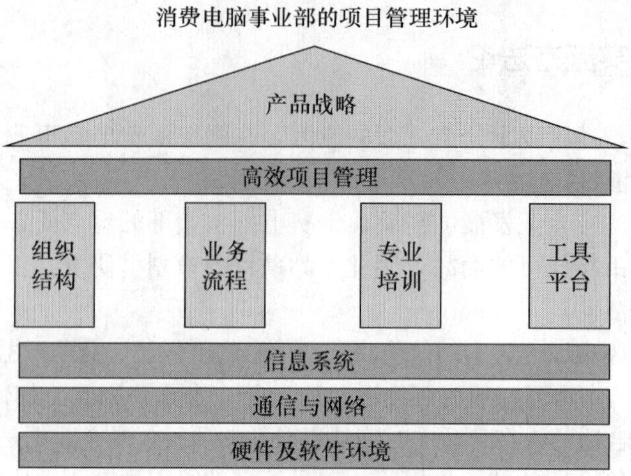

图 3-13 消费电脑事业部的项目管理环境

具体到项目管理体系与业务流程的融合上，充分考虑了事业部业务流程的特点，并从项目管理体系的角度出发对其进行了有意义的补充、完善（见图 3-14），并在实践中取得了显著的成绩（见图 3-15）。

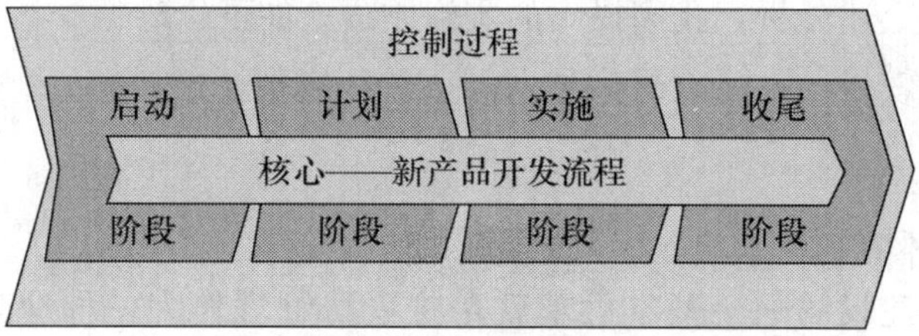

图 3-14 项目管理与业务流程的融合

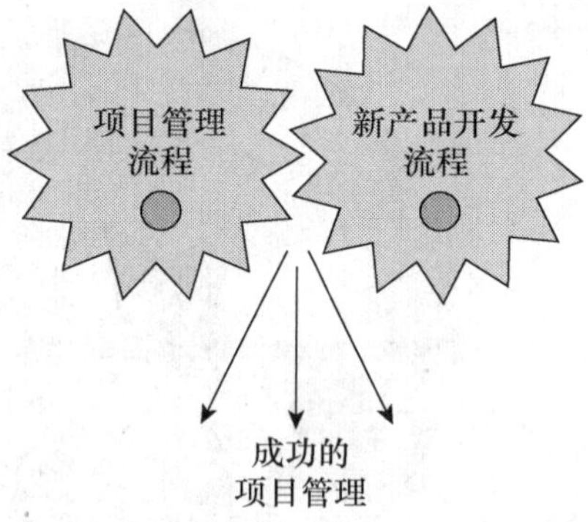

图 3-15 融合的效力

总之，环境建设是项目管理的“本”，是后续开展“方法”和“人”工作的基础。

2. 方法

方法包含实施项目管理体系所依赖的诸多因素。在方法层次上，与西方诸多IT企业相比，联想在观念、技能和平台三个方面都存在差异。

在技能上，联想还是过多关注时间管理。对项目管理体系的其他技能，如范围管理、成本管理、风险管理、资源（人力）管理、沟通管理、采购管理和质量管理，联想的应用水平还有待提高。

3. 人

人作为项目管理的实施者和参与者，直接关系到项目的成败，特别是项目负责人。普遍的方法是通过专项培训来提升项目负责人和项目组成员的项目管理知识、技能，如图 3-16 所示。

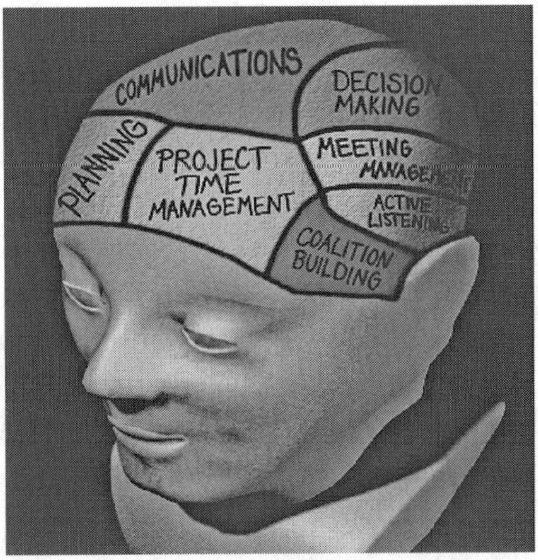

图 3-16　项目管理技能培训

我们认为，项目负责人直接到关系项目的成败，优秀的项目负责人除了应该具备项目管理的基本技能，在品质、道德等个人基本素质方面也必须出类拔萃。在“人”上，存在所谓的冰山效应，如图 3-17 所示。整个冰山决定了项目的成败，与浮出水面的小部分的项目管理技能相比，浸在水下的诸如个人素质等其他方面同样是非常重要的决定因素。这也是如今有些负责人在取得了诸如 PMP 的资格后依旧无法保障项目成功的原因之一。

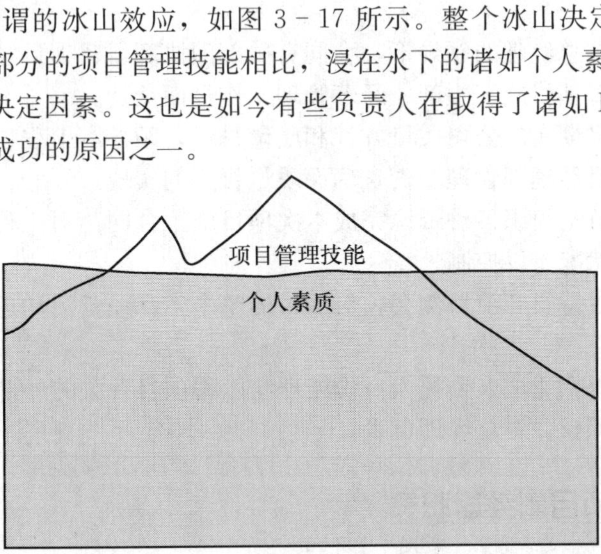

图 3-17　冰山效应示意图

因此，要想最终确保项目管理体系的成功，必须建立一套鉴别和培养机制，找到最合适的人来实施项目管理。

3.6.3 应用

遵循“环境＋方法＋人⇒成功的项目管理体系”的实施方法论，联想从2001年初开始在消费电脑事业部进行了有意义的尝试。

3.6.4 结论

随着中国加入世界贸易组织，企业将面临更残酷的竞争。正如普里马维拉(Primavera)所说，“项目成立＝企业成功”，项目管理必将成为IT企业参与国际竞争的利器。

中国的IT企业要想最大限度地发挥项目管理的效力，避免走入西方实施项目管理的误区，必须注重实施方法论。

结合消费电脑事业部的实际，联想提出了“环境＋方法＋人⇒成功的项目管理体系”的实施方法论，并在实际中加以应用。实践证明，这套方法论是行之有效的。

遵循上述思路，中国的IT企业都可以找到适合自己的实施方法论，并借以进一步加强项目管理，以求在竞争中立于不败之地。

3.7 示例：某工程公司各个项目管理中心主要岗位及各部门职责

3.7.1 项目经理职责

(1) 在总经理的领导下，会同有关部门协商组建项目经理部。

(2) 对项目施工生产、经营管理工作全面负责。

(3) 贯彻实施公司质量方针和质量目标，领导本工程项目策划，制定项目质量目标和项目经理部管理职责，确保质量目标的实现。

(4) 负责组织各种资源完成本次项目施工合同，对工程质量、施工进度、安全文明施工状况予以控制。

(5) 主持召开项目例会，对项目的整个生产经营活动进行组织、指挥、监督和调节。

(6) 以企业法人委托人身份处理与工程项目有关的外部关系及签署有关合同等其他管理职权，对总经理负责。

3.7.2 项目副经理职责

(1) 负责组织本工程项目的施工生产，建立项目安全保证体系，对施工过程质量负责。

（2）负责优化施工组织工作，领导安全文明施工，组织实施质量计划，确保满足合同要求和实现质量目标。

（3）分管项目物资管理和工程分包工作，负责协调施工生产所需的人员、物资和设备的供给。

（4）负责纠正和预防措施的组织实施。

3.7.3　项目总工程师职责

（1）负责组织项目质量策划，组织编制质量计划并按规定报批，主持建立项目质量保证体系，将项目质量管理目标分解到各部门、班组和岗位，并对实施情况进行检查监督。

（2）负责组织图纸会审、技术交底和质量计划交底工作。

（3）负责组织贯彻技术规程、规范和质量标准，认真贯彻实施各项管理制度和相关程序，对项目人员违反操作规程和程序造成的质量问题负领导责任。

（4）负责文件和资料的管理工作，确保现场使用的文件均为有效版本，指导和检查生产过程的各种质量记录和统计技术应用工作，确保质量记录的完整性、准确性和可追溯性。

（5）定期召开质量例会，并及时向公司主管部门反馈质量信息。

（6）负责组织动员项目全体员工积极配合质量体系审核，认真制定纠正和预防措施。

（7）组织研究解决施工中的较大技术问题，组织编制工程技术总结。

（8）负责检验和试验人员、仪器设备的配备和管理工作。

（9）领导新技术、新材料、新工艺的开发应用和项目的培训工作，指导项目开展质量控制小组活动。

（10）领导项目质量评定和竣工交验工作。

3.7.4　施工管理部职责

（1）负责项目施工调度管理工作，检查组织落实情况，及时掌握工程进度，物资、机械、运输、劳动力情况，存在问题及时处理解决。

（2）认真参加并执行经理部生产计划的编制和安排，下达班组旬、日作业计划。

（3）确保施工过程按照质量体系文件要求进行。

（4）负责工程施工、工程质量和现场文明施工的控制。

（5）负责对工人进行技能、安全、质量的教育和培训。

（6）负责对被列为特殊过程和关键工序的过程实施施工全过程监控。

3.7.5　技术部职责

（1）负责编制项目指导性施工组织设计、施工方案和施工质量、安全措施及要求，了解施工及履约中的主要问题，及时提出改进措施。

（2）负责管理施工文件及工程变更设计处理工作，督促、检查、指导有关人员及时编制竣工文件，组织编写各项工程总结，负责科技档案的积累、整理、归档工作。

（3）参加质量事故调查和分析，制定有关纠正和预防措施并跟踪实施验证。

（4）负责质量记录的收集、整理、标识、归档、保管和移交工作。

3.7.6 安质部职责

（1）贯彻执行国家有关安全生产、工程质量、劳动保护、环境保护的方针、政策，并进行监督。

（2）参加施工调查，检查施工准备工作和技术交底，审核施工组织设计中有关安全、质量技术措施。

（3）根据设计文件和施工组织设计要求检查施工方法、技术操作方法，对违反操作规程和危害工程质量的坚决制止并令其返修。

（4）负责施工过程的检查、验收和质量评定，并按时将质量检查结果上报公司工程部。

（5）负责现场施工安全教育、安全检查并做好记录。

（6）负责组织安全事故、工程质量事故及其他较大事故的调查分析，按上级要求呈报调查处理报告，并办理违章事故的经济罚款。

（7）参加隐蔽工程检查和工程竣工预验收及验收交接工作。

3.7.7 机械设备部职责

（1）参与施工调查，编制工程机械化施工方案，并根据施工组织设计，编制机械配备、使用计划。

（2）负责机械设备选型、安装、调试和使用的全过程管理，确保机械设备处于良好技术状态。

（3）掌握项目机械设备的数量、质量、性能、用途及生产能力。解决机械设备管、用、养、修中的技术问题。

（4）组织对各种机械事故的调查、分析和处理。

3.7.8 物资供应部职责

（1）贯彻执行有关物资管理的方针、政策、法令，负责制定与健全各项规章制度及实施办法。

（2）建立物资信息网，掌握市场行情，做好钢材、水泥等主要材料的采购工作，解决生产急需。

（3）编制物资采购申请计划，负责项目分管物资的采购工作。

（4）负责进场物资的验收、搬运、贮存、标识、保管保养、发放工作。

（5）负责贮存物资检验和试验状态的标识工作。

（6）负责物资验证的各种质量证明文件的收集、分类、整理和移交工作。

（7）做好部门间协作，做好低值易耗品、劳动保护用品的使用、管理工作。

（8）及时向有关部门提报物资报表。

3.7.9 经营预算部职责

（1）严格执行国家经济政策和有关文件、法令、法规，制定项目内施工预算细则并组织实施。

（2）负责项目的验工计价工作，向建设、监理单位申报各类验工报表，编制月验工计价表和季度验工及年度验工计划。

（3）依据施工进展情况和设计变更内容，及时编制补充预算。

（4）配合公司经营计划部做好工程变更或其他特殊情况影响合同执行时的合同评审工作。

（5）负责对工程分承包方和劳务分承包方进行评价，并从合格工程分承包方名录和合格劳务分承包方名录中选定合格分承包方。

3.7.10 财务部职责

（1）加强成本管理的监督和检查工作，组织贯彻各项经费法规和财务制度。

（2）编制流动资金收支计划，负责组织工程价款的结算工作。

（3）负责外部和内部原始凭证的审核，负责有关费用计划的控制工作和会计凭证的复核工作。

（4）参与税收、物价、财务大检查工作。

3.7.11 后勤保障部职责

（1）搞好各项生活福利设施，会同财务部编制好福利、行政费用计划。

（2）做好生活、办公用品，低值易耗品的管理，负责采购、分配、发放、保管、登记，健全各项管理制度。

（3）做好生活用水、用电管理和房屋维修、卫生保健工作，搞好环境卫生和绿化工作。

（4）积极开展常见病、多发病的防治工作，大力加强预防知识的普及和宣传教育工作。

（5）认真落实治安防范管理规定，严密防范措施，认真推行治安承包责任制，保证生产工作顺利进行。

（6）加强对消防工作的监督检查，督促逐级消防责任制的贯彻落实，搞好对特殊工种、重点部位工人的安全防火教育。

（7）对治保员和警卫人员实行统管，加强检查考核，搞好训练，努力提高责任心和业务素质。

3.7.12 项目土建、给排水、电气工程师职责

（1）负责本工种施工技术管理工作。

（2）审核设计文件，熟悉文件内容，实地核对，并根据施工调查资料对设计中存在的问题及时提请监理或设计单位解决。

（3）参与编制施工组织设计，制定相应的安全、质量措施。

（4）汇总和提报工程材料及设备需用计划，并协助物资部门解决订货中的技术问题。

（5）处理各项施工问题，掌握工程进度，了解安全、质量情况。

（6）整理本专业的竣工资料，参与工程竣工验交工作。

（7）参与推广施工中运用新技术、新工艺、新材料工作。

（8）按时、按规定提供有关报表，处理有关往来文件。

3.7.13 项目质量检查工程师职责

（1）宣传学习国家有关质量方面的规范、规程，认真执行有关质量方针和质量目标，牢固树立质量第一、用户至上的思想。

（2）认真学习各种施工标准、规范、规程，掌握各种检测手段，熟练使用各种检测工具。

（3）负责工程项目施工质量检查、监督、评定和验收工作，并定期上报质量报表。

（4）做好隐蔽工程检查签证前的自检工作。

（5）参加质量事故的调查分析和纠正预防措施的实施验证。

（6）参加工程竣工验交和验交前的自检工作。

3.7.14 项目安全检查工程师职责

（1）贯彻执行有关安全生产、劳动保护的方针、政策及规定。努力学习，掌握专业知识和安全要求，提高管理水平，搞好安全工作。

（2）调查研究生产中的不安全问题，提出改进意见和措施，掌握项目安全生产情况，组织开展安全预想活动，广泛进行宣传教育。

（3）认真检查保证安全生产的各项制度、措施的执行情况，经常检查、指导工班安全生产。

（4）制止违章指挥和违章作业，遇有严重险情，有权暂停生产并报告上级处理。

（5）按时上报各种安全报表。

3.7.15 项目试验员职责

（1）认真执行本岗位技术标准、规范，严格遵守试验操作规程。

（2）负责材料取样、送检、试块制作工作，根据设计要求确定砼的配合比以及执行检验、修订工作。

（3）监督施工质量，制止违章操作，及时发现施工中影响工程质量的问题，开展质量分析活动，提出改进建议。

（4）负责现场计量工作，正确使用和爱护试验仪器和设备，对检验、测量和试验设备进行维护保养，并按规定要求及时送计量部门校准。

（5）提供竣工文件中需要的试验报告资料。

3.7.16　项目材料员职责

（1）负责对进场所有物资进行验证，并对物资数量和外观质量进行检验。

（2）对必须检验和试验的材料，通知试验人员抽样送检。

（3）做好原材料、成品和半成品的标识，并随时检查，保护标识。

（4）负责物资的堆码、贮存、保管和发放工作。

（5）负责现场周转材料、工具的使用管理工作。

（6）根据施工预算，建立健全统计台账，认真记载发放物资的品名、规格、数量。

□ 思考题

1. 试述组织的定义与特征。
2. 试述项目组织的特点。
3. 试述项目组织的基本结构形式及其优缺点。
4. 项目组织的发展有哪几个阶段？
5. 如何理解项目团队？项目团队的特点有哪些？
6. 高效项目团队有哪些特点？
7. 如何理解项目负责人的作用和地位？
8. 项目负责人应具备哪些方面的素质/能力？
9. 如何设计项目负责人的激励与薪酬福利体系？
10. 项目人力资源管理的特点是什么？
11. 项目人力资源绩效考核原则是什么？
12. 如何理解项目管理文化？卓越的项目管理文化与传统的组织管理文化有何异同？
13. 如果你被任命为某个创新性项目的项目负责人，请阐述你将如何建立一个高效的项目管理团队。

方法篇

篇首语

良好的项目管理最终表现为良好的项目效果，良好的项目效果来自科学规范的项目管理方法；科学规范的项目管理方法贯穿项目的整个生命周期，良好的项目效果是项目过程质量和结果质量的完美统一。项目管理全过程的具体方法是项目管理理念、体系、流程和实践的综合体现。

项目管理的全过程通过项目选择与确定、项目计划与资源配置、项目执行与监控、项目修正与分析以及项目收尾与评价等一系列管理活动的具体方法得以体现，为最终实现既定的组织战略目标奠定坚实的基础。本篇将系统地讲述项目管理全过程的具体方法，旨在使读者掌握基本的项目管理技能，培养和提高读者从事项目管理工作的能力，为读者进行项目管理提供必备知识。

本篇包括项目选择与项目确定，项目融资管理，项目启动与项目计划，项目监控，项目综合管理，项目收尾、验收与项目后评价六章。

第 4 章 Chapter 4 项目选择与项目确定

物质资料的生产是人类社会存在和发展的基础。项目产生于社会生产、分配、消费和流通的不断循环之中。项目选择、论证与评估的科学性与规范性，是决定项目价值的首要条件。在项目管理中，项目选择、项目论证与项目前评估是项目启动之前的核心工作，决定着组织战略的成败，关乎组织的存亡。本章将详细给出项目选择、项目论证以及项目前评估的基本知识与基本体系、基本程序和基本方法，重点讨论有关项目选择与确定的具体工具方法；给出项目来源、项目选择的概念与原则、项目选择的过程与应考虑的内容和项目选择的基本方法；阐述项目论证的概念与作用、项目论证的阶段与步骤、项目论证的一般原则和重点、项目论证的基本工具方法和项目论证报告的类型与内容；对项目前评估的含义及流程、项目前评估的内容及类型、项目前评估报告格式和项目立项决策进行说明。

4.1 项目来源与项目选择

随着人类社会的不断发展，组织与个人的需求不断增加并呈现多样化和复杂性，变化已成为世界的主流特征。正是这一主流特征使得项目的来源十分广泛，项目选择面临诸多挑战。

4.1.1 项目来源

项目源于应对各种需求的变化和解决世界现存问题的动机。只要存在变化或是需要变化，就会有项目存在。因此可以说：项目是创新的载体，是变化的体现。项目主要来自以下两个方面。

1. 宏观方面

人类社会出现以来，旨在改善生存条件的人类活动不断推动着社会的进步。经济发展、社会进步、企业经营、生活改善的种种需要常常要通过项目来实现。在宏观上，一个项目能得到批准往往基于以下原因：

（1）能够改善人类生活。例如，通过生态化、工业化、城市化、信息化建设，可以增加居民的收入、改善居民的生活条件。因此，在一些地区实施工业化、城市化与信息化战略，能带来大量的项目。再如，随着我国现代化进程的不断加快，国民经济的发展需要越来越多的电力供给和现代交通网络布局建设。中央和一些地方政府陆续规划和建成了许多供电设施，规划建设了新的铁路和公路网交通项目，满足了人民的生活需要，并支持了经济的发展和社会的进步。

（2）有利于发展社会生产力。生产力发展水平是人类社会进步的决定因素。人类社会形成以来，制约生产力发展的因素很多。例如，好的生态环境有利于经济的可持续发展，好的交通状况有利于生产力的发展，但由于经济的快速增长、人口的急剧膨胀以及城市化进程的加快，造成了居住和交通拥挤、水资源短缺、沙漠化与荒漠化问题严重以及产生大量的垃圾和污水等，人们的居住和工作环境不断恶化。要改善生态环境和交通状况，需要实施许多项目；对社会现有管理制度体制进行变革，解放生产力，也将带来许多项目。

（3）能够提高综合国力。国家之间的竞争日趋激烈。一个国家的综合国力体现在政治、军事、经济以及科技、教育和文化等多个方面。例如，航天技术在民用领域和军用领域均能发挥很大作用，而发展航天技术能够带来一系列科研与试验工程项目。

（4）能够促进国际交流与协作，推动人类文明的共同发展。共同发展与进步是人类社会和平共荣的基础。例如，联合国教科文组织推动的国际教育文化合作事业以及产学研结合计划，带来了大量的跨国教育、科研和文化合作项目。再如，我国“一带一路”倡议的布局和实施，对中亚、南亚以及欧洲主要国家的经济与社会发展、投资与贸易合作以及文化交流产生了重要的促进作用。

（5）宏观项目投资引发的项目链效应。许多时候，某个项目的实施或完成会产生对另外一些项目的需要，或者为这些项目创造了条件。例如，京九铁路的建设和完成就带动了沿线的许多项目，2008年北京奥运会和2010年上海世博会的筹办也带动了众多的公共投资项目和产业项目。某个社会组织提出的项目也会向其他组织提出项目需求，为后者带来机会，创造出一个项目链。例如，某地区50万亩退耕还林开发项目，为该地区的农业、水利、林业和农机局带来了产业结构调整、水土保持、飞播育林、营造和维护防护林、水利灌溉和水电站建设等一批项目。

总之，社会经济各部门，如农业、水利、气象、能源、交通、运输、邮电通信、冶金、石油化工、建材、医药、机械制造、电子信息、轻工纺织、汽车船舶、环境保护、城市基础设施和第三产业等，在现在和将来的发展中都需要大量的项目。

2. 微观方面

人类社会在发展的过程中，形成了多种经济组织，组织的生存与发展需要开展一系列的项目。企业作为各类经济组织的代表，在项目推动方面发挥着巨大作用。在微观方面，一个项目得到批准，往往基于以下原因：

（1）实现组织经营战略目标需要开展相应的项目。如某传统家电企业在实现家电领域的市场龙头目标后，为增强企业发展后劲，利用其资本优势，挺进IT行业，同时开发网络通信产品、计算机产品和手机产品，从而启动了诸多项目。

（2）组织适应新的商业环境，进行组织变革需要开展相应的项目。如企业进行股份制改造、流程再造、质量改进等启动的诸多项目。

（3）组织满足客户新的商业需求需要开展相应的项目。如某建材企业原有的客户对发达地区生产的新型建筑材料具有很高的需求，希望该企业也能提供相应产品，使该企业因引进或改造生产线带来项目。

（4）组织为保持其竞争优势需要开展相应的项目。如某钢铁企业为降低成本，采用新的工艺技术来改造其电炉/精炼/连铸/连轧生产线带来的一系列项目。

（5）组织为摆脱当前的困境，需要开展相应的项目。如产品结构调整、市场促销等。

（6）在“大众创业、万众创新”国家战略和“全面深化改革”的背景下，市场对资源配置起决定性作用，随着各类新技术的不断成熟和扩散，在跨界经营、共享经济的发展过程中，各类创新、创业类项目将会大量涌现。如创办一个小微企业，开发一个新产品，开创一种新服务等。

总之，需求促进发展，发展又带来新的需求，新的需求带来新的项目。组织每天所面对的不再是几个规模越来越大的大型项目，而是成百上千个不断产生和进行的项目，新产品或新服务的开发、组织的变革等均会带来项目。导致产生这种变化的因素很多，包括客户需求的不断变化导致产品生命周期缩短；产品开发项目数量大增；新技术导致对研发项目的需求增加；为提高企业业务盈利能力，改进业务模式的项目需求不断增加等。在这种多项目并发、项目技术含量高、变化速度快、资源有限的情况下，如何对组织、项目、资源进行科学的配置与管理，加强项目选择与确定的管理能力，实现组织的规模化、规范化和国际化，是管理者面临的最大挑战。

4.1.2 项目选择的概念与原则

1. 项目选择的概念

组织与个人需要对各种项目机会做出比较与选择，将有限的资源以最低的代价投入收益最高的项目设想，以确保个人或组织的发展，这就是项目选择。在项目选择阶段，需要剔除那些希望不大或不会产生效益的项目设想，以避免在项目以后的阶段浪费大量的资源。

2. 项目选择的原则

项目选择是对一个复杂、多因素的投资系统进行逻辑分析和综合判断的过程，包括项目投资的必要性和可行性的分析论证、项目投资方案的制定与选择，以及方案的评价和审批。为了保证投资决策的成功，避免失误，在项目选择过程中必须遵循下列原则。

（1）科学化原则。项目选择行为本身其实是一种决策行为，而决策有科学决策和非科学决策之分。科学决策就是在科学的理论和知识的指导下，通过科学的方法和程序所做的符合客观规律的决策。而非科学决策则是指那些没有足够的科学依据、仅凭经验和臆测做出的决策。非科学决策一般经不起实践的验证，实施后往往达不到预期目的或会造成损失。

要使项目决策科学合理，必须满足如下三个条件：

1）投资目标必须合理，不能将资金投入不可行或无明显效益的领域。

2）决策结果必须满足预定投资目标的要求，使投资目标的实现有坚实的基础。

3）决策过程必须符合效率和经济性的要求，既要保证快速决策，又不至于为项目决策花费大量的资金。

为实现科学决策，应做好下列环节的工作：

1）确定投资目标。

2）围绕预定目标拟定多个实施方案。

3）在多个方案中进行比较选择。

4）要预计方案实施过程中可能出现的变化及应采取的应急措施，要考虑到目标实现后的实际效果。

（2）民主化原则。项目选择应避免单凭个人主观经验决策，而应广泛征求各方面的意见，在反复论证的基础上有机地做出决策。民主决策是科学决策的基础。

（3）系统性原则。要根据系统论的观点，全面考核与项目有关的各方面信息，如市场需求信息、生产供给信息、技术信息、政策信息、自然资源与经济社会基础条件信息等；还要考虑相关项目的情况，研究项目建设对原有产业结构的影响，分析项目的产品在市场上的竞争能力和发展潜力。那种“一叶障目，不见森林”的片面观点是短视的，也是危险的。

（4）效益性原则。进行项目选择时，要讲求项目的总体效益最优，既要考虑经济效益，也要考虑组织建设与团队发展和社会、文化以及生态等方面。这体现在两个方面：

1）微观效益与宏观效益的统一。微观的技术经济效益是从一个企业出发来考察技术方案的经济效益，而宏观的技术经济效益则是从整个国民经济出发来考察技术方案的经济效益。因此微观经济效益与宏观经济效益相结合的实质，就是要处理好局部利益与整体利益的关系。一般而言，微观（企业）经济效益是宏观经济效益的基础，而宏观（国家）经济效益则是衡量微观经济效益的最终标准。

通常情况下两者是一致的，但在某些情况下也可能会发生矛盾。主要表现为这种效益有时从一个企业、一个部门的角度来看是有利的，但从整个国民经济的角度来看却是不利的；或者从整个国民经济的角度来看是有利的，而从一个企业、一个部门的角度来看则经济效益不大。在这种情况下，企业或部门的利益就要服从国民经济的整体利益，要在计算由于占用劳动力、资金、资源而引起的其他国民经济部门劳动耗费和效益发生相应变化的基础上，选择宏观经济效益最佳的技术方案。

2）近期效益与远期效益的统一。近期经济效益与远期经济效益相结合的实质，就是如何正确处理当前利益与长远利益之间的关系。而通常只有把当前利益与长远利益相结合，才能确保国民经济的稳定、持续、健康发展。因此，我们在评价技术方案时，不仅要看近期的经济效益，更要考察长远的潜在经济效益。要从经济发展角度进行动态的考察，克服在只做静态考察时容易产生的片面性，从而避免因贪图眼前小利而带来无穷后患的结果。

（5）效率性原则。要在项目投入产出比、投入产出时间周期等方面进行细致分析，选择投入产出比高、投入产出时间周期短的项目。

4.1.3 项目选择的过程与应考虑的内容

1. 项目选择的过程

项目选择涉及一系列复杂的决策活动。项目的确立必须按照系统工作方法有步骤地进行。尤其是工程项目，投资大、规模大、技术复杂、影响大且深远，其确立过程更加复杂，需要慎重对待。项目选择一般经过以下几个阶段。

（1）项目构思的产生和选择。项目构思产生于解决项目的上层组织（如国家、地方、企业、部门）对问题的期望或满足上层组织的需要，或为了取得投资收益等。这种构思可能有很多，即可以通过许多途径和方法（即各种项目）达到目的，那么必须在它们中间做出选择，并经权力部门批准，以做进一步的研究。

（2）项目的目标设计和项目定义。这一阶段主要通过对上层组织的进一步研究，提出项目的目标因素，进而构成项目的目标系统，通过对目标的书面说明形成项目定义。这个阶段的工作有：

1）情况的分析和问题的研究。即对上层组织的状况进行调查，对其中的问题进行全面罗列、分析、研究，确定问题的原因和关键。

2）项目的目标设计。针对情况和问题，提出目标因素，建立目标系统。

3）项目的定义。包括项目的构成、界限的划定和项目的说明。

4）项目的审查。包括对目标系统的评价、目标决策，提出项目建议书。

（3）可行性研究。即提出实施方案，并对实施方案进行全面的技术经济论证，看能否实现目标。其结果作为项目决策的依据。

在这个过程中还必须注意如下问题：

1）在整个过程中必须不断地进行环境调查。环境是确定项目目标、进行项目定义、分析可行性的最重要的影响因素，是进行正确决策的基础。

2）在整个过程中有一个多重反馈的过程，要不断地进行调整、修改、优化，甚至放弃原有的构思、目标或方案。

3）在整个过程中必须有几个决策点，对阶段工作结果进行选择。在项目前期，阶段性的决策是非常重要的。

2. 项目选择应考虑的内容

进行项目选择，一般可以从生产、市场、财务、员工、管理等方面来考虑。对于一般的产品开发项目、技术改造项目以及改扩建项目，选择时应考虑的内容具体如下：

（1）生产因素。主要包括新能源需求量、设备需求、生产过程的安全性、新技术的应用与现有技术的衔接性、单位产量生产成本的变动、单位产量生产时间的变动、原材料使用情况的变化、原材料的可获得性、对现有的供应商即协作厂的影响、产品质量的变化、质量控制过程的变化等多个方面。

（2）市场因素。主要包括潜在的市场规模、可能的市场份额、占有市场份额所需时间长短、公众接受程度、产品生命周期曲线的形状、项目产生副产品的可能性等方面。

（3）财务因素。主要有盈利性、投资的净现值、对现金流量的影响、支付周期、现金需求量、投资回收期、投资规模、季节变化和周期性波动的影响、财务风险水平等方面。

（4）员工因素。主要包括培训要求，劳动技能要求，劳动强度当前水平，劳动强度的可能变化，劳动力的性别、年龄或分布方面的变化，对工作条件有影响的其他方面等。

（5）管理和其他各种因素。主要包括国家安全标准满足度，国家环境标准满足度，对信息系统及计算机应用的影响程度，股东和证券市场的反应，对专利和贸易秘密的保护，对消费者、供应商和竞争对手的形象的影响，对新项目的管理能力等方面。

4.1.4 项目选择的基本方法

项目选择方法通常包括测量该项目对于项目业主的价值或吸引力。项目选择方法要考虑决策标准和不确定条件下价值的计算方法。项目选择方法也常常用来选择项目进行中的各种备选方案。各种优化工具可以用来搜索决策变量的最优组合。

一般而言，项目选择方法可以分为两大类：定性方法和定量方法。两类方法均广泛使用。很多组织同时使用，或者使用两者结合的模型。定性方法即非数值模型；定量方法即数值模型，需要将数值输入，但是输入的数值既可以是主观数据，也可以是客观数据，且客观度量标准可能比主观度量标准更有用可靠，但是相对难以获得。

数值和非数值两个基本类型选择模型中，非数值模型更简单。

1. 定性方法（非数值模型）

（1）“神圣”的提议。项目由机构中拥有强权的高层管理人员提出。通常项目最初与简单的意见一起产生，这种陈述的直接结果就是提出了一个项目来进行运作，无论上级建议的内容是什么，项目在一定意义上是“神圣”的，它将维持到成功地结束，或者直至上级本人认识到想法的错误而结束它。

（2）操作的必要性。如果洪水正威胁着城市，那么建造一个防护堤的项目并不需要非常正式的评估。如果一个项目的提出是为了保持系统的正常运转，那么在保证以较低的代价获取成功的前提下，项目将很容易得到资助。

（3）竞争的必要性。对于项目的决定是基于维持个人或组织在市场中的竞争优势地位而做出的。

投资于操作必要性的项目和竞争必要性的项目都将细致的数量分析置于一旁，而认为组织的生存更为重要。

（4）比较收益模式。假定一个组织有很多项目需要考虑，高层管理人员想要在那些项目中选择出一个可以使公司收益最大的集合，但是这些项目并不容易比较，通常将项目提议交给相应领域的专家进行评判，这个过程称为“同行评议”。

2. 定量方法（数值模型）

定量方法包括很多，通常又可分为两类：一是效益测量方法，包括净现值法、年值法、内部收益率法、投资回收期法、表格法和决策树法等；二是约束条件下的优化方法，包括使用线性、非线性、动态、整数和多目标规划算法的决策模型。但在实际的项目选择中，应用最普遍的仍然是第一类方法，根据项目建设条件是否已知，这类方法又分为确定型、风险型和非确定型三种。

（1）确定型模型。各种建设条件均为已知的项目选择属于确定型决策，这样的定量方法有很多，如不考虑时间价值的静态分析法和考虑时间价值的净现值法、内部收益率法等。这些方法大多采用决策者既定的标准，如基准收益率、基准投资回收期等，对项目进行选择，达到标准的项目即为可行的项目。

（2）风险型模型。有些项目的建设条件存在不确定性因素，如资金供应可能引进外资，也可能从民间集资；又如市场销售存在销路较好、销路不好、销路中等三种可能等。这些不确定性因素产生的概率能够估计出来，因而一个项目有可能出现几种不同的结果。对这种风险型项目进行选择时，一般采用决策树和决策矩阵等模型。

（3）非确定型模型。当项目的建设条件存在不确定性因素，且这些不确定性因素产生的概率无法估计时，对这种项目进行选择称为非确定型决策。它是风险型决策的一种极限情况，如盈亏平衡分析、敏感性分析等。对于非确定型项目的选择，一般可以采取小中取大法、大中取小法、折中法或乐观系数法。

4.2　项目论证

项目论证是项目概念阶段的核心内容，作为项目确定的基础，它强调客观性、科学性与规范性。项目论证对于项目的成败与价值具有重要意义。项目论证涉及多个学科领域的知识与背景。“先论证、后决策”是现代项目管理的基本原则。项目论证必须具备以下几个条件：一套完整可靠的资料数据；一套科学的方法；能够进行可行性研究的专门人才；一套先进的工具；一定数量的资金。

4.2.1 项目论证的概念与作用

1. 项目论证的概念

（1）项目论证的含义。项目论证是指对拟实施项目技术上的先进性、适用性，经济上的合理性、盈利性，环境上的安全性，以及实施上的可能性、风险性进行全面科学的综合分析，为项目决策提供客观依据的一种围绕项目进行的技术、经济、政策、资源、环境分析研究的活动。

（2）项目论证要解决的问题。项目论证应回答以下问题：

1）项目在技术上是否可行？

2）项目在经济上是否有生命力？

3）项目在财务上是否有利可图？

4）项目对社会与环境是否有益？

5）项目需要多少资金？

6）项目能否筹集到全部资金？

7）项目需要多长时间才能建立起来？

8）项目需要多少物力、人力资源？

（3）项目论证的结论。主要有建设条件的可靠性、技术的合理性、经济的盈利性、组织与个人价值的积累性以及社会与环境的友好性。

2. 项目论证的作用与出发点

（1）项目论证的作用。项目论证意义重大，主要表现在：

1）项目论证是项目是否实施的依据。

2）项目论证是资金筹措的依据。

3）项目论证是项目审批的依据。

4）项目论证是与利益相关者合作的依据。

5）项目论证是项目各种工作安排的依据。

6）项目论证是项目实施基础资料的依据。

（2）项目论证的出发点。项目论证的出发点主要表现在以下几个方面：

1）要站在咨询的立场上。

2）应提出多种替代方案。

3）对各种方案要做全面分析。

4）要决定最佳投资时机和规模。

5）要提出可能实施的具体措施。

6）要把资源的有效利用放在中心位置。

4.2.2　项目论证的阶段与步骤

1. 项目论证的阶段

项目论证一般分为一般机会研究、特定机会研究、方案策划、初步可行性研究和详细可行性研究几个阶段。各个阶段的工作内容和侧重点有很大不同。

（1）一般机会研究。主要是通过基本面的调查、研究与分析，鉴别与发现投资机会，形成投资意向，提供可供选择的项目发展方向和投资领域。

（2）特定机会研究。主要是根据大量的一般机会研究报告以及进一步深入的研究分析，筛选项目，提出项目建议。特定机会研究比一般机会研究更具体、更深入。

（3）方案策划。根据特定机会研究的成果，对项目的目标与功能要求进行具体研究，进行项目的总体规划与设计，作为可行性研究的前提与实施依据。

（4）初步可行性研究。对项目进行初步的论证和评估，分析前途、关键技术、管理与制度问题，判断项目是否能盈利，确定相关研究与工作。

（5）详细可行性研究。在决策前对项目有关工程、技术、经济、文化、环境、政策条件做详尽、系统的全面调查、研究与分析，对各种可能的方案进行选择，评价各种效益。该研究结果是项目前评估与决策的主要依据。

2. 项目论证的一般步骤

项目论证是一个连续的过程，包括提出问题、制定目标、拟定方案、分析评价、选定方案等过程，一般分为以下七个步骤：

（1）明确项目范围和业主目标。主要是明确问题、确定论证范围以及业主目标。

（2）收集并分析相关资料。包括实地调查、技术研究以及经济研究。

（3）拟定多种可行且能够相互替代的方案。

（4）多方案分析与比较。采用各种方法，从投资费用、运行费用、收益、投资回收期、投资收益率以及敏感性分析等方面进行综合评价。

（5）选择最优方案，对项目进一步详细论证。包括进一步的市场分析、工艺流程、选址、辅助设施、劳动力与培训、组织与经营管理、现金流量与财务分析、附加效益等。

（6）编制项目论证报告、环境影响报告以及采购方式审批与申请报告。

（7）编制资金筹措计划与项目实施进度计划。

4.2.3　项目论证的一般原则和重点

1. 三个原则

（1）技术上是否可行。

（2）经济上是否合理。

（3）社会上是否有益（自然、生态、人类社会）。

2. 八个重点

（1）技术性：包括资源供应（区位、土地、设备、原料、技术、劳动、制度、管理队伍、资金、软资源），建设工程条件，三大保护（劳动、环境、社区），项目自护等。

（2）市场性：包括当前市场、市场容量、市场潜力、开发难度、开发条件、开发能力等。

（3）竞争性：包括有效项目门槛、当前竞争、竞争展望等。

（4）成长性：包括规模前景、扩展性、可持续发展、组织文化等。

（5）人本性：包括劳动强度、劳动报酬、劳动条件、劳动趣味、劳动亲和性、劳动关怀、劳动者发展等。

（6）盈利性：包括财务效益、盈亏平衡点分析等。

（7）风险性：包括三大风险（技术、经营、社会），敏感因素分析，抗风险与风险规避等。

（8）社会性：成为好公民（即适应法规）、社会之友（即融入当地社会）、环境之友（即不带来环境冲击）。

4.2.4 项目论证的基本工具方法

在各类项目管理实践中，形成了许多有效的项目论证工具方法。在一般的财务管理、企业管理以及经济管理学科中也有所涉及。从经济效果角度评价项目的常用指标一般有净现值、净年值、费用现值、费用年值、净现值指数、内部收益率、外部收益率、静态投资收益率、静态投资回收期和动态投资回收期等，其中净现值、内部收益率和投资回收期是最常用的项目评价指标。项目的评价指标体系分为效率型指标、价值型指标和兼顾经济性与风险性指标三部分。效率型指标主要有外部收益率、内部收益率、净现值指数、静态投资收益率等；价值型指标主要有净现值、净年值、费用现值、费用年值等；兼顾经济性与风险性指标主要有静态投资回收期、动态投资回收期等。

1. SWOT 分析

（1）含义。SWOT 是优势、劣势、机会和威胁四个词的英文首字母缩写。进行 SWOT 分析是将可能对项目产生影响的众多因素按照有利与不利的方面进行归类，并按影响程度的大小排出顺序或层次。它主要用于复杂事物的判断和决策，进行项目机会选择。一般采取主观评价的办法，判断优势与劣势、机会与威胁。在一般情况下，优势或劣势主要由组织或项目的内部因素决定，如技术、管理、人员、资源、文化等；机会与威胁主要由外部环境决定，如经济、政策、法律等。

（2）方法。在一张白纸上画出一个方格，鼓励与会人员提出优势、劣势、机会与威胁的相关问题（头脑风暴法尤为重要），如图 4－1 所示。讨论表格内容，发扬优势，弥补劣势，利用机会，乐观地看待威胁，将威胁转化为机会，将劣势转化为优势。

优势：	劣势：
机会：	威胁：

图 4－1　SWOT 分析示意图

（3）要素分层法。将 SWOT 分析方法进一步量化，采取主观评分的方法，可以演变为要素分层法。具体步骤如下：

1）列举影响要素。列出主要的优势与劣势、机会与威胁。

2）影响要素分层。将影响要素按影响的程度排序。

3）制作要素分层矩阵。

4）要素评分。有一般评分、加权评分和高低点评分等方法。

5）修正评分。考虑措施，将项目威胁转化为机会，劣势转化为优势。

6）决策。根据得分正负情况决定放弃或实施项目。

该方法具有将定性分析和定量分析相结合的特点，如图 4－2 所示。

	机会	得分	威胁	得分
外部	1 2 3		1 2 3	
	优势		劣势	
内部	1 2 3		1 2 3	
得分合计				

图 4－2　要素分层矩阵示意图

2. 价值工程方法

（1）含义。价值是评价某一事物与实现它的耗费相比合理程度的尺度。价值等于功能与成本之比。价值工程着重于功能分析，力求用最低的生命周期成本可靠地实现必要功能的有组织的创造性活动。价值工程的实践表明，多数产品特别是复杂产品的技术性能和成本都存在改进的余地。

（2）中心内容。功能分析是核心，创造是关键，信息是基础。

1）通过对项目实现功能的不同方案比较，寻找最为经济合理的途径。分析使用功能和美学功能，分析基本功能与辅助功能，分析必要功能和不必要功能，剔除多余功能、重复功能和过剩功能。

2）大量收集有关项目设计的新原理、新工艺、新设备、新材料、改善环境和劳作条件的信息等，分析用户需求、意见以及成本等因素。

3）选择改进潜力大、效益高、容易实施的因素。根据经验，从市场角度、设计角度、生产角度以及价值工程实施角度综合选择改进因素，找出主要成本因素。

（3）工作步骤。价值工程方法的实施步骤有选择分析对象、收集情报、功能分析与功能评价、确定重点改进对象、方案创造、改进方案评价、实施和成果评价等。

3. 静态评价方法

（1）含义。它是指不考虑资金利息的简要评价方法，一般采用投资收益率、投资回收期、追加投资回收期和追加投资收益率等指标。

（2）静态投资回收期（T）。它是指用项目投产后每年的净收入或利润（R）补偿原始投资（K）所需的年限，是投资收益率（E）的倒数，即

$$T=\frac{1}{E}=\frac{K}{R}$$

静态投资回收期是项目投产后用所获得的年净收益抵偿全部投资所需的时间，是反映项目投资回收能力的重要指标，对于一个常规项目来说就是用最初固定的投资除以估计的每年现金流入。

这一方法假定有足够长时间的现金流入期偿还项目投资，并且忽视投资回收期外的现金流入。它是一种不充分考虑风险的方法。投资回收期越短，项目的风险就越小。

（3）静态投资收益率。又称静态投资利润率，是指项目投资后所获得的年净现金收入（或利润）与投资额的比值，即

$$E=\frac{R}{K}$$

静态投资利润率是项目的年利润总额或者年平均利润总额与项目总投资的比率。通常情况下，当计算出的利润率高于标准收益率时，就认为项目是可行的。进行项目选择时，在其他条件相同的情况下，应选择投资利润率高的方案实施，因为投资利润率越高，项目的经济效益越好。

这两个指标尤其是静态投资回收期虽然由于简单易求而被广泛使用，但是两者都没有考虑到资金的时间价值问题，没有反映资金的实际情况，因此结果的可靠性差，只作为辅助指标运用。一般来说，静态投资收益率越高，或者静态投资回收期越短，项目的经济效益越好。不同的行业或部门会有一个标准的静态投资回收期或静态投资收益率，新建项目的静态投资收益率和静态投资回收期应好于标准值。

4. 动态评价方法

(1) 含义。所谓动态评价方法，就是考虑资金的利息的评价方法。资金的利率一般由三个因素决定：时间价值、风险价值和通货膨胀。一般有净现值法、内部收益率法、外部收益率法、动态投资回收期法、动态投资收益率法、收益成本比值法、现值指数法、差额内部收益率法等。

(2) 净现值法。现值（PV）是将来某一时点一笔资金现在的价值。净现值法是将整个项目投资过程的现金流量按要求的投资收益率（折现率）折算到时间等于零时，得到现金流量的折现累计值（NPV），然后加以分析和评估。

净现值法是按基准收益率计算全部净现金流量的现值的代数和，并判断项目可行性的方法。净现值是反映项目获利能力的动态评价指标。其计算公式为：

$$NPV = A_0 + \sum_{t=1}^{N} \frac{F_t}{(1+k)^t}$$

式中，F_t为 t 时期内的净现金流量；k 为基准收益率；A_0为最初现金投资；N 为项目的计算期。

在一个项目的早期，净现金流量很可能是负的，主要是最初对项目的投资导致的。如果项目整个生命周期全部预计的净现值的总和是正值，说明项目是可行的。

净现值法的评价准则是：

$$NPV \geqslant 0$$

(3) 内部收益率法。内部收益率法又称贴现法，就是求出一个使项目建设与运行生命周期内现金流量的现值合计等于零的内部收益率（IRR）。内部收益率普遍被认为是项目投资的盈利率，反映了投资的使用效率。该方法适用于净现金流量序列符号只变化一次的常规项目。

内部收益率是项目的现金流出与流入的净现值正好相等时的贴现率。如果 A_t 是 t 时期内的期望现金流出，而 R_t是 t 时期内的期望现金流入，则内部收益率是使下列方程式成立的 k 值（注意，A_0在这个公式里是正数）：

$$A_0 + \frac{A_1}{(1+k)} + \frac{A_2}{(1+k)^2} + \cdots + \frac{A_t}{(1+k)^t} + \cdots + \frac{A_n}{(1+k)^n}$$
$$= \frac{R_1}{(1+k)} + \frac{R_2}{(1+k)^2} + \cdots + \frac{R_t}{(1+k)^t} + \cdots + \frac{R_n}{(1+k)^n}, \quad t = 1,2,3,\cdots,n$$

通常，内部收益率都是采用线性插值法求得的。将求出的内部收益率与基准收益率进行比较，当内部收益率大于或等于基准收益率时，项目可行。项目的内部收益率越大，说明投资的经济效益越好。

内部收益率法的评价准则是：

$IRR \geqslant$ 标准折现率 i_0

对两个投资额相等的方案进行比较时，内部收益率大的方案可取。

（4）动态投资回收期法和动态投资收益率法。考虑资金的时间价值以后，投入资金回收的时间即为动态投资回收期（T_d）。动态投资回收期能够使下式成立：

$$\sum_{t=0}^{T_d}(CI-CO)_t(1+i_0)^{-t}=0$$

式中，i_0为基准折现率；CI为现金流入额；CO为现金流出额；t为期数。

动态投资收益率（E_d）是动态投资回收期的倒数。

动态投资回收期法与动态投资收益率法的评价准则是：优于标准值。标准值根据以往同类项目的统计经验或项目确定的标准确定。

（5）收益成本比值法。用项目的收益（B）与成本（C）相比，一般准则是

$$\frac{B}{C}\geqslant 1$$

（6）现值指数法。现值指数（NP）是净现值除以投资额现值所得的比值，是测定单位投资净现值的尺度。

$$NP=\frac{NPV}{P}$$

它衡量单位投资效果，可用于多方案比较。

（7）差额内部收益率法。两个方案的差额内部收益率就是两个方案净现值相等时的收益率，用于判断两个投资额不等的项目的优劣。两个方案的差额净现值指两个方案逐年净现金流量差额折现累计值。若差额内部收益率大于标准折现率，则投资额大的方案为优；若差额内部收益率小于标准折现率，则投资额小的方案为优。

5. 不确定性分析

（1）含义。作为项目投资决策依据的技术经济分析是建立在分析人员对未来事件所做的预测与判断基础之上的。由于影响各种方案经济效果的政治经济形势、资源条件、技术发展情况以及组织变革等因素的未来变化带有不确定性，加之预测方法和工作条件的局限性，对方案经济效果评价中使用的投资、成本、产量、价格等基础数据的估算与预测结果不可避免地会有误差。这使得方案的经济效果实际值可能偏离其预期值，从而给投资者和经营者带来风险。例如，投资超支、建设工期拖长、生产能力达不到设计要求、原材料价格上涨、劳务费用增加、产品售价波动、市场需求量变化、贷款利率以及外币汇率变动等，都可能使项目达不到预期的效果，甚至失败。

为尽可能避免决策失误，需要了解各种外部条件发生变化对项目投资方案经济效益的影响程度、投资方案对各种外部条件变化的承受能力，以及对应于可能发生的外部条件变化，投资方案经济效益的概率分布，需要掌握风险条件下正确的决策原则和决策方法。

（2）盈亏平衡分析。各种不确定性因素（如投资、成本、销售量、产品价格、

项目生命周期等）的变化会影响投资方案的经济效果，当这些因素的变化达到某一临界值时，就会影响投资方案的取舍。盈亏平衡分析的目的就是找到这种临界值，判断投资方案对不确定性因素变化的承受能力，为决策提供依据，如图4-3所示。

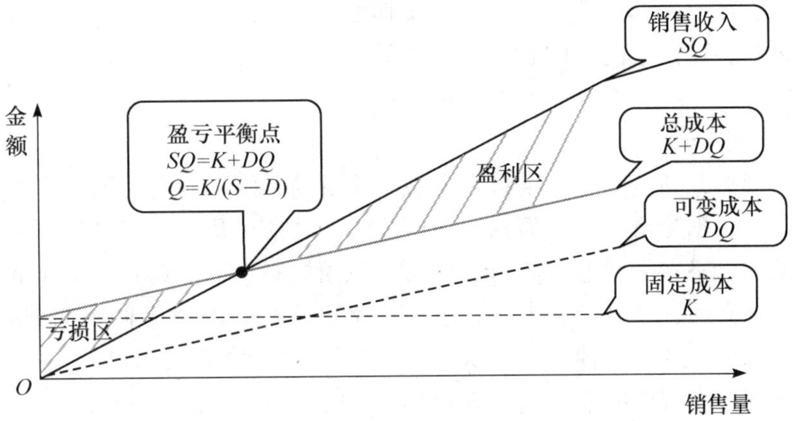

图4-3 盈亏平衡分析示意图

盈亏平衡分析一般以销售收入、成本费用以及投资项目产品产销量之间的关系为基础。投资项目销售收入与产品销售量的关系有两种情况：一种是该项目的产销活动不会明显地影响市场供求状况，即产品价格不会随该项目销售量的变化而变化，销售收入与销售量呈线性关系；另一种是该项目的产销活动将明显地影响市场供求状况，产销量增加，产品价格有所下降，销售收入与销售量之间不再是线性关系。

（3）敏感性分析。所谓敏感性分析，是指通过测定一个或多个不确定因素的变化所导致的决策评价指标的变化幅度，来了解各种因素的变化对实现预期目标的影响程度，从而对外部条件发生不利变化时投资方案的承受能力做出判断。

1）单因素敏感性分析。它是就单个不确定因素的变动对方案经济效果的影响所做的分析。在分析方法上类似于数学上多元函数的偏微分，即在计算某个因素的变动对经济效果的影响时，假定其他因素均不变。

对于一般的工业投资项目来说，要做敏感性分析的因素通常有投资额、项目建设期、产品产销量、产品价格、经营成本（特别是其中的变动成本）、项目寿命、项目生命周期末的资产残值、折现率、外币汇率等。应根据实际情况设定所选因素的可能变动范围。要讨论的经济效果评价指标主要有净现值、净年值、内部收益率、投资回收期等。

2）多因素敏感性分析。在进行单因素敏感性分析的过程中，当计算某一特定因素的变动对经济效益指标的影响时，假定其他因素均不变。实际上，许多因素的变动具有相关性，一个因素的变动往往伴随着其他因素的变动。由于产品的替代性与互补性，仅考虑单因素变化具有一定的局限性，研究多因素同时变动对方案经济效果的影响，可以判断方案的风险情况。多因素敏感性分析要考虑可能发生的各种因素不同变动幅度的多种组合。

（4）概率分析。概率分析是指通过研究各种不确定性因素发生不同幅度变动的概率分布及其对方案经济效果的影响，对方案的净现金流量及经济效果指标做出某种概率描述，从而对方案的风险情况做出比较准确的判断。

在需要考虑的不确定性因素及其可能出现的状态不太多的情况下，可以借助概率树对各种因素的不同状态进行组合，并计算出各种状态组合所对应的方案经济指标。

［例4-1］

影响某新产品生产项目未来现金流量的主要不确定性因素是产品市场前景和价格水平。据分析，项目面临三种可能的产品市场状态（畅销、一般、滞销）和三种可能的价格水平状态（高价、中价、低价）。产品市场状态和价格水平状态之间是相互独立的。各种产品市场状态与价格水平状态的发生概率如表4-1所示。可能的状态组合共有9种，各种状态组合及其对应的项目方案现金流量如表4-2所示。计算方案净现值的期望值与方差（$I_0=12\%$）。

表4-1　不确定因素状态及其发生概率

产品市场状态	畅销	一般	滞销
发生概率 P_j	0.2	0.6	0.2
价格水平	低价	中价	高价
发生概率 P_i	0.4	0.4	0.2

表4-2　各种状态组合的净现金流量及其发生概率

序号	状态组合	发生概率 $P=P_j\times P_i$	现金流量（万元）		净现值（万元）$I_0=12\%$
			0年	1～5年	
1	畅销/低价	0.08	−1 000	390	405.86
2	畅销/中价	0.08	−1 000	450	622.15
3	畅销/高价	0.04	−1 000	510	838.44
4	一般/低价	0.24	−1 000	310	117.48
5	一般/中价	0.24	−1 000	350	261.67
6	一般/高价	0.12	−1 000	390	405.86
7	滞销/低价	0.08	−1 000	230	−170.90
8	滞销/中价	0.08	−1 000	250	−98.81
9	滞销/高价	0.04	−1 000	270	−26.71

计算结果为：方案净现值的期望值为232.83万元，标准差为246.39万元。

用图示法进行投资方案的风险分析。在方案经济效果指标的概率分布不明的情况下，可以运用图示法表明投资方案的风险情况，具体方法是直接使用随机净现值的离散数据绘制风险分析图。

由表4-2所给出的数据估计项目的风险，将表4-2中各种状态组合按所对应的方案净现值的大小重新排序，并按重新排序后的状态组合序号依次计算出累计概率，排序及计算结果如表 4－3 所示。

表 4－3　各种状态组合的方案净现值及其累计概率

序号	状态组合	净现值 $I_0=12\%$	发生概率 $P=P_j\times P_i$	累计概率
1	滞销/低价	－170.90	0.08	0.08
2	滞销/中价	－98.81	0.08	0.16
3	滞销/高价	－26.71	0.04	0.20
4	一般/低价	117.48	0.24	0.44
5	一般/中价	261.67	0.24	0.68
6	一般/高价	405.86	0.12	0.80
7	畅销/低价	405.86	0.08	0.88
8	畅销/中价	622.15	0.08	0.96
9	畅销/高价	838.44	0.04	1.00

根据表 4－3 的数据绘制投资风险图，如图 4－4 所示。图 4－4 清楚地表明了方案净现值的累计概率分布。对于本例，净现值小于零的概率约为 0.23。

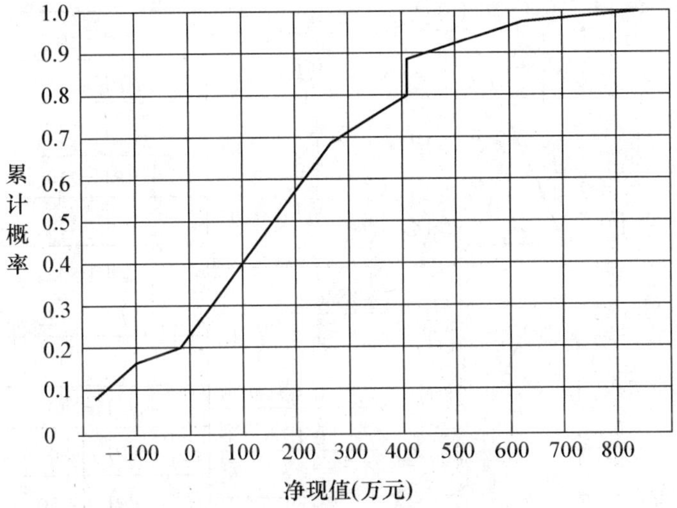

图 4－4　方案净现值的累计概率分布

此外，还可用解析法和模拟法进行投资方案的风险分析。

(5) 风险决策方法。给出风险条件下决定方案取舍的原则和多方案比选方法。

1) 风险决策的条件包括：明确的目标；两个或两个以上的方案选择、两个或两个以上的变化因素、两个或两个以上的经济效果指标、变化因素的概率。

2) 风险决策的原则。包括优势原则、期望值原则、最小方差原则、最大可能原则、满意原则。

3) 风险决策方法有矩阵法和决策树法。备选方案数目和状态数目都很大时，采用矩阵法便于利用现代计算机技术进行风险决策。表 4－4 给出了一个风险决策的矩阵模型。

表 4-4 风险决策矩阵模型

方案	θ_1	θ_2	…	θ_j	…	θ_n
	P_1	P_2	…	P_j	…	P_n
A_1	V_{11}	V_{12}	…	V_{1j}	…	V_{1n}
A_2	V_{21}	V_{22}	…	V_{2j}	…	V_{2n}
⋮	⋮	⋮		⋮		⋮
A_i	V_{i1}	V_{i2}	…	V_{ij}	…	V_{in}
⋮	⋮	⋮		⋮		⋮
A_m	V_{m1}	V_{m2}	…	V_{mj}	…	V_{mn}

$$E=V\times P$$

通过比较各方案 A_i 对应的期望值 E，就可以选出最优方案。

图 4-5 为决策树法示意图。

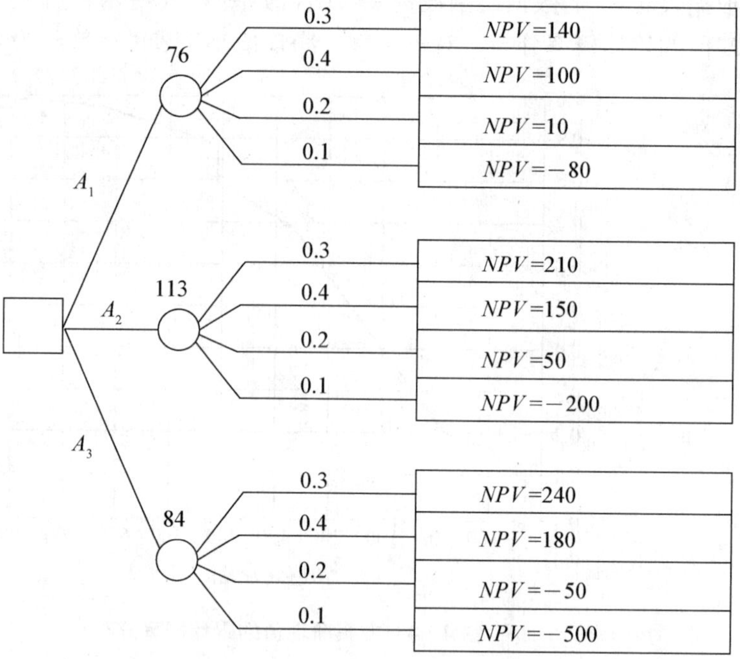

图 4-5 用决策树描述的风险决策问题

［例 4-2］

某企业拟开发一种新产品取代将要滞销的老产品，新产品的性能优于老产品，但生产成本要比老产品高，投入市场后可能面临四种前景。

状态 1：很受欢迎，能以较高的价格在市场上畅销。

状态 2：销路一般，能以适当的价格销售出去。

状态 3：销路不太好。

状态 4：没有销路。

经过周密的市场研究，销售部门做出判断：状态1出现的概率为0.3，状态2出现的概率为0.4，状态3出现的概率为0.2，状态4出现的概率为0.1。

技术部门提出了三种方案：

A_1：立即停止老产品的生产，改造原生产线生产新产品。这一方案投资比较少，但有停产损失，而且生产规模有限。

A_2：改造原生产线生产新产品，并把部分零部件委托其他单位生产，以扩大生产规模。

A_3：暂时维持老产品的生产，新建一条高效率的生产线生产新产品，这一方案投资较大。

这三种方案在不同的状态下具有不同的经济效果，在一定计算期内各方案在不同状态下的净现值如表4－5所示。

表4－5　各方案在不同状态下的净现值　单位：万元

方案	较高的价格很受欢迎	适当的价格销路一般	销路不太好	没有销路
	0.3	0.4	0.2	0.1
A_1	140	100	10	−80
A_2	210	150	50	−200
A_3	240	180	−50	−500

这个例子是一个典型的风险决策问题。企业的目标是取得最好的经济效果，决策者面临三个备选方案、四种可能状态，并且已了解各种方案在不同状态下的经济效果指标及各种状态发生的概率，决策者要解决的问题是确定应选择哪个方案。

方案A_1，A_2，A_3净现值的期望值分别为76万元、113万元和84万元。因此，按照期望值原则应当选择方案A_2。

6. 方案比较法

(1) 含义。它是运用多方案的评价指标及综合评价方法，通过计算分析，对方案进行选优的统称。主要用于项目的机会选择和可行性论证中的方案选择，具有选优性和预测性。

(2) 可比性原则。采用方案比较法，必须使不同的方案具有可比性。这主要表现在以下几个方面：

1) 满足需要可比。不同的方案必须以提供同等价值的服务为原则，并且能够使客户达到相同的满意度，在此基础上衡量其投入、复杂性以及风险等因素。

2) 消耗费用可比。主要是对不同的方案在投入相同的前提下，比较其将来的服务或价值。

3) 价格可比。使不同的方案在价格体系方面一致的基础上比较相对应的各项指标。

4）时间可比。要考虑不同方案的计算期以及时间节点，采用同一时间基准，进行价值衡量。

（3）方案比较法运用的计算工具。方案比较法一般运用以下计算工具：

1）以追加投资收益率和追加投资回收期与标准利润率或标准回收期相比较，判断不同投资规模的优劣，确定投资规模。

2）以动态增值收益率与基准收益率相比较，判断不同投资规模的优劣，确定投资规模。

3）运用有无比较法（增量净效益法）进行项目的选择。

4）运用综合评价的办法进行综合评分选优，进行指标分类、加权评分。

5）运用盈亏平衡法进行临界产出量的计算，以比较不同产出量对应的成本费用效果。根据实际需要也可以投资额、产品价格、经营成本、贷款利率、项目生命周期、期末固定资产残值作为盈亏平衡分析的共有变量，用净现值、净年值、内部收益率等作为衡量方案经济效果的评价指标。

7. 综合财务评价方法

（1）含义。财务评价，又称财务分析，是从投资项目或企业角度对项目进行的经济分析。企业是独立的经营单位，是项目投资后果的直接承担者，财务分析是企业投资决策的基础。可以从微观角度，根据对财税制度、价格及有关法律的研究分析，预测项目的经济效益，评价财务可行性。

（2）财务评价的目的。一是从企业或项目角度出发，分析项目的投资效果，判断企业投资所获得的实际利益；二是为企业制定项目资金计划；三是为协调企业利益和社会利益提供依据。可以系统分析项目盈利与偿债能力，了解和控制财务风险。

（3）财务评价的主要内容。集中进行投资估算、成本估算，进行资金规划和利润估算，并计算财务效果。

1）在对投资项目总体了解和对市场、环境、技术方案充分调查与掌握的基础上，收集预测财务分析的基础数据。这些基础数据主要包括：预计的产品销售量及各年度产量、价格及价格变动幅度；固定资产、流动资金投入及其他投入估算；成本费用及其构成估算。财务预测的结果通过投资估算表、折旧表、成本费用表、利润表反映。

2）编制资金规划与计划。对可能的资金来源与数量进行调查和估算，如可筹集到的银行贷款种类、数量，可能发行的股票、债券，企业可能用于投资的自有资金数量，企业未来各年可用于偿还债务的资金量等；根据项目实施计划，估算出逐年投资量；计算逐年债务偿还额。在此基础上编制项目生命周期内资金来源与运用计划。这个计划可用资金来源与运用表（也称资金平衡表）来表示。一个好的资金规划不仅能满足资金平衡的要求，而且要在各种可行的资金筹集、运用方案中挑选最好的方案。

3）计算和分析财务效果。根据财务基础数据和资金规划，编制财务现金流量表，据此可计算出财务分析的经济效果指标。

（4）综合财务评价的步骤。

1）费用、收益识别。收益主要有销售收入、资产回收和补贴等。费用主要有投资，包括固定资产投资（含工程费用、预备费用及其他费用）、无形资产投资、建设期借款利息、流动资金投资及开办费（形成递延资产）等；销售税，包括销售税金及附加；经营成本，包括生产经营过程中的支出。

2）基础财务报表编制。包括投资估算表（固定资产投资估算、流动资金投资估算、无形资产投资估算以及其他投资估算），投资计划与资金筹措表（显示各年度分类投资使用额及资金来源），折旧与摊销估算表（包括固定资产折旧估算、无形资产及递延资产摊销估算），债务偿还表，成本费用估算表，销售收入、税金估算表，利润表，资金来源及运用表，现金流量表，资产负债表，外汇平衡表等。

3）资金规划。主要考虑投资的资金来源、资金结构与财务风险、资金平衡和债务偿还等。

资金结构是指投资项目所使用的资金来源及数量构成，财务风险是指与资金结构有关的风险。不同的资金来源所付出的代价是不同的。自有资金与借款的比例结构将会放大自有资金收益率与全部投资收益率的差别，这称为财务杠杆效应。对全部投资收益率远大于贷款利率的项目，可以选择较高的债务比例。

4）财务效果计算。主要有全投资财务效果评价和自有资金财务效果评价，对资金平衡与偿债能力以及经济效果进行分析说明。

（5）改建、扩建与技术改造项目的财务评价的步骤。

1）考察企业是否存在关停、转让的可能性，并且决定是否要做总量分析。

2）若要做总量分析，根据具体情况进行企业现有资产估价。

3）进行有项目和无项目的财务预测，分别列出有项目和无项目的成本、收入表（含销售收入和利润等）以及有项目的投资表，如果无项目时也有资金投入，也列出其投资表。

4）对于增量分析，列出有项目和无项目的增量资金平衡表及贷款偿还表。

5）分别列出有项目和无项目的现金流量表和增量现金流量表。

6）计算有项目和无项目的增量效果指标，判断是否通过增量效果评价；若要做总量分析，则计算有项目情况下的总量效果指标，判断项目是否通过总量效果评价。只有既通过增量效果评价，又通过总量效果评价，项目在经济上才是可行的。

8. 国民经济评价方法

（1）含义。对于一些投资额较大的中观与宏观项目，尤其是影响较大的公共项目，需要评价项目建成后对国民经济和社会发展的影响和作用，从宏观角度考察项目的实际经济效果，以判断和评价项目的可行性。项目的国民经济评价又称项目的社会经济评价，通常运用影子价格、影子汇率、社会贴现率、影子工资等工具或指标参数，来计算和分析项目为国民经济带来的净效益，使有限的社会资源得到合理的配置，促进经济的发展。

（2）作用。有助于协调宏观规划与项目规划的关系，协调宏观经济与微观经济的发展；有利于资源的合理配置，促进产业结构、区域经济结构的优化。

（3）指标体系。主要有净现值、内部收益率、外汇净现值、换汇成本、结汇成本、就业效果分析等指标。

掌握国民经济评价方法需要参考相关书籍。

9. 环境评价方法

（1）含义。由于工程性项目处于特定的自然环境中，通过与环境之间的物质流与能量流的交换，会对环境造成有利或不利的影响。项目的环境评价就是对可能影响环境的重大工程建设、区域开发建设及区域发展规划，或其他一切可能影响环境的项目活动，在进行调查研究的前提下，预测和评定项目选址、设计、施工、运行等各环节可能对环境造成的影响，为防止或减少不利影响制定最佳方案。环境评价涉及经济、大气、水质、动植物、岩土、工程等多个领域，是一项复杂的综合性工作。

（2）依据。环境评价的依据是国家和地方制定的环境标准体系。具体有环境质量标准、污染物排放标准、环境基础标准、环境方法标准、环境标准样品标准、环境保护仪器设备标准以及环境报警标准。

（3）项目环境保护流程。项目环境保护流程与项目管理流程一一对应，项目建议与环境影响简要说明同时进行，可行性研究报告与环境影响报告同时进行，项目设计任务与环境保护说明书同时进行，项目地址选择与环保对策及审批同时进行，项目初步设计与环保设计同时进行，项目施工设计与环保措施同时进行，项目施工准备与环保会签同时进行，项目施工阶段与环保检查同时进行，项目竣工验收与环保验收同时进行。

（4）环境影响评价报告书。环境影响评价报告书由环境影响评价负责单位组织协作单位共同编制，其目的是在工程性项目的可行性研究阶段，对项目可能给环境造成的近期、远期影响和拟采取的防治措施进行评价和论证，并提出防治措施，选择技术上可行、经济和布局上合理、对环境的不利影响较小的方案。

环境影响评价报告书一般包括总则、项目概况、项目分析、项目周围地区环境现状、主要污染源和污染物的环境影响预测、拟采用的环境保护标准、环境影响分析、环保方案及其技术经济论证、费用估算、环境影响损益分析、环境监测制度及环境管理与规划建议、环境影响评价结论等内容。

4.2.5 项目论证报告

项目论证报告是项目可行性研究阶段的核心内容，与项目总结报告一起成为项目管理知识与信息的两大仓库，对管理知识库的扩大与充实具有重要意义。根据项目论证的不同要求，项目论证报告一般分为一般机会研究报告、特定项目机会研究报告、方案策划报告、初步可行性研究报告、详细可行性研究报告、专题（辅助、功能）研究报告、商业计划书、投资价值分析报告等。

1. 一般机会研究报告

主要包括以下几部分内容：

（1）地区研究。对区域经济总量、经济与产业结构、特征、规模、人口结构与数量、受教育程度、就业状况、市场空间等信息进行收集与分析，考虑投资发展方向。

（2）部门或行业研究。对拟进入的行业进行特征、发展状况研究，分析产业链结构，考虑项目方向。

（3）资源研究。对涉及行业的资源分布、储量、可利用程度、可获得性以及限制条件进行分析，寻找项目机会。

（4）政策研究。研究国家、地区的相关政策法规体系、进入门槛、扶持与限制情况等。

2. 特定项目机会研究报告

主要包括以下几部分内容：

（1）市场研究。主要是对项目涉及的市场进行调查与预测，进行需求与供应情况分析，研究变化趋势。

（2）外部环境分析。研究具体政策、竞争对手状况，分析政治、军事等社会环境。

（3）SWOT 分析。分析优势与劣势、机会与威胁。

（4）论证结论。以项目建议书的形式反映。

项目建议书反映了项目的必要性、市场预测、方案设想、效益估计、假设条件、内外影响、风险、资源需求与制约限制条件等。

3. 方案策划报告

根据项目的目标与功能要求，进行总体规划与设计。主要内容有：

（1）功能与目标分析。主要有总目标、分目标、技术指标等。

（2）总体方案设想。主要包括概念创新、多个方案设想。

（3）各部分功能设计。主要包括布局、规模、指标等内容。

（4）方案选择与确定。根据项目各方案涉及的技术、功能、经济、环境、风险、投资额、周期等因素，进行综合比较，确定 1～2 个方案进行进一步的研究与论证。

4. 初步可行性研究报告

主要包括以下几部分内容：

（1）回答必要性、时间周期、资源需求、资金筹措、利益、合理性以及风险等问题。

（2）研究市场及生产能力。分析市场，进行预测，研究经营渠道、项目提供的产品或服务量与价格等。

（3）资源投入量分析。主要考虑项目从建设到运行全过程的资源与费用。

（4）项目选址。主要是项目的地点与场地选择。

（5）项目总体设计。包括规划、工艺、设备、土建、技术以及进度、组织等多方面内容。

（6）投资额、成本与收益估算。进行经济性、技术性以及环境性分析。

（7）结论。

5. 详细可行性研究报告

主要包括以下几部分内容：

（1）总论。包括项目背景、必要性、依据和范围。

（2）需求预测与项目规模。包括国内外需求、能力、竞争力、技术经济分析等。

（3）资源情况。包括原材料、设施、动力、燃料、人员、技术、装备等。

（4）项目实施的条件与地点选择。主要包括地理地形、气象水文、地质、交通运输、通信、水电气等状况的分析，进行地点的比较与选择。

（5）设计方案。对项目的范围、实施方法、进度以及工作量进行设计。

（6）组织建设方案。进行机构设置、人员招募以及培训等工作。

（7）投资估算与资金筹措方案。主要是财务评价。

（8）社会经济效果评价。

（9）环境评价。主要包括环境影响与保护措施。

总之，项目论证主要包括技术可行性、组织体制可行性、财务可行性、经济可行性和社会可行性五个方面的内容，是决定项目命运的关键，一般需要经济、管理、财务、市场、技术、环境、行业等多方面的人员参加或介入。

6. 专题（辅助、功能）研究报告

包括以下多种类型的研究报告：

（1）市场研究。

（2）资源研究。

（3）试验研究。

（4）选址研究。

（5）规模及经济性研究。

（6）设备、工艺、技术研究。

（7）环境选择研究等。

7. 商业计划书

明确表述项目提供的产品或服务、有利或不利条件、进度、风险、计划等信息，为项目管理提供分析基础和信息交流依据，指导项目的实施工作，增加各相关者的信心与兴趣。内容包括计划、产品或服务介绍、人员及组织结构、市场预测、风险估计、经营策略等。

8. 投资价值分析报告

投资价值分析报告是由项目立项方为潜在投资者或授信部门提供的旨在吸引投资或贷款的项目推介报告。主要内容包括：

（1）产业机会：行业、政策、区域等。

（2）企业素质：经营、财务、人才、管理、文化、技术等。

（3）竞争优势：治理结构、组织结构、技术、产品等；潜在价值。

（4）竞争力、盈利、市场、技术等。

（5）风险：技术、经营、行业、市场、政策等。

（6）结论。

4.3 项目前评估

在项目需求、创意、规划以及论证工作完成后，在项目实施决策之前，为增强这些工作的客观性、规范性和科学性，降低决策失误率，需要对这些工作进行独立的评估。

4.3.1 项目前评估的含义及流程

1. 项目前评估的含义

（1）含义。项目前评估是在项目论证的基础上，由第三方（主要是政府、金融机构、行业组织等）从投资或借贷以及经济、技术、文化、社会、环境的角度，根据国家有关政策、法规、标准，对项目的必要性、条件、需求、风险、技术、环境、效益等方面进行综合的全面评价和分析，进而判断其是否可行的过程；它是审查项目论证的可靠性、真实性和客观性，为政府或金融机构审批项目提供决策依据的过程。项目前评估的成果是项目前评估报告，供项目决策与审批参考。

（2）评估依据。项目前评估的依据主要有项目建议书、有关批准文件、项目论证报告、各种有关项目的申请与批复文件、利益相关者的有关协议以及项目实施地点的实际环境条件等。

2. 项目前评估的流程

项目前评估一般按以下程序进行：

（1）成立评估小组，明确评估目的、内容、方法以及进度安排。

（2）进行资料审查分析，收集并补充必要的数据资料。

（3）进行项目分析与评估，编写评估报告。

（4）对评估报告进行讨论与修改。

（5）召开专家论证会。

（6）评估报告定稿及批准。

（7）建立档案。

4.3.2 项目前评估的内容及类型

1. 项目前评估的内容

项目前评估主要包括以下内容：

（1）项目与项目实施组织评估。

（2）项目的必要性评估。

（3）项目实施的条件评估。

（4）项目实施的方案评估。

（5）项目的有关标准评估。

（6）项目的进度评估。

（7）项目的费用评估。

（8）项目的效益评估。

（9）项目的风险评估。

当然，21世纪以来，随着人类社会全面协调可持续发展的需求更加突出，项目前评估中有关职业健康、安全和生态环境、交通、资源以及就业、卫生、文化教育等人类发展等方面的影响评估内容在项目前评估中所占的分量不断提高。

2. 项目前评估的类型

根据项目前评估的对象和侧重点，项目前评估的类型主要有以下几种：

（1）项目建设的必要性及条件评估。应坚持客观性和全面性原则。

（2）项目技术评估。应坚持先进性、适用性、经济性和安全性原则。

（3）项目财务评估。应坚持客观性、低成本性、低风险性原则。

（4）项目国民经济评估。应坚持资源优化配置的原则。

（5）项目环境评估。应坚持和谐性原则。环境评估（environmental assessment or environmental impact assessment，EA/EIA）在20世纪70年代早期起源于美国，80年代后期引入西欧和其他发达国家，90年代世界银行和其他一些发展机构以及其他国家开始在项目发展的过程中引进环境评估的概念。EA/EIA的目的是：辨识项目发展对环境可能造成的冲击；确保这些冲击在项目的设计阶段被考虑；评估项目完成后对环境的影响；确保以上信息能够为决策者所用。

（6）项目风险评估。包括项目风险识别与量化。

4.3.3 项目前评估报告

项目前评估报告是项目前评估的成果，应包括以下内容。

1. 项目概况

主要包括基本情况和综合评估结论两部分。

2. 详细评估意见

主要包括条件、技术、财务、国民经济、社会、风险、环境等具体意见。

3. 总结和建议

主要包括存在或遗留的问题、潜在的风险、具体建议等内容。

4.4 项目立项决策

项目立项决策是项目管理一个十分重要的环节，必须坚持依法决策、民主决策和科学决策。项目决策在宏观上关乎综合国力与国计民生，在微观上则直接影响组织的生存与发展，在各类各级组织中需要引入重大项目决策失误问责机制。

4.4.1 项目立项决策的含义和基本要素

1. 项目立项决策的含义

项目立项决策是从项目投资主体的利益出发，根据客观条件和项目的特点，遵循“先论证、后决策”的原则，在充分掌握信息和资料的基础上，运用科学的手段，按照一定的流程和标准，对项目做出选择和决定的过程。

2. 项目立项决策的基本要素

项目立项决策与一般的决策一样，具有以下五个基本要素：

（1）决策主体。即项目决策者，可以是自然人、各级政府或企业。

（2）决策的客体。它是指决策对象，即具体的项目。

（3）决策的目的。要求具体和明确。

（4）决策的手段。它是指具体的工具和方法。

（5）决策信息。它是指调查分析获得的各种数据、信息、知识和资料。

4.4.2 项目立项决策的流程和基本原则

1. 项目立项决策的流程

项目立项决策需要经过项目建议书、项目立项、项目可行性研究、项目前评估、项目审批、项目筹资与实施等阶段。

2. 项目立项决策的基本原则

为使项目投资达到预期的目标，项目立项决策应遵循市场化的原则，符合政府产业政策的原则，系统优化的原则，定量分析与定性分析相结合的原则，责任、利益与风险对称的原则，决策流程科学化、规范化与民主化的原则，决策机构专业化、专家化、职业化的原则。

3. 项目立项决策系统的构成

项目立项决策系统一般包括决策信息系统、决策规划系统、决策咨询系统、决策制定系统以及决策监督反馈系统等。

4.5 示例：公共投资管理应力争“八避免”*

公共投资具有投资规模大、涉及领域广、投资周期长、影响面大的特点。改革开放以来，我国经济社会发展取得了辉煌的成就，各级政府的公共投资功不可没。但也要看到，由于公共投资理念以及体制机制等方面的原因，各级政府对公共投资的管理还存在诸多问题，公共投资的结构还需要不断优化，公共投资的效率和效益还亟待提高。为此，公共投资管理需防“八化”。

一要避免公共投资“需求的模糊化”。“需求的模糊化”往往会使得公共投资的方向、规模、结构和定位出现偏差，公共投资项目仓促上马，投资成果不能有效满足公共需求，最终形成大量的无效或低效公共投资而带来公共资源的巨大浪费。因此，公共投资首先需要研究分析并明确居民主体真实的公共需求，而不是仅仅停留在居民个体的浅层次表面需求上；明确居民主体基本的、必需性需求，而不仅仅是个别居民群体过高的、奢侈性需求。明确居民主体的公共需求有助于确立具体的公共投资目标，还有助于通过具体的公共投资来应对经济社会发展过程中具体的变化或解决具体的问题。

二要避免公共投资“创意的发散化”。“创意的发散化”是指创意仅有发散而没有聚合，往往重分析轻综合，不提供两个以上备选的创意成果。“创意的发散化”还指创意成果缺乏整体性和条理性，将会导致公共投资规划过程的紊乱，以及公共投资所需的智力资源与物质资源相脱离，难以积聚公共投资所需的各类有效资源进而形成公共投资成果的有效供给。公共投资是一个从无到有的过程，创意工作至关重要，创意应有明确的方向性、结构性、层次性和逻辑性，创意来源于深入细致的调查研究，不仅要有静态的愿景，还要有动态的过程以及明确的目标，更要提供多个动态的实现过程与满足公共需求的方案，为下一步的规划工作提供依据。

三要避免公共投资“规划的空心化”。规划是公共投资论证、评审与决策的依据。形式服务于内容，公共投资规划的成果不仅仅体现在公共设施和建筑上，更要体现在具体的投资成果功能上，公共设施和建筑仅仅是公共投资实现其投资功能目标的载体和平台。避免“规划的空心化”，指的是公共投资规划的重心要紧紧围绕

---

* 刘国靖. 公共投资管理需防“八化”. 学习时报，2010-06-19.

公共投资的功能需要来布局各类相关软硬资源，使得公共投资的建设成果能够围绕其功能目标来良性运转，而不能脱离公共投资的功能空谈建设。国内相当比例的公共投资规划存在“重场面轻实质、重外观轻内涵、重形式轻内容”的问题。这一切均与“规划的空心化”密切相关。

四要避免公共投资“论证的文学化”。论证涉及公共投资相关的经济、社会、环境、政策、技术、财务等各个方面，是一个严谨而规范、客观而科学的研究分析过程，应尽可能予以量化。但国内有相当一批公共投资项目用所谓文化名家奢华浮躁的文学甚至是艺术感悟（灵感）来代替客观科学的论证，错误地把可行性论证转变为可批性论证，用虚无缥缈、主观的文化炒作来代替脚踏实地的系统论证工作，用感性的直觉评判来代替理性的逻辑推演工作。论证专家的知识结构与经验结构倾向于偏重文学和艺术色彩，论证结果发散，导致相当比例的公共投资“昙花一现”，难以为继。

五要避免公共投资“评审的过场化”。公共投资评审是对公共投资的创意、规划和论证的过程、组织形式、观点与主张以及所形成的方案进行有组织的、全面客观的第三方评审。“评审的过场化”是指国内有相当一部分公共投资项目的评审工作浮光掠影，走过场。具体表现在公共投资或随意拼凑评审组织，或评审专家的专业知识与经验结构不合理，或评审专家与项目本身有利益关系，或不给评审专家提供充足的研究分析时间（如评审专家往往是开评审会时才能拿到公共投资的有关项目资料而来不及考察和分析），评审会往往开成了招待会，导致相当一部分不良的公共投资项目顺利通过评审，给我国经济社会发展带来巨大损失。

六要避免公共投资“决策的一句话”。决策是确定公共投资上马与否的关键环节，对于公共投资来说，决策失误将会带来难以挽回的巨大损失。正确决策的前提有两个方面：一是创意工作、规划工作、论证工作以及评审工作均扎实有效；二是各级政府部门、领导班子或主要领导民主决策、科学决策和依法决策的素养与能力满足公共管理的需要。但现实中，公共投资正确决策的两个前提往往均不够稳固，一些领导的政绩观与科学发展观的要求相距甚远，任凭个人好恶，滥用职权，好大喜功，系统思维的习惯养成不够，系统思维的能力较弱，往往违背公共组织管理原则，通过“拍脑袋”，“一句话”就决定公共投资项目的上马下马。

七要避免公共投资“招标的形式化”。招标是公共投资获取质优价廉货物和服务的最为有效的手段，“招标的形式化”指的是招标的过程和形式在表面上合法，但招标的实质并不合法。“招标的形式化”主要表现为行政干预招标、暗中分解投资规避招标、事先定标、泄露招标秘密信息以及围标和串标等违法行为，这些行为破坏招标的公平性和竞争性，严重危害公共投资的公共利益，从而最终导致公共投资成果的运行成本居高不下。

八要避免公共投资“监督的虚设化”。当前公共投资领域的决策权、执行权与监督权始终没有分离，公共投资投、建、管、用的利益主体在本质上往往是同一级政府或公共事业部门。由于信息不公开，公共投资利益主体的法律监督、行政监督、经济监督与社会公众监督和舆论监督的良性配合体系尚未建立，公共投资“监督的虚设化”问题难以从根本上解决，公共投资的“自肥”现象难以从根本上遏制。事实证明：通过信息公开，加大社会公众监督和社会舆论监督的力度，建章立制，保护民众和媒体对公共投资的知情权、参与权、话语权和监督权，将是避免公共投资“监督的虚设化”的有效手段。

□ 思考题

1. 项目选择的原则有哪些？描述项目选择的过程。
2. 如何理解项目论证？项目论证的作用是什么？
3. 项目论证的步骤有哪些？
4. 如何理解项目前评估？项目前评估的作用是什么？
5. 项目立项决策的基本要素有哪些？
6. 项目立项决策的原则有哪些？

7. 加工某种产品有两种备选设备，若选用设备A需要初始投资20万元，加工每件产品的费用为8元；若选用设备B需要初始投资30万元，加工每件产品的费用为6元。假定任何一年的设备残值均为零，试回答下列问题：

（1）若设备使用年限为8年，基准折现率为12%，年产量为多少时选用设备A比较有利？

（2）若设备使用年限为8年，年产量为13 000件，基准折现率在什么范围内选用设备A比较有利？

（3）若年产量为15 000件，基准折现率为12%，设备使用年限多长时选用设备A比较有利？

8. 某工厂拟安装一种自动装置，据估计每台装置的初始投资为1 000万元，该装置安装后可使用10年，每年可节约生产费用300万元，设基准折现率为10%，试做如下分析：

（1）分别就初始投资和生产费用节省额变动±5%，±10%，±15%，±20%及使用年限变动±10%，±20%，对该方案的净现值和内部收益率做单因素敏感性分析，画出敏感性分析图，指出敏感因素。

（2）就初始投资与生产费用节省额两个变量对方案净现值做双因素敏感性分析，指出方案的可行区域。

（3）就初始投资、生产费用节省额与使用年限等三个变量对方案净现值做三因素敏感性分析。

第 5 章 Chapter 5 项目融资管理

传统的项目管理体系仅仅注重既定项目的实施管理，基本不涉及项目融资问题。但随着项目管理实践与项目管理研究的不断发展，项目利益相关者已普遍认识到："项目的血液"——资金逐渐成为项目实施的瓶颈，制约组织发展战略的实现。随着项目管理的体系不断完善，项目融资管理逐步纳入项目管理体系，并不断标准化与程序化。在项目融资活动中，金融、证券、保险、投资基金、政府、社会、中介机构以及随项目组建的各类组织发挥着重要作用。以项目带动各类招商引资活动已成为欠发达地区跨越式发展普遍推行的融资模式，项目融资作为一种有效的融资途径，在国际上日益受到重视。

本章将给出项目融资的定义、特征，界定项目融资的参与者；介绍项目融资的适用范围、程序以及成功的条件；阐述项目的资金成本与资本结构；讲述项目融资的资金来源和基本方式；介绍项目融资担保和项目融资文件。

5.1 项目融资概述

项目融资（project financing）是 20 世纪 70 年代逐渐兴起的适用于交通、水利、通信、城建等公共基础设施建设，能源、矿产资源开发等大中型项目的一种重要的资金筹措手段。项目融资以项目未来的收益和资产作为保证，可用较少的资本金获得数额比资本金大得多的贷款。项目融资方式多样，涉及项目管理、工程技术、金融、证券、保险以及法律政策等诸多领域，需要系统学习与实践。

5.1.1 项目融资的定义与特征

1. 项目融资的定义

（1）项目融资的定义。项目融资即项目资金筹措，按照美国财务会计准则委员会（FASB）的定义，项目融资是指对需要大规模资金的项目采取的金融活动。借款人原则上将项目本身拥有的资金及其收益作为还贷资金来源，而且将其项目资产作为抵押条件来处理。

从项目融资的定义可以看出，项目融资主要不是以项目业主的信用或者项目有形资产的价值作为担保来获得贷款，而是依赖项目本身良好的经营状况和项目建成、投入使用后的现金流量作为偿还债务的资金来源；同时将项目的资产，而不是项目业主的其他资产作为借入资金的抵押。

由于项目融资借入的资金是一种无追索权或仅有有限追索权的贷款，而且需要的资金量非常大，故其风险比其他筹资方式大。

（2）项目融资的当事人。项目融资中至少有项目发起人、项目公司和贷款人（债权人）三方当事人。

项目发起人是项目的实际投资者，可以是单独的一家公司，也可以是由多家公司组成的投资财团。项目发起人是项目融资中的真正借款人。

项目公司是项目投资者根据股东协议创建的有限责任公司或股份有限公司。项目投资者通过持有项目公司股票成为股东。项目公司可以企业法人身份进行融资并承担相应责任，项目公司是项目的直接主办人，直接参与项目投资和项目管理，直接承担项目债务责任和项目风险。

项目融资中的贷款人主要是银行、租赁公司、财务公司、投资基金、中介机构、企业和政府有关部门。

（3）项目融资与传统的公司融资的区别（见表5-1）。

表5-1　　项目融资与公司融资的区别

内容	项目融资	公司融资
融资主体	项目公司	发起人
还款基础	项目未来的收益和资产	发起人和担保人的信用
债务追索权	对项目发起人有限追索	对发起人全额追索
风险承担者	项目参与各方	发起人
债务影响	不进入发起人资产负债表，不影响发起人的资信	进入发起人资产负债表，影响发起人的资信
贷款程序	复杂	相对简单
项目周期	长	相对较短
融资成本	高	较低
贷款人对项目的管理权	参与项目管理	不参与项目管理
典型负债率	70%～80%	40%～60%

2. 项目融资的特征

与传统的融资方式相比，项目融资的基本特点可以归纳为以下几个主要方面：

（1）项目导向。项目融资是以项目为主体安排的融资。主要依赖项目的现金流量和资产，而不是依赖项目的投资者或发起者的资信来安排融资。债权人在项目融资中关注的焦点是项目能够产生多少现金流量用于还款，借款的数量、融资成本以及融资结构的设计均以项目预期的现金流量和资产价值为基础。

（2）有限追索。追索是指在借款人未按期偿还债务时，债权人要求借款人用抵押资产之外的其他资产偿还债务的权利。有限追索融资的实质是由于项目本身的经济性还不足以支撑一个“无追索”的要求，因而还需要项目的借款人在项目的特定阶段，在该项目以外提供一定形式的其他信用支持。追索的程度根据项目的性质，现金流量的强度和可预测性，项目借款人的信誉、素质、知识与能力，借贷双方对未来风险的分担方式等多个方面的综合因素，通过谈判确定。

（3）风险分担。为实现项目融资的有限追索，对于与项目有关的各种风险要素，需要以某种形式在项目投资者（债务人）、与项目开发有直接或间接利益关系的其他参与者和债权人之间进行分担。项目借款人应该识别并评估项目涉及的各种风险，确定自己、债权人以及其他利益相关者能承受风险的最大能力与可能性，充分利用与项目有关的一切可以利用的优势，设计出对投资者具有最低追索的融资结构。项目各利益相关者承担相应的风险。

（4）非公司负债型融资。又称资产负债表之外的融资或债务屏蔽，是指项目的债务不表现在项目债务人所在公司资产负债表中的一种融资形式。项目债务人对债务所负的有限责任仅限于融资的项目。项目债务人在项目之外的公司仍能够以较好的资产负债表平衡状况来开展其他投资融资活动。

（5）信用结构多样化。成功的项目融资，用于支持贷款的信用结构安排是灵活多样的。项目的各个利益相关者均可以自身的优势介入项目的信用结构。例如，在市场方面，可以要求对项目产品感兴趣的购买者提供一个长期购买合同作为融资的信用支持；资源性项目的开发由于受到市场需求、价格变动等因素的影响，获得一个长期稳定的销售合同对债权人出借资金具有重要作用；在项目建设方面可要求承包公司签订“交钥匙”合同，保证价格、工期固定，质量合乎要求；在项目运行后的原材料供应方面，确保价格和数量。以上措施均是项目融资强有力的信用支持，并且可以降低项目融资风险，提高项目债务承受能力，减少项目融资对借款人资信和其他资产的依赖程度。

（6）融资成本较高。由于项目融资风险较高，涉及面广，结构复杂，需要进行风险分担、税收结构设计、资产抵押等一系列专业性工作，需要准备大量的文件，因此周期长，人员投入量较大，融资成本相对较高。因此，设计合理的融资结构和模式、争取各种有利的税收与政府政策以降低融资成本，是十分必要的。

5.1.2　项目融资的参与者

项目融资由于资金数额大、涉及面广，需要完善的合同体系来分担项目融资风险，项目融资的参与者一般有项目主办方、项目公司、借款方、贷款方、承包商、供应商、用户、担保受托方、保险公司、财务金融顾问、专家与律师、国际金融机构、东道国政府等。

1. 项目主办方

项目主办方（project sponsor）又称项目发起方，是项目公司的投资者、股东。项目主办方可以是企业，也可以是政府，或是多个投资者组成的联合体，这些投资者可以是承包商、供应商、项目产品的经销商或用户等多个主体。项目主办方投资项目的目的是获取利润或是为获取利润创造条件，可以直接管理项目公司，也可以委托项目公司管理人员负责管理。

2. 项目公司

项目公司（project company）通常是一个确定的法律实体，是为了项目的建设和满足市场需求而建立的自主经营、自负盈亏的经营实体。项目公司主要依靠借款或发行股票获得资金，进行项目建设和购置资产，以项目本身的资产和未来的现金流量作为偿还债务的保证。

3. 借款方

借款方（borrower）是为了给项目筹集资金，向其他机构或个人借款的主体。项目公司、项目承建公司、经营公司、供应商以及项目用户或产品用户等项目参与者均可依靠自身的信用或是资产向其他资金所有者借入资金。

4. 贷款方

贷款方（lender）主要是为项目提供贷款的机构，也可以是贷款银行（lending bank），往往由多家金融机构组成一个银团对项目贷款。

5. 承包商

承包商（contractor）负责项目的设计与建设，通常与项目公司签订固定价格的总承包合同。对于大型项目，可以将一部分工作分包给分包商。

6. 供应商

供应商（supplier）包括设备供应商和材料供应商。其收益来源于供货合同，设备与材料的供应可以与贷款捆绑在一起，以便获得相应产品的销售渠道。

7. 用户

用户（user）是项目或项目提供的产品与服务的最终消费者，是项目的资金提供者。为了保证项目的成功，使项目建成后有足够的现金流入以还本付息，在项目启动前，一般要确定项目产品及服务的经销商或用户，并签订购买协议，以减少和分散项目的市场风险。

8. 担保受托方

贷款银行主要期望以项目公司的资产及未来收益作为还款保证。为了防止项目公司违约或转移资产，它们一般要求项目公司将资产及收益账户放在东道国辖区外的一家中立机构，这家机构被称为担保受托方（security trustee）。担保受托方一般为一家资信等级较高的银行或独立的信托公司。

9. 保险公司

由于项目融资的数额巨大以及未来有许多难以预料的不利因素，要求项目各方准确地识别与评估自己面临的主要风险，并及时投保。因此，保险公司（insurer）就成为分担风险的重要一方。

10. 财务金融顾问

项目融资活动需要熟悉金融市场的运作规则，需要聘请商业银行和投资银行作为其金融和财务顾问，主要对项目融资结构以及项目的经济可行性做出估计并提供意见。财务金融顾问（financial advisor）提供的报告包括有关项目成本、市场价格、市场需求、外汇汇率的信息及预测资料。

11. 专家与律师

项目的设计和建设中有大量的技术问题需要听取有关专家（expert）的意见。技术专家主要编制或审查项目的可行性研究报告，监督和协调项目的进展。当项目利益相关者对项目完工与验收等标准发生争议时，专家可以作为仲裁人。

律师（lawyer）主要从政治、经济、法律和税收以及社会文化方面提供对项目融资过程中各种合同关系的意见，对可能发生的法律问题进行预测与应对。

12. 国际金融机构

国际金融机构（multilateral financial agency）包括一些国际和区域性金融组织，如世界银行、亚洲开发银行、欧洲复兴开发银行等。对这些国际金融机构贷款的审查、监督、担保、贷款的生效和终止等政策和标准要进行研究和分析。

13. 东道国政府

东道国政府（host government）制定相关法规与政策，可以为项目的许可、审批、监督以及担保提供帮助。

5.1.3 项目融资的适用范围与程序

1. 项目融资的适用范围

由于项目融资对贷款人的风险较大，对借款人的成本较高，一般应谨慎采用。在发达国家，项目融资主要用于资源开发项目、基础设施项目。在制造业项目中只有少量尝试性的运用。

资源开发项目主要有石油、天然气、煤炭、金属矿山开发等，基础设施项目主要有铁路、公路、港口、机场、桥梁、电信、电力、热力、环保等方面的建设，制造业项目主要有工程上比较成熟、技术上比较可靠的大型装备制造。

总之，项目融资一般仅适用于那些竞争性不强的行业，这些行业可以通过对用户收费取得收益，并且用户的转移成本较高。这类项目尽管建设期长，投资量大，但收益稳定，受市场变化影响较小，整体风险相对较小。

2. 项目融资的程序

从项目选择与投资决策，到选择采用项目融资的方式为项目建设筹集资金，一直到最后完成项目融资，大致可以分为四个阶段，即投资决策分析、融资决策分析、项目融资谈判和项目融资实施。

（1）投资决策分析。该阶段包括项目选择与提出，以及项目可行性分析。主要进行机会研究、行业分析、宏观经济分析、竞争性分析等，对项目的经济性、技术性以及环境性进行综合研究，包括财务评价、技术评价以及风险分析。还要确定项目的投资结构，判断项目债务资金本息偿还的可靠性和安全程度，制定出可以被各出资方接受的共同承担风险的项目融资方案。

（2）融资决策分析。融资决策是在项目可行性研究与投资决策的基础上，由项目投资者对诸如融资方式、融资结构以及融资顾问等根本性问题做出判断和决定。

1）融资方式的选择。一般由项目自身技术经济要求、规模、类型，投资者对债务责任的分担，债务资金数量、时间、融资成本、税务结构和债务会计处理等方面的要求决定。

2）项目融资顾问选聘。一般由投资银行、财务公司、商业银行、证券公司或中介机构来担任项目融资顾问。

3）项目融资结构设计。在设计项目融资结构时，需要考虑不同的融资方式在项目资金使用不同阶段的组合，安排股本资金和债务资金的筹措时间和偿还时间，得到最佳资金组合，在项目财务风险与资金成本之间达到平衡。

4）项目融资方案设计。根据项目融资的可行性分析，考虑项目股本资金和债务资金的来源和资金成本，运用现金流模式及其敏感性分析，来确定最佳的股本资金水平并满足项目投资者和项目债权人与债务人对相应风险的要求，从而实现预期的项目投资收益率并据此安排项目融资活动。

（3）项目融资谈判。在确定项目融资方案之后，融资顾问将向一些金融机构发出参加项目融资的建议书，组织贷款银团，起草项目融资相关文件报告。就项目融资规模、期限、提款方式、还款方式、融资条件和资金提供方的其他要求进行协商会谈，最后选定合作伙伴，达成各种意向，形成合同条款、法律文件，并签订合同。

（4）项目融资实施。在正式签订法律文件和融资合同以后，项目融资进入实施阶段。根据项目进展情况，借款人按合同要求提款和偿还贷款的利息和本金，贷款银团通过其代表，监督项目的进展，参与部分决策，管理和控制项目的贷款资金投入和部分现金流量。

5.1.4　项目融资成功的条件

项目融资的成功就是运用合理的融资结构把各方项目参与者在项目中的利益结合在一起，控制风险、增强项目债务承担能力，从而实现项目投资者采用其他融资模式无法实现的目标要求。项目融资涉及环节多，对客观条件和项目投资者对项目融资相关法规与知识以及经验的要求较高。项目融资成功的条件主要有以下五个方面。

1. 做好项目选择与风险分析工作

严格、科学的项目选择与确定工作是项目成功的前提，在项目选择与确定中对所选定的项目进行细致的风险识别与评估，则是项目融资成功的基础。好的项目能够吸引到条件优厚的贷款；对项目风险做出正确的分析，能够制定出有效的项目风险应对策略，设计出可行的项目风险分担结构和项目融资结构。

在项目融资中，项目参与各方谈判的核心问题之一就是各方对项目风险的合理分配和严格管理。项目风险各要素与项目融资密切相关。项目风险存在于项目的各个阶段，包括系统风险和非系统风险。其中，系统风险与政治、经济和市场环境有关，超出了项目自身的范围，如政治风险、法律风险和经济风险（主要是市场和金融风险）等；非系统风险是由项目实体自身控制和管理的风险，主要有完工风险、生产风险、环保风险等。

2. 确保项目融资法律结构严谨无误

项目参与者在项目融资结构中的地位及权利、责任与义务是通过一系列法律文件和合同确定的。法律文件和合同能够准确无误地反映出项目各参与者在项目融资中的要求，法律文件之间的结构关系严谨，是保证项目融资成功的必要条件。作为投资者，要注意知识产权保护、贸易公平保护以及生态环境保护等方面的法律责任；作为贷款机构，要考虑到担保履行以及实施接管权利等有关法律保护结构的有效性问题。

3. 及早确定项目资金的来源

项目主要投资者股本资金的投入数量和投入方式，以及这些投资者对项目融资结构中风险分担方式的要求，对贷款机构和其他项目参与者加入该项目融资结构的态度有着直接的影响。项目融资各方的态度不仅与项目风险高低、风险分担形式有关，也与项目所需要的绝对资金数量有关。项目的资金结构和来源确定应与融资结构的设计同步进行，争取尽早确定作为贷款提供者的主要金融机构。

4. 保证项目管理结构的合理性

设计合理的项目管理结构，保证项目的主要投资者有充分的利益需求而投入足够的资源并承担起项目的管理责任，建立一支有经验的尽职的项目管理队伍。同时，建立相应的责权利制约机制，明确规定项目的决策程序，保护其他利益相关者的利益。

5. 充分调动项目利益相关者的积极性

项目在安排融资阶段可能会遇到各种困难，在项目融资过程中，始终注意调动所有项目利益相关者（投资者、产品购买者、原材料供应者、贷款银团、融资顾问等）在项目中的积极性是十分重要的。

5.1.5 项目资金成本与资本结构

1. 项目资金成本

项目实体为筹集和使用资金而支付的费用称为项目资金成本，新筹集资金发生的成本又称筹资成本。项目资金成本主要包括以下几种。

（1）债务成本。包括贷款成本和债券成本。

1）贷款成本。通常以贷款的年利率来计算贷款的资金成本。此外，出口信贷、国际金融组织的贷款通常还要收取管理费和承诺费。若有担保，担保机构还要收取担保费。这些费用无论是在贷款前期一次性支付还是分期支付，都可以按其贷款年限和费用所占贷款额的比例折算为年费率加到贷款利率中，作为贷款的总资金成本。由于贷款利息在税前支付，故利率 i 为贷款的税前资金成本，其税后成本应为 $i(1-T)$，T 为所得税税率。

2）债券成本。债券的票面利率是固定的，通常与债券发行时的市场利率一致。但债券在二级市场流通后，其价格随行就市，债券持有人对该债券期望的收益率也在变化。根据债券当前的市场价格、债券面值和息票利率得出的债券期望收益率，就是债券的税前资金成本。对于新发行的债券，还应计算发行费用。

（2）权益资本成本。主要包括股本成本和企业留存利润的成本。

1）股本成本。投资者购买股份公司股票是为了得到股票的股息和股票增值的资本收益。股票持有者投资股票所得的收益率就是公司用股票筹资所花费的成本，分为普通股成本和优先股成本。

2）企业留存利润的成本。企业将留存利润用于再投资，虽然不必支付利息和股息，但还是存在筹资成本，因为企业若不将利润留在企业而分给股东，则股东可得到股息。留存利润用于投资的资金成本应该是由于再投资而造成的股东损失的投资收益，可用留存利润的机会成本来衡量。因此，留存利润的资金成本等于现有普通股的资金成本。

（3）加权平均资金成本。项目所筹措的资金往往会有多种来源，每种资金来源的成本不同，总的筹资成本应该按加权平均资金成本（weighted average cost of capital，WACC）计算。

$$WACC=W_iK_i$$

式中，W_i为第i种资金在总筹资额中所占的比例；K_i为第i种资金的资金成本。

[例5-1]

某项目的普通股成本$K_S=17\%$，优先股成本$K_P=12.5\%$，债务成本$K_D=13\%$。总资本中债务占30%，优先股占10%，普通股占60%，项目适用的所得税税率为25%。则该项目的税后加权平均资金成本为：

$$13\%\times(1-25\%)\times0.3+12.5\%\times0.1+17\%\times0.6=14.375\%$$

2. 项目资本结构

项目资本结构是指投资项目的资本构成中各类资本所占的比例。资本结构的变化会引起项目加权平均资金成本的变化，从而影响投资者的投资与筹资决策。资本结构直接影响项目出资人的收益和风险。

(1) 财务杠杆和财务风险。财务风险是指与资金结构有关的风险。不同的资金来源对项目收益的影响是不同的。借款筹资必须支付利息，这会影响项目的利润。若项目的盈利能力很强，它的全部投资的收益率（即项目无借贷资金，资金来源全部为股本时的收益率）高于贷款利率，则项目的收益除支付利息外尚有较大盈余，可以提高股本（或自有资金）的收益率；若项目的盈利能力差，贷款的利率又较高，其收益还不足以偿还债务，则贷款就会成为沉重的包袱，使股本收益率降低，甚至导致项目发生资不抵债的财务危机，这就是财务风险。

假设项目的全部投资为I，自有资金（或权益资本）为E，贷款为L，全部投资收益率为R_I，自有资金收益率为R_E，贷款利率为R_L。则有

$$I=E+L$$

自有资金收益率为：

$$R_E=\frac{I\times R_I-L\times R_L}{E}$$

整理得

$$R_E=R_I+(R_I-R_L)$$

由上式可得，只要$R_I\geqslant R_L$，即全部投资收益率大于或等于贷款利率，必然有$R_E\geqslant R_I$，即自有资金的收益率大于或等于全部投资收益率。而且，贷款和自有资金的比例L/E使（R_E-R_I）成倍数放大。这就是财务杠杆效应。贷款越多，放大作用越大。若$R_I\leqslant R_L$，则$R_E\leqslant R_I$，而财务杠杆使得自有资金收益率大大降低，项目的财务风险很高，项目举债会增加股东的风险。因此，项目的负债比例要制定得科学合理，要在收益和风险之间进行权衡。

(2) 影响项目资本结构的主要因素。项目实体在决定其资本结构时，要综合考虑各种因素可能带来的影响。在实际工作中，可以根据项目未来经营与实际投入状况的模拟计算，得到不同资本结构和筹资方式下的财务报表，计算财务指标，进行筹资方案比较，选取最佳的资本结构。影响项目资本结构的因素还有资金的可获得

性、经营杠杆与经营风险、贷款人和信用评级机构对项目的评级结果、负债比例和财务状况、资产的性质、企业的获利能力、企业经营的长期性与稳定性、企业所得税税率等。

5.2 项目融资的资金来源与基本方式

在经济全球化以及信息网络化迅猛发展的大背景下，通过生产、技术、贸易、投资、借贷、劳务等广泛合作，全球经济已经成为一个“你中有我、我中有你”的大系统，项目融资的资金来源十分广泛，涉及国内外的公共组织、企业和居民个人，具有渠道多、层次多、范围广的特点，需要根据项目需要，依据基本的相关政策法规，勇于探索，不断创新方式方法，整合优化，设计出风险小、成本低、效率高的项目融资运作模式，以保证项目建设资金的充裕。

5.2.1 项目融资的资金来源

一个项目要利用项目融资筹集资金，需要构建一个经济实体，该经济实体的资金由两部分构成，即自有资金（或股东权益资本）和债务（通过外债筹集到的外部资金）。其中，债务可划分为担保贷款、无担保贷款和从属贷款。

项目自有资金或股东权益资本是投资主体投入项目的资本，又称资本金，是项目实体在工商行政管理部门登记的项目公司的注册资金。按照投资主体不同，资本金可以分为国家资本金、法人资本金、个人资本金以及外商资本金，主要通过国家财政拨款、企业利润留存、发行股票、外商直接投资等获得。项目融资的资金来源主要有以下几个方面，可以根据项目的类型、规模、资金需要量、资金成本和结构、风险承受能力、法规政策等多个方面的实际情况进行选择。

1. 国内商业银行

国内商业银行是国内项目融资最主要的资金来源，主要为项目提供中短期和长期贷款。1年内偿还的贷款为短期贷款，中期贷款的偿还期限为1～5年，长期贷款的偿还期限为5年以上。其中，长期贷款主要用于基本建设项目、技术改造项目、城市建设综合开发项目、农业基础设施及农业资源开发项目等。短期贷款主要表现为流动资金贷款以及小额设备贷款等。

2. 国外金融与资本市场

国外金融与资本市场主要提供外国政府贷款、国际金融组织贷款、国际商业贷款和出口信贷等。

（1）外国政府贷款。由外国政府提供的长期优惠贷款，属于政府间的开发援助，具有贷款期限长、利率低和专用性强的特点。该类贷款的期限一般在20～30

年，年利率在 3%以下，主要用于城市基础设施建设、交通、能源以及基础教育等非营利项目的开发。

（2）国际金融组织贷款。主要包括国际货币基金组织贷款、世界银行贷款和亚洲开发银行贷款等。

1）国际货币基金组织贷款。国际货币基金组织贷款主要用于成员国国际收支不平衡、出现国际收支逆差时的项目贷款，主要是为促进国际货币合作、支持国际贸易的发展和均衡增长、稳定国际汇兑提供临时性融资，帮助成员调整国际收支的暂时失调。国际货币基金组织贷款注重对结构性收支逆差的减缓作用。

2）世界银行贷款。主要用于发展中国家的农业与农村发展、交通、能源、基础工业以及社会福利和环境保护项目。世界银行贷款包括两类，一类是用于人均国民收入低于一定标准的发展中国家发展的国际开发协会（IDA）贷款，又称软贷款；另一类是用于发展中国家基础建设的国际复兴开发银行（IBRD）贷款，又称硬贷款。其中，软贷款的偿还期为 35 年，宽限期为 10 年，不计利息，每年只对贷款未偿还部分征收 0.75%的手续费，此外，再对借款人未支用的贷款征收 0.5%的承诺费。硬贷款的贷款期限为 20 年，含 5 年宽限期，承诺费为 0.75%，利率低于国际金融市场贷款利率。

3）亚洲开发银行贷款。亚洲开发银行贷款分为普通资金贷款（硬贷款）、亚洲开发基金贷款（软贷款）和技术援助基金三种类型，主要用于农业和农产品加工项目以及水利、林业和渔业、水电等开发项目。

（3）国际商业贷款。主要是在国际金融市场上以借款的方式筹集资金，利率完全由国际金融市场的资金供求关系决定。

（4）出口信贷。主要用于大型成套设备或工厂建设的进出口项目。由出口国政府为银行补贴利息并提供担保，由银行向项目（具有出口性质）提供利率较低的贷款，支持和扩大本国的商品出口，增强本国产品在国际上的竞争力。出口信贷可以分为买方信贷和卖方信贷。

1）买方信贷。它是指出口方银行向进口商或进口方银行提供的商业信贷。这种方式下，出口方能及时收回货款，进口方能及时获得购货款。买方信贷的金额一般不超过合同额的 85%，贷款期限一般在 10 年以内。

2）卖方信贷。它是指出口方银行向本国出口商提供的商业信贷。出口商以此贷款为垫付资金，允许买方赊购自己的产品，分期支付货款。使用卖方信贷，进口商一般先支付合同金额的 15%作为定金，其余货款可在项目投产后陆续支付。

3. 资金的其他来源

主要有公共基金机构（保险公司、各类公积金与基金会等）、商业金融公司、租赁公司、原材料供应商、项目产品或服务的购买者、承包商、设备经营商、项目发起方提供的贷款、预付款以及各类资金。

5.2.2 项目融资的基本方式

1. 贷款

贷款主要包括担保贷款、无担保贷款和从属贷款三种类型。

（1）担保贷款。担保是为了保证债权的实现和债务的履行。项目融资中的担保主要有抵押和保证两种形式。

1）抵押贷款。它是指债务人或第三方将某一特定财产作为债权的担保。债务人不能还债时，债权人有权依照法律规定以该财产或将其拍卖所得价款优先受偿。在项目融资中，借款人以项目资产作抵押取得银行的有担保贷款。但项目获得抵押贷款的前提条件不是项目将来可以形成的资产，而是项目资产运营后的经济效益。因此，为确保项目运营效益的实现而形成的管理与经营组织更能发挥获得抵押贷款的作用。

2）保证贷款。它是指由第三方为债务人的债务履行进行担保。保证人和债权人约定，当债务人不履行债务时，由保证人承担责任。担保不是用具体的财产，而是以保证人的信誉和不特定的财产作担保。

（2）无担保贷款。它是指贷款的获得靠的是借款人的信用，也称信用贷款。项目融资中项目出资人、所有者和管理者在金融与产业领域的信誉是项目获得无担保贷款的重要保证。无担保贷款的贷款协议要对项目的其他筹资方式和行为进行约定。无担保贷款常常由项目出资人提供，经过事先约定，可具有转换为项目股本的权利。

（3）从属贷款。它是由项目发起人或其他出资人为了提高项目主要贷款者的信心，促使其出资或放宽贷款条件而为项目提供的资金。从属贷款又称引导性贷款，它可以改善项目流动资金状况。对项目主办方来说，从属贷款可以改善财务杠杆的作用，得到利息免税的好处。从属贷款也可以由项目供应商以货物的方式提供，这样可节约项目资金支出，增加项目的流动资金。从属贷款可以附有认股权或债转股权，债权人可以在风险转化、股权收益以及债权收益之间权衡选择。

2. 发行债券

债券是债务人为筹集资金而发行的、承诺按期向债权人支付利息和偿还本金的一种有价证券。相对于发行股票，发行债券的筹资成本低，对投资者而言，债券的风险比股票的风险小。债券可以在境内发行，也可以在境外发行。主要形式是资产证券化，具体是以项目所拥有的资产为基础，以项目资产可以带来的预期收益为保证，通过在资本市场上发行债券筹集资金。

（1）境内发行债券。项目实体为项目建设和经营发展而向境内公众发行的债券称为项目境内发行债券。主要有国家发行的境内债券和企业发行的境内债券，主要用于项目中长期资金的筹集。对于企业债券，按有无担保主要分为有担保债券和无担保债券。有担保债券指有指定财产作担保的债券，按担保品的不同又可分为不动产抵押债券、动产抵押债券和信托抵押债券等；无担保债券又称信用债券，一般由历史较长、规模较大、资信情况较好的企业发行。境内债券发行时一般由投资银行等金融中介机构承购包销。金融中介机构帮助项目主体确定发行规模、发行价格、发行方式以及发行费用，并把债券推销给投资者，项目的风险和收益等级决定了项目债券的筹资成本和筹资成功率。发行后的债券可以在债券市场上流通。

（2）境外发行债券。在境外向境外投资者发行的外币债券称为境外国际债券。发行后的债券可以在债券市场上流通。在发行境外债券以前，发行人首先要经过境外评级机构的评级，然后委托承销商确定发行条件，包括规模、偿还期、利率、发行价格、发行费用等。

3. 融资租赁

融资租赁是一种承租人可以获得固定资产使用权而不必在使用初期支付其全部成本开支的融资手段。融资租赁就是以租赁的方式筹集资金，具体做法是租赁公司以自己的信用向银行取得贷款，购买厂房或设备，然后租赁给项目公司，项目公司在项目运营期间，以营运收入向租赁公司支付租金，租赁公司以其收到的租金通过担保信托向贷款银行还本付息。

融资租赁的优点主要表现在三个方面。一是可以通过厂房和设备的折旧为项目发起方带来资本让税，从而降低项目总成本；二是租赁资产的所有权未发生转移，债权人的风险降低；三是可以使项目实体避免设备或厂房过时的风险，初期占用资金大幅减少。融资租赁合同往往有三方关系人，即出租人、承租人和供货人。在融资租赁中设备或厂房由承租人选定，购货合同的谈判主要在供货人和承租人之间进行，但出租人是重要的中介。融资租赁的筹资成本较高，包括设备价格、租赁公司购买设备的借款利息及投资收益。

在项目中，大型设备、飞机、轮船、建筑机械和电信设备的购置等常采用融资租赁的方式。

4. 产品支付与远期购买

（1）产品支付（production payment）。这种融资形式是项目融资的早期形式之一，主要针对项目贷款的还款方式。贷款方从项目中购买到一个特定份额的生产量，这部分生产量的收益是项目融资主要偿债资金的来源。产品支付方式的特点是通过直接拥有项目的产品和销售收入，而不是通过抵押或权益转让的方式来实现融资的信用保证。产品支付项目融资方式主要适用于资源储量已经探明并且产生的现金流量能够比较准确计算的项目。

产品支付项目融资主要具有三个特点：一是项目产品是用于各种经营成本支出和债务还本付息的唯一来源；二是贷款的偿还期比项目的经济生命周期短；三是贷款方不提供用于项目经营开支的资金。

（2）远期购买。它是在产品支付的基础上发展起来的一种灵活的项目融资方式。由贷款方成立一个专门公司，该公司不仅可以购买事先商定好的一定数量的远期产品，还可以直接获得这些产品未来的销售收入。项目公司将来支付给专门公司的产品或收入正好用来偿还银行贷款。其结构类似于产品支付，要由担保信托方对产品的销售和产品所有权的购买提供担保。

5. 建设/经营/移交（BOT）

BOT是建设（build）、经营（operate）、移交（transfer）的英文首字母缩写。这种项目融资方式主要用于借助私人资本投资建设由政府投资开发的基础设施建设项目。具体做法是：政府部门与投资者签订投资项目的特许权协议，使投资者具有项目建设与经营的权利。项目公司在项目经营特许期内，利用项目收益偿还投资及运营支出，并获得利润。特许期满后，投资者将该项目无偿交还给政府。这种方式主要用于发展中国家或资金短缺地区为加强基础设施建设筹集资金。

BOT的主要优点：一是可以利用外部资金或私人资本促进地区发展；二是提高项目的管理效益与效率；三是方式灵活，能产生一些衍生产品，如建设/租赁/移交（BLT）以及建设/移交（BT）等，其中BT是指一个项目的运作通过项目公司总承包后，由承包方垫资进行建设，建设验收完毕再移交给项目业主。

BOT的流程是：

（1）成立项目公司。

（2）项目公司与承包商签订建设合同，接受保函，同时接受分包商、供货商的保函权益转让，并与经营者签订经营协议。

（3）项目公司与商业银行签订贷款协议，同时与出口信贷机构签订买方信贷合同，商业银行以项目资产作抵押为出口信贷机构的贷款担保。

（4）项目公司向担保信托方转让收入。

对于BT项目来说，资金的筹措和使用以及工程建设管理是关键所在，除了自身强有力的现金流量，还应多方融资。BT项目合同的价格由工程施工造价、各项管理开支费用、合理的利润、风险费用、财务费用、国家规定的税收等组成。一旦签订了BT项目合同，总承包企业就应立即着手，从人力、物力、财力等各个方面，围绕项目的实施，开展立项、施工前准备、必要的招投标、施工、移交等工作，加强分包商与供应商管理，在项目全系统、全过程推行精细化管理。

一般来说，PPP（public-private-partnership）模式包含以下各种融资方式。

（1）BOT。

（2）建设/移交/经营（build/transfer/operate，BTO）。

（3）建设/出租/经营/移交（build/rent/operate/transfer，BROT）。

（4）建设/拥有/经营/移交（build/own/operate/transfer，BOOT）。

（5）建设/拥有/经营（build/own/operate，BOO）。

（6）设计/建设/融资/经营（design/build/finance/operate，DBFO）。

其中，DBFO模式下特许权公司要承担额外的责任，如设计设备（facility）及其建设的融资。DBFO模式作为基础设施民间主动融资（PFI）模式的主要形式，突破了BOT模式在特许权协议结束时将基础设施转移给政府的局限性。

5.3　项目融资担保

对于需要融资的项目来说，风险的合理分配与严格管理是项目成功的关键，也是项目各参与方谈判与协作的核心问题，项目融资一般离不开担保活动。

5.3.1　项目融资担保概述

项目融资担保是通过特定合同、协议等文件合理分配项目风险、落实项目责任，使项目顺利实施的有效手段。

1. 担保与项目融资担保

（1）担保。在民法上担保是指以确保债务或其他经济合同项下义务的履行或清偿为目的的保证行为，它是债务人对债权人提供履行债务的特殊保证，是保证债权实现的一种法律手段。按照各国法律，担保一般分为物权担保和信用担保。

（2）项目融资担保。它是指借款方或第三方以自己的信用或资产向贷款人做出还款保证，具体可分为信用担保和物权担保。项目融资担保的贷款方要求的担保目标是保证项目按期保质完工，正常经营，获取足够的现金流量来回收贷款。

2. 几种项目融资担保人

（1）项目主办方。因为项目公司的资产或信用不足以获得足够的贷款资金，由项目主办方为项目筹集贷款而提供担保。

（2）第三方担保人。项目主办方或出资方为保持其资产负债表的良好状况，不直接为项目出资，而是寻找第三方充当担保人为项目筹集贷款。第三方担保人通常有政府、供应商、设备经营商、产品或服务的用户、承包商等。

5.3.2　项目融资的主要信用担保

项目融资的信用担保是指当事人之间，由担保人为某一项目参与方向贷款人提供担保，当该项目参与方无法履行合同义务时，由担保人负责代其履行义务或承担赔偿责任。

1. 完工担保

完工担保许诺在规定的时间内完成项目，若在预定工期内出现超支，则担保方承担全部超支费用。一般由项目主办方提供完工担保。当项目完成以后全部出资人撤出担保，贷款人仅靠项目的产出和无货亦付款合同来回收贷款的情况下，需要进行完工担保。在进行完工担保时，项目承包商的资质以及实力是极为重要的因素。

2. 无货亦付款合同

无货亦付款合同是一种长期项目融资合同，采用该合同时，所收货款应足以为提供服务或产品的项目还债，并支付项目营业费用，当实际不能提供产品或服务时也得支付。

这种担保主要有三种方式：一是原料供应商为给项目融资，要求项目公司或项目发起人出具的无货亦付款合同；二是产品或服务购买方同项目公司签订的无货亦付款合同；三是用户的“包产量”协议。项目公司可以通过这些协议进行项目融资。

无货亦付款合同是无条件、不可撤销的，任何不可抗力的因素（如设施全毁、爆炸、没收、征用等）都不能构成拒付的理由。贷款方可以向对无货亦付款合同负有责任的有关方直接追索。

3. 安慰信

安慰信一般是由项目主办方或权威机构写给贷款人，对其发放给项目公司贷款表示支持的信函。这通常是在担保人不愿接受法律约束的情况下采用的一种担保形式。对贷款人表示的支持一般体现在三个方面：

（1）经营支持。在安慰信中声明，在权力范围内将“尽一切努力保证按有关政策支持项目公司的正常经营”。

（2）不剥夺资产。在安慰信中，东道国政府保证不会没收项目资产或将项目国有化。

（3）提供资金。在安慰信中，表示同意向项目公司提供一切必要手段使其履行经济责任。如声明在项目公司遇到财务困难时提供帮助等。

安慰信一般仅具备道义上的约束力，不能产生实质性的权利与义务。安慰信中各种承诺的履行以及效力能够反映出具者的资信状况。

4. 东道国政府的支持

由于大量的项目跨越一定的地区甚至是国界，因此需要当地政府（东道国政府）的支持。虽然东道国政府在项目融资中的角色是间接的，但也很重要。东道国政府颁发的有关项目开发、运营的特许权以及执照是项目实施的前提。此外，在项目的监管与利益分配、环境与社会性方面，政府的支持也是至关重要的。

5.3.3 项目融资的主要物权担保

项目融资的物权担保是指项目公司或第三方以自身资产为履行贷款债务提供担保。在国际项目融资中，由于贷款方不易控制跨国担保物，而且项目融资的追索权有限，物权担保的使用较少，作用不明显。但必要的物权担保能够有效控制项目的经营活动，有利于贷款的回收。项目融资的物权担保主要有不动产物权担保、动产物权担保和浮动设押。

1. 不动产物权担保

不动产是指土地、建筑物等难以移动的财产。

在项目融资中，项目公司一般以项目资产作为不动产进行担保，如果借款方违约或项目失败，贷款方可通过接管项目公司，进行重新经营或拍卖，来弥补贷款损失。对贷款方来说，要充分考虑项目资产的沉没成本问题。

2. 动产物权担保

它是指项目公司以自己或第三方的动产作为履约的保证。动产可分为有形动产或无形动产两类，有形动产包括船舶、车辆、设备、材料、商品等；无形动产包括合同、品牌、商誉、特许权、专有技术或专利、股票或其他证券、应收款、保险单、银行账户等。无形动产涉及多个参与方，其权利可依据有关合同文件进行追溯。

3. 浮动设押

它是以借款方所拥有的某一类现在或将来的资产作为最终的还款保证。这种担保方式不以特定的动产或不动产作为担保标的，借款方作为还款保证的资产不是固定的，只有在某特定事件发生时才能最后确定受偿资产，所以被形象地称为浮动设押。

5.4 项目融资文件

项目融资使用的文件一般分为基本文件、融资文件、专家报告与法律意见书。

5.4.1 基本文件与融资文件

1. 基本文件

基本文件是项目融资文件起草的依据，包括各类物权凭证以及贷款人与项目发起人或其他有关方签署的各类相关合同。主要有：

（1）各项政府特许、批准文件。

（2）各种与项目有关的产权、经营权等证明文件。

（3）股东协议。

（4）项目公司的组织文件与项目管理、技术文件。

（5）承包商与分包商的担保及预付款保函。

（6）项目投保合同。

（7）项目产品销售合同。

（8）原材料供应合同。

（9）能源供应协议。

（10）项目经营协议等。

2. 融资文件

主要是一些基本融资协议，包括贷款协议、担保文件与支持性文件。

（1）贷款协议。主要内容包括融资目的、利率与还本付息计划、各种佣金及费用、贷款前提条件、还款能力、责权利与义务等。

（2）担保文件。主要是贷款人和担保权益托管人之间的信托、协调或共同贷款协议。包括对各种不动产、动产、债务以及在建工程抵押的享有权，对项目基本文件以及保险的权利，对项目经营、原材料供应等方面的享有权等。

（3）支持性文件。主要有项目发起方对项目的直接支持，如偿还担保、完工担保、运营资金保证协议、超支协议和安慰信；项目发起方的间接支持，如无货亦付款合同、产量合同、无条件运输合同、供应保证协议等；东道国政府的支持，如经营许可、项目批准、特许权利、不收归国有的保证、外汇许可等；项目保险、出口信贷担保以及多边机构担保等。

5.4.2 专家报告与法律意见书

项目融资活动涉及技术、经济、金融、法律以及社会习惯等多个领域的知识与经验。为降低风险，专业性的意见书和报告所起的作用很大。在决定进行项目融资以前，贷款人应坚持得到如下专家报告与法律意见书：关于项目可行性的报告，环境评价报告，保险专家关于项目保险问题的报告，会计师关于项目发起人财务状况和项目公司股东结构的报告，法律顾问的法律意见书等。

5.5 示例：某省体育设施建设项目融资方式构想*

体育设施是发展体育事业、开展各项体育活动的载体，也是衡量城乡文明程度的重要标志，体育设施投资对于优化城乡基础设施投资、拉动内需、促进体育产业发展、扩大就业、推动地方经济增长具有重要作用。在“××五”期间，省体育设施建设规划中“一新建、五改造”（即新建奥林匹克体育中心，改造某广场园区、省训练中心园区、省射击射箭中心园区、某水上运动中心园区和某县机场园区）等体育设施建设重大项目，由于所需资金投入规模和投入强度很大（预计建设期6年，投资额50亿元左右），财政资金与体彩公益金总量远不能满足项目投资建设的需要；此外，“一新建、五改造”等体育设施建设重大项目建成和改造完成后的运营、管理与维护费用也将会较高。面对以上两大难题，设计出尽可能降低政府财政负担和有利于体育局工作的一揽子资金筹措与运作模式，将显得十分紧迫。

---

* 本示例根据本书作者刘国靖教授《某省体育设施建设重大项目资金筹措方式与运作模式初步设想》编写。

因此，要解放思想，大胆探索，创新体育设施建设资金筹措与运作模式，在保证财政资金到位的同时，多渠道、多元化筹措建设经费，积极探索面向全社会筹集体育设施建设资金的新路子，并开创省体育事业投资管理创新的新局面。

省体育设施建设重大项目资金筹措与运作应按照互惠、互利、共赢的原则，在精心谋划设计的前提下，以体彩中心和即将挂牌的省体育产业集团为主要资金筹措平台，积极推进。具体的资金筹措方式与运作模式主要有以下18个方面。

1. 财政投资

通过积极争取省市两级财政和国家体育事业发展专项经费，计划筹措建设资金15亿元左右。责任单位为体育局经济处。持续时间为5年，每年3亿元左右。

2. 彩票发行

以申办“××届全运会”为契机，积极设计地方性新品种体育彩票，并加大现有题材体育彩票的营销力度，计划筹措建设资金3亿元左右。责任单位为体育局体彩中心，持续时间为5年，每年0.6亿元左右。

3. 股权融资

通过境内外战略投资者、企事业单位、社会团体等与即将挂牌的省体育产业集团共同设立子公司参股，计划融资5亿元左右。责任单位为即将挂牌的省体育产业集团，持续时间为5年，每年1亿元左右。

4. 信贷融资

通过政府协调，由国家开发银行、省市地方银行放贷，根据土地抵押、未来10年体彩收入、经营性资产以及预计赛事门票收入测算信贷融资，计划融资8亿元左右。责任单位为体育局和即将挂牌的省体育产业集团，持续时间为3年，每年2.7亿元左右。

5. 基金与债券融资

委托省国投或某券商承担顾问及承销服务，通过成立体育产业发展基金和发行体育产业基础投资债券，计划融资10亿元左右（基金5亿元，债券5亿元）。责任单位为体育局和即将挂牌的省体育产业集团，持续时间为4年，每年2.5亿元左右。

6. 赞助与冠名权融资

通过策划包装申办“××届全运会”场馆及各项赛事，开发国际、国内有实力的赞助商，通过赞助、场馆冠名或“××五”期间的各专项赛事冠名权、协办权、指定品牌等，计划融资3亿元左右。责任单位为体育局经济处，持续时间为3年，每年1亿元左右。

7. 媒体转播权融资

通过广泛宣传推介，将“××五”期间的各专项赛事和“××届全运会”通过国内媒体转播权融资，计划融资0.6亿元左右。责任单位为体育局经济处，持续时间为5年，每年0.12亿元左右。

8. 赛事门票打包预售融资

借助国家体育总局和中央级媒体的力量，通过策划包装“××届全运会”及“××五”期间的各专项赛事，积极开展宣传推介活动，对各类门票进行打包预售，计划融资0.8亿元左右。责任单位为体育局经济处，持续时间为5年，每年0.16亿元左右。

9. 门票、广告牌、灯箱等标识位广告经营权融资

对“一新建、五改造”设施的广告牌、灯箱等标识位进行精细化布局设计、提前建设，将“××五”期间5年的广告经营权预售，并将“××五”期间的各专项赛事和“××届全运会”的门票广告权分别预售，重点对象是广告、银行、保险、证券、房地产、体育用品、饮品、汽车制造等行业，计划融资2亿元左右。责任单位为体育局经济处，持续时间为5年，每年0.4亿元左右。

10. 商业网点经营权融资

必须高度重视体育设施的商业化配套，构建宾馆酒店、运动餐饮、文化娱乐、体育休闲、体育保健、体育创意、中介服务、体育培训、运动器材经营、运动服饰鞋帽经营等商业网点经营体系，实际经营面积应按所有场馆面积的8～10倍予以配套，按照统一的经营规划布局，折价预售5年的经营权（出租），计划筹措资金5亿元左右。责任单位为体育局经济处，持续时间为5年，每年1亿元左右。

11. 停车位经营权融资

所有地下及地上停车位的经营权打包一揽子折价预售5年，预计筹措资金0.2亿元左右。责任单位为体育局经济处，持续时间为1年，当年0.2亿元左右。

12. 场馆及一揽子配套设施联建融资

采取共同投资、联合建设、共用分享经营性建筑面积的方式，对配套的商业设施及场馆设施进行联建，预计可获得建设资金5亿元左右。责任单位为体育局经济处，持续时间为5年，每年1亿元左右。

13. 资产置换融资

通过对一些中小型分散的体育经营性资产进行出让以及事业划拨土地联合地产开发，预计可获得建设资金5亿元左右。责任单位为体育局经济处，持续时间为5年，每年1亿元左右。

14. 场馆周边房地产开发融资

体育产业集团可在场馆周边低价圈地联合优质房地产企业进行商业地产和住宅地产开发，预计可获得建设资金 3 亿元左右。责任单位为体育局经济处，持续时间为 5 年，每年 0.6 亿元左右。

15. “××届全运会”以及“××五”期间的各专项赛事活动的吉祥物、纪念品、礼品等开发特许经营权融资

通过吉祥物、纪念品、礼品等系列产品开发特许经营权转让，预计可融资 1 亿元左右。在全国范围特许 1 万家商店，平均特许费 0.5 万元/家；产品经营收益分成 0.5 亿元。责任单位为体育局经济处，持续时间为 5 年，每年 0.2 亿元左右。

16. 进场建筑及装饰器材实物或图片、音视频展示位融资

在“一新建、五改造”设施内开辟进场建筑及装饰器材实物或图片、音视频展示位（展示期为建设期），为供应商提供品牌推广展示服务，以期获得建筑及装饰器材折价，可节约材料、设备、器具等费用 5%左右。初步测算 2 亿元左右。责任单位为体育局经济处，持续时间为 5 年，每年 0.4 亿元左右。

17. 省内现有场馆非赛事活动期间时间段的经营性打包预租融资

研究细化国家、省内各大型体育活动的计划日程，明确对各主要体育设施、场馆所占用的时间段。将其余时间段分段打包向文化娱乐、演艺、传媒、会展等企业出租，计划在“××五”期间获得租金收入 0.5 亿元左右。责任单位为体育局经济处，持续时间为 5 年，每年 0.1 亿元左右。

18. 接收各界捐赠

力争在“××五”期间到“××届全运会”前，获得各项捐赠 0.5 亿元左右。责任单位为体育局经济处，持续时间为 5 年，每年 0.1 亿元左右。

以上融资合计 69.6 亿元，其中债务融资约为 15 亿元。若按照成功融资 80%测算，可融资 55.68 亿元，其中债务融资约为 12 亿元。若按照成功融资 75%测算，可融资 52.2 亿元，其中债务融资约为 11.25 亿元。资产负债率在安全范围内。

当然，由于各项数据资料不是很齐全，以上仅为初步的融资估算，相关数据需要经过进一步的精细化测算调整后，方可投入使用。

由于资金筹措方式多、操作复杂、涉及领域广，需要省体育局组织专门力量，创新组织模式，组建跨部门联合工作机构高效率地开展工作，并依托学界和业界力量，聘请专家顾问，组建顾问组协助运作。对于需要面向社会筹措资金的市场化程度很高的筹资活动（主要是第 6～18 项），还需要招聘专门人才，组建专业化经营团队予以开展。

□ 思考题

1. 什么是项目融资？项目融资的当事人主要有哪些？
2. 请谈谈项目融资与公司融资的区别。
3. 请谈谈项目融资的特点。
4. 项目融资的主要参与者有哪些？各有什么特点？
5. 请谈谈项目融资的程序。
6. 请谈谈项目融资成功的条件。
7. 如何理解项目的融资成本与资本结构？
8. 如何理解财务杠杆与财务风险？
9. 请谈谈项目融资的基本方式。
10. 如何理解项目融资担保？

第 6 章 Chapter 6 项目启动与项目计划

项目启动与项目计划是项目立项决策以后的一项重要工作。启动是项目执行前的各项准备工作，计划是项目管理的“龙头”。首先要重视计划，其次是要尊重计划。项目计划是项目实施的依据与指南，是决定项目成败的关键。研究表明，20%的项目计划工作将会决定80%的项目成果。项目启动与项目执行相关方法应该是项目管理人员必备的专业性较强的基本技能。本章将讲述项目的综合描述，项目范围计划，项目时间进程计划，项目信息与沟通计划，项目质量计划，项目资源与费用计划，项目采购计划以及项目风险管理计划；重点给出项目范围、进程、资源与费用计划原则和方法；重点讲述综合描述、目标的描述、工作任务分解结构、责任分配、活动定义、活动排序、活动时间估算、里程碑图法、甘特图法、关键路径法、费用预算；阐明质量计划和采购计划的基本原则和方法。

6.1 项目描述与启动

6.1.1 项目的背景描述

要对项目背景进行准确的描述，首先需要了解项目所处环境的类型，可以根据表 6－1 所示的项目环境类型表予以确定。根据项目所处的环境类型和项目面对的情况类型，来决定是采用常规性计划方式还是非常规性计划方式进行项目的计划工作。

表6-1 项目环境类型表

项目		变化程度	
		稳态	动态
复杂程度	简单	稳定的可以预见的环境，要素少，某些要素相似而且基本不变，对要素的复杂知识要求低。	动态的和不可预见的环境，要素少，某些要素相似但处于连续变化当中，对要素的复杂知识要求低。
	复杂	稳定的可以预见的环境，要素多，要素不相似，基本维持不变，对要素的复杂知识要求高。	动态的和不可预见的环境，要素多，要素间不相似且连续变化，对要素的复杂知识要求高。

项目的背景描述需要用文字或表格的形式完成，不应超过500字，主要包括项目的需求、环境、来源、意义（价值）以及拟解决的问题等。通过背景描述，可以体现出项目的战略明确。

6.1.2 项目目标的确定

确定项目的目标，可以明确项目以及项目管理团队共同努力的方向，对项目管理团队和组织产生一定的激励作用，也为项目计划奠定基础。同时，项目目标是评价项目是否成功的基准。

项目目标就是项目预期的结果或效果，应当明确、具体并尽可能量化，符合SMART原则。项目目标的确定往往需要从项目的整体到局部，再从局部到整体反复推敲，在大致预测项目的工作任务内容、进程与节点、资源耗费与占用、总体和分项目标以后方可确定。因此，可以认为，项目的目标是提炼出来的，而不是一开始就定出来的。项目目标一般包括成果性目标和约束性目标。成果性目标是要实现什么样的项目成果，如开发某个产品、进行一项战略规划或举办某项庆典活动等；约束性目标是明确该项目所受到的约束条件，如什么时间开始、什么时间结束，耗费或占用多少资源，符合什么样的规范或质量效能要求等。通过项目目标的确定，可以体现出项目的目标明确。

6.1.3 项目的重大里程碑计划

项目的推进往往需要一个过程，项目的重大里程碑反映项目实施全过程的关键进展点，设定项目的重大里程碑是把握项目阶段性成果、控制项目进程的有效措施。项目的重大里程碑是涉及项目实施的各级管理者（或决策班子）把握项目开始与结束环节、严格控制项目进程的主要依据。项目的重大里程碑事件以“××任务开始或完成”的时点为标记，如10月20日上午12时整“规划方案审定”、12月30日上午12时整“招标工作结束”、1月15日下午6时整“大会筹备完毕”等，可视具体项目的规模和周期设定相应数目的里程碑时点。通过项目的重大里程碑计划，可以体现出项目的节点明确。

6.1.4 项目的综合描述

在对项目的背景、目标和重大里程碑有一个确定的分析和设定以后，可以填制项目综合描述表，用于项目报批或项目综合计划制定，并可在实施过程中加以参考。项目综合描述包括项目名称、项目背景、项目类型、项目目标、项目负责人与参加人、项目牵头单位与相关单位、主要任务描述、任务规范、资源预算估计、重大里程碑、项目主要风险等栏目，旨在从环境、目标、范围、组织、时间、成本（代价）和质量效能等七个方面对项目予以明确，为项目报批或以后的工作开展提供参考依据，详见表 6－2。通过项目的综合描述，可以体现出项目的战略明确、目标明确、节点明确、条件明确以及消耗明确。

表 6－2　项目综合描述表模板

项目名称				项目单位	
制表日期				重要程度	
主管部门				项目类型	
开始时间		结束时间		项目负责人	
组织单位				项目地点	
相关单位					
项目背景（环境、意义、政策、法规、问题、情况等）：					
项目成果（标准、性能、类型）：					
项目价值（近期、中期、长期）：					
项目主要内容（主要任务、阶段划分、结果、里程碑等）：					
项目资源预算估计：					
项目风险预测及对策：					
项目不良影响：					

6.1.5 项目的启动会议

当对项目的描述基本清晰以后，就需要召开项目的启动会议，展开具体的项目计划和实施工作。项目启动会议的主要目的和内容是通报项目目标、环境、风险，任命项目负责人，明确项目团队成员的构成以及职责与任务，激励项目团队成员，使项目团队成员相互熟悉，发布指令与规则（如计划、组织、控制、执行、信息沟通、资源配置与获取、报告制度等），引入项目计划与控制所需的技术与方法，启动团队的工作。

6.2 项目范围计划

项目范围计划是项目计划工作的核心内容，主要目的是明确项目的各个组成部分及工作任务内容，是项目其他各领域计划工作的基础。核心工作有范围计划和范围定义，对应的主要方法有工作任务分解结构和责任分配矩阵。通过工作任务分解，可以体现出项目的任务明确；通过责任分配，可以体现出项目的责任明确。

6.2.1 项目范围计划的含义

项目范围是指为交付具有规定指标、特征和功能（效能）的项目成果所必须完成的工作任务。项目范围为项目管理标定出一个界限，划分出哪些方面属于该项目应该做的，哪些不包括在该项目的工作任务之内。项目范围指出为了实现项目目标应该做些什么，如何做才能完成项目工作任务、交付项目成果。

项目范围计划的编制就是编制项目范围的书面说明，作为将来项目实施各项决策的基本单元。项目范围计划的编制是将完成项目成果所需进行的项目工作任务（项目范围）逐步明确和归纳的过程。项目范围计划应依据项目综合描述以及各项约束条件和假定条件来编制。

6.2.2 项目工作任务分解结构

项目范围计划的核心内容是工作任务分解结构（work breakdown structure/task breakdown structure，WBS/TBS），通过把项目成果分解成较小的且更易管理与控制的单元，把无数的工作任务单元组织起来，最终形成一个完善的活动计划。项目经过工作任务分解以后，可以明确细节问题，减少变更并避免遗漏。项目工作任务分解结构是项目其他计划内容的基础。

工作任务分解结构是将项目按内在结构或实施过程的顺序进行逐层分解而形成的结构示意图，如图6-1所示。它可以将项目分解为相对独立，内容单一，易于进行资源配置、费用（资源代价）核算与检查的工作任务单元，并将各工作任务单元在项目中的地位与构成直观地表示出来。利用工作任务分解结构，有助于界定完成项目目标所需的所有工作元素或工作任务，便于项目组织内部的沟通与项目各项工作任务目标的把握。

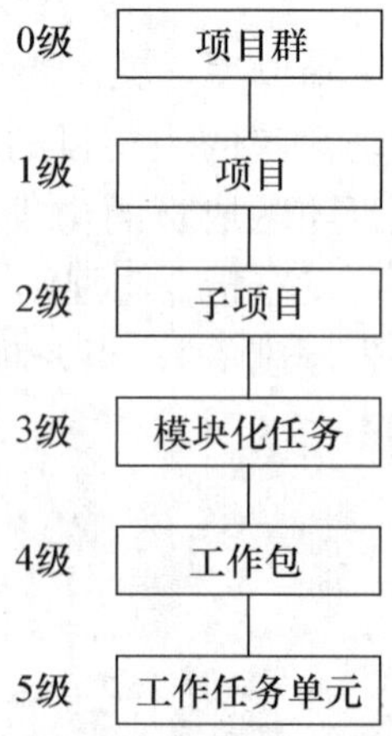

图6-1 项目工作任务分解结构的基本层次图

工作任务分解结构有两种常用的形式：第一种是按项目工作任务阶段过程进行分解，形成直接明了的项目任务清单；第二种是按项目的工作任务功能进行分解，类似于组织结构图，只不过方框表示的是工作任务单元而不是职位结构。

项目本身复杂程度、规模大小各不相同，因而形成了工作任务分解结构不同的层次。

图 6－2 是某设备安装调试活动的工作任务分解结构示例。

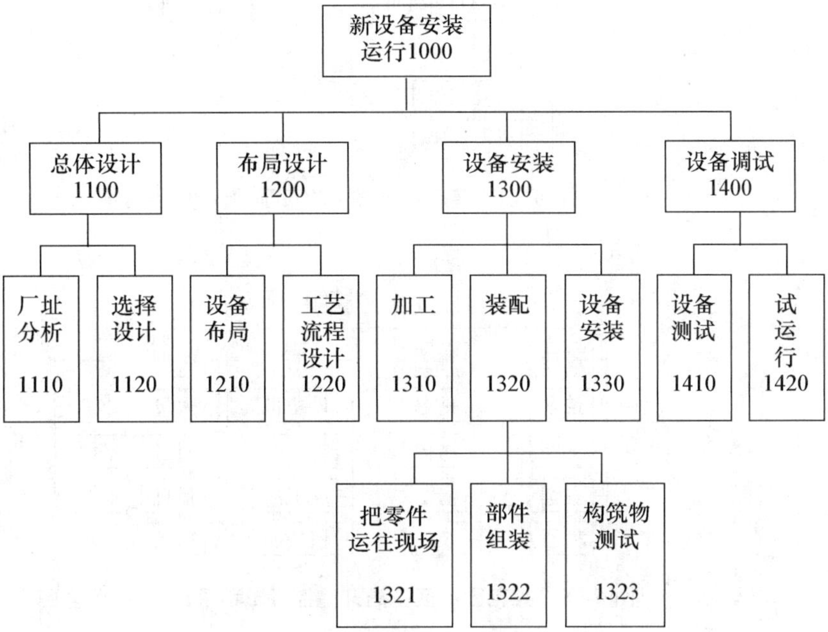

图 6－2　工作任务分解结构层次图和编码示例

图 6－3 至图 6－8 是一些项目的 WBS 示意图。

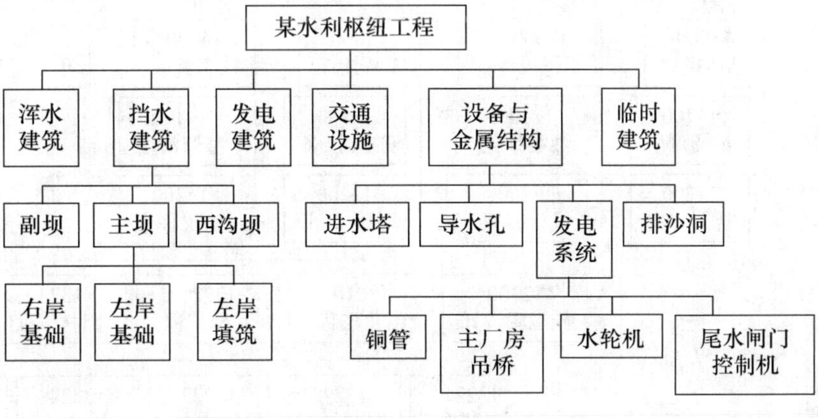

图 6－3　某水利枢纽工程项目 WBS 示意图

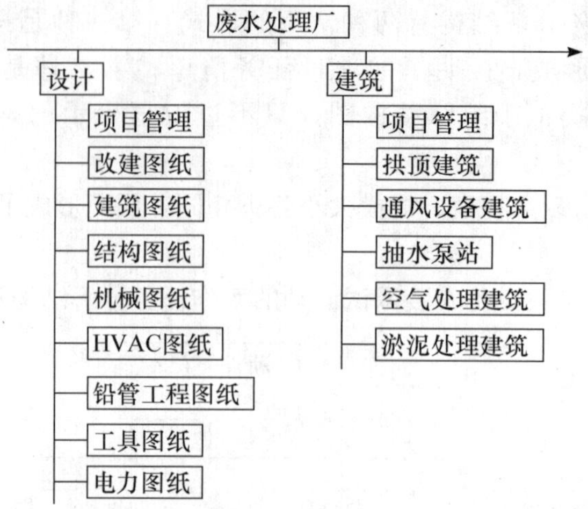

图6-4　某废水处理厂建设项目WBS示意图

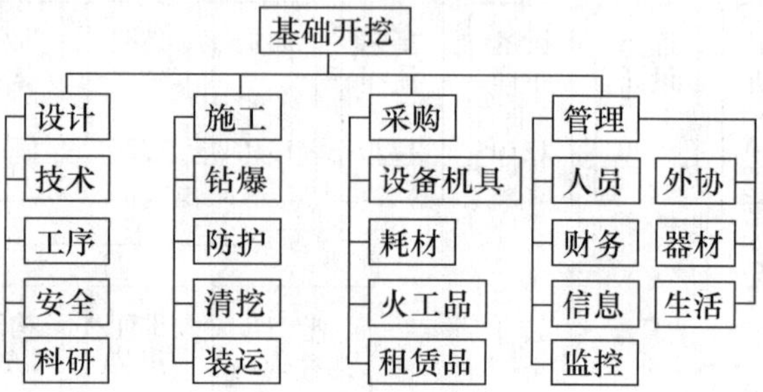

图6-5　某花园小区基础开挖控爆工程项目WBS示意图

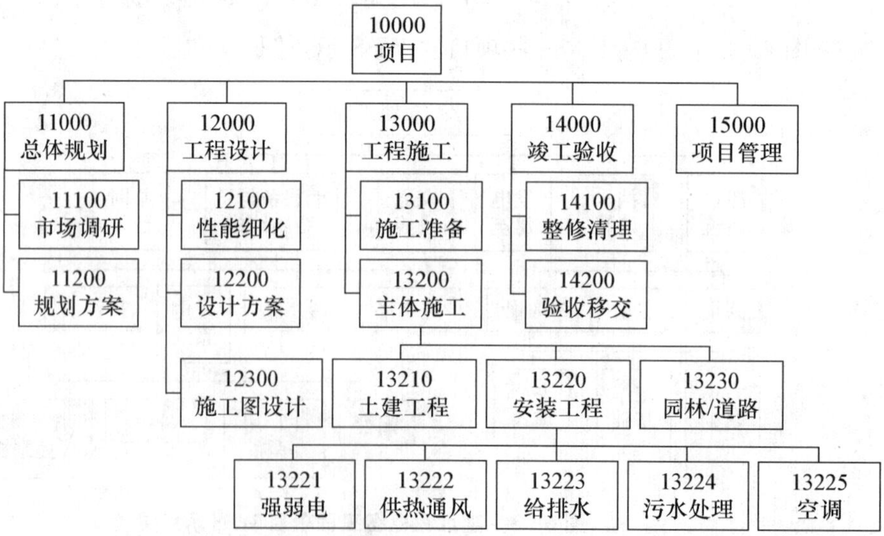

图6-6　某花园小区建设项目WBS示意图

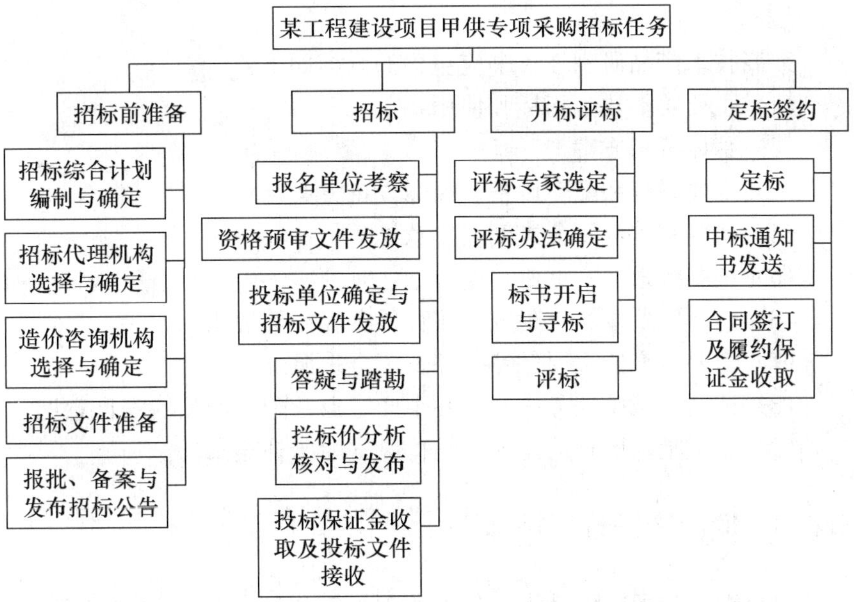

图 6-7　某工程建设项目甲供专项采购招标任务 WBS 示意图

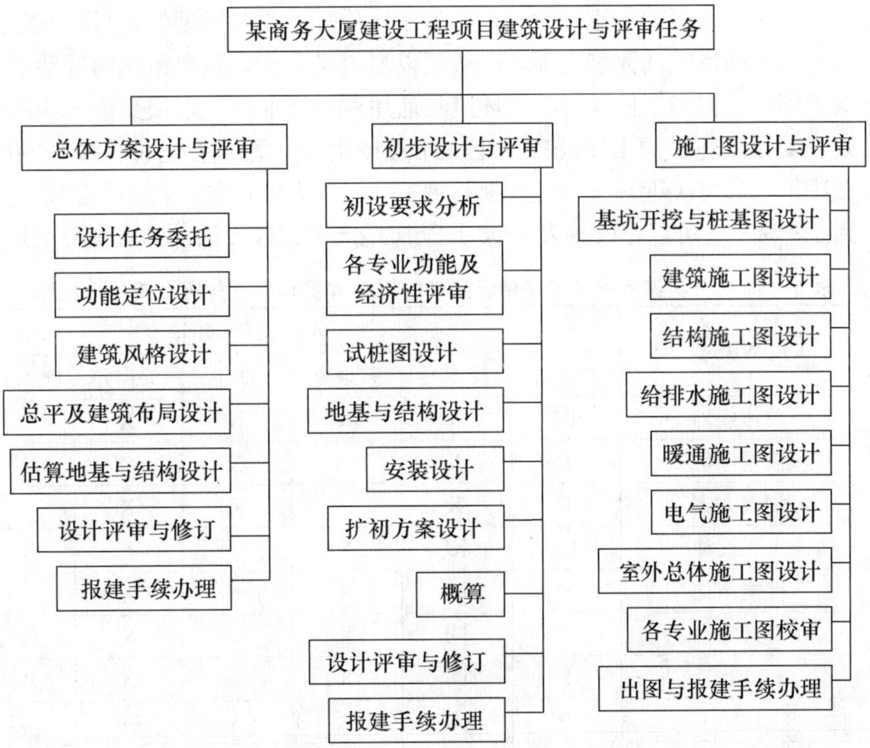

图 6-8　某商务大厦建设工程项目建筑设计与评审任务 WBS 示意图

[例6-1]

某高技术产品研制任务书应包含的内容如下：

（1）主要功能技术指标和使用要求。

（2）总体技术方案。

（3）主要系统和配套设备、保障设备方案。

（4）研制总进度及分进度安排意见。

（5）试制数量。

（6）研制经费概算（附成本核算依据和方法说明）。

（7）需要补充的主要保障条件及资金来源。

（8）试制、试验任务的分工和生产定点及配套产品的安排意见。

（9）需试验基地和用户提供的特殊试验的补充条件。

6.2.3 项目责任分配矩阵

项目责任分配矩阵是将所分解的项目工作任务落实到项目有关的部门和个人，并明确表示出其在组织中的工作关系、责任和地位的一种方法和工具。项目责任分配矩阵是一种矩阵结构图，一般以组织单元为列，工作任务单元为行；矩阵中的符号表示项目相关人员或部门在每个工作任务单元中的参与角色或责任。

在项目责任分配矩阵中，用来表示工作任务参与类型的符号有多种形式，如字母式、几何图形式或数字式等，一般可以自定义含义，只要组织内部能够对其含义达成共识即可，但为了使项目的管理更具通用性和标准性，以便交流和沟通，常采用字母式。项目管理中的工作任务类型（角色或责任）通常有七种：X——执行；D——单独决策（参与决策）；P——控制进程；T——需要培训；C——必须咨询；I——必须通报；A——可以建议。表6-3是某房地产工程建设活动的责任分配矩阵。

表6-3 某房地产工程建设活动的里程碑级和子任务级责任分配矩阵

WBS	责任部门						
	总指挥	技术办	基地办	总办	工程办	施工方1	施工方2
总体规划	DI	X	X	X	X		
需求调研	P	X		X			
规划方案	P	X		X	X		
工程设计	DI	XI	X		X	C	C
性能细化	P	DI	X		X		
设计方案	P	DI	X		X		
施工图设计	P	DI	X		X		
工程施工	P	A	A	A	DI	XI	XI
施工准备	P		XA	XA	D	XI	XI
主体施工	P	A	A		D	XI	XI

续前表

WBS	责任部门					
	总指挥	技术办	基地办	总办	工程办	施工方 1	施工方 2
辅助工程	P	A	A		D	XI	XI
竣工验收	DP	XA	XA	XA	X	I	I
整修清理	P	A	A	A	DI	XI	XI
验收移交	DP	AX	AX	AX	AX	XI	XI
项目管理	DPT	XIT	XIT	XIT	XIT	AT	AT

也可以将工作任务角色或责任分为具体责任、负责、建议、咨询、审批、参与、通知七种。

当然，若项目不存在多种语言交流的问题，为了使责任分配矩阵更加明了，也可以直接用文字表示。

责任分配矩阵简洁明了，可用于项目 WBS 的各个层次，如处于项目战略层的里程碑级责任分配矩阵、子项目级责任分配矩阵、工作包级责任分配矩阵、工作单元级责任分配矩阵等，不同级别的项目组织对应相应级别的责任分配矩阵，便于项目的授权管理。

表 6－4 是某通信系统开发项目的里程碑级责任分配矩阵。表 6－5 是某应用软件开发项目的里程碑级责任分配矩阵。

表 6－4　　某通信系统开发项目的里程碑级责任分配矩阵

WBS	责任者				
	项目负责人	系统工程师	软件工程师	硬件工程师	质量工程师
项目准备	DP	XI	XI	XI	XC
业务调研	DP	X	A	A	A
系统设计	P	DI	A	A	A
软硬件开发及测试	P	DI	X	X	X
联调及验收	P	DI	X	X	DI
上线	P	D	X	X	XI
推广	P	D			XI
维护	P	D	X	X	XI
开通试验局	DP	X	X	X	XI

表 6－5　　某应用软件开发项目的里程碑级责任分配矩阵

WBS	责任者				
	项目负责人	系统工程师	编程员	测试工程师	营销策划师
市场调研	D	X			XI
产品设计	PA	DI		A	A
编程	P	D	X		
测试	PA	A		DI	
制作手册	PA	A	A	A	D
产品打包	DP	A	X	XA	A

6.3 项目时间进程计划

项目时间进程计划（schedule）是在项目工作任务分解结构的基础上对项目活动做出的一系列时间安排，可表示工作预计开始和完成的时间，同时还可以：

（1）保证按时获利以补偿已经发生的费用支出。

（2）协调资源。

（3）使资源在需要时能被利用。

（4）预测在不同时间所需的资金和资源的级别以便赋予项目不同的优先权。

（5）满足严格的完工时间约束。

进程问题在项目生命周期中引起的冲突最多。在项目管理中对进程的考虑要优于对费用的考虑，因而，进程计划在项目管理中非常重要，是成功实现项目目标的关键。制定项目进程计划的过程有活动定义、活动排序、活动时间估算以及制定进程计划。通过进程计划，可以体现出项目的时间明确。

6.3.1 活动定义

1. 活动定义的含义

活动定义就是界定完成项目目标、产生工作任务分解结构中规定的可交付成果或半成品所必须进行的具体活动。活动定义建立在工作任务分解结构的基础上，将项目组成部分细分为更小、更易于管理的单元，以便进行管理和控制。

2. 活动定义的成果

通过活动定义可得到项目的活动清单。活动清单应包括该项目中将进行的所有活动，不包含该项目范围内任何不必要的活动。与工作任务分解结构相似，活动清单应当包括对每一个活动的说明，以确保项目成员能够理解该项工作应该如何完成。对于一个较小的项目，可能会把活动界定到每一个人；对于一个较大的、复杂的项目，如果运用 WBS 技术对工作进行分解，项目负责人可以把活动界定到工作任务的负责人或责任小组。

以往的项目活动清单或部分清单经常可作为一个新项目的活动清单模板。模板里的活动也可包含资源技术及其所需的工作量、风险、预期可交付成果以及其他描述信息的清单。

6.3.2 活动排序

活动排序是指确定各活动之间的依赖关系并形成文档。活动排序可利用计算机进行（如使用项目管理软件），也可手工来做。在较小的项目中，或在大型项目的早期阶段（具体细节不清晰时），手工技术更有效。手工技术和自动化技术也可结合起来使用。

1. 项目活动间的逻辑关系

（1）强制性依赖关系。强制性依赖关系也称为硬逻辑关系，是指活动性质中固有的依赖关系，常常是某些客观限制条件。例如，建设项目不可能在设计文件未获批准时就进行施工；电子仪器开发项目必须先建一个原型机，然后才能进行试验。

（2）可自由处理的依赖关系。可自由处理的依赖关系也称为组织关系，是可由项目团队根据具体情况安排的关系。由于这类关系可能会限制以后各活动的顺序安排，因此在使用时要特别当心。可自由处理的依赖关系一般分为两种：

1）按已知的最好做法来安排的关系。按这种关系，只要不影响项目的总进程，活动之间的先后顺序可按习惯或项目团队喜欢的方式安排。这类关系叫作软逻辑关系。

2）为照顾活动的某些特殊性而对活动顺序做出安排。其顺序即使不存在实际制约关系，也要强制安排。这类关系叫作优先逻辑关系。

（3）外部依赖关系。大多数依赖关系限于项目内部两个活动之间。然而，有些依赖关系则涉及该项目之外的联系。例如，软件项目的测试活动可能依赖于外部供应方交付的硬件设施。

2. 逻辑关系的具体类型

项目网络计划中，活动之间的上述逻辑关系可表现为以下四种类型：

（1）完成—开始：后续工作的开始依赖于前置工作的完成。例如，只有项目人员到位后，才能实施一个项目；只有软件安装后，才能进行用户培训工作。完成—开始是最常见的逻辑关系类型。

（2）完成—完成：后续工作的完成依赖于前置工作的完成。例如，质量控制工作不能在生产完成之前完成，尽管这两项工作有可能在同一时间进行。支护工作不能在井巷掘进工作完成之前完成，尽管这两项工作有可能在同一时间进行。

（3）开始—开始：后续工作的开始依赖于前置工作的开始。例如，一个新的软件系统的启用会同时引发许多任务。

（4）开始—完成：后续工作的完成依赖于前置工作的开始。这种关系较少使用，仅被编制进程计划的工程师象征性地采用。

6.3.3 活动时间估算

1. 影响活动时间的因素

项目总是处在一个变化的环境中，环境因素的变化总是随时影响项目的进展，因此活动时间也是一个随机变量，即使经验丰富的项目管理专家事先也无法确切知道项目实际进行所需的时间，而只能做近似的估算。估算要尽可能地接近实际，以便于项目的正常实施。同时在项目计划和实施阶段也要随着时间的推移和经验的积累而不断进行估算更新，以便随时掌握项目的进程和以后工作所需的时间，避免项目失去控制。值得注意的是，无论采用何种估算方法，实际所花费的时间和事先估算的结果总会有所不同。一系列因素会对项目的实际完成时间产生影响，主要有：

（1）参与人员的熟练程度。一般估算均是以典型的工人或工作人员的熟练程度为基础进行的。而实际工作中，参与人员的熟练程度可能高于平均水平，也可能低于平均水平。因而，实际活动时间既可能会比计划时间长，也可能会比它短。

（2）突发事件。在项目实际进行过程中，总会遇到一些意想不到的突发事件，在期限较长的项目中更是如此。大到地震，小到工作人员生病，这些突发事件均会对活动的实际完成时间产生影响。在计划和估算阶段考虑所有可能的突发事件是不可能的，也是不必要的。但在项目实际进行时，需要对此有心理准备，并进行相应的调整。

（3）工作能力和效率。项目实际完成时间的估算基于项目团队成员的平均工作能力。而实际上并非如此，有些成员的工作能力会高于平均水平，有些成员的工作能力会低于平均水平。工作中，项目成员的工作能力或效率由于主观或客观原因很难保持稳定。

（4）项目计划的调整。在计划的执行中，总是要随着项目环境的变化做一些必要的、局部的调整，计划调整是需要时间的。

2. 活动时间的估算方法

（1）经验类比。对于一个有经验的工作人员来说，当前进行估算的活动可能和以往参与的项目中的某些活动较为相似，借助这些经验可以得到一种具有现实根据的估算。当然，两种活动完全相同在现实中比较少见，往往需要附加一些推测，但无论如何，这仍提供了一种可以接受的估算。

（2）历史数据。在很多文献资料中有相关行业的大量信息，这些信息可以作为一种估算的基础，其中不仅包括杂志、报纸、学术期刊等正式出版物，也包括各种非正式的印刷品。更为重要的是，正规成熟的企业一般均有（也应该有）以往所完成项目的资料记载，从中也可以获得真实有效的信息。

（3）专家意见。当项目涉及新技术的采用或者某种不熟悉的业务时，工作人员往往不具有做出较好估算所需要的专业技能和知识，这时就需要借助相应专家给出的意见和判断，最好是得到多个专家的意见，在此基础上采用一定的方法来获得更为可信的估算结果。

对一个项目的总时间进行估算，需要分别估算项目中包含的每一项活动所需要的时间，然后根据活动的先后顺序来估算整个项目所需要的时间，但项目的总时间并非所有活动时间的简单加总。

6.3.4 进程的时间参数

在制定项目进程计划之前，首先需要了解有关的时间参数。

1. 项目预计开始时间和结束时间

承包商和客户在签订项目合同时，一般要规定项目预计开始时间和结束时间，这两个时间或日期实际上规定了必须完成项目的时间周期，也就是规定了完成项目的时间限制。

项目要求完工的时间是项目的基本目标之一。这对客户很重要，直接关系到客户的经济效益或者获得满足的程度，一般情况下要在合同中注明。

2. 最早开始时间和最早结束时间

最早开始时间（earliest start time，ES）是指某项活动能够开始的最早时间。最早结束时间（earliest finish time，EF）是指某项活动能够完成的最早时间，它是在最早开始时间的基础上加上这项活动的估算时间得出的，即

$$EF=ES+\text{活动的估算时间}$$

在整个项目的活动中，一项活动的最早开始时间可能依赖于其他活动的结束时间，这是由项目活动的时间顺序决定的。

如果前一项活动任务没有完成，后一项活动显然无法开始。因此，某项活动的最早开始时间取决于前一项活动的最早结束时间，它必须晚于或与前一项活动的最早结束时间相同。

为了保证项目如期完成，必须规定每项活动最迟不得晚于某一时间结束，这就是下面我们要介绍的最迟结束时间。

3. 最迟开始时间和最迟结束时间

最迟开始时间（latest start time，LS）是指为了使项目在要求时间内完成，某项活动必须开始的最迟时间。最迟结束时间（latest finish time，LF）是指为了使项目在要求的时间内完成，某项活动必须完成的最迟时间。最迟开始时间可以用该项活动的最迟结束时间减去它的估算时间得出，即

$$LS=LF-\text{活动的估算时间}$$

由于项目活动的关联性，一项活动的开始时间、结束时间决定着下一项活动的开始时间、结束时间，而该项活动的时间又是由上一项活动的时间决定的。

4. 时差

如果最迟开始时间与最早开始时间不同，那么该活动的开始时间就可以浮动，称为该活动的时差（float of slack）。同理，如果最迟结束时间与最早结束时间不同，那么该活动的结束时间也可以浮动，同样称为该活动的时差。对同一项活动来说，用这两个公式所计算出来的时差是相等的。

$$\text{时差}=LS-ES$$

$$\text{时差}=LF-EF$$

6.3.5 进程计划的种类和形式

常见的进程计划方法有以下几种。

1. 里程碑图法

这是最简单的一种进程计划，仅表示主要可交付成果的计划开始和完成时间及关键的外部界面，如图 6－9 所示。

事件	时限							
	1月	2月	3月	4月	5月	6月	7月	8月
分包合同签署			△					
技术要求说明书定稿			△					
系统审查通过					△			
子系统测试完成						△		
第一个单元交付							△	
生产计划完成								△

图 6－9 里程碑图

2. 甘特图法

甘特图（Gantt chart）也称横道图或条形图，早在 20 世纪初期就开始应用和流行，主要应用于项目计划和项目进程的安排。

甘特图因为简单明了、容易制作，广泛应用于项目管理，如图 6－10 所示。在甘特图中，项目活动在左侧列出，时间在图的顶部列出。图中的横道线显示了每项活动的开始时间（start date，SD）和结束时间（finish date，FD）。横道线的长度等于活动的工期（task duration，TD）。甘特图顶部的时间段决定着项目计划详细的程度。根据项目计划的需要，可以小时、天、周、月或年来作为度量项目进程的时间单位。如果一个项目需要一年以上的时间才能完成，选择周甘特图或月甘特图可能更为适合；如果一个项目需要一个月左右的时间就能完成，用日甘特图将更有助于实际的项目管理。

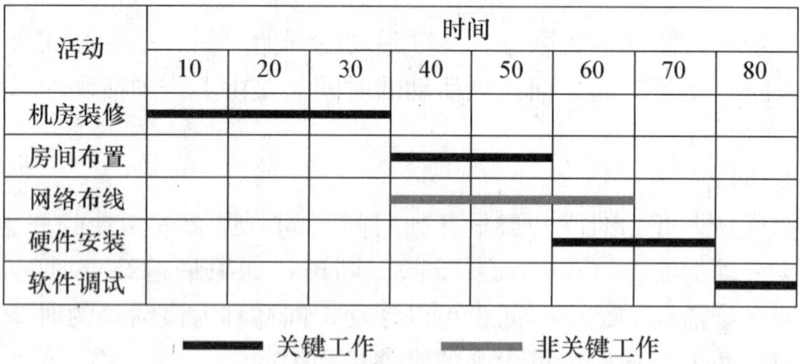

图 6－10 简单的甘特图

传统的甘特图不能显示项目中各活动之间的逻辑关系，如果一项活动不能如期完成，会有一些活动将要受到它的影响无法清楚地显示在图中。因此在绘制甘特图时，必须清楚各项活动之间的关系，即哪些活动在其他活动开始之前必须完成，哪些活动可以同时进行。此外，在复杂的项目中，单独的一个甘特图并不能为项目团队成员之间的沟通和协调提供足够的信息。因此，甘特图多用于小型的项目，在现代项目管理中更多的是和网络图结合在一起使用。图 6－11 是一种改进后带有时差的甘特图。

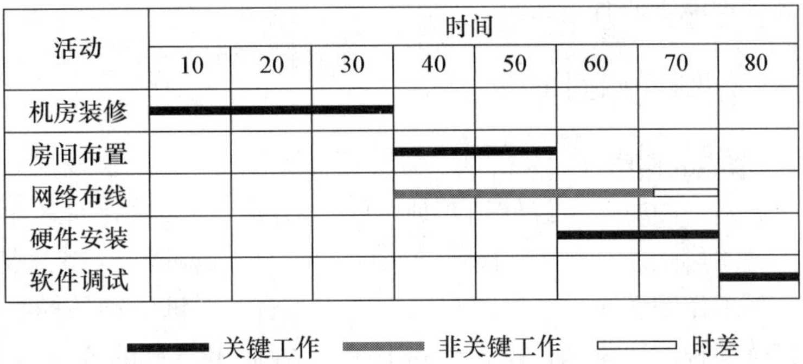

图 6－11　带有时差的甘特图

在甘特图中，也可以显示逻辑关系。图 6－12 是带有逻辑关系的甘特图。

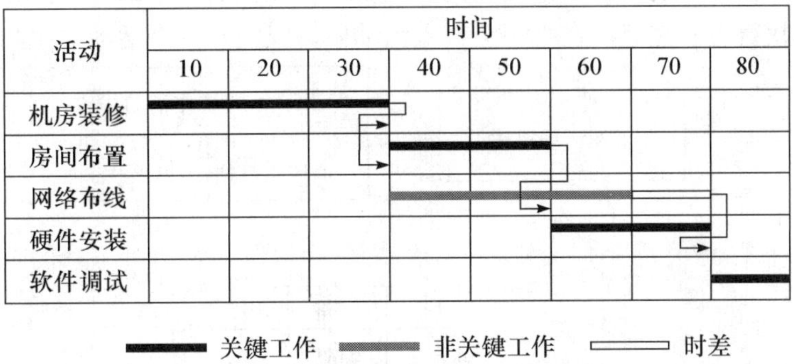

图 6－12　带有逻辑关系的甘特图

3. 网络图法

网络图法有很多种。

关键路径法和计划评审技术是 20 世纪 50 年代后期几乎同时出现的两种计划方法。随着科学技术和生产的迅速发展，出现了许多庞大、复杂的科研和工程项目，它们工序繁多、协作面广，常常需要动用大量人力、物力和财力。因此，如何合理、有效地把它们组织起来，使之相互协调，在有限的资源下以最短的时间和最低的费用最好地完成整个项目，就成为一个突出的问题。这两种计划方法就是在这种背景下出现的。虽然这两种计划方法是分别独立发展起来的，但其基本原理一致，即用网络图来表达项目中各项目活动的进程和它们之间的相互关系，并在此基础上进行网络分析，计算网络中各项时间参数，确定关键活动与关键路径，利用时差不断地调整与优化网络，以求得最短工期。然后，还可将成本与资源问题考虑进去，以求得综合优化的项目计划方案。

在关键路径法和计划评审技术之后又出现了一些新的网络计划技术，如图表评审技术（GERT）、优先日程图示法（PPM）和风险评审技术（VERT）等。因为这些方法都是通过网络图和相应的计算来反映整个项目的全貌的，所以统称为网络计划技术。最常用的网络计划技术仍是关键路径法和计划评审技术。随着网络计划技术的发展、成熟，它不仅广泛地应用于项目计划的编制，而且成为项目进程控制和资源合理配置的有力工具。

6.3.6 网络计划的编制

1. 节点式网络

绘制网络图时，可以使用两种不同的形式，即节点式网络和箭线式网络，前者为国际通用形式。节点式网络（activity on the node，AON）又称为单代号网络，其中每项工作活动由一个节点框表示，也可将有关该活动的描绘都写在框中。这种网络支持多种逻辑关系，图 6－13 中（a）为简单信息的节点式网络，（b）和（c）为详细信息的节点式网络。

图 6－13（b）中，左下角用数字表示活动序号，即在时间上的优先或并列关系；右下角用数字表示该活动的工期估计。在框的下半部分中间是该活动的负责人或具体执行者。注意，在每一个节点活动中，只能有一个活动顺序和一个工期估计。

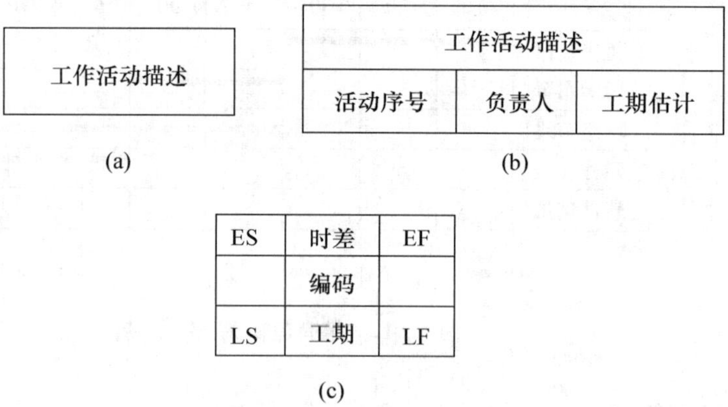

图 6－13 节点式网络

简单信息的节点式网络如图 6－14 所示。

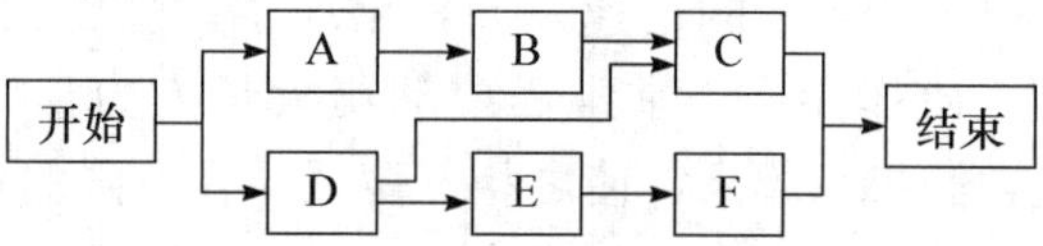

图 6－14 简单信息的节点式网络

图 6－14 中，A 与 B 之间的关系为完成—开始型，A 与 D 之间的关系为开始—开始型，C 与 F 之间的关系为完成—完成型。

2. 编制网络计划的步骤

步骤一：借助工作任务清单或工作任务分解结构列出活动清单。在网络图中，每一项工作任务都应只有一个活动序号。每一项工作任务或工作活动都应在网络图中描绘出来。

步骤二：界定各项工作活动之间的关系。为了界定网络图中各项工作活动之间的因果关系和优先关系，对于每项工作活动首先要明确以下问题：

(1) 哪些工作活动需要安排在此项工作活动之前？也就是说，在启动此项工作活动之前，其他哪些工作活动必须完成？

(2) 哪些工作活动需要安排在此项工作活动之后？也就是说，在此项工作活动结束之前，哪些工作活动不能开始？

(3) 哪些工作活动可以和此项工作活动同时进行？也就是说，哪些工作活动可以和此项工作活动在同一段时间内进行？

应当把这些工作活动之间的优先关系、依赖关系清楚地列在一张纸上。

步骤三：界定工作任务。工作任务是一系列相关的具体工作活动的概括，是具体工作活动的工作包。执行工作任务无须另费时日，当工作包中所有工作活动都完成时，工作任务即已完成。在 WBS 中，高一级结构（或上层结构）都可以视为工作任务。同样，工作任务之间也存在优先关系和因果关系，单纯绘制一张工作任务网络图会使你在项目管理中更能抓住工作重点；当然也可以把工作任务和工作活动结合起来绘制出一张完整的项目网络图。即根据管理的需要，可以随时绘制出 WBS 中任一结构层次的网络图。

步骤四：绘制网络图。一些有经验的项目管理者在绘制网络图时，总是喜欢从终点事项开始向前绘制，许多人认为界定紧前活动比紧后活动更为容易。但是这会引起很多争论，因为在实际中，项目的工作活动总是从前向后依次进行的。这也许只是个人的偏好而已，两种方法最后所得的结果都是一样的——制定出一份完整、可行的网络图。

步骤五：检查网络图的逻辑结构。对于一个网络图，必要的逻辑检查是必不可少的。只有通过调整工作活动之间的优先关系、因果关系才能绘制出一份最佳的网络图，即使是一位经验丰富的项目负责人或管理者，也会在这一过程中花费许多时间。为了理顺项目的逻辑结构，对于每一项工作活动及工作活动之间的每一种关系（表现在网络图中就是工作活动之间的连接），需要明确回答以下问题：

(1) 工作活动之间的因果关系适当吗？

(2) 是否界定了所有的优先关系？

(3) 是否存在人为的优先关系？或者，是否存在本可以同时发生而被不适当地安排为因果关系的工作活动？

(4) 所有的工作活动都是必要的吗？

当然，每个项目的网络图通常并非独一无二的，有经验的管理者经常调整网络计划，直到满意为止。把 WBS 和网络图结合起来，更有助于项目管理工作的开展。有时，当人们开始界定工作活动之间的关系并准备绘制网络图时，才蓦然发现原来的 WBS 中竟然遗漏了某些关键工作活动。利用这种方法，也会发现 WBS 中还存在一些不必要的活动。

3. 关键路径

关键路径就是项目网络中由一系列工作活动构成的工期最长的那条路径，该路径上的工作活动称为关键工作活动。任何一项关键工作活动如果不能按时完成，所有处于其后的工作活动都要往后拖延，整个项目工期就会向后拖延。处于非关键路径上的工作活动就具有较大的灵活性，在该路径紧后活动开始之前，可以随意安排这条路径上的工作活动时间。把关键路径上所有工作活动的工期加起来，就可以得到项目总工期，这是因为关键路径上的工作活动只有一种优先关系。

确定关键路径并不困难。对网络图上时间参数的计算，在节点数不太多时可采用两种方法：图上计算法和表上计算法。图上计算法就是在网络图上直接进行计算，并把计算的结果标在图上。表上计算法又称表格法，就是先编制一个表格，把各项活动的有关资料如节点编号、作业时间等填入表内，然后在表上计算参数。

借助计算机项目管理软件，网络图上时间参数的计算可自动完成，关键路径也可以自动标出。如果要手工计算，可采用如下步骤：

（1）完成网络图的绘制，或把所有工作活动以及工期估算列在一张工作表上。

（2）计算每项工作活动的最早开始时间。一项工作活动的最早开始时间意味着其所有紧前活动都以最早结束时间完成。当某项工作活动前面有若干项工作活动时，该工作活动的最早开始时间等于前面各项工作活动最早结束时间的最大值。

（3）计算每项工作活动的最早结束时间。

$$EF=ES+\text{工期估算}$$

（4）计算每项工作活动的最迟结束时间。一般从右往左进行计算。

（5）计算每项工作活动的最迟开始时间。当某项工作活动后面有若干项工作活动时，该工作活动的最迟开始时间等于前面各项工作活动最迟结束时间的最小值减去此项工作活动的工期。

（6）计算每项工作活动的时差。时差是由下面的公式决定的：

$$\text{时差}=LF-ES-TD$$

时差为零的工作活动即为关键工作活动，由关键工作活动组成的路径即为关键路径。

实际进程安排完成了工作活动工期和开始、结束时间的计算，此后就可以按日历表安排项目的进程了。

项目的开始时间可以由项目负责人、客户、项目团队成员决定，也可以根据项目的实际情况（如资源配置等）选择某一天开始执行项目。记住应当把法定节假日排除在实际进程之外。为了便于控制项目的进程，关键路径上的每一项关键工作活动都应标注出最早开始时间、最早结束时间和最迟开始时间、最迟结束时间。一旦这些时间都标注在项目进程计划表上，一张理想的进程计划表即已诞生。如果资源配置业已就绪，项目就可以进入具体实施阶段。

6.4 项目信息与沟通计划

项目具有极强的易变性、不确定性和风险性。人类已进入信息社会，各种内外变化需要及时的信息反馈与沟通，大多数项目是由一个涉及多个专业领域的团队来完成的，该团队为了一个共同的项目目标，按照一定的项目管理流程进行协同工作。如何使项目管理团队协调工作，如何保证在多变的内外部环境中，项目最终能够满足或者超出项目发起人的期望，就成为项目管理必须解决的问题。项目信息与沟通管理机制和管理水平对项目的成败具有重大影响。这部分内容涉及项目信息与沟通计划、项目冲突与变更管理计划等方面。当然，项目所需的信息收集及信息处理分发也在项目的信息与沟通管理范畴内。

6.4.1　项目的信息与沟通

1. 项目信息与项目信息管理

信息是管理与决策的基础，具有客观性、可存储性、可传递性、可加工性、可共享性等特点。准确、及时、可靠与实用是对信息的基本要求。项目信息是指与项目管理有关的各种报告、数据、计划、安排、技术文件、会议等信息。常见的项目信息有项目背景、项目目标、项目的交付（或完成）成果、资源信息、约束条件、假设条件、相关任务、经验教训等。

由于绝大多数项目的一次性、特殊性以及生命周期特点，项目信息往往具有信息量大、系统性强、传递障碍多以及信息反馈相对滞后的特点。项目信息载体主要有书面材料、个别谈话、集体口头对话以及各种通信工具和媒介方式。

项目的信息管理就是指对项目信息的收集、整理、处理、存储、传递与应用等一系列工作的总称，是把项目信息作为管理对象进行管理的过程。项目信息管理的目的就是要根据项目信息的特点，有计划地组织信息沟通，保证决策者能够及时、准确地获得相应的信息。

项目的信息管理环节包括信息收集、加工整理、存储、传递和应用。建立项目信息管理系统有助于项目信息管理的准确性、有效性与及时性。项目信息管理包括项目信息沟通渠道设计、信息管理组织以及信息管理制度和流程的建立等工作。

2. 项目沟通与项目沟通管理

要实现一个以前从未实现过的项目目标（项目具有的独特性），在项目执行过程中需要项目参与各方的积极配合。项目内外部条件的变化也会影响项目的成败。项目有关各方对项目的期望也会在项目执行过程中发生变化。以上这些都需要有效的项目沟通，使需要信息的人能够从合适的信息提供者那里及时、便捷地获得所需要的信息。

项目沟通按分类方式不同有很多种：口头沟通和书面沟通；正式沟通和非正式沟通。按照媒体还可分为面对面、电话、电子邮件、电视会议、网络媒体（局域网、专用信息化应用平台、办公自动化系统、认证中心系统）沟通等。不同的方式有各自的特点，在不同的场景下发挥的作用也不同。一个有效的沟通者应该能够在明确沟通目的的前提下，根据背景情况（沟通内容的性质、与沟通对象之间的关系等），合适地选择沟通场景（地点、时间、氛围等），灵活运用和组合沟通方式，达到最佳沟通效果。

项目沟通的管理过程分为沟通计划编制、信息分发、活动执行情况报告和活动收尾与总结四个阶段。

6.4.2 项目信息与沟通计划

1. 项目信息与沟通计划的内容

项目信息与沟通计划就是根据项目的需要，专门设置项目信息与沟通管理的组织，设定项目信息与沟通的渠道和机制。

项目信息与沟通计划应该包括以下几个方面的内容：

（1）项目信息与沟通的目标和所采用的沟通技术。

（2）信息沟通的对象以及沟通的内容。

（3）信息沟通的时间和频度。

（4）信息沟通的地点和方式。

（5）信息沟通的技术。

（6）信息沟通中信息的提供者。

（7）信息沟通的原因。

项目信息与沟通计划和其他计划一样，对项目沟通起着指导作用，但也会同时在项目实施中不断更新，以符合项目进展的需要。

2. 项目信息与沟通报告

项目信息与沟通报告是项目全过程不可缺少的重要信息资料，是项目监控的必要手段，应依据项目计划和项目实施阶段的成果填制。

项目信息与沟通报告主要有项目综合描述、项目关键点检查报告、项目执行状态报告、项目任务完成报告、项目重大突发性事件报告、项目变更申请报告、项目进程报告、项目管理报告等（见表6-6至表6-12）。

表6-6　　项目关键点检查报告

关键点名称：	检查组名称：
检查组负责人：	报告人：
报告日期：	报告份数：
对关键点的目标描述：	
关键点结束时间与计划时间对比：	
关键点成果是否能满足要求：	
估计项目以后的发展态势：	
检查组负责人的审核意见： 签名：　　日期：	

表 6 - 7　项目执行状态报告

任务名称：	任务编码：
报告日期：	状态报告份数：
实际进程与计划进程对比：	
已投入工作时间加未完成任务的计划时间与计划总时间对比：	
阶段成果是否能满足要求：	
任务能否按时完成：	
人员与资源配备现状：	
组织现状：	
任务完成估测：	
潜在的风险分析及建议：	
任务负责人的审核意见： 签名：　　日期：	

表 6 - 8　项目任务完成报告

任务名称及编码：	结束日期：
交付物（项目成果）的性能特点：	
实际任务完成时间和计划时间对比：	
实际成本费用和估计费用对比：	
实施过程中遇到的重大问题及解决办法：	
评审意见： 评审人：　　日期：	
紧后任务名称及编码：	
紧后任务计划及措施：	
负责人的审核意见： 签名：　　日期：	

表 6 - 9　项目重大突发性事件报告

事件发生的时间：
事件发生的地点：
突发性事件的描述：
对项目实施的影响：
事件发生的初步原因分析：
建议采取的补救措施：
负责人的审核意见： 签名：　　日期：

表6-10 项目变更申请报告

项目名称：	负责人：
项目变更的原因：	
项目变更替代方案描述：	
估计项目变更后对活动总进程的影响：	
变更时所涉及的相关单位：	
负责人的审核意见： 签名： 日期：	
上级主管部门的审核意见： 签名： 日期：	

表6-11 项目进程报告

姓名： 项目名称：	本周结束日期：	
关键问题	是	否
任务范围有变化吗？		
超过目标日期了吗？		
有质量问题吗？		
有经费问题吗？		
有资源问题吗？		
有安全问题吗？		
有评审问题吗？		
对跟踪活动的解释：		
下一周的任务计划：		
问题和办法：		
完成人： 日期：	评审人： 日期：	

表6-12 项目管理报告

项目管理报告		编号	
项目名称		报告日期	
项目负责人		报告份数	
是	否	状态总结	
		1. 实际进程超过10%了吗？	
		2. 已投入工作时间加未完成任务的计划时间超过计划总时间的10%吗？	
		3. 完成任务的数量超过计划的10%吗？	
		4. 成果能满足标准要求吗？	
		5. 项目能按时完成吗？	
		6. 满足相关方面的要求吗？	
		7. 与相关方面的关系被接受了吗？	
		8. 附上成员总结、资源消耗（代价）总结、累计完成任务总结报告了吗？	
人员配备状况：			
资源状况：			
任务状况：			
附上的进程报告：		编号：	
审批意见：			
负责人： 日期：		管理人： 日期：	

6.4.3　项目冲突与变更管理计划

1. 项目冲突管理计划

在项目的内外环境中，冲突是不可避免的。项目成员对问题有不同的理解和意见是正常的，如果仅仅简单地试图避免冲突、压制冲突，在项目实施过程中这种做法只能进一步恶化冲突，导致更大的不利。问题的关键在于如何对待冲突，如何做好冲突管理。

需要明确的是，冲突具有两面性：解决得好有助于项目管理团队的建设、改善项目状况，是一个学习和提高的机会，但如果解决不当，有的会给项目带来灾难性的后果，有的则会给项目埋下隐患。因此，冲突管理的作用是引导冲突结果向着积极、协作的方面发展，而不是破坏性的方面发展。在这个过程中，项目负责人扮演着关键角色，其应该在做好冲突防范的同时，在冲突发生后能够分析冲突来源，运用正确的方法来解决，并通过解决冲突发现问题、解决问题，促进项目工作任务更好地完成。

（1）项目中最主要的七种冲突来源。萨姆汉（Thamhain）和威尔蒙（Wilemon）进行过一次针对项目中冲突管理的调查研究，总结了项目中最主要的七种冲突来源，具体如下：

1）进程计划的冲突。围绕项目中有关任务的时间确定、次序安排和进程计划会产生不一致。

2）项目优先权的冲突。项目参加者经常对项目应该执行的工作任务的次序及优先权有不同的看法。

3）人力资源的冲突。项目团队成员有很多来自其他职能部门或者支持部门，他们需要接受所在部门的调度，而这些部门很有可能为多个项目提供资源支持，因此在资源的调配和任务的分配上会出现冲突。

4）技术意见的冲突。在以技术为导向的项目（如新产品开发或工程建设项目）中，技术问题、性能要求和各方面性能的权衡，以及技术实现手段方面会产生冲突。通常支持项目的部门或者组织主要负责技术投入和性能标准，而项目负责人更关心如何实现成本、进程和性能目标。

5）管理程序的冲突。许多冲突来自项目应该如何管理。例如，项目负责人对组织结构的定义，对责任和权力的定义，对项目各项任务交互接口关系的定义；项目的范围；实施的计划与其他组织协商的合作协议；管理支持流程等。

6）个性的冲突。这种冲突主要源于个性的差异，而不是技术或者管理问题，通常由以自我为中心引发。虽然人与人之间的个性冲突可能不像其他冲突那么激烈，但它却是最难有效解决的一种。

7）费用的冲突。项目负责人往往受到紧张预算的限制，尽可能地控制成本，而项目参与各方都希望自己的工作能够获得更多的预算支持。另外，一些技术问题或者进程调整也会引发费用方面的冲突。

根据调查研究，以上七种冲突在项目生命周期的不同阶段，其强度也不尽相同。如果项目负责人理解了项目冲突的来源和项目不同阶段冲突的主要原因，就有可能避免或者减少潜在冲突的发生，并积极地予以应对（见表6-13）。

表6-13 主要冲突来源及减少冲突的建议

生命周期阶段	冲突来源	建议
项目形成阶段	项目优先权	清楚定义活动计划，有关部门共同决策或者互相协商。
	管理程序	建立实施项目必须遵守的详细管理程序，并确保得到关键管理者的批准认可。制定项目规范或者其他使大家对项目理解更明确的说明文档。
	进程计划	在项目实际开始之前，对项目进程做出承诺。预测各部门的优先权考虑，评估其对项目进程的影响。
项目早期阶段	项目优先权	通过项目状态评估会议，向支持部门提供预计的项目计划和支持需求。
	管理程序	对关键管理问题要制定应急计划。
	进程计划	和职能部门一同对工作任务分解结构中的各个工作包安排进程。
项目主体阶段	进程计划	连续不断地监督工作进展。向受影响的项目参与方通报信息和工作结果。对问题进行预计并考虑替代方案。
	技术意见	尽早解决技术问题。与技术人员沟通，介绍项目的进程和成本的限制条件。强调尽早进行充分的技术测试。促进尽早就最终设计方案达成一致。
	人力资源	及早就人力资源需求进行预测和沟通。与职能部门共同确定人力资源需求和优先权。
项目收尾阶段	进程计划	项目进程监控收尾。考虑重新安排人员到一些关键工作任务上。加快解决技术问题，防止影响项目进程。
	个性和人力资源	为项目结束后人力资源再次分配做出计划。保持与项目团队和支持部门的友好合作关系。放松项目中紧张的工作气氛。

（2）冲突应对的五种基本策略。冲突可以按照五种基本策略来应对：

1）回避或者撤出。这种策略是指卷入冲突的人们撤出来，避免发生实际冲突或者潜在冲突。这种方法有时并不是一种积极的解决途径，它可能会使冲突积累起来，而在以后逐步升级。

2）竞争或者强制。这一策略的实质是非赢即输，认为在冲突中获胜要比勉强保持人际关系更为重要。这是一种积极解决冲突的方式。当然有时也可能出现一种极端的情形，如用权力进行强制处理，可能会导致团队成员的怨恨，恶化工作的氛围。

3）缓和或者调停。求同存异是这种策略的实质，即尽力在冲突中强调意见一致的方面，最大可能地忽视差异。尽管这一方式能够缓和冲突，避免一些矛盾，但它并不利于问题的解决。

4）妥协。协商并寻求双方在一定程度上都满意的方法是这一策略的实质。这种方法的主要特征是寻求一种折中方案。尤其当两个方案势均力敌、难分优劣时，妥协也许是较为恰当的解决方式。但是，这种方法并非永远可行。

5）正视。直接面对冲突是克服分歧、解决冲突的有效途径。通过这种方法，活动团队成员直接正视问题，面对冲突，共同探讨，采取解决问题的态度使冲突得到一个明确的结局。这种方法是一种积极的冲突解决途径，它既正视问题的结局，也重视团队成员之间的关系。以诚待人、形成民主的氛围是这种方法的关键。它要求成员花更多的时间去理解、把握其他成员的观点和方案，善于处理而不是压制自己的情绪和想法。

以上策略的分类和评价主要针对的是普遍情况，通常正视冲突是最有效的方法。但在实际的冲突面前，负责人需要组合多种策略以达到最佳的效果。例如，在冲突最激烈的时候或是信息掌握不充分的时候，可以考虑先采用回避或者撤出的策略缓解双方激烈、冲动的气氛，然后再采取积极的解决措施。

以上这些策略都有适用的场合，但是最终应该对冲突采取正视的态度：对冲突原因进行分析，解决并采取预防措施，防止类似冲突的发生。

（3）在项目中解决和防止冲突的方法。在项目中解决和防止冲突的方法大致有以下几种，在使用每种方法时，项目负责人可以根据实际情况采用不同应对策略的组合。

1）建立组织范围内解决冲突的方针和管理程序，形成健康的文化氛围，加强公平与正义氛围的营造。通过管理流程加强大家对项目目标和各自期望的理解、明确各方分工等，能在一定程度上避免冲突的发生。但是组织中的活动之间差异比较大，产生的冲突也各有各的特点，因此这种方法不一定很有效。如果组织内部形成一种有利于冲突解决的文化气氛，如鼓励成员之间进行坦诚的交流，并得到组织制度的支持，在这种氛围下很多矛盾冲突比较容易解决。

2）在早期计划活动中建立冲突的解决程序。项目中的冲突是可以计划的，可以通过计划消除一些冲突的发生，也可以通过计划对可能发生的冲突事先安排处理方案，包括把责任落实到人。

3）借助上级解决冲突。有时项目负责人和职能负责人的分歧是各有各的道理，冲突需要上一级管理者从更高层次进行权衡，这样有利于组织利益的最大化。冲突各方应在充分协商沟通之后仍达不成解决方案时，再向上级求助。

4）冲突双方以积极的态度直接接触，通过沟通和协商解决问题。维持友好的合作关系对处理冲突是十分有利的。在实际工作中，冲突双方可以采用正式或者非正式的方法进行沟通，尽可能在最小范围内解决问题。

一旦冲突发生，负责人必须做到以下几点：对问题进行研究，并收集所有可以获取的信息；制定因地制宜的解决方法；营造合适的气氛和环境。

会议有时是一种解决冲突的有效方法，项目负责人召集冲突各方参加，这种会议也要符合一定的逻辑步骤和次序；需要营造合适的气氛，使大家都有参与解决冲突的愿望。请大家思考并分析如何看待自己和他人，考虑他人又是如何看待自己的；收集有关信息，让大家在一种开放的氛围中把各自的感受表达出来；定义问题，在大家充分交流之后对冲突所涉及的问题进行定义，明确冲突各方的立场；分享信息，把所有获得的信息向大家通报；建立合适的优先权，为建立优先权和时间表而召开有关工作会议；组建工作组，形成跨职能部门的解决问题工作小组；解决问题，争取职能部门的参与，促使各方为解决问题做出承诺，并制定优先权次序和时间表；制定行动计划，获得各方的承诺；最后按照计划开始工作，并获得实施情况的反馈。

2. 项目变更管理计划

关于项目变更管理的具体内容请参见本书第8章，在此不再赘述。

6.5 项目质量计划

项目质量和项目时间、项目资源与费用并列为项目的三大约束条件之一，是制约项目资源与费用和项目时间消耗的前提，对其进行严密的计划是实现项目目标的基本依据。

6.5.1 项目质量计划的含义

质量是项目固有特性满足要求的程度，包含适应性、可信性、满意度和缺陷等级等，也是项目所达到的功能或效果。针对不同的项目可以用可靠性、可维修性、可保障性、兼容性、凝聚力、满意度、改进程度、创造力等概念表示。制定项目质量计划是项目质量管理的重要组成部分。

项目管理人员应该意识到现代质量管理的基本宗旨是质量出自计划，而非出自检查。事先不计划，指望在项目实施过程中靠检查和监督来保证质量是不可行的。

6.5.2 制定项目质量计划的依据

制定项目质量计划的依据主要有项目质量方针与质量目标、项目范围说明书、项目成果说明书、项目标准和规则以及其他过程的输出。

1. 项目质量方针与质量目标

项目质量方针是项目的最高管理者正式发布的该项目总的质量宗旨和导向。它体现了项目相关成员的质量意识和质量追求，是项目组织内部的行为准则，也体现了项目发起方的期望和对主管方的承诺。项目的质量方针可以被该组织的项目管理团队随时采用并运用于该项目。如果组织缺少正式的质量方针或该项目由多个组织参与（如复杂的大规模开发项目），则项目管理班子需要为该项目单独制定质量方针。项目质量目标是落实项目质量方针的具体要求，并与项目质量方针保持一致。项目质量目标包括满足项目过程或成果要求所需的内容，并且应该是可以测量的。质量目标应当以组织内人员都能对其实现做出贡献的方式加以沟通，项目质量目标的展开职责应当专门进行规定。

2. 项目范围说明书

项目范围说明书是制定项目质量计划的关键依据。它以书面形式说明了项目的主要可交付成果和项目目标以及项目任务的内容，用以定义项目有关各方的主要需求。

3. 项目成果说明书

虽然项目成果说明书的内容在项目范围说明书中有所体现，但项目成果说明书经常包含可能影响项目质量（效能）计划的管理或技术要点以及其他注意事项的详细内容。

4. 项目标准和规则

项目标准和规则是公认的规范、制度或主管组织批准的文件，是为了能够普遍和重复使用而为项目成果和过程提供的、必须强制执行的准则和指导方针。

5. 其他过程的输出

除项目范围说明书、项目成果说明书，其他管理过程的相关结果也可能成为项目质量计划的编制依据。

6.5.3　制定项目质量计划的主要工具

1. 价值分析

制定项目质量计划的过程必须考虑效益（收效）与成本（代价）之间的平衡，即实现项目价值的最大化。符合项目质量要求的效益是降低项目的随意性和减少资源浪费，节约时间，改善效果，这意味着较高的效率、较少的资源占用与消耗以及项目有关各方满意程度的提高。而达到项目质量要求的主要成本（代价）是项目质量管理相关活动所消耗的资源代价。效益（收效）高于成本（代价）是质量管理的重要原则。故项目质量计划要进行效益（收效）与成本（代价）分析。

2. 基准比较

基准比较就是将实际进行中或计划中的项目同其他项目进行比较，以启发改进项目质量的思想。其他项目可以是执行组织内部的活动，也可以是外部的项目；可以是同一个应用领域的项目，也可以是其他应用领域的项目；可以采用标杆比较，即与最好的典型比较，也可以通过参观考察获得新的发现。在项目管理中，一定要树立“发现比发明更重要”的理念，高度重视调查研究工作。

3. 流程图

流程图用于反映系统各组成部分之间的相互关系，质量管理中常用的流程图技术是因果分析图。因果分析图也称为鱼骨图或石川图，它反映潜在问题或结果与各种因素之间的联系，主要用于分析产生质量问题或缺陷的可能原因。图6-15为一个大型装备安装调试存在缺陷的一般因果分析图。

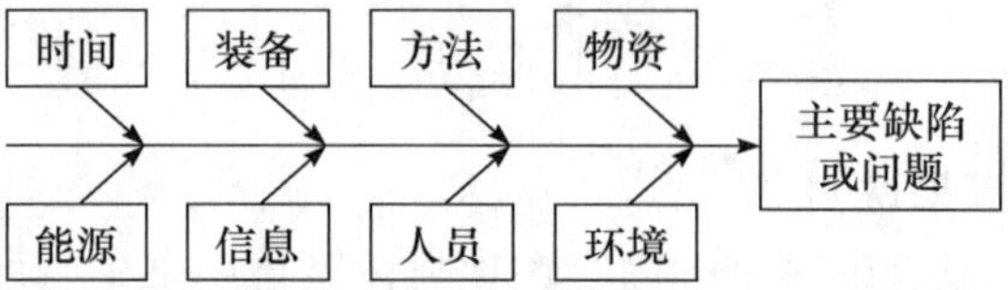

图6-15 因果分析图

4. 试验设计

试验设计是一种统计方法，它帮助人们识别对项目结果影响最大的因子。这项技术可用于项目成果分析，解决成本和进程计划平衡的问题。在新产品开发与改型研究以及装备安装调试方面可广泛运用。

5. 质量成本（代价）

质量成本（代价）是指为了达到项目成果或效能质量而进行的全部工作所发生的所有成本（代价）。这些努力包括为确保与要求一致而做的所有工作任务，以及由于不符合要求所引起的全部工作任务。这些工作任务引起的成本（代价）包括预防成本（代价）、鉴定成本（代价）和故障成本（代价）。后者又可分解为内部成本（代价）与外部成本（代价）。

6.5.4 项目质量计划的结果

1. 质量管理计划

对特定项目成果，规定由谁及何时应使用哪些程序和相关资源的文件称为质量管理计划。

项目质量管理计划的编制应与组织质量体系的要求相一致。在组织已建立质量体系的基础上，应参照质量手册的有关内容编制质量管理计划，通常可根据上级要求，从组织的质量手册、质量程序文件中选择、引用或对其进行补充。项目质量管理计划应指出如何将这些通用的程序文件与具体项目所特有的要求结合起来，以实现规定的质量目标。当组织尚未建立明确的质量体系时，项目质量管理计划可以是一个独立的文件，根据上级的要求和组织的具体情况编制。

项目质量管理计划应该说明项目管理班子执行其质量政策的方式，并随着项目的进展做必要的调整和完善。项目质量管理计划可以是正式的或非正式的，非常详细的或简要概括的，取决于项目的具体要求。计划的格式和详细程度应与项目的复杂性以及项目管理班子的管理水平相适宜。项目在质量管理计划中阐述的内容主要有：

（1）目的。应明确制定项目质量管理计划的目的，一般包括（但不限于）下列内容：适用的项目；应达到的质量目标；质量管理计划的有效期。

（2）职责。项目质量管理计划应对组织中主要人员的职责做出明确的规定，以便所有项目均得到有计划的实施和控制，并使项目的进程始终处于有效的监控之下。

（3）资源管理。项目质量管理计划应规定达到项目质量目标所需的资源，包括人力资源、装备、设施和物资、工作环境。这里所说的设施包括建筑物、工作场所和相关设施；装备包括器材设备（硬件和软件）及支持性服务（如通信或运输）。

（4）项目结果或项目目标实现的控制。项目质量管理计划应确定与项目成果或项目实现有关的过程以及所采用的控制程序。

（5）测量、分析和改进。项目质量管理计划应规定为证实项目过程或成果是否符合要求所需的监视、测量、分析和改进过程。

2. 实施说明

实施说明以非常专业的术语说明各种问题的实际内容及其在质量控制过程中的测量方法。在某些应用领域，实施说明也称为度量标准。

3. 检查表

检查表是核实一系列必须采取的步骤是否已经得到实施的结构化工具。

4. 其他过程的输入

项目质量计划可为其他领域的活动进一步明确需求。

6.6 项目资源与费用计划

制定项目资源与费用计划主要有项目资源计划编制、费用估算、费用预算三个子过程。对某些小项目，以上三个子过程联系极为紧密，从而可以视为一个过程，由一个人在较短时间内完成。但由于以上三个子过程中使用的工具和技术不同，本节仍按不同过程予以说明。

6.6.1 项目资源计划编制

1. 项目资源

资源可以理解为一切具有现实和潜在价值的东西，包括自然资源和人造资源、内部资源和外部资源、有形资源和无形资源等。由于项目的一次性，项目资源不同于常规组织机构的资源，它多是临时拥有和使用的。资金需要筹集，服务和咨询力量可以采购（招标或招聘），有些资源还可以租赁。资源的高效、合理使用对项目管理至关重要。任何资源的短缺、积压和滞留都会给项目带来损失。项目资源计划编制与项目费用估算密切相关。

2. 项目资源计划编制

项目资源计划编制就是确定完成项目活动所需要的物质资源（人、设备、材料）种类，以及每种资源的需求量。项目资源计划编制的依据主要有：

（1）工作任务分解结构。工作任务分解结构确定了需要资源的项目组成部分，因此是项目资源计划编制的基本依据。为确保合适的控制，其他计划编制过程的所有有关结果都要通过工作任务分解结构来提供。

（2）历史信息。在可能的情况下，应该使用以前类似工作所需资源的历史信息。

（3）范围说明。范围说明包括项目合理性和项目目标，两者都应在项目资源计划中予以明确考虑。

（4）资源库描述。在进行项目资源计划编制时，必须了解可供将来使用的资源种类。资源库描述中，详细资料的数量和具体水平是不同的。例如，在工程设计项目的早期阶段，资源中拥有大量的工程师和高级工程师；而到项目的后期阶段，资源库可能仅限于那些参与了早期阶段工作而对项目熟悉的人。

（5）组织方针。在编制项目资源计划期间必须考虑项目实施组织有关人员招聘、物资和设备租用或采购的方针。

项目资源计划编制过程的结果是一份资源要求说明书，列出该项目要求使用的资源类型、数量，以及工作任务分解结构中各部分所需资源的种类及数量。

6.6.2 费用估算

1. 费用估算的含义

费用估算就是编制完成项目各活动所需资源的费用的近似估算。当根据合同进行项目费用估算时，应当区别费用估算与报价。费用估算是对项目实施组织为提供产品或服务所要付出费用的定量估计。报价是一种经营决策（对于提供的产品或服务，项目实施组织应当收取的费用）。费用估算仅是做出报价时需要考虑的因素之一。

在做项目费用估算时，项目管理团队主要关注完成项目所需资源的费用，但有时也要考虑非项目的费用。全面考虑项目所有阶段（包括项目完成后投入使用阶段的总费用）的估价思想叫作全生命周期费用估算。例如，限制设计审查的次数可能降低项目费用，但有可能因发现不了设计中隐藏的问题而造成日后客户增加运营费用。

2. 费用估算应考虑的主要内容

通常在估算费用时要考虑下列内容：

(1) 劳动力。这部分费用包括预计在项目中工作的各类人员，如油漆工、施工员、预算员、设计师和计算机程序员等。人是项目管理中的首要因素，他们比项目中不可或缺的设备和工具更为重要。估算这部分费用，首先要估计项目建设所需的各类人才以及他们完成项目所需要的时间。这些估算要具体明确，这是估算人员费用的基础。

(2) 分包商和顾问。当承包商或项目团队缺少某项专门技术时，可以雇用分包商或顾问来执行这些任务。例如，项目负责人可以把项目的对外宣传委托给某个广告公司，可以聘请管理和法律顾问协助项目的管理，为此都必须支付一定的费用。

(3) 专用设备和工具。项目可能需要一些专用的仪器、设备和工具，如果这些专用器具并不常用，而项目又需要，承包商就可以租用这些器具。

(4) 原材料。为了项目需要，项目团队会购买各种原材料。根据项目类型的不同，这部分费用在总费用中所占的比重会有很大的差异。例如，土木工程中原材料费用通常占有很大份额；而开发一套信息管理软件系统时，开发人员的费用是所耗原材料费用的几十倍甚至几百倍。

(5) 预备费用。承包商或项目团队应准备一定量的预备费用，这部分费用主要用于补充费用估算发生的遗漏、项目实施期间物价上涨造成的费用增加，以及项目发生意外（返工或遭遇灾害）时的费用。

3. 费用估算的过程

费用估算的过程如表 6-14 所示。

表 6-14　费用估算的过程

费用估算的依据	费用估算的工具与技术	费用估算的成果
工作任务分解结构 资源需求 资源单价 活动时间估算 历史信息	自上而下的估算 自下而上的估算 参数模型法 计算机工具	费用估算书 详细资料 费用管理计划

4. 费用估算的依据

费用估算的依据主要有：

(1) 工作任务分解结构。它被用来组织费用估算并确保所有识别的工作已被估算。

（2）资源需求。

（3）资源单价。估算费用必须知道每种资源的单价，如每小时人工费、每立方米大宗材料的费用等。如果资源单价未知，则首先需估算资源单价。

（4）活动时间估算。由于资金具有时间价值，因此项目本身及各项活动所需时间会对项目费用估算产生影响。

（5）历史信息。事实上，许多资源的费用信息可以从下列来源获得：一是项目文档，参与该项目的组织或项目团队成员可能保存了以前项目的各种详细记录，这些记录可帮助进行费用估算；二是商业费用估算数据库，如市场上可购得的手册、书籍等数据资料；三是项目团队知识，有些项目团队成员可能对以前项目的实际或估算费用有记忆，这类记忆信息可能非常有用，但可靠性通常比文档记录要差。

5. 费用估算的工具与技术

费用估算的工具与技术主要有：

（1）自上而下的估算（也称为类比估算法）。这种方法的基础是收集高层和中层管理人员的经验判断，以及可以获得的关于以往类似项目的历史数据。当项目信息详细程度有限时（如在项目的早期阶段），常用这种方法估算项目总费用。

（2）自下而上的估算。这种方法是先估算各个工作单元的独立费用，然后将各个工作单元的估算自下而上地汇总估算出总费用。估算精度受工作单元大小的影响，较小的工作单元可以做出较精确的估算，但要花费较多的时间和费用，故项目管理班子必须权衡为提高估算精度而增加估算工作成本是否值得。

（3）参数模型法。参数模型法是指将项目特征（参数）用于数学模型来预测项目费用。模型可以是简单的（如房屋每平方米的成本）或复杂的（如某费用估算软件模型使用 13 个单独的调整因子，其中每个因子又有 5～7 个要素）。参数模型法的费用和精度变化很大。在满足以下条件时，所得结果将相当可靠：开发模型的历史信息是精确的；模型所用的参数已被量化；模型可按比例调整，以适应不同的规模。

（4）计算机工具。一些计算机工具被广泛用于费用估算，如项目管理软件和电子表格。这些工具可简化上述方法的操作使用，提高费用估算的速度。

6. 费用估算的成果

费用估算的成果主要有：

（1）费用估算书。费用估算必须考虑所有在该项目上支出的资源，并且随着项目的进展对结果进行调整和修正，以便具体、详细地反映项目的新情况。某些应用领域的项目常常规定估算应当达到的精度。如美国造价工程师协会（AACE）定义了设计中工程造价估算的五种级别，顺序分别为量级估算、概念估算、初步估算、最终估算、控制估算。如果没有公认的标准来衡量估算的准确程度，则估算本身应当指明项目费用可能的变化范围。例如，项目估算费用 10 000 元，可能的变化范围是±1 000 元，或超过 10 000 元的概率为 15%。

（2）详细资料。详细资料的数量和形式因应用领域而异，一般包括估算工作范围的描述、估算所依据的文档、所采用的假设前提等。

（3）费用管理计划。费用管理计划说明了如何对费用偏差进行管理。根据项目有关各方的需要，该计划可以是正式的或非正式的，可以是详细的或只有大体的框架。

6.6.3 费用预算

1. 费用预算的含义

费用预算就是为了确定测量项目实际绩效的基准计划而把整个费用估算分配到各个工作单元。项目费用预算是一种分配资源的计划。预算结果对项目管理人员来说是一种约束，所涉及人员只能在这种约束范围内活动。项目费用预算也是一种监控机制，可作为一种比较标准使用，度量资源实际使用量和计划使用量之间的差异。

费用预算要以费用估算、工作任务分解结构和项目进程计划为依据。工作任务分解结构确定了要分配费用的项目组成部分，而项目进程计划则包括这些项目组成部分的计划工期和预期完工日期。

2. 费用预算的编制方法

编制费用估算的方法也可用来编制费用预算。编制费用预算的两种基本策略是自上而下的预算和自下而上的预算。

（1）自上而下的预算。高层和中层管理人员对项目整体的费用和构成项目的子项目的费用编制预算，基层管理人员在此基础上对组成项目和子项目的任务和子任务的费用编制预算，然后继续向下一层传递，直到最底部。这种过程和层级计划过程相似，按照工作任务分解结构过程从最高层或者最为综合的层级一层层向下分解。

（2）自下而上的预算。这种方法同样是根据工作任务分解结构体系，基本的任务及其日程和个体预算被构造出来。预算人员对任务的时间和预算进行仔细考察，以尽可能精确地加以确定。最初，预算是针对资源进行的，如人工和原材料，然后转换为所需要的经费。可利用标准的分析工具改进预算，如学习曲线等。意见上的差异通过高层和基层管理人员之间的协商解决。如有必要，项目负责人可以参与讨论以保证预算的精度。得到的任务预算综合起来形成项目整体成本的直接预算。项目负责人在此之上加上适当的间接成本，如一般管理费用、预备费用，以及最终项目预算中要达到的利润目标等，形成总预算。

3. 费用预算的步骤

项目费用预算包括两个步骤。首先，将项目费用预算分配到项目工作任务分解结构中发生费用的各个工作包。其次，在整个工作包的工期内进行工作包预算的分配，这样才可以在任何时间点及时确定预算支出。

（1）分配总预算费用（total budgeted cost，TBC）。将项目TBC分配到各成本要素中，如人工、原材料和分包商，然后分配到工作任务分解结构中适当的工作包，并为每一个工作包建立TBC。每一工作包的TBC就是组成各工作包的所有活动的费用总和。

图6-16（时间单位为周）是制造专用自动参数测控机并安装到客户工厂的项目网络图。这台机器将实时检测并控制客户自动生产线的运行参数，以确保产品质量。图6-17表示的是每个工作包的总预算费用。

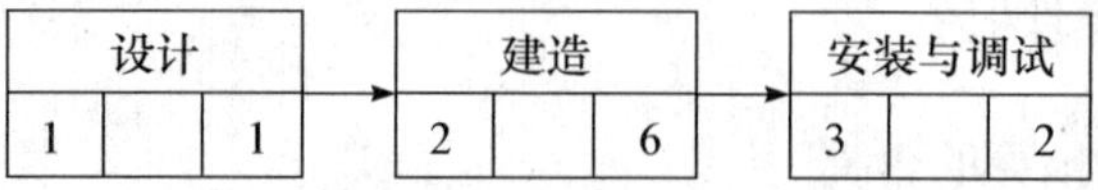

图6-16　参数测控机项目网络图

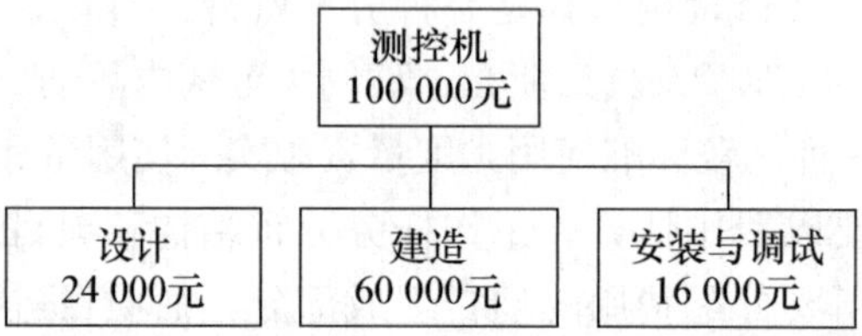

图6-17　参数测控机项目的总预算费用

（2）编制累计预算费用（cumulative budgeted cost，CBC）。一旦为工作包建立了TBC，项目预算过程的第二步就是将每一个TBC分配到各工作包的整个工期中。每期的费用预算是根据组成该工作包的各个活动所完成的进程确定的。把每一工作包的TBC分配到工期的各个区间，就能确定任何时点的预算使用情况。按进程把估算的费用累加起来就可求得CBC。

对于参数测控机项目，表6-15所示的是在图6-16的估计工期中如何将每一个工作包的TBC分摊到各期，即整个项目的每期预算费用。通常按基准项目进程安排的要求（即考虑资源平衡和资源约束进程调整过的）将各活动最早开始时间和最早结束时间所确定的预算费用分摊到各期。

表6-15　参数测控机项目的每期预算费用

项目	TBC	周											
		1	2	3	4	5	6	7	8	9	10	11	12
设计	24	4	4	8	8								
建造	60					8	8	12	12	10	10		
安装与调试	16											8	8
合计	100	4	4	8	8	8	8	12	12	10	10	8	8
累计		4	8	16	24	32	40	52	64	74	84	92	100

利用CBC的值，可画出累计预算费用曲线来说明整个项目工期的预算支出。图6-18中的预算费用曲线是整个项目的累计预算费用曲线，如果需要，对每一工作包都能作出类似的累计预算费用表和累计预算费用曲线。

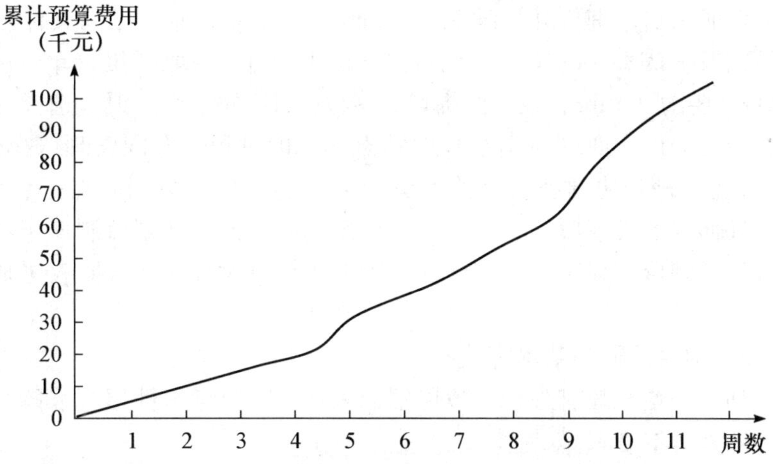

图 6－18 参数测控机项目的累计预算费用曲线

CBC 是直到某期为止按进程完成的预算值。这一合计数也称为费用基准，一般以 S 曲线的形式表示。费用基准计划就是一种按时间分段的预算，用来测量和监控项目的费用绩效。

6.7 项目采购计划

采购在项目开展中占有特别重要的地位。采购管理工作是项目管理的重要组成部分，它决定着项目的物质基础，是影响项目成败的关键。这不仅仅是因为采购费用往往在一个项目费用中占据相当大的比例，更重要的是项目的设计和规划也必须体现在采购之中。如果采购设备、货物的进程不能满足项目在时间上的要求，必然会影响项目的进程；如果采购到的服务不符合项目设计和规划的要求，必然会降低项目的质量。采购方面如果出现严重的问题，甚至会导致整个项目的失败。

6.7.1 项目采购概述

1. 项目采购的定义

项目采购是指从项目组织以外获取货物或服务的过程。货物采购是指购买项目建设所需的投入物以及与其相关的服务；建设项目采购是指通过招标或其他约定的方式选择承包单位以及相关服务；咨询服务采购主要是指聘请咨询公司或咨询专家提供有偿咨询服务。项目采购是项目管理的关键环节，是降低项目成本、提高项目质量、使项目按计划进行的基础。

2. 项目采购管理的一般内容

项目采购管理一般有采购计划编制、询价计划编制、询价、渠道选择以及合同管理和合同收尾等内容。项目采购计划编制（procurement planning）决定采购什么、何时采购。询价计划编制（solicitation planning）是以文件形式记录所需要的产品以及确认潜在的渠道。询价（solicitation）是取得报价单（quotations）、标书（bid）、要约（offer）或订约提议（proposal）的过程。渠道选择（source selection）是从潜在的供应商（或卖主）中做出选择的过程。合同管理（contract administration）是管理与协调利益相关者契约关系的过程。合同收尾是合同的完成和解决，包括任何未解决事项的决议。采购计划编制、询价计划编制属于项目采购管理的计划过程；询价、渠道选择、合同管理属于执行过程；而合同收尾则属于结束过程。

3. 项目采购的基本方式

项目采购一般有公开竞争性招标采购、有限竞争性招标采购、询价采购和直接采购四种基本方式。

（1）公开竞争性招标采购是项目招标单位通过公众媒体工具发布招标广告，吸引众多投标者，广泛征集投标意向书，经过招标单位对征集到的投标意向书进行分析、对投标单位进行资格审查核准后，允许其购买招标文件进行投标的方式，又称无限竞争性招标采购。

（2）有限竞争性招标采购又称邀请式招标或选择性招标，是由招标单位根据自己所积累的经验资料或权威机构提供的信息，选择一些符合条件的单位（三个以上），邀请其购买招标文件、参加投标的方式。

（3）询价采购是一种通过自己专门的采购人员或部门进行价格比较与调研，选择价格较低的卖主进行采购的过程。这种方式一般适用于现货采购或价值较低、标准规格的产品采购。询价采购不采用招标文件。

（4）直接采购是在特定情况下进行采购的方式，如在涉及商业秘密、国家军事秘密，专卖，无人参加投标等情况下。

6.7.2 项目采购计划的过程

项目采购计划的过程如表6-16所示。

表6-16 项目采购计划的过程

项目采购计划的依据	项目采购计划的工具与技术	项目采购计划的成果
范围说明 产品说明 采购策略 市场环境 其他计划的结果 制约条件与基本假设	自制/外购分析 短期租赁或长期租赁分析 专家意见 合同类型选择	采购管理计划 工作说明

6.7.3 项目采购计划的依据

1. 范围说明

包括对项目的描述、定义和需要采购的物品或服务的信息。

2. 产品说明

提供有关在采购计划过程中需要考虑的所有技术问题或注意事项的重要材料。

3. 采购策略

综合考虑项目的经济性与效率性指标以及质量要求，根据项目资源的约束状况，制定采购策略，如招标还是不招标等。

4. 市场环境

分析市场供应种类、竞争状况、可获得性等情况，作为制定项目采购计划的依据。

5. 其他计划的结果

要考虑进程、质量、费用等计划的结果。

6. 制约条件与基本假设

分析项目的环境、资源、技术、知识等条件的变化，并做出一定假设条件下的推断。

6.7.4 项目采购计划的工具与技术

1. 自制/外购分析

自制/外购分析是利用针对成本的决策分析或平衡点分析，来确定某种项目所需的资源是依靠自己生产还是依靠外购获得的一种具体管理方法。自制/外购分析要充分考虑组织未来发展和目前需要之间的利益关系。

2. 短期租赁或长期租赁分析

根据租金的高低决定项目对外部资源进行租赁的时限选择。

3. 专家意见

项目组织可以向具有专门知识、经验或资格的单位或个人进行专业采购咨询。

4. 合同类型选择

合同类型选择是全面分析采购的时机、批量、支付方式，使采购费用、存货费用最低的计划过程。例如，可通过对安全存货量、采购提前期等指标的测算进行综合分析，来选择合同类型。

6.7.5 项目采购计划的成果

1. 采购管理计划

采购管理计划应当说明对具体的采购过程如何进行管理，一般包括：

（1）合同类型。

1）固定价格或总价合同——对某种明确定义的产品实行一个规定的总价格，可以包括对满足或超过选定目标（如进程目标、质量目标等）的奖励。这种合同最适用于可以明确定义的产品或服务。但对于无法明确定义的产品，买卖双方都可能存在风险：买方可能得不到满意的产品，而卖方可能会做赔本生意。

2）成本补偿合同——按卖方实际成本加双方商定的卖方利润支付。卖方成本通常包括：直接成本，即实施项目所发生的成本；间接成本（管理费），即执行组织将其开展经营业务活动的费用分摊到该项目上的那部分成本。成本补偿合同通常也可以包括对满足或超过选定目标（如进程目标、总成本目标等）的奖励。

3）工时和材料（T&M）单价合同——双方确定一个每单位产品或服务的价格，而交易的总价将取决于所需产品的数量或所需服务的工作量。单价合同中也可以包括对满足或超过选定目标（如总购买量）的奖励（如折扣）。

（2）评估标准。买方对供应商所提供的建议书进行评估、打分（客观或主观）、排序时采用的标准，往往是采购文件的一个组成部分。评估标准常常包括以下指标：

1）（供应商）对（买方）需求的理解。

2）全部或项目生命周期内的费用，即价格。

3）技术能力——供应商的技术能力如何？是否足以保证对买方需求的支持？

4）管理能力——供应商的管理能力如何？是否足以保证对买方需求的支持？

5）财务能力——供应商的财务资源如何？是否足以保证对买方需求的支持？

（3）采购组织形式。

（4）采购文件。

2. 工作说明

详尽说明采购的科目、性能、合同。

6.8 项目风险管理计划

由于当今国际政治、经济、文化、社会环境的复杂性与不确定性日益加剧，项目面对的内外风险成为决定项目成败的关键因素，项目风险管理成为项目管理体系的一项重要内容。项目风险管理强调对项目风险的主动控制，而不是消极回避，尽可能地识别和评估项目选择与实施过程中可能碰到的风险和干扰因素，防患于未然，以避免和减少损失，并达到特定的项目目标。项目风险管理几乎可用于所有项目，实现的程度因活动类型、复杂性与重要性而异，依赖于活动规模、类型、相关者、管理水平与组织文化以及活动环境。项目风险管理计划是实现安全发展，克服“消极保安全”观念的有效手段。

6.8.1　项目风险的含义与类别

1. 项目风险的含义

项目风险就是在项目全过程中不期望发生事件的客观不确定性，或是在给定情况下和特定时间内，在项目全过程中可能发生的结果与期望结果之间的差异性，差异越大，则风险越大。项目风险是所有影响项目目标实现的不确定性因素的集合。

根据风险的定义，风险具备下列要素：事件（不希望发生的变化）；事件发生的概率（事件发生具有不确定性）；事件的影响（后果）；风险的原因。

2. 项目风险的类别

一般来说，对项目风险有两种常用的分类方法：静态风险与动态风险；纯粹风险与随机风险。

（1）静态风险与动态风险。所谓静态风险，是指政治、经济、社会、文化、技术等相对正常的情况下，由于自然力的不规则作用和人们的错误判断以及错误行为导致的风险；而动态风险则是政治、经济、社会、文化、技术等因素变动导致的风险。

（2）纯粹风险与随机风险。纯粹风险是当风险发生时，仅仅会造成损失的风险；而随机风险是可能带来收益也可能带来损失的风险。纯粹风险又可以细分为人为风险、资产风险和责任风险等；随机风险则可以细分为环境风险、决策风险和管理风险等。

（3）其他分类。项目风险还可分为可管理的风险与不可管理的风险、总体风险与局部风险、自然风险与人为风险、不同承担者的风险等。

6.8.2　项目风险管理的定义与流程

1. 项目风险管理的定义

项目风险管理是识别和评估项目的风险，建立、选择和管理消除项目风险的可选方案的组织方法。要利用科学的方法去识别、评价项目的风险，设计、实施有效的方法去控制项目的风险。

在项目风险管理中可运用一些工具来辅助管理相关领域的风险，理解项目出现偏差的危险信号，尽早采取正确的行动。

项目风险管理不是一个孤立的分配给风险管理部门的活动，而是健全的项目管理过程的一个方面，可以应用许多系统工程的管理技术。

根据美国项目管理协会的报告，风险管理有三个定义：

（1）风险管理是系统识别和评估风险因素的形式化过程。

（2）风险管理是识别和控制由潜在领域和事件引起的不利变化的系统方法。

（3）在项目中，风险管理是在项目期间识别、分析风险因素，采取必要对策的决策科学和决策艺术的结合。

风险管理包含对未来可能发生事件的控制，并且是预见式而不是反应式的。预见式的防范措施可以使许多风险消除在萌芽状态，使损失不会成为现实。正确的项目风险管理不仅要降低风险事件发生的可能性，而且要减少其对项目产生的影响。

2. 项目风险管理的流程

项目风险管理包括风险识别、风险分析、风险应对、风险监控和风险管理总结等过程。其中，风险识别、风险分析和风险应对属于风险管理计划的范畴。

风险识别包括确定风险的来源，分析风险产生的条件，描述风险特征和确定哪些风险会对该项目产生影响，并对风险进行分类。项目的风险识别并非一蹴而就的，应当在项目过程中反复进行。一旦风险被识别出来，通常就可以开发并实施简单和有效的风险应对措施。

风险分析就是量化风险的可能性、风险的后果以及风险危害的大小。项目风险分析包括风险定性分析与风险定量分析两项内容。风险定性分析的主要任务是确定风险发生的可能性及其后果的严重性；风险定量分析则是量化风险的出现概率及其影响，确定该风险的社会、文化、政治、经济意义并进行处理成本（代价）/效益（收效）分析。项目风险定性分析按风险对项目目标可能产生的影响对风险进行排序，可以明确特定风险的重要程度，从而指导风险应对计划的制定，并帮助管理者修正项目计划中经常出现的偏差。项目风险定量分析的目标是量化分析每种风险的概率及其对项目目标造成的后果，同时也分析项目总体风险的程度。

风险应对是根据风险识别和分析的结果，为了提高实现项目目标的机会、降低风险对项目目标的威胁，而制定风险应对策略和技术手段的过程。风险应对计划的编制必须与风险的严重性、应对成本（代价）、项目环境中的现实性等相适应，得到所有项目参与方的认同，并由专人负责。其内容主要有项目风险的消除、减轻、转移和分担。

风险监控就是跟踪已识别的风险，监测剩余风险，并不断识别新的风险，修订风险管理计划并保证其切实执行，以及评估这些计划降低风险的效果。风险监控是项目整个生命周期中一种持续进行的活动。随着项目的展开，风险会不断变化，可能会有新的风险出现，而预期中的风险也有可能会自行消失。良好的风险监控能为我们提供相关信息，防患于未然。

6.8.3 项目风险管理计划的制定

1. 制定项目风险管理计划的依据

项目管理组织可以采用类推比较法、历史经验法、专家访问法等多种风险识别方法，经过广泛调查，在征求各方面意见的基础上，汇总出项目可能出现的风险，主要有技术风险、计划风险、费用风险、进程风险和保障性风险。

制定项目风险管理计划的依据有：项目计划的内容；风险管理的政策与经验；风险管理的职责与授权；风险的承受能力；风险管理计划的标准；可获得的信息。

2. 制定项目风险管理计划的工具与技术

项目风险管理计划通常采用项目风险管理规划会议的形式来制定。项目负责人、项目管理团队以及相关的责任者与实施者等均必须参加。使用的工具是项目风险管理模板，将模板应用到当前的项目之中即可；主要方法为风险矩阵法，即根据风险来源、风险发生的概率等级和风险的严重性等级填制风险识别与量化评估表，制作风险矩阵，具体如表 6-17 至表 6-20 所示。

表 6-17 风险识别与量化评估表

风险事项	发生概率	风险严重性	风险等级
专家		日期	
汇总记录人		日期	
主管		日期	

表 6-18 风险发生的概率等级表

描述	等级	发生概率	定义单个系统/产品	定义整批系统/产品
频繁	A	0.9	可能经常发生	连续不断地发生
很可能	B	0.7	生命周期内可能发生几次	经常发生
有时	C	0.5	生命周期内可能发生	发生几次
极少	D	0.3	生命周期内不大可能发生	存在发生的可能性
不可能	E	0.1	发生可能性微乎其微	不大可能发生

表 6-19 风险的严重性等级表

描述	等级	风险严重性	定义
灾难性的	1	1.0	工程项目失败/全系统损伤/一等事故
严重的	2	0.7	部分主要项目失败/主要系统损伤/二等事故
轻度的	3	0.4	部分项目失败/轻度系统损伤/三等事故
轻微的	4	0.1	低于部分项目失败/低于轻度系统损伤/易挽回

表 6-20 风险矩阵

风险可能性	风险严重性			
	灾难性的	严重的	轻度的	轻微的
频繁	高	高	中	中
很可能	高	高	中	低
有时	高	中	低	低
极少	高	中	低	低
不可能	中	低	低	低

3. 项目风险管理计划的成果

项目风险管理计划的成果常包含在项目实施各个阶段的风险等级以及应对策略和方法之中。在得出项目风险管理计划的成果时，应明确风险管理的预算和风险管理汇报的形式，并填制风险管理情况表（见表 6-21）。

表 6-21　　风险管理情况表

序号	目标任务	风险评估结果	方法	对策

6.8.4　项目风险应对方法

项目风险应对中对风险有三类处理对策，即控制、转移及自留。控制对策包括风险回避、风险规避、风险缓解、风险分离、风险分散；转移对策是将活动风险无偿或有偿地转移或转嫁给他人；自留对策是由项目组织自设风险基金（储备基金），将风险留在本组织中的方法。

1. 项目风险的控制对策

（1）风险回避。风险回避有两种基本途径，第一类是拒绝承担风险，如了解到某项目的风险较大而拒绝开展该项目；第二类是放弃以前所承担的风险。一般来说，风险回避是一种消极的应对手段。

（2）风险规避。风险规避是通过变更项目的计划，消除风险本身或产生风险的条件，或者保护项目目标免受风险的影响。对于项目早期出现的某些风险征候或征兆，可以通过明确需求、加强沟通、获取信息、集思广益等方式加以合理的规避。此外，对于风险较高的项目，采取缩小项目范围、延长项目时间、增加项目资源、采用稳妥的方案等方法，也可以有效规避项目风险。

（3）风险缓解。风险缓解是一种具有积极意义的风险应对手段，是值得人们推崇的方法。它通过事先控制或制定应急方案使风险不发生，或一旦发生后使损失最小或尽量挽回损失。

风险缓解方案有三种：预控方案、应急方案和挽救方案。

1）预控方案。经过风险识别后，就每一个风险进行详细的说明：风险产生原因、条件、环境、后果与控制风险发生的要领等，使每个成员都清楚，在做每一项工作前都要预先了解这一工作的风险和预控措施。预控方案的核心思想是通过主动控制风险发生的条件，使风险发生的概率和损失降至最小。这是一种主动积极的方案。

2）应急方案。应急方案的目的是使项目风险损失最小化，它在损失发生时起作用。并不需要对每一个风险都制定应急方案，而是在对风险进行评价后，对那些出现概率较大或危害较严重的风险才制定应急方案，如火灾应急方案、人员伤亡事故应急方案、坍塌事故应急方案等。

3）挽救方案。挽救方案的目的是将风险发生后遭受损害的资产修复到最好的可使用程度。挽救方案的组织措施与制定程序在应急方案中均有阐述，所以可将挽救方案看作应急方案的从属方案。一般而言，挽救方案是无法事先制定的，因为我们在风险发生之前不知道损害的部位和程度，因此不需要在风险发生前制定详尽的挽救方案，只需在应急方案中规定损害发生后制定挽救方案的人员配备和工作程序。

（4）风险分离。风险分离是常用的风险控制对策，它的主要思路是将项目组织或项目的风险因素分离开，而不是将它们集中于可能遭受同样损害的同一部位，即不要把所有的鸡蛋放在同一个篮子里。从理论上讲，风险分离可以减少一种风险的最大预期损失。根据概率理论的大数定律（一种表述大量随机现象平均结果稳定性的定理），项目组织或项目借助风险分离，增加了独立风险单位的数量，在其他情况相同的前提下就可以减少风险。风险分离对策的应用表现为工程建设活动中材料设备的存放、资金与资源来源多样化、实施多种方案、增加分包单位数量、扩大项目范围等方面。

（5）风险分散。分散与分离有类似之处，它们的不同在于：分散是将组织的风险单位增多或扩大；而分离则是将风险单位分离开。通俗地说，分散风险是通过扩大组织规模来增强抵御风险的能力；而分离则是通过分离风险因素来减少风险带来的损失。

2. 项目风险的转移对策

项目风险的转移对策主要有将含有风险的资产或活动转移、依据合同将风险转嫁他人、保险与补偿三种形式。

（1）将含有风险的资产或活动转移。这种转移方式很接近风险回避中的放弃，而它的不同之处在于必须将风险转嫁其他人，而放弃式的风险回避则不是。

（2）依据合同将风险转嫁他人。项目发起方可以利用苛刻的免责条款将自己的风险转嫁给承包商或供应商。这是一种不公平的做法，但承包商或供应商在卖方市场环境下往往只能接受。这种风险转嫁与下面的保险与补偿容易混淆，两者最重要的差别是前者往往有失商业道德或行政道德。此外，风险转嫁除可转嫁资产与人身风险，还可转嫁责任风险。

（3）保险与补偿。保险、履约保证金、担保和保证费用等都是有偿风险转移对策，它们是风险发生后对意外损失的经济补偿制度。保险是一种财务转移机制，它把若干风险单位的风险集中起来，即保险人将被保险人的风险都结合起来。通过这种结合，保险人提高了预测自己期望损失的能力（根据大数定律），也增强了抵御风险的能力。例如，为项目人员在参与特殊项目时办理生命伤害意外保险、重大疾病保险等。

3. 项目风险的自留对策

风险自留也是一种管理对策，即由项目组织或项目自身承担风险。因为这种承担方式是以自身的风险自留基金或资源来保障的，所以把它归结为管理对策。风险自留是与保险等相对立的方式。风险自留可分为两种情况：主动自留是项目组织识别了风险，但经评价后决定予以自留；被动自留是项目组织根本没有识别出该风险而自留的情况。因此，主动自留是有意识、有计划的自留；而被动自留是无意识、无计划的自留。

6.9 示例：某企业集团项目建议报告表*

××企业集团项目建议报告表

项目名称：<u>××机关楼改建为集团宾馆项目</u>

建议单位：________________

建议人：________________

建议时间：________________

××（集团）有限公司制

<table>
<tr><td>项目名称</td><td colspan="3">××机关楼改建为集团宾馆项目</td></tr>
<tr><td>建议单位</td><td></td><td>单位负责人</td><td></td></tr>
<tr><td>需求背景</td><td colspan="3">由于公司所处地理环境所限，随着公司内外业务量的不断增加以及与外界交往的日益增多，公司客户和供应商住宿难的问题日益突出。由于自身接待能力不足，公司以往为解决比较重要的客户和供应商的食宿问题，需要在西安或临潼进行专门安排并频繁接送，使相关业务部门和服务对象均感到不方便；同时，一般客户与供应商在厂区范围内的就餐与住宿也存在不方便的问题。
此外，企业许多员工也反映，个人就餐、家庭聚会或朋友来访时，在厂区范围内食宿方面的条件较差，尤其是餐厅就餐环境较差，需要较好的就餐环境。
对于××集团这样规模的企业来讲，优良的食宿保障条件显得尤为重要。因此，在公司当前条件下，对××机关楼进行综合改造，建成集餐饮、住宿、会议为一体的实用小型宾馆，可成为解决这一问题的有效方式。这样，既满足了客户和员工多层次消费的需要，又方便了公司接待工作，最终也势必会降低接待费用并改善企业形象，为提高企业经济效益创造新的保障平台。</td></tr>
<tr><td>实施目的</td><td colspan="3">(1) 改善公司客户和供应商的接待环境，降低接待费用，方便企业与外界的交流与合作。
(2) 改善企业形象，提高企业后勤服务水平。
(3) 提高员工生活福利水平，改善员工就餐环境，满足员工多层次消费的需要。</td></tr>
</table>

* 本示例为本书作者刘国靖教授的咨询项目，摘自刘国靖教授《×企业集团生态与基建工程项目管理标准体系建设》咨询报告。

主要内容	(1) 餐厅改建。扩大现有餐厅面积，提高餐厅服务水准，主要工程量有一层东面操作间的拆除及清理，一层外墙面、内墙面及地面的拆除，钢结构工程施工，大餐厅顶部投光设计。 (2) 招待所改建及装修：二、三、四、五层室内外改造，形成标准客房，对客房及餐厅进行整体装修。 (3) 水、电、气、暖管线，通风设施，电话，网络的布置及设备安装。 (4) 内部装饰及布置。宾馆专用家具、装饰物、房间热水、空调、电器等用品的购置。 (5) 消防、安全设施布置。
预计效果	(1) 拟建成的集团宾馆在外观和服务上达到星级标准，使其成为具有集团特色的现代化小型建筑群落。 (2) 拟建成的集团宾馆将会为企业的迅猛发展提供便利的后勤保障条件，企业接待工作的食宿条件将得到明显改善。 (3) 满足员工的消费心理，提高员工对集团生活环境的满意度。 (4) 集团宾馆建成投入使用后有三大类顾客：客户、供应商和企业员工。这三大类顾客对餐饮和住宿都具有较强的潜在需求。拟建成集团宾馆的收入有两大类：餐饮收入和客房收入。根据××年公司招待所和餐厅的实际收入情况以及周边环境分析，拟建成的集团宾馆在加强经营管理、提高服务水平的前提下，年收入预计在 200 万元以上（餐饮 150 万元、住宿 50 万元），基本可以维持自身的运营及修缮费用。
投资估算	××机关楼改建项目投资规模预计约为 400 万元。其中，一层钢结构及土建 70 万元左右，水电暖安装及内外装修等 200 万元左右，室内家具及电器等 100 万元左右，不可预见费用及管理费用 30 万元以内。
预计工期	该项目从可行性研究、立项、招投标和合同签订，到勘察设计、施工和竣工验收移交，总工期预计为 8 个月。
潜在风险与困难	(1) 该项目的实施将会影响到部分员工正常就餐（上午 150 人左右，中午 120 人左右，下午 60 人左右）。 (2) 该项目的实施需要在建筑物外围进行燃气管道和下水管道铺设，将会对周边建筑设施和绿化产生一定影响。 (3) 当前公司在建基建项目较多，生产任务较重，需要协调相关管理部门的人员投入该项目。
初步管理思路	(1) 该项目引入现代项目管理的理念、流程和方法，按国家有关工程建设管理的标准和程序进行。 (2) 注重前期工作，编制规范严格的招标文件，编制工程综合说明和工程量概览，细化项目需求，使投标人明确我方项目意图。协调政府主管部门按公司日程表办理有关手续，加强项目计划管理工作。 (3) 选择同时具备专业设计能力和施工能力的多家投标单位参加投标，采取公开招标、总价合同、设计施工全过程统包及全部包工包料公司参加采购询价验收的承包方式。 (4) 公司成立项目管理小组，采取弱矩阵型管理模式，协调相关部门，对该项目进行全过程管理。建议固定资产处、合同管理中心、财务处、公司用户选派人员参加项目管理小组，加强沟通与协作，落实责任，完成任务。 (5) 在施工过程中，由公司技术人员及工程监理单位现场监督施工，由项目管理专家在现场进行项目管理咨询，以达到优化管理、提高经济效益、控制工期和质量的目的。

<table>
<tr><td>项目实施的可行性</td><td colspan="5">(1) ××机关楼是全框架结构，局部墙体的拆除、装修改建工作不会破坏其结构，在安全上是可靠的。
(2) 该项目在本市建筑和装修工程领域属于中小型项目，可以参考的工程实例较多，在技术和管理上相对成熟，国家的相关标准十分完善。
(3) 只要加强管理，严格按照标准和程序进行监督控制，在资金落实的前提下可以顺利完成。
(4) 具体功能设置和定位需要进一步探讨。
(5) 结论：该项目基本可行。</td></tr>
<tr><td>负责人意见</td><td colspan="5"></td></tr>
<tr><td>相关部门负责人意见</td><td colspan="5"></td></tr>
<tr><td>公司分管领导意见</td><td></td><td></td><td colspan="2"></td><td></td></tr>
<tr><td>总经理批示</td><td colspan="2"></td><td>董事长批示</td><td colspan="2"></td></tr>
</table>

6.10　示例：××公司××楼二层及楼顶修缮项目综合计划表*

关于××楼二层及楼顶修缮方案的请示

董事会：

因公司××项目开发建设以及学校报建业务已处于关键阶段，上级指示对××楼二层及楼顶进行修缮，并由我部门负责该项任务的落实。为节约资源、节省经费、提高效率，建议此次修缮工程充分利用公司现有管线、办公桌椅、文件柜等库存资产和总务修缮队伍，尽可能减少外购量、缩短工期，建设干净、整洁、简约型办公条件，建议在 11 月底前完工。

妥否，请批示。

附件：1. 二层及楼顶修缮方案建议表
2. 二层修缮科目清单
3. 办公家具添置（领旧）科目清单
4. 修缮、办公家具配备节点计划表

××部门

××年××月××日

---

* 本示例为本书作者刘国靖教授的实际操作项目，摘自刘国靖教授 EMBA/CEO 培训《项目计划管理与执行跟踪》实操案例。

附件 1

二层及楼顶修缮方案建议表

项目名称	××楼二层及楼顶修缮项目
需求背景	因公司需同时开展“××艺谷”双创基地线上、线下的开发与运行，艺术家协会的筹办，重点投资项目报建等多项工作，内外业务量不断增加，现有办公室已无法满足需求，需增加多间办公室。 目前，××楼二楼原多间办公室未正常使用，大多处于闲置状态，仅堆放杂物，年久失修。为防止资产流失，本着节约再利用的原则，校领导指示拟对该楼二楼进行综合修缮。 此外，为美化办公环境，领导指示将服务楼露台改造成北欧风情的楼顶花园。这样，即能满足办公需要，又能提升该楼的品质和利用率。
实施目的	（1）将原闲置房屋改造为办公室，改善办公环境。 （2）提高办公楼的品质和利用率。 （3）为“××艺谷”等相关项目的开发提供有力支撑。
修缮内容	（1）设施检修。对该楼二楼房屋的固定设施（包括地板、墙面、暖气、门、窗、吊扇、照明等）进行检查并维修，确保所有设施能正常使用，墙面、暖气需重新粉刷。 （2）办公室布置。“××艺谷”开发运营办、“线上艺谷”开发运营办、创业师资办、艺术家协会秘书处、报建办、助理办、会议室需增加电源插口、网络端口，配备办公桌椅、文件柜等。 （3）办公楼卫生间功能区分。将二层的卫生间改造为分性别设置。 （4）楼顶露台修缮。露台加装一个与北欧建筑风格相符的落地门，露台地面加做防水层，接装上下水管道。（修缮科目详见附件2，办公家具添置科目详见附件3。）
预计效果	（1）拟改建成的办公室将为公司新增办公区域近500平方米，改善公司项目开发、工程基建的办公条件，实现项目开发、研究、培训、创业体系联动，具备办公、商务、谈判、会议等多种功能。 （2）拟改造完的露台将集会客、观景为一体，为公司整合内外创业资源提供硬件支撑。
预计工期	该项目包含布局确定、方案报批、施工改造、竣工验收、办公家具就位、卫生清理、验收、移交全过程，计划到11月底完成。节点计划表详见附件4。

附件 2

二层修缮科目清单

序号	办公室	暖气（组）	照明（个）	门窗	网络端口	电源插口	吊扇	墙面处理	地面处理	保洁	备注
1	“××艺谷”开发运营办	2	4	3	+6	+3	2	√	√	√	
2	“线上艺谷”开发运营办	2	4	2	+6	+3	2	√	√	√	
3	创业师资办	4	6	4	+8	+6	4	√	√	√	
4	艺术家协会秘书处	2	4	3	+6	+3	2	√	√	√	
5	报建办	2	4	2	+4	+3	2	√	√	√	
6	助理办	1	2	1	+2	+2	1	√	√	√	
7	会议室		4	2	+6	+2	2	√	√	√	
8	机房与设备间	1	1	1	+2	+2		√	√	√	
9	卫生间	1	3	1				√	√	√	更换破损瓷砖
10	楼道	1	9	5				√	√	√	更换破损瓷砖

附件 3

办公家具添置（领旧）科目清单

序号	办公室	普通办公桌（张）	普通办公椅（把）	柜子（个）	窗帘	会议桌（张）	经理办公桌椅（套）	备注
1	“××艺谷”开发运营办	6	6	8	2			
2	“线上艺谷”开发运营办	6	6	8	2			
3	创业师资办	6	6	8	4			
4	艺术家协会秘书处	6	6	8	3		1	
5	报建办	4	4	8	2		1	
6	助理办	2	2	4	1			
7	会议室		18		2	1		会议桌 2 米×4 米可拼桌
8	机房与设备间	2	2	2				
合计		32	50	46	16	1	2	

附件 4

修缮、办公家具配备节点计划表

序号	项目	11 月 7—13 日	11 月 14—20 日	11 月 21—27 日	11 月 28 日—12 月 1 日	责任部门
1	修缮方案报批完成	▲8 日				××部
2	水、暖、照明、吊扇检修完成		▲14 日			总务、基建
3	电源线路、开关、插口检修完成		▲15 日			总务、基建
4	网络端口开通		▲17 日			实验实训中心
5	卫生间分区完成		▲18 日			总务、基建
6	露台防水处理完成			▲24 日		总务、基建
7	露台门安装完成			▲25 日		总务、基建
8	墙面处理完成			▲26 日		总务、基建
9	楼梯、地面处理完成			▲27 日		总务、基建
10	门窗检修完成				▲11 月 28 日	总务
11	保洁完成				▲11 月 28 日	总务
12	窗帘安装完成				▲11 月 29 日	总务、××部
13	办公桌椅安装到位				▲11 月 29 日	总务、××部
14	文件柜等安装到位				▲11 月 29 日	总务、××部
15	卫生清理完成				▲11 月 30 日	创业学院
16	验收完成				▲12 月 1 日	总经办、××部

□ 思考题

1. 请谈谈项目沟通的技巧。
2. 请谈谈项目冲突的主要来源和特点。
3. 请谈谈项目冲突的主要应对策略。
4. 作为一名采购主管，请制定一项公司办公用品的集中采购计划。
5. 团队思考题（选一）。

（1）某高层商住楼工程设计项目的计划与监控。某高层商住楼工程由两栋商住楼组成，其中地下室2层、裙楼3层、塔楼28层，总建筑面积68 734平方米，项目由北京××房地产发展有限公司投资，工程造价为1.825亿元。该工程计划于2019年2月开工，为了保证工程的顺利开工，商住大楼的设计工作必须在2018年8月底完成，商住大楼的设计费为620万元，现在是2018年2月底。

1）描述该项目的目标。

2）假设该商住楼的设计任务由贵设计院承包，请为高层商住楼设计项目规划一个合理的组织管理机构，要求采用项目负责制的管理形式，统筹考虑计划、人力、资源、费用以及质量等方面的管理问题。

3）针对项目的目标要求，初步拟定该项目的重大里程碑计划，制作该项目实施中反映重大里程碑事件关系的里程碑计划图。

4）针对项目的实施要求及重大里程碑事件，对该项目实施的过程进行分解，要求分解后的项目工作活动数目大约为20个，并用工作任务分解结构图或工作任务分解结构表表示，在工作任务分解结构图或表中编制工作编码。

5）为项目的每项工作活动指派责任人，并制定项目的责任分配矩阵。

6）针对项目的工作任务分解结构制定项目的人力与资源使用计划。

7）针对项目总投资，结合工作任务分解结构及人力与资源使用计划，进行项目费用的分解，编制项目的费用分解结构。

8）分析项目各项工作活动之间的先后关系，编制项目网络图。

9）估计项目各项工作活动的执行时间，并编制项目计划（项目计划以网络图或甘特图的形式表示），确定项目的关键工作活动。

10）按照项目的执行周期绘制项目的费用曲线和累计费用曲线，并结合项目的执行情况进行项目费用的分析。

11）对该项目的风险进行识别和评估，并给出应对方案。

（2）某国际汽车展览会筹备项目的计划与监控。某国际汽车展览会计划于2018年10月初在上海召开，预计有100多家汽车厂商参展，届时新闻媒体、订购商、参观者将云集上海。假设贵公司获得了筹办权，要求办会费用低于5 000万元，收益超过2亿元。请你完成以下工作：

1）描述该项目的目标。

2）规划一个合理的组织管理机构，要求采用项目负责制的管理形式，统筹考虑计划、人力、资源、费用及质量等方面的管理问题。

3）针对项目的目标要求，初步拟定该项目的重大里程碑计划，制作该项目实施中反映重大里程碑事件关系的里程碑计划图。

4）针对项目的实施要求及重大里程碑事件，对该项目实施的过程进行分解，要求分解后的项目工作活动数目大约为 20 个，并用工作任务分解结构图或工作任务分解结构表表示，在工作任务分解结构图或表中编制工作编码。

5）为项目的每项工作活动指派责任人，并制定项目的责任分配矩阵。

6）针对项目的工作任务分解结构制定项目的人力与资源使用计划。

7）针对项目总投资估算，结合工作任务分解结构及人力与资源使用计划，进行项目费用的分解，编制项目的费用分解结构。

8）分析项目各项工作活动之间的先后关系，编制项目网络图。

9）估计项目各项工作活动的执行时间，并编制项目计划（项目计划以网络图或甘特图的形式表示），确定项目的关键工作活动。

10）按照项目的执行周期绘制项目的费用曲线和累计费用曲线，并结合项目的执行情况进行项目费用的分析。

11）对该项目的风险进行识别和评估，并给出应对方案。

第 7 章 Chapter 7 项目监控

项目监控是为了保证项目按预定的计划基准进行的一系列管理工作，包括根据计划标准，检查和监督项目各个环节的工作，判断工作结果与计划是否存在偏差；如果存在偏差，则要分析偏差产生的原因以及偏差产生后对项目的影响程度；在此基础上，制定并实施纠正偏差的措施，以确保计划的顺利进行和项目目标的有效实现。本章将讲述项目监控原理，进程监控、资源与费用监控、质量监控和风险监控的有关知识。

7.1 项目监控基础

项目监控是项目实施全过程中的一类规范性和程序性很强的管理工作，需要监控人员具有极强的责任心和丰富的实践经验。

7.1.1 项目监控概述

1. 项目计划存在偏差

一般而言，项目计划只是对项目全过程的一种设想、预测、谋划和主观安排。项目的实际过程在规划时不可能都预料到。由于其独特性，项目难以完全按照计划实现。

项目团队在制定项目计划时，不得不做出种种假设。这些假设在项目实施过程中可能成立，也可能不成立。例如，在编制资源与费用计划时，项目负责人和团队成员在无法确定部件当时价格的情况下，只能将前一年的价格乘以通货膨胀系数，即假定部件的价格上涨幅度是通货膨胀率，来估算其价格。

2. 项目计划存在偏差的原因

（1）项目的环境总在变化。

（2）随着项目的开展，项目相关各方对项目的要求和期望会越来越具体。这些要求甚至会使项目计划发生颠覆性的变化。

（3）项目团队在制定各方面的计划时难免有疏漏和错误。另外，项目规划不可能像数学方程那样精确，对同一个项目，不同的人会做出不同的项目计划。

3. 项目实施需要监控

项目计划付诸实施之后，一定会有种种原因使项目不能按照原计划进行，因而出现偏差。正因为如此，项目负责人和项目团队需要对项目各过程进行监控。

所谓监控，就是监视和测量项目进展过程，若发现实际情况偏离了目标，就要找出原因并判断这种偏离是否会最终影响目标的实现。若是，则应采取行动，使过程回到计划的轨道上；反之，则不采取行动。

在项目实施过程中，项目团队必须定期测量项目的实施情况，找出偏离计划之处，并实施有关的监控子过程。如果偏差很显著，则需要通过有关的规划子过程，对计划做出调整。监控还包括采取相应的预防措施。

例如，某项活动的结束时间若拖延了，就可能需要调整人员的安排计划，或者要求现有人员加班。一旦加班或增加其他资源，就必须在预算和进程之间进行权衡。

监控还包括在可能出现的问题发生之前采取预防措施。

4. 项目监控的过程和内容

项目监控的各个子过程包括核心过程和保证性过程。项目监控各子过程之间的关系如图 7－1 所示。

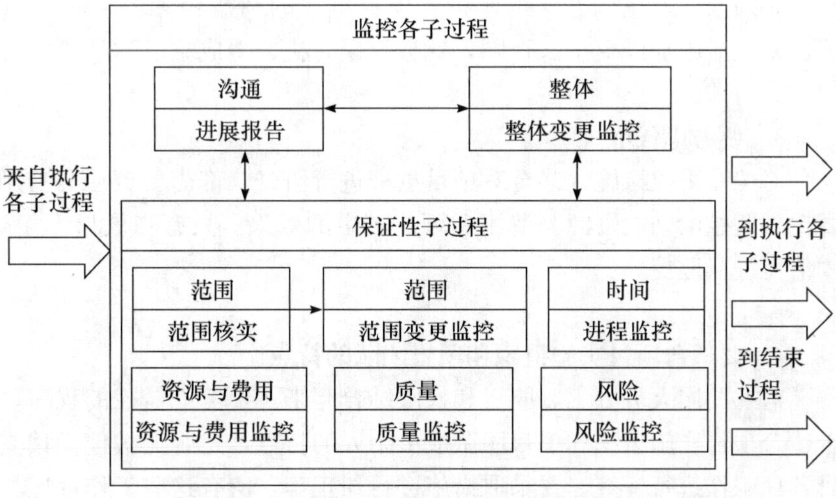

图 7－1　项目监控各子过程之间的关系

（1）整体变更监控：协调贯穿整个项目的变更。

（2）范围核实：正式认可项目的范围。

（3）范围变更监控：监控项目范围的变更。

（4）进程监控：监控项目进程计划的变更。

（5）资源与费用监控：监控项目预算的变更。

（6）质量监控：监控具体的项目结果，确定它们是否符合有关的质量标准，识别和消除产生不满意结果的原因。

（7）进展报告：收集和分发进展情况信息，其中包括状态报告、进展测量和预测。

（8）风险监控：跟踪已识别的风险，监督残余风险，识别新风险，确保执行风险应对计划，评价它们减少风险的有效性。

项目计划中的某些科目在付诸实施后才会发现无法实现。即使勉强实现，也要付出很高的代价。遇到这种情况，就必须对项目计划进行修改或重新规划。在项目实施过程中要进行多次规划（P）、实施（D）、检查（C）和行动（A）的循环。

7.1.2 实现项目监控的必要条件

项目监控要真正有效，就必须做到以下几点。

1. 要有明确的目的

项目监控的基本目的就是保证实现项目在范围、进程、质量、资源与费用、风险、人力资源、沟通、合同等方面的目标。

2. 要及时

必须及时发现偏差，迅速报告项目有关的利益相关者，使他们能及时做出决策，采取措施加以更正。否则，就会延误时机，造成难以弥补的损失。

3. 要考虑代价

对偏差采取措施，甚至对项目过程进行监督，都需要资源与费用。因此，一定要比较监控活动的资源与费用和可能产生的效果。只有当效果大于资源与费用时，才值得进行监控。

4. 要适合项目实施组织和项目团队的特点

监控要同人员分工、职责和权限结合起来。要考虑监控的程序、手段和工具是否适合项目实施组织和项目团队成员个人的特点，是否能被他们接受。监控要对项目各项工作进行检查，要采取措施进行纠正等，所有这些工作都应具体到人。被监控者不愿意接受使他们感到不愉快的监控措施。实施监控的项目负责人或其他成员应当学习管理心理学，弄清人们为何会对监控产生抵触情绪，研究如何诱发他们对监控的积极态度。

5. 要注意随时预测项目的发展趋势

事后发现问题采取补救措施，不如提前预见问题并采取相应的预防措施，应尽可能做到防患于未然。

6. 要有灵活性

项目的内外环境一般都会有所变化，监控人员应事先准备好多种备用方案。

7. 要有重点

项目工作千头万绪，不能事无巨细。一定要把握对实现项目目标有重大影响的关键问题和关键时点。例如，在项目进程管理中，首先要把握里程碑。把握重点，可大大提高监控工作的效率；把握重点，还意味着把注意力集中在异常情况和变化方面。正常情况一般仅需按照程序、标准和既定的方案予以处理，只要把握住了异常情况和变化，也就把握住了关键。

8. 要便于项目各利益相关者了解情况

向项目利益相关者介绍情况，经常要使用数据、图表、文字说明、数学公式，甚至录音录像等。项目管理人员一定要确保这些手段直观、形象、一目了然。口头介绍时，要语言通俗、重点突出、简明扼要。

9. 要有全局观念

项目的各个方面都需要监控，包括进程、质量、资源与费用、人力资源、合同等。特别要注意避免“头痛医头，脚痛医脚”。例如进程拖延时，不考虑其他后果，简单地靠增加投入来赶进程就不是全局观念，增加投入往往会损害资源与费用监控目标。

7.1.3 项目监控的形式和类型

监控可以采取多种形式，可以从不同的角度将其划分为不同类型。

1. 正规监控和非正规监控

（1）正规监控。正规监控通过定期的和不定期的进展情况汇报和检查会以及项目进展报告进行。根据项目进展报告，与会者讨论项目遇到的问题，找出和分析问题的原因，研究和确定纠正与预防的措施，决定应当采取的行动。正规监控要利用项目实施组织或项目团队建立起来的管理系统进行，如项目管理信息系统、变更控制系统、项目实施组织财务系统、工作核准系统等。

（2）非正规监控。非正规监控是项目负责人和相关部门代表频繁地到项目管理现场，同项目管理人员交流，了解情况，及时解决问题。

许多项目负责人一有时间就到现场，观察项目进展，同人们交谈。这就是一种非正规监控，有人称之为走动管理。非正规监控有若干好处：了解的情况多而及时；人在现场要比在办公室里坦率、诚恳；项目管理人员在工作岗位上时要比不在时更愿意向他人介绍自己的工作和成就，这时项目负责人若表示赞许，则能激发他们的干劲和创造精神；一旦项目出现问题，在其酝酿阶段就能发现；项目负责人到现场会产生多方面的微妙感受，能够觉察出许多潜在的问题；在现场，容易拉近项目负责人和团队成员之间的距离，彼此之间更接近，讨论问题的气氛更融洽，更容易找出解决问题的办法。

正规和非正规两种监控步骤相同，都是 PDCA。非正规监控要比正规监控频繁，正规监控每次花费的时间一般比非正规监控长，但从总的时间来看，非正规监控甚至更长。两种监控都必不可少。

2. 预防性监控和更正性监控

预防性监控就是在深刻理解项目各项活动、预见可能发生的问题的基础上，制定出相应的措施，防止不利事件的发生。制定规章制度、工作程序，进行人员培训等都属于预防性控制。更正性监控是指由于未能或者根本无法预见项目会发生什么问题，只能在问题出现后采取行动，纠正偏差。对于项目监控，更正性监控要比预防性监控使用得多。利用反映过去情况的信息指导现在和将来，即为信息反馈。更正性监控往往借助信息反馈来实现，其关键是信息准确、及时、完整地送达项目负责人或其他决策者。

3. 预先监控、过程监控和事后监控

预先监控在项目活动或阶段开始时进行，可以防止使用不符合要求的资源，保证项目的投入满足规定的要求。如对进场的材料和设备进行检查就属于预先监控。过程监控是指对进行过程中的项目活动进行检查和指导，一般在现场进行。过程监控一定要注意符合项目活动和控制对象的特点。很多项目活动是分散在不同的空间和时间中进行的，如何进行过程监控，则需要项目负责人和项目管理核心团队多下功夫。事后监控在项目的活动或阶段结束后或临近结束时进行。生产企业的质量监控可以采取事后监控，但项目监控不宜采取事后监控，因为不利的偏差已经造成损失，再也无法弥补。

4. 直接监控和间接监控

直接监控着眼于产生偏差的根源，而间接监控着眼于偏差本身。项目活动的一次性特点常常迫使项目团队采取间接监控。例如，项目负责人直接对项目活动进行监控，属于直接控制；项目负责人不直接对项目活动，而是对项目团队成员进行监控，具体的项目活动由项目团队成员去监控，属于间接监控。

7.1.4 项目监控的策略

项目监控要讲策略。以下策略可供项目团队参考。

1. 使用项目管理软件

使用项目管理软件是高效的项目监控办法，尤其是对于比较复杂的项目管理，软件几乎已经成为不可缺少的工具。它一方面可以极大地降低项目管理工作的复杂性，减轻工作量，提高项目管理的质量和可靠性；另一方面可以在某种程度上指导人的工作，提供参考意见与经验，帮助项目管理人员增强项目管理能力并提高工作水平。

2. 不要丢掉控制权

在项目实施过程中，具体工作要由团队成员去做，要把必要的权限交给他们。但是，在他们完成任务后应把相应的权限及时收回。在把工作委托给下属、将权限交给他们时，下属的自我控制能力就变得非常重要。遇到难题或不利的局面时，需要请项目团队和有关的利益相关者进行讨论，提出建议，有些人就可能企图控制局面，要求按照他们的建议办。这时，项目负责人一定要保持清醒的头脑，不要因妥协让步而放弃控制权。为了保持对项目的监控，一定要有多种备选方案。对于团队成员的工作应多给予指导和帮助。

3. 让决策者及时了解情况

项目管理团队可支配的资源以及权限都是有限的。对于一些重大问题，必须争取项目实施组织高层决策者的支持。提前将重大问题通报给他们，能够使其根据及时、准确和可靠的信息做出决定。不能事先不通气，临时搞突然袭击。需要高层决策者批复的问题，也要提前准备好有关资料和文件，包括问题的来龙去脉和有关背景，这样，他们才能够及时地给予批复，不影响项目的进展。向他们通报情况时，务必实事求是，不能掩盖事实真相，弄虚作假。

4. 充分利用决策层的协调能力加强监控

在进行监控时，往往需要项目团队以外的有关职能部门配合。尽管项目团队可以同它们商量，请其协助，但在许多情况下，请项目实施组织的决策者出面，可以大大加强对项目的监控。

5. 加强沟通

加强项目内外和上下的沟通，使信息交流顺畅，做到下情上达，上情下达，是实行项目监控的基本条件。项目团队应当建立起完善的沟通网络、信息反馈环和定期报告评价系统。

6. 根据修改后的计划进行监控

监控的基本依据是项目计划，但是项目计划随时可能修改，所以项目监控的标准、方法和策略也要不断更新，不能固守不变。

7.2 项目进程监控

项目进程监控是项目监控的一项基础性内容，通过进程监控能够把握项目进程绩效，发现影响项目进程的不利因素，围绕进程优化配置项目内外资源。

7.2.1 进程监控的内容

（1）对造成进程变化的因素施加影响，在变化不可避免时，一定要取得项目有关各方的一致认可。

（2）测量实际进程，将其与项目进程计划比较，查明实际进程是否偏离了计划。

（3）当实际进程偏离计划时，则实施管理。进程监控必须与其控制过程紧密配合。

7.2.2 进程监控的过程

进程监控的过程如表7-1所示。

表7-1 进程监控的过程

进程监控的依据	进程监控的工具与技术	进程监控的成果
进程计划 进展报告 变更请求 进程管理计划	测量项目的实际进程 进程偏差分析 进程监控措施 进程计划调整	进程计划更新 纠正行动 吸取的教训

7.2.3 进程监控的依据

进程监控要以进程计划、进展报告、变更请求和进程管理计划为依据。

1. 进程计划

进程计划至少包括每一活动的计划开始日期和预期结束日期。该计划可以摘要的形式（总进程计划）表示，也可详细地列出。可用表格的形式表示进程计划，但一般都是利用各种形式的图形表示，如网络图、横道图（甘特图）、里程碑图和详细辅助资料等。

网络图加上日期，既表示了活动之间的逻辑关系，又表示了项目关键路径上的活动。横道图可以同时显示出活动的开始日期、结束日期和预期持续时间，有时也可以表示活动之间的逻辑关系。这种图容易理解，在向管理层介绍项目进程时经常用到。

里程碑图（见图7-2）与横道图类似，但是仅标示出主要可交付成果的开始时间和完成时间以及关键的外部界面。

当前日期

事件	1月	2月	3月	4月	5月	6月	7月	8月
签订分包合同			△ ▼					
技术要求定稿				△				
设计审查完毕					△			
子系统测试						△		
第一单元交工							△	
生产计划完成								△

△计划的　▼实际的

图7-2　里程碑图

进程计划的详细辅助资料至少包括所有假设前提和制约因素的记载。详细辅助资料中细节的数量因应用领域而异。例如，在施工项目中，详细辅助资料可能包括资源时间变化图、现金流量预测，以及订货和交货时间表等。在软件项目中，也许只有资源时间变化图。

作为详细辅助资料提供的资料常常包括但不限于下列内容：

（1）按时段提出的资源要求，常以资源直方图的形式出现。

（2）其他可供选择的进程计划（如最好和最坏的情况、资源平衡或不平衡、有无强制日期）。

（3）进程应急后备。

经过批准的进程计划叫作进程基准，是项目计划的一个组成部分，是测量和报告进程实施情况的根据。

2. 进展报告

进展报告提供进程执行情况的资料，如哪些计划的任务已经实现，哪些还没有。进展报告还提醒项目团队注意将来有可能遇到的问题。

3. 变更请求

变更请求可能是要求延缓进程或加快进程。进程监控也要通过进程变更控制系统进行，在监控过程中要对项目实际进程进行测量。

4. 进程管理计划

进程管理计划说明如何管理时间进程的变化，可以是正式的或非正式的、详细的或概括的，具体视项目的需要而定。该计划是项目整体计划的一个组成部分。

7.2.4 进程监控的工具与技术

1. 测量项目的实际进程

要想知道项目的实际进程是否符合原定计划，首先要进行测量和记录。

（1）测量实际进程。包括三个过程：

1）了解项目各项活动的实际持续时间。

2）了解各项活动的实际开始时间和结束时间。

3）了解哪些活动已经完成，哪些尚未完成。

（2）记录实际进程。将上述了解到的情况和数据记录在项目进程计划之中，如横道图、网络图、活动清单等。

2. 进程偏差分析

在测量和记录之后，就要将实际进程同计划进程进行比较。该比较方法叫作进程偏差分析。进行实际进程的测量和比较，除上述方法，还可以利用下一节将要介绍的资源与费用偏差分析法，根据表示项目资源与费用基准的S曲线进行。

3. 进程监控措施

对实际进程进行测量和比较，是为了判断项目各活动的进程偏差是否需要采取行动加以纠正。一般而言，非关键活动即使延误很多，一般也不会对项目完成时间造成大的影响，而关键活动或接近关键路径的活动出现较大的延误则应马上采取行动。

实际进程出现偏差时，要求修改或重新估计活动的持续时间，修改活动顺序或研究替代进程计划。

随着项目的进展，要随时根据测量和比较的结果和其他原因修改进程计划。在修改进程计划的同时，还应修改同项目进程管理有关的其他资料和文件。必要时，还要将修改通知利益相关者。当实际进程偏离计划进程很多，特别是出现很大的延误时，在修改进程计划之前就应当通知他们。

在进程监控方面常采取的措施是压缩关键活动的持续时间，或叫赶进程，即为保证项目活动按时完成或尽可能少延误而采取的特别行动。例如，重新分配人力和其他资源、激励承包商、改变活动顺序以及快速跟进等。快速跟进就是让某些关键活动在其紧前活动尚未结束时就开始，是一种平行作业。个别情况下，是由于资金不到位或配套项目无法按时完成而要求项目进程延缓。

进程监控必须与项目目标、范围、资源与费用和合同变更控制等过程紧密配合。例如，为了压缩关键活动持续时间，一般要增加资源与费用。而由于某种原因需要增加新活动时，就会造成范围变更和合同变更。

进程监控的另一个重要手段就是进程后备。进程后备就是在关键路径上设置一段时差，或称浮动时间，即没有活动的工作时段，这些时段在必要时可用于具体的活动、活动组或整个项目的进程调整。

4. 进程计划调整

修改项目活动的进程有时要求对项目整体进程计划进行调整。需要修改的一般是原来经过批准的项目活动开始日期和结束日期。当进程延误的后果很严重时，需要重新确定基准日期。对时间变更采取措施、进行处理之后，应当将造成时间变更的原因、采取的措施以及采取该措施的理由、资源和预算的变更、从此次变更中吸取的教训等都记录在案，形成书面文件，存入该项目和其他项目的数据库。

修改进程计划的原因主要有三种：实际进程提前或拖延、增添新活动、删除某些活动。

修改后的进程计划也要用网络图等图形表示出来。下面介绍前两种情况的调整方法。

（1）实际进程提前或拖延。关键活动和非关键活动的实际开始、结束和持续时间同计划的偏离对项目完成时间的影响不同，应当区别对待。

如果比较的结果表明，某些关键活动延误了，则整个项目的完成时间就要延长，若不允许延长项目完成时间，就要压缩后续关键活动的持续时间。压缩关键活动的持续时间，就可能改变原来的关键路径，被压缩活动的后续各活动的最早和最迟开始时间以及时差都可能改变，因此后续活动的持续时间也需要修改。

当某些非关键活动实际持续时间延长，并且超过了总时差时，就会影响整个项目的完成时间，从而变成关键活动，网络图中的关键路径就会改变。对于非关键路径上的活动，如果其实际持续时间延长之后，并未超过总时差，则不会影响整个项目的完成时间，因此就不必调整进程计划。

由于上述各种原因，需要重新计算修改后的网络图的时间参数。

调整进程计划的方法大体有两种：

1）在原网络计划的基础上，缩短关键路径上后续活动的持续时间。

2）重新安排活动次序，调整资源分配，重新编制网络计划。当采用第一种方法调整有困难时，则采取第二种方法。

（2）增添新活动。由于编制网络计划时考虑不周或其他原因需要增加某些工作时，就需要重新调整网络逻辑和检查网络编号，计算调整后的各时间参数、关键路径和工期。

项目管理发展到今天，进行进程控制不能不使用项目管理软件。项目管理软件能够查找和比较计划日期和实际日期，预测（实际的或潜在的）进程变更的后果，因此是进程监控的有力工具。

7.2.5 进程监控的成果

在项目进展过程中，可能需要随时修改进程计划，包括各种图表。只有这样，项目进程计划才能反映项目的实际情况，才能作为项目进程管理的依据。当项目结束时，务必将最后的项目进程计划整理好，存档备查。具体来说，项目进程监控应当有如下成果。

1. 进程计划更新

就是对用于管理项目的进程资料所做的修改。必要时，要将变更通知发给利益相关者。进程计划更新可能要求（也可能不要求）对项目计划的其他方面进行调整。

2. 纠正行动

为了将项目未来预期的实施情况控制在项目计划范围内而采取的所有行动都称为纠正行动。在时间管理方面的纠正行动常常就是加快进程，即为了确保某一活动按时完成或尽可能少延误而采取特别行动。纠正行动常常要求分析、查明造成偏差的根本原因，这样就可以根据进程计划中的活动规划来恢复进程。因此，纠正行动不仅仅是对直接引起偏差的活动进行处理。

3. 吸取的教训

产生偏差的原因、选取纠正行动时所依据的理由以及从进程监控中吸取的教训都应形成文件，作为该项目的档案资料以及所属组织项目参考数据库的重要组成部分。

7.3 项目资源与费用监控

资源与费用监控首先是对造成资源与费用变化的因素施加影响，在变化不可避免时，一定要取得各利益相关者的一致认可；然后，测量实际开支，将其与项目资源与费用基准进行比较，查明实际开支是否偏离了计划；最后，当实际开支偏离计划时，实施管理。

7.3.1 资源与费用监控的内容和过程

1. 资源与费用监控的内容

具体而言，资源与费用监控的内容有：

（1）监督资源与费用实施情况，查明实际开支偏离计划之处及其原因。

（2）将所有的变更都准确地记录在资源与费用基准之中。

（3）阻止不正确、不合理或未经核准的变更纳入资源与费用基准中。

（4）将核准的变更通知有关利益相关者。

（5）采取行动将预期的资源与费用限制在可以接受的范围之内。

2. 资源与费用监控的过程

资源与费用监控的过程如表7-2所示。

表 7－2　　资源与费用监控的过程

资源与费用监控的依据	资源与费用监控的工具与技术	资源与费用监控的成果
资源与费用基准	测量资源与费用的实际开支	修正的资源与费用估算
进展报告	资源与费用偏差分析法	预算更新
变更请求	资源与费用预测	项目清算或收尾
资源与费用管理计划	纠正行动	吸取的教训

7.3.2　资源与费用监控的依据

1. 资源与费用基准

资源与费用基准就是按时间段编制的预算，可以用来测量和比较项目的实际开支情况。按时段把估算的资源与费用加起来即可求得资源与费用基准，一般以 S 曲线表示。计划工作预算资源与费用就是一种资源与费用基准。

2. 进展报告

进展报告记载了有关项目范围和资源与费用实施情况的资料，如哪些预算已经按计划完成，哪些还没有。进展报告还警示项目团队，将来在哪些方面可能会出问题。

3. 变更请求

项目相关各方提出的变更请求有可能增加或减少预算。

4. 资源与费用管理计划

该计划说明了如何管理资源与费用偏差（如对大问题和小问题要采取不同的应对措施）。资源与费用管理计划根据项目相关各方的需要，可以正式或非正式编写，可以编写得非常详细，也可以比较粗略。该计划是项目计划的组成部分。

7.3.3　资源与费用监控的工具与技术

1. 测量资源与费用的实际开支

要想知道资源与费用的实际开支是否符合原定资源与费用基准，首先要进行测量和记录。

（1）测量实际进程。一要了解项目各项活动的实际开支。例如某活动的预算是 400 元，而实际上却花费 460 元。二要了解各项活动各时间段的实际开支。例如某活动第一周的预算是 3 000 元，而实际上却花费 4 000 元。三要了解哪些活动已经完成，哪些尚未完成。

（2）记录实际开支。将了解到的上述情况和数据记录在资源与费用基准，如活动预算清单、S 曲线之中。

2. 资源与费用偏差分析法

比较实际开支和资源与费用基准有多种方法，这里只介绍资源与费用偏差分析法（又叫挣值法或实现价值管理）。这种方法要用到三个数值：

（1）计划价值。它是指已安排要完成的实际工作，包括这一工作的估算价值，又叫计划工作预算资源与费用（budgeted cost of work scheduled，BCWS）或期间预算，是在资源与费用估算阶段确定的一个累计值，是项目进展时间的函数。BCWS随着项目的进展而增加，在项目全部完成时达到最大，即项目的总预算资源与费用。若以时间为横坐标，BCWS为纵坐标，则该函数的图形一般呈英文字母S状，故称S曲线。换言之，BCWS是按计划应在某给定期间完成的活动（或一部分活动）经过批准的资源与费用估算（包括所有应分摊的管理费）之和。

（2）实现价值。它是指已完成的实际工作，包括这一工作的估算价值，又叫已完成工作预算资源与费用（budgeted cost of work performed，BCWP）或挣值。实现价值的实质是已完成工作量，就是在某给定期间完成的活动（或一部分活动）经过批准的资源与费用估算（包括所有应分摊的管理费），即按照单位工作的预算价格计算出的实际完成工作量的资源与费用之和。

（3）为完成实现价值而支出的实际资源与费用。它是指为在某给定期间内完成的工作实际支出的总资源与费用（直接和间接资源与费用），又叫已完成工作实际资源与费用（actual cost of work performed，ACWP）。ACWP也是项目进展时间的函数，同时也是一个累计值，随着项目的进展而增加。ACWP表示的是实际资源与费用，不是实际工作量。

各项活动的BCWP和ACWP累计值也可以画成S曲线。BCWP，BCWS和ACWP三者的关系如图7-3所示。

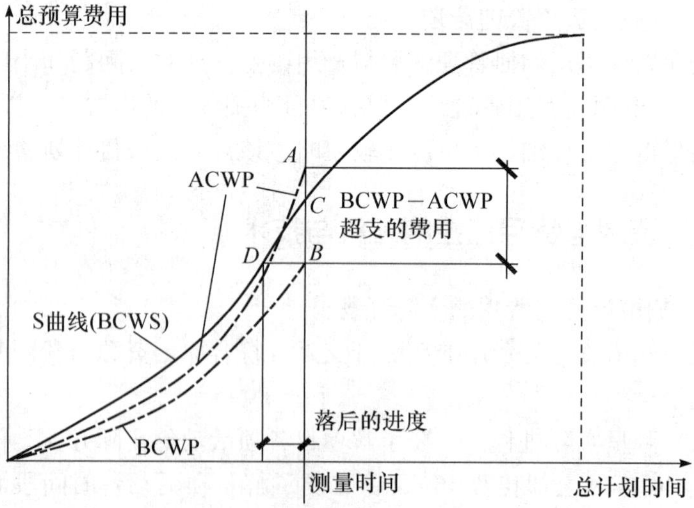

图7-3 测量项目进展的挣值法

实现价值与计划价值之差，以及实现价值与实际资源与费用之差，分别叫作资源与费用偏差（CV）和进程偏差（SV），即

$$SV=BCWP-BCWS$$

$SV>0$ 时，表示项目进程提前。

$$CV=BCWP-ACWP$$

$CV>0$ 时，表示项目未超支。

资源与费用偏差分析法不但可以记录和比较项目资源与费用的实际开销情况，还可以记录和比较项目的实际进程。

另外，还可以使用资源与费用实施指数（CPI）和进程实施指数（SPI）测量工作是否按照计划进行，它们的计算公式是：

$$CPI=BCWP/ACWP$$
$$SPI=BCWP/BCWS$$

3. 资源与费用预测

为了将实际开支控制在允许的范围之内，必须对项目将来的开支做必要的预测。预测有多种方法，这里只介绍其中之一：根据项目过去的实际开支而估算项目完成时的资源与费用值（EAC）。EAC 最常用的计算方法有下列几种：

EAC＝迄今为止的实际资源与费用＋对所有尚未完成工作资源与费用的新估算

当项目过去的表现表明原来的估算假设有重大缺陷时，或者它们同条件中的变化不再相关时，这一方法最常用。

EAC＝迄今为止的实际资源与费用＋尚未完成工作的预算

当将现有的偏差视为正常，而且项目管理班子预期将来不会出现类似的偏差时，这一方法最常用。

EAC＝迄今为止的实际资源与费用＋尚未完成工作的预算×执行情况系数

执行情况系数一般是资源与费用实施指数的倒数，当认为现有的偏差可代表将来的偏差时，这一方法最常用。

对于任何一个项目，上述每一种方法都可以使用，项目管理者可根据各项目活动的具体情况选用。

4. 纠正行动

当项目的实际开支严重偏离计划（即资源与费用基准）时，就应当查明原因，进而采取纠正行动，以便将项目的开支控制在允许的范围之内。例如，如果资源与费用超支是由于项目质量不合格而必须返工造成的，就必须加强质量管理；如果是因为材料采购价格上涨，就应动用价格上涨应急费。

预备资源与费用是资源与费用监控的重要武器，在预算中单列，不分配给任何具体活动。必要时，根据实际需要分配给具体的项目活动或整个项目。

在对资源与费用偏差采取纠正行动，将项目未来预期的资源与费用开支控制在项目计划范围内之后，应当对有关项目资源与费用的资料或文件进行修正。必要时，应通知有关的利益相关者。修改项目估算之后，有可能需要对项目计划的其他方面进行调整。还应将产生偏差的原因、采取纠正行动的理由以及吸取的其他教训形成文件，存入该项目以及其他项目的历史数据库。

当资源与费用超支严重时，需要重新确定测量资源与费用和时间进程的基准，更新项目预算。更新项目预算将改变原来经过批准的资源与费用基准，因此，一般只在发生范围变更时才对项目预算进行更新。

资源与费用监控必须同其他控制过程，即范围变更监控、进程监控、质量监控等紧密地结合起来。对资源与费用偏差进行处理，有可能造成质量或进程方面的问题，甚至在以后使项目承担巨大的风险。

在项目资源与费用监控中，应当学会利用计算机工具，如项目管理软件、电子表格等。它们不但能跟踪计划资源与费用和实际资源与费用，而且能预测资源与费用发生变更后产生的现实和潜在后果，因此是资源与费用监控的有效工具。

7.3.4 资源与费用监控的成果

1. 修正的资源与费用估算

就是对用于管理项目的资源与费用资料所做的修正。必要时，必须通知有关的利益相关者。修正的资源与费用估算可能要求（也可能不要求）对项目计划的其他方面进行调整。

2. 预算更新

预算更新是修改资源与费用估算的一种特殊类型，即对批准的资源与费用基准所做的改变。这些数字一般只在范围变更之后才做修改。在某些情况下，资源与费用偏差可能很严重，需要重新确定基准才能作为测量进展的现实尺度。

3. 项目清算或收尾

应当制定结束或取消项目的过程和程序。例如，状况报表（美国注册会计师协会颁发的SOP 98-1）要求失败IT项目的所有资源与费用都在取消项目的那一季度核销。

4. 吸取的教训

造成偏差的原因、所选纠正行动的理由以及从资源与费用监控中吸取的其他教训都应形成文件，作为该项目的档案资料以及所属组织项目参考数据库的重要组成部分。

7.4 项目质量监控

在项目进展过程中，对项目各个过程产生的结果品质进行跟踪测定，判断是否符合项目事先确定的质量标准，并识别和消除产生不满意结果的原因，是项目管理体系中不可或缺的重要组成部分。

7.4.1　质量监控概述

质量监控应当贯穿项目管理的始终。项目的结果既包括项目成果，如各阶段和最终可交付成果（如建设项目建成的建筑物、土木工程或其他设施，软件开发项目研制出的软件，培训项目的学员等），也包括项目管理结果，如制定的项目计划、绘制的网络图、编制的资源与费用预算、签订的各种合同文件、资源与费用的实际开销和进程的实际进展等。

对于质量监控一定要全面理解。一般而言，项目的质量监控首先应当考虑项目管理的结果，只有在项目管理的结果符合有关的质量标准，并消除了产生不满意结果的原因时，才能为项目成果的质量监控创造必要条件。项目管理的质量一塌糊涂，而项目成果却达到了质量标准要求的情形不太可能会出现。

质量监控常常要由专门的质量监控人员或部门实施，视项目的具体情况而定。项目团队应当具备足够的统计质量监控知识，特别是抽样和概率知识，以便评价质量监控的结果。对于一些概念要正确理解，避免混淆。例如，预防（始终保证过程中间不出现错误）和检查（始终保证错误不出现在顾客手中）、属性抽样（结果合格或不合格）和变数抽样（根据测量合格程度的连续性尺度对结果进行评定）、特殊原因（异常事件）和随机原因（正态过程方差）、公差（结果若在公差规定的范围之内，就可以接受）和控制范围（结果若在控制范围之内，过程就处在控制之中）。

7.4.2　质量监控的过程

质量监控的过程如表 7－3 所示。

表 7－3　质量监控的过程

质量监控的依据	质量监控的工具与技术	质量监控的成果
工作结果 质量管理计划 实施说明 核对表	质量的监视、比较与分析 质量缺陷的纠正	质量改进 验收决定 返工 经过完善的核对表 过程调整

7.4.3　质量监控的依据

质量监控的依据主要是项目产生的各种工作结果、质量管理计划、实施说明以及核对表。

1. 工作结果

工作结果既包括过程（管理过程和技术过程）结果，也包括项目成果。在实施质量监控之前一定要准备好有关计划或者预期结果和实际结果的资料。

2. 质量管理计划

该计划说明了项目管理班子将如何实施其质量方针。用ISO 9000的理论来讲，就是说明其项目质量体系“用以实施质量管理的组织结构、责任、程序、过程和资源”。

3. 实施说明

实施说明非常具体地说明了各种问题的实际内容以及如何在质量监控过程中加以衡量。例如，除说明满足计划的进程日期要求，项目管理班子还必须指出各项活动是必须准时开始，还是只要准时完成即可；是测量各单项活动，还是仅测量某些可交付成果，如果是后者，还应指出具体项目。实施说明在某些行业叫作度量标准。

4. 核对表

核对表经常是针对具体事项编写的，其用途是核实某些规定的系列步骤是否已经实施。编写核对表时可以使用祈使句（请做这件事!），也可以用疑问句（这件事做了吗?）。例如，资源与费用规划质量监控用的核对表中，可以使用“保险费、税金、公司管理费、不可预见费考虑了吗?”这样的句子。

发达国家的一些大公司和政府机构都准备了标准的核对表，以便在完成经常性的任务时使用。在某些行业，可以从专业协会或营利性服务提供商那里取得核对表。

7.4.4 质量监控的工具与技术

1. 质量的监视、比较与分析

同进程和资源与费用的监控一样，为了判断项目结果是否符合事先确定的质量标准，就必须随时进行监视和记录，常用的手段如下。

（1）检查。它包括测量、查看和检测等活动，目的是判断结果是否符合质量标准要求。检查可以在任何层次上进行，对象可以是单一活动的结果，也可以是项目的最终成果。检查有各种叫法，如审查、成果审查、审计和预演。在某些行业，检查的内容虽然狭窄，但很具体。

（2）控制图。控制图就是将过程的结果对照时间而绘制的图形，其用途是判断过程是否处于控制之中。

控制图可用于监测任何类型的成果。控制图最经常的用途是追踪重复性的活动，如批量加工件；它也可以用于监视资源与费用和进程偏差、范围变更的大小和频度、项目文件中的错误，以及其他管理结果，帮助确定项目管理过程是否处于控制之中。图7-4就是项目进程实施情况的控制图。

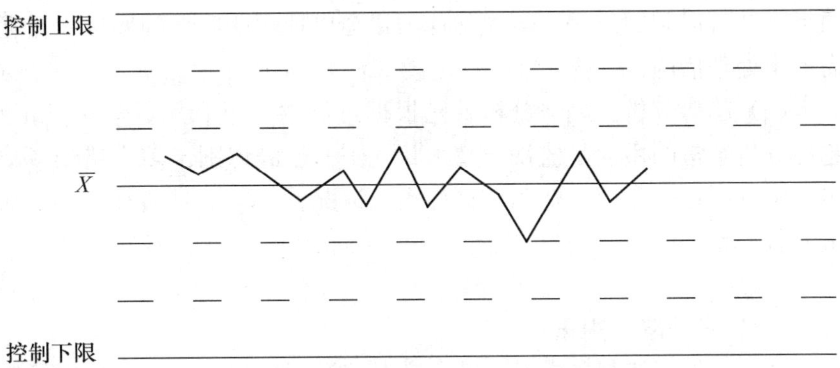

图7-4 项目进程实施情况的控制图

说明：所有控制图的 X 轴都由抽样个数（一般是抽样时间）构成。控制图有三根线是一样的：
a. 中心线，以 $\overline{X}$ 表示，$\overline{X}$ 是过程数据 X 的平均值。
b. 上线，即控制上限，与中心线的距离需进行计算，表示数据向上变化的范围。
c. 下线，即控制下限，表示数据向下变化的范围。
落在控制上限和控制下限以外的点表示该过程失去了控制，不稳定。

（3）帕累托图。此图就是按照发生频率大小的顺序绘制的直方图，表示已识别出的各种不同形式或类型的原因各产生多少结果（见图7-5）。按大小排出顺序的作用是指导纠正行动——项目团队采取行动时应当首先解决造成缺陷最多的问题。

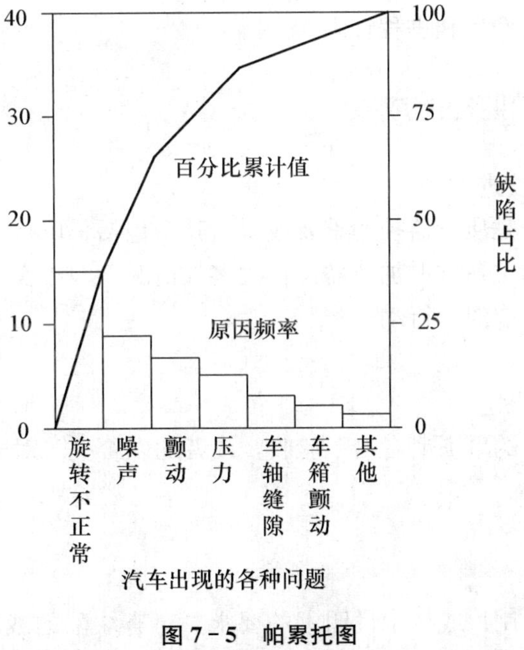

图7-5 帕累托图

（4）统计抽样。就是从感兴趣的对象中选取一部分进行检查。样本若抽取恰当，常常可以降低质量监控的成本。关于统计抽样，现在已经形成了一个完整的知识体系。在某些行业，项目管理班子必须熟悉多种不同的抽样技术。

（5）流程图。系统或过程的流程图可以表示系统各组成部分之间的相互关系。

项目团队可以利用流程图事先估计项目会出现哪些质量问题以及会在何处出现，进而提出处理措施。

（6）趋势分析。趋势分析就是根据过去的结果利用数学工具预测将来的结果。趋势分析经常的用途是监视：技术状况——已经识别了多少错误或缺陷，其中还有多少没有纠正；资源与费用和进程实施情况——每个时期有多少活动在完成时出现了显著偏差。

2. 质量缺陷的纠正

当过程处于控制之中时，就不应对该过程进行调整。而当项目的结果未达到质量标准时，就要查明原因，进而动用项目管理的其他过程消除产生质量缺陷的因素。

如果未满足质量标准是由于项目团队成员技术不熟练、项目团队或其他利益相关者缺乏保证质量的积极性造成的，就应当动用人力资源管理的有关过程，提高他们在这方面的技能或积极性。

质量不合格若是由于购入的材料或设备不合格造成的，则应通过项目采购管理的有关过程，如合同管理，加以解决。

项目结果符合质量标准要求，但顾客、用户或项目委托人仍不满意，则应通过范围变更监控系统，修改成果说明书或工作说明书，重新编制必须修改的项目计划，如资源与费用和进程计划。

7.4.5 质量监控的成果

1. 质量改进

质量改进是质量监控的首要成果。其中包括采取行动提高该项目的有效性和效率，为项目相关各方增加效益。在大多数情况下，在实施质量改进时需要编写变更申请，或者采取纠正行动。

2. 验收决定

经过检查的事项或者给予验收，或者加以否决。对于被否决的事项，还要决定是否需要返工。

3. 返工

为了满足用户或技术说明书的要求，对有缺陷的或不合格的事项应进行返工。返工特别是未曾预料的返工经常造成项目超支或延误。项目团队应当尽最大努力减少返工。

4. 经过完善的核对表

如果使用了核对表，则经过完善的核对表就应当成为项目各种记录的组成部分。

5. 过程调整

在必要的时候，应当根据质量监控测量的结果对管理或技术过程采取纠正或预防行动。在某些情况下，过程调整需要按照整体变更监控程序进行。

7.5　项目风险监控

随着项目的开展，根据项目风险管理计划，项目风险监控工作主要可以得到以下成果。

1. 随机应变措施

随机应变措施是为消除风险事件而采取的未经事先计划的应对措施。应对其进行有效的记录，并融入项目的风险应对计划中。

2. 纠正措施

纠正措施包括执行应急计划或随机应变措施。

3. 项目变更申请

如果频繁地执行应急计划或随机应变措施，则需要考虑变更项目计划以应对项目的风险。

4. 风险应对计划更新

风险事件发生以后，必须对其进行归档和重新评估。风险应对手段实施后，可以减少已识别风险的发生概率和不良影响。在对风险次序重新排列后，必须对其再进行评估，以使风险能够得到适当的控制。对未发生的风险也应该记录归档，并将其在项目风险计划中予以消除。

5. 风险数据库

要对在风险管理过程中收集和使用的数据进行整理、维护和分析，建立一个风险数据库。使用这一数据库，可以帮助整个组织中的风险管理人员随着时间的推移而不断进行风险管理经验的积累。

6. 更新的风险识别检查表

根据项目管理中取得的经验，对检查表进行更新，这种更新的检查表将会对未来的项目风险管理提供帮助。

7.6 示例：重大项目执行跟踪管理系统简介*

当今世界，竞争、挑战与发展是时代的主题。模式重于技术，机会与效率并重，一切都将成为项目，信息化是实现高效管理的基本手段。项目推动创新，项目推动发展，项目特别是重大项目的成败，关乎经济社会发展的进程，关乎企业的成败。改革开放以来，国内经济社会取得了辉煌的发展成就，这与各类组织在各个层面所开展的大规模项目投资建设活动密不可分。但是，我们也应清醒地认识到，当前，国内的项目管理仍存在相当多的问题，在很大范围内存在政出多门、资源分散、重复建设、效率低下的问题。在具体的项目运作与管理实践中，部门分割、信息孤岛，纵强横弱、重略轻术，责任不清、推诿扯皮，建建停停、修修补补，反反复复、无果而终，变更较多、协调困难，拖进度、降质量、涨费用，等待、迟疑、观望，频繁转换，以及决策时拍脑袋、领受任务拍胸脯、出了问题拍屁股的“三拍项目管理”等问题困扰着各级各类组织，影响着各级各类组织核心能力的提升。

7.6.1 系统简介

重大项目执行跟踪管理系统是依据国内著名实战型项目管理专家刘国靖教授项目管理理念、体系、流程及方法，由刘国靖教授管理顾问团队自主研发的系列软件集成产品。系统注重标准化和平台化，旨在解放决策者，解放领导班子，提高项目执行力，把正确的事做好，是通过项目运作管理实现组织战略目标的有效支撑平台。它的出现标志着国内项目管理领域从面向职能到面向功能、从面向技术到面向资源配置的飞跃，是国内项目管理领域的一项重大创新。

该系统主要有以下特点：

（1）最大限度地实现重大项目目标明确、条件明确、节点明确、任务明确、标准明确、责任明确、执行绩效明确。

（2）最大限度地提供跨职能部门的项目信息共享。

（3）可实现多项目综合数据库的建设与维护管理。

（4）可同时实现多用户对多个项目和项目群实施动态跟踪管理。

（5）基于先进的互联网和移动通信技术，对重大项目实现随时随地的跟踪、随时随地的掌控。

（6）采用多重先进的身份认证技术，防止非法操作和擅自使用，确保系统信息安全。

（7）拥有人性化的导航界面，操作简便，容易上手，实现系统使用的零培训。

---

* 本示例根据由本书作者刘国靖教授管理顾问团队自主开发的“项目执行跟踪管理系统”使用说明编写。

7.6.2 应用领域

1. 企业领域

房地产开发与工程建设项目执行跟踪管理；投资（新建、兼并、重组、收购等）项目执行跟踪管理；改扩建（技术改造、大修、技措等）项目执行跟踪管理；新产品开发（工艺、技术、产品等）项目执行跟踪管理；专项采办（工程、设备、装备、材料、办公用品等）项目执行跟踪管理；重大活动（文化建设、品牌推广、大型会议等）项目执行跟踪管理。

2. 公共领域

重大基础投资（交通、通信、电力、供水、供气、市政、生态治理等）项目执行跟踪管理；重大产业投资（能源、工业、科技、开发区、园区等）项目执行跟踪管理；重大公共事业（教育、医疗、卫生、文化、民生等）项目执行跟踪管理；专项采办（工程、设备、装备、材料、办公用品等）项目执行跟踪管理；重大活动（重要庆典、大型会议、大型展览等）项目执行跟踪管理。

7.6.3 系列产品

系列产品主要有面向各级政府领导班子的重点项目执行跟踪管理系统，面向各级政府建设行业主管部门的建设项目执行跟踪管理系统，面向房地产开发企业与建筑施工企业的项目执行跟踪管理系统，面向工矿企业的企业项目执行跟踪管理系统。

1. 重点项目执行跟踪管理系统

此产品是针对各级政府重大项目管理的特点、规律和实际问题而量身打造的信息化管理平台，可涵盖五大领域：重大基础投资（交通、通信、电力、供水、供气、市政、生态治理等）项目执行跟踪管理；重大产业投资（能源、工业、科技、开发区、园区等）项目执行跟踪管理；重大公共事业（教育、医疗、卫生、文化、民生等）项目执行跟踪管理；专项采办（工程、设备、装备、材料、办公用品等）项目执行跟踪管理；重大活动（重要庆典、大型会议、大型展览等）项目执行跟踪管理。

2. 建设项目执行跟踪管理系统

此产品是针对各级政府建设行业主管部门对需要审批、核准和备案的重点建设工程项目实施跟踪管理而量身打造的信息化管理平台，是提高建设行业监督效率、降低行业行政成本、提高行业监管绩效的有效手段。

3. 项目执行跟踪管理系统

此产品是针对房地产开发企业和建筑施工企业的项目开发和施工跟踪管理需要

而量身打造的信息化管理平台，有助于房地产开发企业和建筑施工企业降低项目开发和工程施工风险，提高科学计划和管理控制项目的能力。此产品是大幅提高项目开发和工程施工成功率、降低项目开发与工程施工成本、压缩项目开发与工程施工周期、提高项目开发与工程施工质量的有效手段。

4. 企业项目执行跟踪管理系统

此产品是针对工矿企业项目管理的特点、规律和实际问题而量身打造的信息化管理平台，可涵盖五大领域：投资（新建、兼并、重组、收购等）项目执行跟踪管理；改扩建（技术改造、大修、技措等）项目执行跟踪管理；新产品开发（工艺、技术、产品等）项目执行跟踪管理；专项采办（工程、设备、装备、材料、办公用品等）项目执行跟踪管理；重大活动（文化建设、品牌推广、大型会议等）项目执行跟踪管理。

7.6.4 核心功能

重大项目执行跟踪管理系统系列软件产品具有项目基本信息、项目计划编制、项目执行跟踪、项目会议/报告、项目请示/批示和项目总结/评价六大核心模块。

1. 项目基本信息

项目基本信息模块实现项目相关基础信息编制、管理、查询和维护，主要有项目库管理、项目综合描述表编制查阅、里程碑表编制查阅、项目工作任务结构分解等功能。

2. 项目计划编制

项目计划编制模块实现项目各项计划的编制，明确职权、时间节点和投资额度，形成项目执行跟踪的基准依据，主要有形象进程计划编制、投资进程计划编制、责任分配表编制、质量安全环境健康指标编制等功能。

3. 项目执行跟踪

项目执行跟踪模块以形象直观的图表形式展现项目当前的形象进程、投资进程和质量安全情况等信息，主要有甘特图、形象进程执行跟踪、投资进程执行跟踪、质量安全环境健康情况跟踪以及形象进程周报/旬报/月报、投资进程周报/旬报/月报、质量安全环境健康情况周报/旬报/月报、任务变更签证等功能。

4. 项目会议/报告

项目会议/报告模块实现项目会议通知的发布、会议纪要、会议决议的记录归档和项目阶段性报告的上报，主要包括会议通知、会议纪要、会议决议和项目报告等功能。

5. 项目请示/批示

项目请示/批示模块在线实现项目信息快捷的上传和下达，加快信息流转速度，提高问题解决效率，主要包括部门请示的呈报和在线批示等功能。

6. 项目总结/评价

项目总结/评价模块实现项目各阶段总结评价信息的整理、归档，便于回顾项目历程、总结经验教训，为后续的项目奠定经验基础，主要包括项目总结报告、项目验收报告、项目经验教训总结报告和项目绩效报告的提交、存档及查阅等功能。

□ 思考题

1. 某研究机构为国家重点医学研究机构，由于某种流行性疾病的流行，政府决定向该机构投资1亿元，用于针对该种流行性疾病的新型疫苗的开发与研制，并要求半年内研制成功，否则，将对该研究机构给予摘牌处理。请你作为该机构的决策者，针对该项目，组织人员实施。要做好以下工作：

（1）描述该项目的目标。

（2）规划一个合理的组织管理机构，要求采用项目负责制的管理形式，统筹考虑计划、人力、资源与费用以及质量等方面的管理问题。

（3）针对项目的目标要求，初步拟定该项目的重大里程碑计划，制作该项目实施的反映重大里程碑事件关系的里程碑计划图。

（4）针对项目的实施要求及重大里程碑事件，对该项目实施的过程进行分解，要求分解后的项目工作活动数目为20个左右，并用工作任务分解结构图或工作任务分解结构表表示，在工作任务分解结构图或表中编制工作编码。

（5）为项目的每项工作活动指派责任人，并制定项目的责任分配矩阵。

（6）针对项目的工作任务分解结构制定项目的人力与资源使用计划。

（7）针对项目总投资，结合工作任务分解结构及人力与资源使用计划，进行项目资源与费用的分解，编制项目的资源与费用分解结构。

（8）分析项目各项工作活动之间的先后关系，编制项目网络图。

（9）估计项目各项工作活动的执行时间，并编制项目计划（项目计划以网络图或甘特图的形式表示），确定项目的关键工作活动。

（10）按照项目的执行周期绘制项目的资源与费用曲线和累计资源与费用曲线，并结合项目的执行情况进行项目资源与费用的分析，制定项目的进程和资源与费用监控计划。

2. 某公司承接了一项预算为5亿元的新型移动通信系统研发项目，该移动通信系统涉及硬件和软件两大部分，由多个子系统构成，计划2018年5月1日启动，到2020年5月1日完成，要求性能指标符合国家信息产业标准规范。请你作为项目总监，针对该项目，组织人员实施。要做好以下工作：

（1）描述该项目的目标。

（2）规划一个合理的组织管理机构，要求采用项目负责制的管理形式，统筹考虑计划、人力、资源与费用以及质量等方面的管理问题。

（3）针对项目的目标要求，初步拟定该项目的重大里程碑计划，制作该项目实施的反映重大里程碑事件关系的里程碑计划图。

（4）针对项目的实施要求及重大里程碑事件，对该项目实施的过程进行分解，要求分解后的项目工作活动数目为20个左右，并用工作任务分解结构图或工作任务分解结构表表示，在工作任务分解结构图或表中编制工作编码。

（5）为项目的每项工作活动指派责任人，并制定项目的责任分配矩阵。

（6）针对项目的工作任务分解结构制定项目的人力与资源使用计划。

（7）针对项目总投资，结合工作任务分解结构及人力与资源使用计划，进行项目资源与费用的分解，编制项目的资源与费用分解结构。

（8）分析项目各项工作活动之间的先后关系，编制项目网络图。

（9）估计项目各项工作活动的执行时间，并编制项目计划（项目计划以网络图或甘特图的形式表示），确定项目的关键工作活动。

（10）按照项目的执行周期绘制项目的资源与费用曲线和累计资源与费用曲线，并结合项目的执行情况进行项目资源与费用的分析，制定项目的进程和资源与费用监控计划。

3. 某大学校团委和学生会共同筹办学校首届大学生艺术节，计划2018年3月1日开始筹备，9月1日开始举办，9月30日结束，该项目属于大型活动筹划与实施。请你作为项目总监，针对该项目，组织人员实施。要做好以下工作：

（1）描述该项目的目标。

（2）规划一个合理的组织管理机构，要求采用项目负责制的管理形式，统筹考虑计划、人力、资源与费用以及质量等方面的管理问题。

（3）针对项目的目标要求，初步拟定该项目的重大里程碑计划，制作该项目实施的反映重大里程碑事件关系的里程碑计划图。

（4）针对项目的实施要求及重大里程碑事件，对该项目实施的过程进行分解，要求分解后的项目工作活动数目为20个左右，并用工作任务分解结构图或工作任务分解结构表表示，在工作任务分解结构图或表中编制工作编码。

（5）为项目的每项工作活动指派责任人，并制定项目的责任分配矩阵。

（6）针对项目的工作任务分解结构制定项目的人力与资源使用计划。

（7）针对项目总投资，结合工作任务分解结构及人力与资源使用计划，进行项目资源与费用的分解，编制项目的资源与费用分解结构。

（8）分析项目各项工作活动之间的先后关系，编制项目网络图。

（9）估计项目各项工作活动的执行时间，并编制项目计划（项目计划以网络图或甘特图的形式表示），确定项目的关键工作活动。

（10）按照项目的执行周期绘制项目的资源与费用曲线和累计资源与费用曲线，并结合项目的执行情况进行项目资源与费用的分析，制定项目的进程和资源与费用监控计划。

第 8 章 Chapter 8 项目综合管理

在项目管理体系中，对项目成败起关键作用的是一些基础管理环节。严格、规范的项目基础管理对实现项目管理时间、成本和质量指标具有重大意义。这些基础管理可以分为项目招投标与合同管理、项目知识管理、项目变更管理、项目实施要素管理、项目现场与环境管理以及项目监督等内容。本章将主要讲述项目招投标与合同管理、项目知识管理、项目现场与环境管理，并对项目变更管理、项目实施要素管理以及项目监督的相关内容进行阐述。

8.1 项目招投标与合同管理

招投标与合同管理是项目管理的关键环节和关键工作，对项目尤其是大型项目的投资建设（推进）乃至运转有着重要影响，直接关乎项目成败。

8.1.1 项目招投标管理

1. 招投标的概念与特征

（1）招投标的概念。招投标是一种因招标方的要约，引发投标方的承诺，经过招标方的择优选定，最终形成协议和合同关系的平等主体之间的经济活动过程，是法人之间有偿的、具有约束力的法律行为。

招投标是市场经济发展到一定阶段的产物，是一种特殊的商品交易方式。招标方与投标方交易的商品或服务统称为标的。

（2）招投标的基本特征。招投标具有以下基本特征：

1）平等性。招投标的平等性应从市场经济的本质属性来分析，市场经济的基本法则是等价交换。招投标是独立法人之间的经济活动，按照平等、自愿、互利的原则和规范的程序进行，双方享有同等的权利和义务，受到法律的保护和监督。招标方应为所有投标方提供同等条件，让它们展开公平竞争。

2）竞争性。招投标的核心是竞争，按规定每一次招标必须有三家以上单位投标，这就形成了投标方之间的竞争，它们以各自的实力、信誉、服务、报价等优势，战胜其他投标者。此外，在招标方与投标方之间也展开竞争，招标方可以在投标方中择优选择，有选择就有竞争。

3）开放性。正规的招投标活动必须在公开发行的报纸杂志上刊登招标公告，打破行业、部门、地区甚至国别的界限，打破所有制的封锁、干扰和垄断，在最大的范围内让所有符合条件的投标者前来投标，进行自由的竞争。

2. 招投标的一般程序

招投标活动一般分为四个阶段。

（1）招标准备阶段。基本分为以下几个步骤：具有招标条件的单位填写招标申请书，报有关部门审批；获准后，组建招标工作班子和评标委员会；编制招标文件和标底；发布招标公告；审定投标方；发放招标文件；组织招标会议；接收投标文件。

（2）投标准备阶段。根据招标公告或招标方的邀请，投标方选择符合本单位能力的项目，向招标方提交投标意向，并提供资格证明文件和资料；资格预审通过后，组建投标工作班子，跟踪投标项目，购买招标文件；参加招标会议；编制投标文件，并在规定时间内报送招标方。

（3）开标评标阶段。按照招标公告规定的时间、地点，由招投标双方派代表并在有公证人在场的情况下，当众开标；招标方对投标方做资料后审、询标、评标；投标方做好询标解答准备，接受询标质疑，等待评标、决标。

（4）决标签约阶段。评标委员会提出评标意见，报送有决定权的单位确定；依据决标内容向中标方发出中标通知书；中标方在接到通知书后，在规定的期限内与招标方签订合同。

3. 招标程序框架

具备招标条件的项目组织一般按图 8－1 所示的程序开展招标工作。

4. 招标程序及工作内容

（1）组建招标工作班子。

1）有项目组织的代表或其委托的代理人参加。

2）有与项目采购规模相适应的技术、预算、财务和项目管理人员。

3）有对投标企业进行资格评审的能力。

开展国际竞争性招标，必须委托具有资格的招标公司或具有招标能力的国际业务公司代理招标。

（2）编制招标文件和标底。

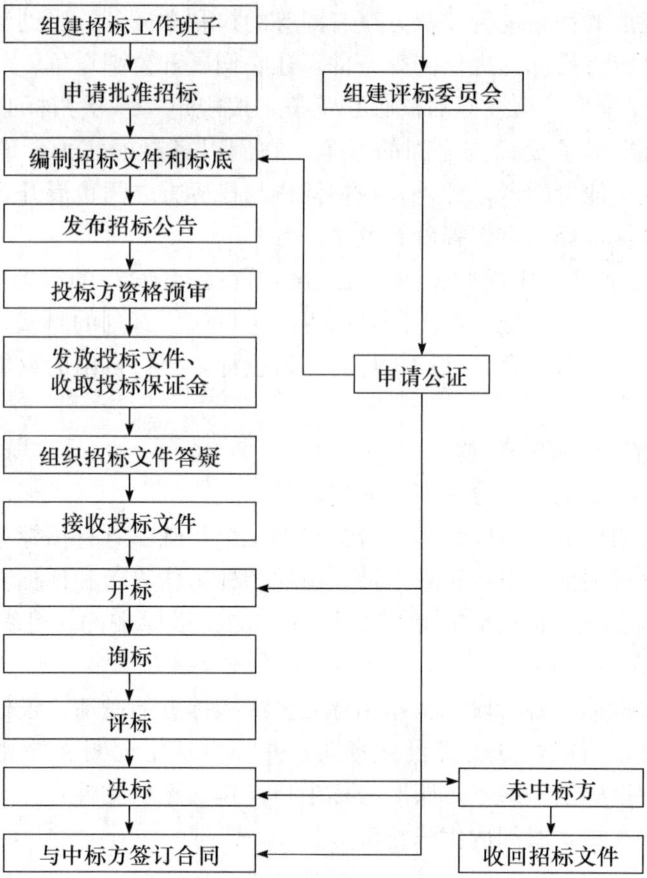

图 8-1　招标程序图

1）招标文件的内容。招标文件是标明招标项目采购数量、规格、要求和招投标双方责权利关系的书面文件。项目招标，应先有一份内容明确、考虑细致周密、兼顾招投标双方权益的招标文件。招标文件的作用，首先是向投标方提供招标信息，以指引承包人根据招标文件提供的资料，进行投标分析与决策；其次是承包商投标和项目组织评标的依据；最后是招投标完成后项目组织和承包商签订合同的主要组成部分。基于此，各国对招标文件的编制都比较重视。

招标文件的内容和篇幅大小与项目的规模和类型有关，一般货物采购的招标文件要简单些，工程建设的招标文件要复杂些，特别是一些大型项目，其招标文件的篇幅可能长达数千页，内容全面，且要求前后连贯。不同项目的招标文件，内容虽有繁简、详略，但一般应包括以下几部分：

- 招标邀请书，投标人须知。
- 合同的通用条款、专用条款。
- 项目组织对货物与服务方面的要求一览（表格式）、技术规格（规范）、图纸。
- 投标书格式、资格审查需要的报表、采购类目与数量清单、报价一览表、规格的响应表、投标保证金格式及其他补充资料表。
- 双方签署的协议书格式，履约保证金格式，动员预付款保函格式等。

2）标底。标底又称底价，是招标方对招标项目所需费用的自我测算的期望值。它是评定投标价格合理性、可行性的重要依据，也是衡量招投标活动经济效益的依据。标底应具有合理性、公正性、真实性和可行性。

影响标底的因素有很多，在编制时要充分考虑投资项目的规模大小、技术难易、市场条件、时间要求、价格差异、质量等级要求等因素，从全局出发，兼顾国家、项目组织和投标方三者的利益。标底的构成包括三部分：项目采购成本、投标者合理利润、风险系数。

标底直接关系到招标方的经济利益和投标方的中标率，应在合同签订前严加保密。如有泄密情况，应对责任者严肃处理，直到追究其法律责任。

当然，有些项目并不编制标底，而是在技术方案确定后，采取无底价招标方式，这类招标一般会选择 10～15 家具备资质的单位投标，以投标价均值再乘以某个系数为参照值。

（3）发布招标公告。招标文件编制好后，即可根据既定的招标方式，在主要报刊上刊登招标公告或发出投标邀请通知。

招标公告和投标邀请通知的主要内容为：项目采购类目，项目资金来源，招标内容和数量，时间要求，发放招标文件的日期和地点，招标文件的价格，投标地点，投标截止日期（必须具体到年、月、日、时）和开标时间（一般与投标截止日期只相差 1～24 小时），招标单位的地址、电话、邮编。

（4）投标方资格预审。资格预审是对申请投标的单位进行事先的资质审查。合格者方可发放招标文件，这样可以确保招投标活动按预期要求进行，投标方都是有实力、有信誉的法人，通过预审筛选一部分不合格者，也可减少开标、评标工作量。

资格预审的主要内容有：投标方的法人地位；资产财务状况；人员素质、各类技术力量及技术装备状况；企业信誉和业绩等。

（5）组织招标文件答疑。标前会议是项目招标方给所有投标方提供的一次质疑机会。投标方应消化招标文件中提到的各类问题，整理成书面文件，寄往招标单位指定地点要求答复，或在答疑会上要求澄清。招标方在回答问题的同时，展示项目设计的有关资料，供投标方参考。答疑会上提出的问题和解答的概要情况，应记录并作为招标文件的组成部分发给所有投标方。

（6）开标、询标与评标。

1）开标。开标是在招标公告事先确定的时间、地点，召集评标委员会全体成员、所有投标方代表和有关人士，在公证人员监督下，将密封的投标文件当众启封，公开宣读投标单位名称、投标项目、报价等，并一一记录在案，由招标方法定代表人签字认可。

投标文件启封按递送投标文件的先后次序，逐个进行。

2）初审与询标。开标程序很短，结束后即转入内部评审阶段。由招标工作班子和评标委员会对投标文件进行详细审阅、鉴别。首先进行初步审查，其内容包括：投标文件是否符合招标文件的要求；应该提交的技术资料、证明文件是否齐全；报价的计算是否正确；全部文件是否按规定签名盖章；是否提出招标方无法接受的附加条件；其他需要询问、质疑的问题。

经过初步审查，对不符合招标文件的投标文件按废标处理，对基本符合要求尚需投标方给予澄清的问题，招标工作班子应认真地整理出来，通知投标方进行书面回答，或当面会谈，进行询标质疑，相当于对投标文件进行答辩，国际上称为投标澄清会议。

在询标过程中，招标方的质疑、投标方的澄清均应作书面记录，经双方法定代表人签字后成为招标、投标文件的补充条款。

3）评标。评标是一项复杂而又重要的工作，评标委员会应该坚持公正的态度，按预先确定的评标原则，一视同仁地对待每份合格的投标文件，从技术、交货时间、管理、服务、商务、法律等方面进行分析、评价。对每份投标文件都要写出书面分析资料和评价意见，拟写评价对比表和分析报告，选出2～3家预中标者，供决标参考。

（7）决标、授标与签约。

1）决标。国际上公开招标通用的决标办法是，只要投标文件是符合要求的，就选择标价最低者中标。然而，单以报价定标会导致许多风险和后患，影响项目的顺利实施，我国颁布的《招投标法》规定，要选出报价低而又合理的投标方中标。

评标委员会在听取招标工作班子口头汇报和分析初审时的评价对比表、分析报告的基础上，获取各种决标依据，评出一个技术合适、标价合理、服务优惠、质量和进度都有保证的最佳投标方为中标方。同时选定第二、第三中标方候补，一旦第一中标方发生变故，则依次顶替。

投标方须知中通常还有一条规定，即下列情况允许招标方拒绝全部投标：投标方少于三家，无竞争性；所有投标文件均未按招标文件要求编制；所有报价均大大偏离标底（一般20%）。如果发现招标方出于私利，故意拒标，也应追究其经济责任。

评标必须在投标文件有效期内结束，一般规定从开标到确定中标单位间隔时间不超过30天，如因故不能在预期时间内完成，需征得各投标方的同意。

2）授标与签约。投标方向中标方发出书面中标通知书叫授标。招标方应在评标委员会确定中标者后两日内发出中标通知书，并在发出通知书之日起15日内与中标者签订合同。合同价等于中标价。中标方如逾期或拒签合同，招标方有权没收其投标保证金，以补偿自己的损失。同时，通知第二中标方前来签约。

对未中标方，由招标方通知其退回招标文件及有关资料，并退还其预缴的投标保证金，另外付给一定数量的标书编制补偿费。标书编制补偿费在招标方管理费中列支。如因招标方的责任未能如期签约，招标方应双倍返还投标保证金，并保留中标方的中标权。

招标项目的合同文本中应包括招标文件、投标文件、双方签字的开标记录、询标记录、来往函电资料。合同经双方法定代表人签字、单位盖章后生效。至此招标工作结束，进入履约实施阶段。

在招标谈判之后，招标方一般应进行工作总结。首先是关于整个工作的全面总结；其次是向那些未中标方公开解释其失败的原因，有些投标失败方甚至会提出关于投标的抗议书，因此招标方需要准备一份书面报告来回答它们的问题。

8.1.2　项目合同管理

1. 项目合同管理

（1）项目合同管理的定义。所谓项目合同，是指项目业主或其代理人与项目承包人或供应人之间，为完成某确定的项目目标或规定的内容，明确相互的权利和义务关系而达成的协议、子协议。合同也称为协议、分包合同、采购订单或谅解备忘录，是一种受约束的法律关系。正是这种法律效力，维系着当事人之间的权利和义务关系，并促使当事人全面地履行合同条款。

合同的签订需要经过一定的程序，多数单位有成文的政策和程序指定能够签订这种协议的组织代表。合同的法律约束性质通常意味着合同需要严格、广泛的审批过程，其审批过程的重点在于保证合同语言文字说明能够满足特定需求的产品或服务。

（2）项目合同的构成要素。项目合同的类型虽然众多，但大多数应具有以下构成要素：

1）权利与义务。项目合同必须建立在一个双方均可接受的基础之上，对签约双方产生一种权利和义务关系，并受到国家强制力即法律的保护。任何一方不履行或者不完全履行合同，都要承担经济或者法律上的责任。

2）报酬原则。项目合同要有一种统一的计算和支付价金或报酬的方式。

3）合同规章。只有当供应商依据合同规章进行工作时，它们才会受到合同的约束，并受合同的保护。

4）合法性。合同中必须有一个合法的目的或标的物，它不应当是法律所禁止的。

合同管理是保证承包商的实际工作满足合同要求的过程。在有多个承包商的大项目中，合同管理的一个重要方面就是管理各种承包商之间的关系。合同关系的法律性质要求项目管理班子必须十分清醒地意识到管理合同时所采取的各种行动的法律后果。

合同管理包括在处理合同关系时使用适当的项目管理过程，并把这些过程的结果综合到该项目的总体管理中。

（3）合同管理的依据、工具与技术、成果如表 8－1 所示。

表 8－1　合同管理的过程

合同管理的依据	合同管理的工具与技术	合同管理的成果
合同 工作结果 变更申请 卖方发票	合同变更控制系统 绩效报告 支付系统	往来函件 合同变更 付款申请

2. 合同收尾或终止

合同签订以后，是不允许随意终止的。当事人双方依照项目合同的规定，履行其全部义务后，合同即行终止。合同签订以后，因相关的法律事实的出现而终止合同关系，为合同的终止。根据我国的现行法律和有关司法实践，合同的法律关系可因下列原因而终止。

（1）合同因履行而终止。合同的履行就意味着合同规定的义务已经完成，权利已经实现，因而合同的法律关系自行消灭。所以，履行是实现合同、终止合同的法律关系的最基本方式，也是合同终止的最通常原因。

（2）合同因当事人双方混同为一人而终止。法律上对权利人和义务人合为一人的现象，称为混同。既然发生合同当事人混同为一人的情况，那么原有的合同已无履行的必要，因而自行终止。

（3）合同因不可抗力的原因而终止。不是由于当事人的过错而是由于不可抗力的原因致使合同义务不能履行的，应当终止合同。

（4）合同因当事人协商同意而终止。当事人双方通过协议解除或者免除义务人的义务，也是合同终止的方式之一。

（5）仲裁机构裁决或者法院判决终止合同。

合同解除是一种特殊的合同收尾情况，是指消灭既存的合同效力的法律行为。其主要特征，一是合同当事人必须协商一致；二是合同当事人应负恢复原状之义务；三是其法律后果是消灭原合同的效力。

合同的解除和变更属于两种法律行为，但也有共同之处，即都是经合同当事人双方协商一致，改变原合同法律关系。所不同的是，后者产生新的法律关系，前者只是消灭原合同关系，并不再产生新的法律关系。

合同收尾类似于项目结束，涉及产品核实（所有的工作是否已经正确、满意地完成）和管理收尾（更新记录以反映最终结果，并对这些信息归档以备将来使用）。合同条款可以对合同收尾规定具体的程序。提前终止合同（即合同解除）是合同收尾的一种特殊情况。合同收尾的过程详见表 8－2。

表 8－2　　合同收尾的过程

合同收尾的依据	合同收尾的工具与技术	合同收尾的成果
合同文件	采购审计	合同归档 正式验收和收尾

3. 项目合同纠纷的处理

合同纠纷通常表现为合同当事人双方对合同规定的义务和权利理解不一致，或是合同当事人一方故意不按合同约定履约，或是由于其他原因，最终导致对合同的履行或不履行的后果和责任分担产生争议。项目合同纠纷的处理通常有以下四个途径：

（1）协商。当事人双方在自愿、互谅的基础上，通过双方谈判达成解决纠纷的协议。该方法温和，具有简单易行、不伤和气的优点。

（2）调解。在第三方（如上级主管部门、合同管理机关等）的参与下，以事实、合同条款和法律为依据，通过对当事人的说服，使合同当事人双方自愿、平等、合理地达成纠纷解决协议。

（3）仲裁。由仲裁委员会对合同纠纷进行裁决。我国实行一裁终局制，在裁决做出后，合同当事人若不能达成纠纷解决协议，则不再裁决。双方必须在规定的期限内履行仲裁机构的裁决，若一方不履行，另一方可以申请法院强制执行。

（4）诉讼。诉讼是指司法机关和项目合同当事人在其他诉讼参与人的配合下为解决案件依法定诉讼程序所进行的全部活动。

8.2 项目知识管理

项目知识管理是不断积累项目管理经验、总结项目管理教训、减少项目管理失误、避免低水平重复的有效手段，已经形成一套较为成熟的体系。在项目管理全过程和日常工作中应高度重视项目知识管理。

8.2.1 知识管理

1. 知识管理的内涵

普鲁斯克等认为，知识管理远非仅限于资料的利用、信息的存储和控制，它还要求努力认识深藏于组织成员个体大脑里的个人财富的内涵，并通过杠杆作用将其转化为公司决策者获取和运用的组织财富。莲花公司（Lotus）认为，知识管理是系统地平衡信息和专门知识，以提高组织的创新能力、反应能力和生产率。

赵曙明等认为，知识管理主要包括两个方面：一方面是促进有价值的个人未编码知识的生产与共享，形成组织知识；另一方面则是实现组织集体知识的有效商品化。

2. 知识管理的理论框架

威格（Wiig）给出了知识管理的三柱模型：知识管理活动包括三个方面，第一方面涉及知识探索和获取；第二方面涉及知识价值评估；第三方面涉及知识价值实现。

1996 年阿瑟・安德森（Arthur Andersen）提出，知识管理活动包括创造、识别、收集、适应、组织、应用、共享等七种知识管理过程，并指出领导、文化、技术、度量是知识管理的实现基础。

毕马威（KPMG）根据自身的咨询实践将知识管理活动分为六个过程，分别是获取、索引、过滤、链接、分发以及应用。

霍尔萨普尔等（Holsapple et al.）总结了知识管理的五种主要活动和四种次要活动，指出这九种活动是竞争力的来源。五种主要活动分别是知识获取、知识筛选、知识创造、内部化和外部化；四种次要活动分别是领导、协调、控制以及测量。

8.2.2 项目知识管理

1. 项目知识管理的意义

项目知识包括项目管理过程中的管理思想、方法、流程、标准、经验以及教训。项目所涉及的知识具有广泛性、易逝性和复杂性的特点。项目知识的收集、归纳、整理和积累是组织知识管理的重要组成部分。在当今社会，项目知识是有助于组织发展与组织决策的具有很高价值的一种信息。项目知识的积累是将专门知识转化为一般知识、被广大项目管理者掌握和运用的基础知识。项目知识管理注重将个人的知识转化为组织的知识。项目知识管理能够将个人资本转化为组织资本，是提升企业核心竞争力和降低组织学习成本与新项目风险的有效手段。高速成长的知识型企业把项目知识管理当作提高企业核心竞争力的重要手段。

2. 项目知识管理的流程

（1）全员培训，树立以项目为中心的经营管理理念。通过对企业全体员工进行新商业环境与现代企业管理变革方面的系统培训，使企业全体员工树立以项目为中心的经营管理理念。

（2）全员培训，了解项目管理体系，将项目管理知识当作组织的无形资本。

（3）培养项目管理骨干，掌握项目管理流程与工具方法。

（4）重视项目基础管理，实现技术与管理的标准化和流程化，并不断维护项目管理标准。

（5）制定严格的项目报告制度，将项目知识内化为组织知识，做好项目档案管理工作。

（6）将项目管理经验教训的总结流程化、制度化。

8.3 项目变更管理

由于项目一般具有较强的创新性，利益相关者的需求随着时间的推移和环境的变化往往会发生各种可能的变化，项目所需各种资源的价格、种类也可能会发生变化，因此项目的实施将面对各种风险，项目在启动以后存在很大的不确定性。

项目相关各方常常由于各种原因要求对项目计划进行修改，甚至重新规划。这类修改或变化称为变更。项目变更发生在项目的范围、进度、质量、费用、风险、人力资源、沟通、合同等很多方面，并将影响到其他方面。对项目变更进行有效的控制和管理，对项目既定目标的实现具有重要意义。

8.3.1 项目变更对项目的影响

项目变更对项目的进程和成果将产生影响，这些影响一般会波及项目的各个方面。

1. 项目变更的影响

项目变更对项目产生的影响一般表现在以下几个方面：

(1) 项目目标。主要是对项目进度、费用和质量产生影响。

(2) 项目资源。项目变更会带来项目资源消耗量或消耗结构的变化。

(3) 项目组织。项目变更会引起项目组织人员、结构以及任务的变化。

2. 项目变更的原因

项目变更的原因主要有以下几个方面：

(1) 项目利益相关者引起的变更。主要是项目利益相关者，如政府、投资者、用户、项目组织、项目决策者等由于新的需求或决策，对项目进行变更。

(2) 计划不完善引起的变更。项目计划过程中考虑的因素不全面或是不合理，随着项目的实施发现了新的问题，进而引起变更。

(3) 不可预见事件引发的变更。自然条件或风险事件导致项目变更。

8.3.2 项目变更控制

1. 项目变更控制的含义与前提

(1) 项目变更控制的含义。项目变更控制是指为使项目朝着有益的方向发展而采取的各种监控和管理措施。项目负责人和项目团队必须对变更进行控制。项目变更分为影响项目整体的变更和影响项目局部的变更两大类。对于影响项目整体的变更要特别重视。项目监控的很大部分内容就是变更控制。

(2) 项目变更控制的前提。对项目变更进行有效的管理和控制，必须掌握项目工作任务分解结构，提供项目实施进展报告，提交变更请求，参考项目计划。

为了对项目变更进行控制，应由项目实施组织、项目管理班子或两者共同建立变更控制系统。变更控制系统就是一套事先确定的修改项目文件或改变项目活动时应遵循的程序，其中包括必要的表格或其他书面文件，责任追踪和变更审批制度、人员和权限。此外，若有必要和可能还可以成立一个变更控制委员会，负责批准或拒绝变更请求。变更控制系统应当明确规定变更控制委员会的责任和权力，并由项目相关各方认可。大型、复杂的项目可能要设多个变更控制委员会，担负不同的责任。变更控制系统还应当有处理自动变更的机制。自动变更又称现场变更，是不经事先审查即可批准的变更。多数自动变更是由意外的紧急情况造成的。

变更控制系统可细分为整体、范围、进度、费用和合同变更控制系统。变更控制系统应当同项目管理信息系统一起通盘考虑，形成整体。

2. 项目变更控制的基本要求

项目变更控制的任务有查明项目内外存在哪些造成变更的因素，必要时设法予以消除，以及查明项目是否已经发生变更，在变更实际发生时对其进行管理。各方面的变更控制必须紧密结合起来。

项目变更控制的基本要求有以下几个：

（1）事先签订有关项目变更方式、过程等问题的补充协议。

（2）谨慎对待变更请求。严密判断与计划。

（3）规范变更实施过程。明确新目标，优选变更方案，做好变更记录，及时发布变更信息。

（4）及时总结经验教训。

8.4 项目实施要素管理

项目实施所需的要素包含投入到项目中的人力、材料、机械设备、技术、资金等，项目实施要素管理主要包括项目实施要素的优化配置、生产要素的优化组合以及实施要素的动态管理。

项目实施要素管理主要有四个方面的内容。一是编制项目实施要素计划，主要是针对项目的具体类型和目标，对项目实施资源的投入量、投入时间、投入步骤做出合理的安排，以满足项目实施的需要，这部分内容体现在项目计划中。二是项目实施要素的供应，根据项目实施要素计划，通过招标、采购等措施实现项目实施要素的供应。三是项目实施要素的节约使用，主要是根据项目所需的要素特性，采取有效措施，进行项目实施要素动态配置和组合，协调投入、合理使用、严格管理与核算。四是项目实施要素使用效果的分析，主要是对项目实施要素的管理效果进行总结，发现问题，总结经验，进行项目实施要素储备与使用信息的反馈。

8.4.1 项目劳动管理

项目劳动管理主要是针对一般劳动人力资源的管理，主要指导原则是合理安排、正确使用与提高效率。

1. 劳动人力资源的优化配置

项目劳动人力资源的种类、数量、投入时间、来源、报酬等直接影响项目目标的实现，项目劳动人力资源的优化配置同样值得认真对待。

（1）优化配置依据。项目劳动人力资源的优化配置依据是项目类型、目标、WBS、项目进度与资源计划以及项目资源环境。

（2）优化配置方法。主要是根据WBS和项目计划，进行资源平衡与优化，制定劳动人力资源的优化配置计划，具体有降低成本、提高效率、提高积极性、有效控制、合理安排、平稳均匀。

2. 劳动人力资源的动态管理

（1）含义。由于项目任务和内外条件的变化，要根据项目进展情况合理按时按量投入劳动人力资源，对项目进展和劳动力使用状况进行跟踪和监控，以实现劳动人力资源的动态优化。

（2）主要工作。项目进展过程中项目劳动人力资源的动态管理工作主要有：人员招募、劳动合同签订、劳动力分配、劳动力平衡与调整、冲突与矛盾协调、报酬与奖励支付、劳动合同解除。

（3）主要原则。以进度计划和劳动合同为依据，以动态平衡和日常调度为手段，以优化组合、充分调动积极性、提高效率为目的。

8.4.2　项目资金管理

资金是项目的“血液”，对项目的实施具有主导作用。项目资金管理包括项目资金收入与支出预测、资金筹措等内容。

1. 项目资金收入与支出预测

资金收支预测一定要平衡，以免因资金供应不及时导致项目停工带来损失。

（1）项目资金收入预测。对项目实施组织来说，获得项目实施所需款项的数额与时间决定着项目的进程。项目资金收入包括项目的预付款、进度款，项目完成时的结算款以及项目运行一段时间以后的风险抵押款。项目资金收入预测就是根据项目费用支付方式按时间测算出价款数额，并形成项目资金收入预测表或项目资金收入预测图。项目资金收入预测的结果形成了资金在收入时间、数量上的总体结构，为项目资金筹集、资金周转以及资金使用提供了依据。

（2）项目资金支出预测。项目资金支出与其进度计划、费用计划直接相关。应根据项目计划，测算出项目进展过程中随时间推移的每一定时间间隔内所需支出的各项费用，在总体上了解整个项目的支出时间和数量，以满足资金管理的需要。

2. 资金筹措

在项目管理的各项工作内容中，资金筹措几乎成为最普遍的任务，对项目的顺利实施具有重要意义。项目资金筹措的途径有使用财政资金、使用银行信贷、发行债券、发行股票、集资、利用外资等多种。采取合理的筹资比例，对降低项目风险、提高自有资金的盈利水平具有重要意义。

8.4.3　项目材料与设备管理

对于工程类或是技术开发类项目，一般需要耗费一定的材料，使用一定的设备或仪器，这是项目实施的基础。做好项目材料与设备的管理工作，对减少材料消耗、合理使用设备与仪器、保证项目的顺利进行具有重要意义。

1. 项目材料管理

不同类型的项目，所需的材料种类和数量有所不同，不同的材料在项目中的重要程度也会存在差异，但节约材料使用量与降低材料费用都是降低项目成本的重要一环。项目材料管理主要应把握两个环节：一是项目材料的计划和供应；二是项目材料的现场管理。

（1）项目材料的计划和供应。项目材料的供应涉及经济环境、市场环境、组织管理体制等多方面的因素，一般有上级计划集中供应、项目分包分散供应和项目直接采购等方式。具体供应方式由整个企业发展与管理的水平决定。供应原则是在满足项目使用的前提下，能够提高效率、降低资金占用水平。

（2）项目材料的现场管理。项目材料的现场管理是指对项目所需的各类材料，自进入项目实施现场到项目完成为止的全过程进行的管理活动。项目材料现场管理的主要内容有项目材料计划管理、材料进场验收、材料储存与保管、材料领发、材料使用监督、材料回收等。建立严格的项目材料现场管理流程和制度并严格执行，是项目管理的基础工作。

（3）项目材料管理的几种方法。在长期的项目管理实践中，形成了许多有效的项目材料管理方法，其中，ABC分类法、库存与供应管理理论、价值工程方法具有重要的应用价值。

1）ABC分类法。该方法又称重点管理法，是运用数理统计的方法，对项目的构成要素进行分类与排队，主要是将项目所需的材料按重要程度、数量、成本比重等，划分为A，B，C三类，对不同的材料采取不同的管理措施，做到重点突出、兼顾一般，进行分类管理和控制。

ABC分类法的分类标准是：A类材料数量很少，仅占总量的5%～10%，但其价值或资金却占总价值的70%～80%；B类材料数量较多，占总量的10%～20%，其价值或资金占总价值的20%左右；C类材料数量很多，占总量的70%～85%，但其价值只占总价值的5%左右。

ABC分类法的实施步骤如下：

- 计算项目各种材料的预计资金占用量。
- 对各种材料的预计资金占用量从大到小排序，并计算各种材料的预计资金占用量占总材料费用的百分比。
- 从大到小，计算各种材料占用资金的累计数额及其占总资金的百分比。
- 按A，B，C三类材料的分类标准进行分类。

2）库存与供应管理理论。该方法主要是确定项目材料的经济储存量、经济采购批量、安全储存量等参数。

3）价值工程方法。该方法主要是进行项目材料的功能和成本分析，其主要目的是寻求降低成本、提高功能的主要途径。可以通过改进设计、研究代用材料，实现降低成本、提高功能的目的。

2. 项目设备管理

项目设备管理就是按照优化原则对项目设备进行选择、合理使用与适时更新，其主要内容是正确选择设备与仪器，保证其处于良好状态，减少设备闲置、损坏，提高使用效率与产出水平。

（1）设备选择。设备的合理选择是设备管理的重要环节，其原则是切合需要、实际可行、经济合理。设备选择方法有：

1）综合评分法。综合考虑各种可用设备的主要特性，如工作效率、工作质量、使用费和维修费、能源消耗量、所需操作人员和辅助人员数量、可运输与安装性、可维修性、可操作性、设备完好程度、安全性、对环境的适应性与影响等，进行量化打分。

2）简单评分法。按照一定的评分规则，对每种设备的各个特性分别评分，求出各设备的总分，选用总分最高者。

3）加权评分法。区分设备不同指标的重要性，对不同的特性赋予不同的权重，对设备的重要指标给予较大的权重。这种方法更具科学性。

4）单位工程量成本比较法。根据设备耗费的固定费用和可变费用进行设备选择。可变费用一般包括操作员工资、燃料动力费、小修理费、直接材料费等；固定费用是按一定的项目工期分摊的费用，如折旧费、大修理费、设备管理费、投资应付利息、固定资产占用费等。用固定费用和可变费用计算单位工程量成本，单位工程量成本低的设备即为选择对象。

5）临界使用时间判断法。由于单位工程量成本受到设备使用时间的限制，若计算出两种设备单位工程量相等时的使用时间，并根据该时间进行选择，则会更简单。这种方法称为临界使用时间判断法，由设备的使用时间长短决定设备的选择。

[例 8-1]

A 设备和 B 设备的固定费用分别为 R_A 和 R_B，单位时间产量分别为 Q_A 和 Q_B，每小时操作费用分别为 P_A 和 P_B，临界使用时间为 X_0，则两设备的单位工程量成本相等时可以表示为：

$$\frac{R_A + P_A X_0}{Q_A X_0} = \frac{R_B + P_B X_0}{Q_B X_0}$$

解上式得

$$X_0 = \frac{R_B Q_A - R_A Q_B}{P_A Q_B - P_B Q_A}$$

当设备使用时间高于或低于 X_0 时，单位工程量成本的变化会使选用设备的决策得到相反的结果。

6）等值成本法。如果设备在项目中的使用时间比较长，且涉及设备购置费用，则在设备选择时往往涉及设备投资和资金的时间价值问题，此时可采取等值成本法进行设备选择。该方法通过计算设备折算费用，进行比较选择，低者为优，可用来判别设备自购和租赁的经济性差异。

年折算费用＝(原值－残值)×资金回收系数＋残值×利率＋年度使用费

资金回收系数为：

$$\alpha=\frac{i(1+i)^n}{(1+i)^n-1}$$

式中，α 为资金回收系数；i 为复利率；n 为计息期。

(2) 设备使用。设备的合理使用需要采取必要的管理措施来实现，要加强设备操作规程的培训与落实，加强设备的保养和维修。

1) 设备使用的具体措施。主要有人机固定，实行设备使用、保养责任制；提高操作人员的素质，实行操作证制度；建立设备档案，实行设备档案制度；合理组织设备的调配，提高设备完好率和单机效率；综合利用设备，提高设备利用率；创造良好的工作环境，确保设备安全使用。

2) 设备的保养。设备的保养分为例行保养和强制保养。例行保养属于设备的正常使用管理工作，不占用设备的运转时间，由操作人员在设备运行间隙进行，包括保持设备的清洁，检查运行状况，防止设备腐蚀，按技术要求润滑等。强制保养是指每隔一定周期所进行的停机保养。

3) 设备维修。设备维修是指对设备的自然损耗进行修复，对损坏的零部件进行更换与修复，排除设备运行的故障等工作，分为大修、中修和零星小修。大修是对设备所进行的全面解体检查修理，以保证各零部件质量和配合要求，使其达到良好的技术状态，恢复可靠性和精度等工作技术性能，以延长设备的使用寿命；中修是指在大修间隔期内对少数部件或总成进行大修的一次性平衡修理，对其他部件或总成只进行检查保养；零星小修是指临时安排的修理，其目的是消除操作人员不能排除的突然故障、个别零件损坏或一般事故性损坏等问题，一般与保养相结合，不列入维修计划。

8.4.4 项目技术管理

技术是实现项目目标的重要因素，项目技术管理也是项目管理的一项基础性工作，主要包括技术基础工作的管理、项目实施过程中技术工作的管理、技术开发管理、技术经济分析与评价等方面的内容。

1. 技术基础工作的管理

技术基础工作的管理主要包括技术责任制的制定与落实，技术标准文件与技术规程的执行，技术管理制度的制定与落实，科学实验、技术交流与合作以及技术档案管理等内容。

2. 项目实施过程中技术工作的管理

项目实施过程中技术工作的管理主要包括工艺管理、技术试验、技术核定、技术检查等。对于工程类项目，一般包括设计文件的学习和图样会审、施工项目技术交底、隐蔽工程检查与验收、施工预检、技术措施计划、施工组织设计等。

3. 技术开发管理

由于项目的创新性特点，往往需要采取新技术、新工艺，开发新的方法和措施，进行技术开发管理，主要包括技术培训、技术革新、技术改造、合理化建议、知识产权管理等内容。

4. 技术经济分析与评价

项目管理过程涉及多种技术问题，因此，对不同技术的可行性以及经济性进行分析与评价，选择适合的技术用于项目实施，是一项重要的工作。在创新性较强的开发性项目中，普遍需要开展技术经济分析与评价工作。

8.5 项目现场与环境管理

项目现场与环境管理是落实项目各项任务的前沿和末端，现场情况与环境情况更是项目管理素养与能力水平的直接反映，有关项目的一切管理、建设和运转工作成效均会通过现场与环境的状态得以体现。

8.5.1 项目现场管理

1. 项目现场管理的意义

项目现场是从事项目活动的场地。对于研发项目，项目现场可能是实验室、会议室或是调试安装现场。对于工程项目，项目现场可能是建筑用地和施工用地。项目现场管理是指对这些场地进行科学安排、合理使用，并与各种环境保持协调关系。现场管理的目标是规范场容、文明作业、安全有序、整洁卫生、不损害公众利益，也可以用“6S”描述：清理、整理、清洁、维持、素养、安全。项目现场管理的意义如下：

(1) 有效的项目现场管理有利于项目活动的正常进行，保障项目实施所需的物流、人流、资金流、信息流以及知识流畅通。

(2) 科学的项目现场管理有利于项目各项专业管理的技术经济效果，使现场协调有序。

(3) 项目现场管理状况反映项目承担者的水平和素质。好的项目现场管理能够使项目承担者赢得良好的声誉。

(4) 项目现场管理有助于项目管理各项法规的落实。如工程项目的现场管理反映了房地产开发、城市规划、市政管理、环境保护、市容美化、环境卫生、交通运输、文物保护、消防安全等多个方面法规的落实情况。

2. 项目现场管理的原则

项目现场管理要遵循以下原则：

（1）基础性管理原则。做好现场基础管理工作，是实现项目现场管理目标的基础，主要包括标准化工作、计量工作、原始记录、业务核算、统计和会计工作等。

（2）综合性管理原则。项目现场管理既包括目标性管理，又包括生产要素管理，还包括组织协调和现场文明管理等。要运用系统工程的手段，采用目标管理法，认真执行有关标准，实现整体最优。

（3）群众性管理原则。它是指依靠广大项目团队成员的责任心和积极性，不断提高基层人员的主观能动性和素质。

（4）动态性管理原则。由于项目的内外环境会不断发生变化，项目涉及的各种生产要素需要不断进行动态组合，因此，适应环境变化，进行动态管理是十分有效的。

（5）服务性原则。项目管理的文化内涵就是开放与服务，管理人员应树立为现场服务的思想，做到深入现场、服务在现场、取得良好的效益在现场。

3. 项目现场管理的内容

不同的项目，其现场管理的内容会有所不同。对于工程施工类项目，其现场管理的内容主要有以下几方面：

（1）合理规划施工用地。针对工程项目的特点、施工方案和方法等情况，合理确定用地面积，并保证占地的合理使用。

（2）科学进行施工总平面设计。对有限的施工现场进行科学的规划，以合理利用空间。在施工总平面布置时，临时设施、大型机械、材料堆场、物资仓库、构件堆场、消防设施、道路、加工场地、水电管线、周转使用场地等，都应合理布置，以使现场整齐，有利于安全、环保、节约，方便工程施工。

（3）施工现场平面布置的动态调整。由于项目进展的不同阶段对材料、设备等要素的投入与使用量会发生相应的变化，因此，适时调整施工现场的平面布置，能够适应项目进展的新要求。

（4）加强对施工现场使用情况的检查。检查施工现场布置与设计之间是否存在差异，严格规范施工现场的管理，及时反馈信息，对改进管理、提高效益具有直接意义。

（5）建立文明施工现场。文明施工现场是指现场符合各类规范要求、井然有序、文明安全、环境得到保护、居民所受干扰小。

（6）及时清场转移。项目完成以后，应及时组织清场，拆除临时设施，恢复临时占用场地。

4. 项目现场管理的方法

常用的项目现场管理方法主要有三类：

（1）标准化管理方法。先制定有关标准和制度，严格按标准和制度进行现场管理，使管理程序标准化、管理方法标准化、管理效果标准化、场容场貌标准化、考核方法标准化。

（2）核算方法。它是对现场管理进行业务核算、统计核算和会计核算的方法。

（3）检查和考核方法。不断检查管理的实际情况，将实际情况与计划或标准相对比，找出差距，进行考核，提出改进意见。

5. 项目现场管理的措施

经过长期的管理实践，项目管理吸收了企业管理的诸多经验。项目现场管理的主要措施有开展 6S 活动、合理定置、目视管理。

（1）开展 6S 活动。对项目现场各生产要素所处的状态不断进行整理、整顿、清扫，使其达到清洁和安全，提高项目现场管理效果。

（2）合理定置。将项目现场所需要的物品与材料在空间上合理布置，实现人与物、人与场所、物与场所、物与物之间的最佳配合，使项目现场秩序化、标准化、规范化，体现文明施工水平。合理定置是一项日常管理工作，贯穿整个项目进程。其主要管理活动有：认真调查研究，查找存在问题；分析实际情况，改善现场定置方案；设计或修改合理定置；实施与考核合理定置方案。

（3）目视管理。利用各种形象直观、色彩适宜的视觉感知信息组织现场项目活动，达到提高生产效率、保证项目质量、降低项目成本的目的。目视管理的基本特征是：以视觉显示为基本手段，便于判断与监督；以公开化为基本原则，尽可能向所有人员全面提供所需的信息，形成一个让所有人员都自觉参与完成项目目标的管理系统。目视管理形象、直观、简便、适用、透明，便于项目参与人员的自我管理和自我控制，是符合现代项目管理要求和生理及心理需要的科学方法。

目视管理的主要内容和形式是：将项目任务和完成情况制成图表，公之于众，使每一个参与者都知道；用看板、挂板张贴项目现场的各项规章制度、操作规程和各种标准等；以清晰的、标准化的视觉显示信息落实定置设计，实现合理定置；标牌显示项目现场管理岗位责任人，落实岗位责任制；使用形象直观、适用方便的项目现场作业控制手段；利用各种色彩、安全色、安全标志等进行现场管理；张榜公布项目现场管理的各项检查结果；采用先进的信息显示手段。

8.5.2　项目环境管理

项目与环境密不可分，任何项目都存在于一定的环境之中，项目的进行过程会对环境产生一定的影响。项目管理活动中，重视环境保护问题是项目成功的必要前提。

1. 项目环境管理的意义

项目环境管理具有重大的经济意义和社会意义。可遵循 ISO 18000 体系实施项目环境管理。

（1）保护和改善项目环境是保证人们身体健康的需要。要对可能对人体健康造成不良影响的因素进行有效管理和控制。

（2）保护和改善项目环境是保证项目顺利进行的需要。对内可以保护和改善劳动环境，使项目参与者保持生理与心理上的安全感；对外可以减少干扰，使项目顺利进行。

（3）保护和改善项目环境是项目参与者应尽的职责。环境保护是政府的要求，是企业的行为准则。

2. 项目环境管理的措施

项目环境管理已成为项目实施的必要手段，其措施主要有：

（1）制定和落实项目环境保护目标责任制。将环境保护目标以责任书的形式层层分解到有关部门和人员，并列入岗位责任制范围，形成项目环境保护自我监控体系。

（2）加强检查和监控工作。

（3）进行综合治理。

（4）严格执行相关法律法规。

（5）采取有效技术措施，防止大气、水源污染，防止产生噪声和电磁污染。

8.5.3 项目安全管理

项目安全管理就是在项目的实施过程中，保护人员的安全与健康，保证项目顺利进行，组织安全生产的全部管理活动。通过对项目实施安全状态的控制，减少或消除不安全的行为或状态，可以使项目工期、质量和费用等目标的实现得到保证。

1. 项目安全管理应正确处理的五种关系和应坚持的原则

（1）项目安全管理应正确处理的五种关系。在项目安全管理过程中要正确处理安全与危险并存的关系、安全与项目过程的关系、安全与质量的关系、安全与速度的关系以及安全与效益的关系。

（2）项目安全管理应坚持的原则。要坚持管项目同时管安全的原则，项目安全管理的目的性原则，预防为主的原则，全员、全过程、全方位、全天候的四全动态管理原则，安全管理重在控制的原则，不断改进的原则。

2. 项目安全计划

（1）项目安全计划的含义。项目安全计划是进行安全控制和管理的指南，是考核安全控制和管理工作的依据。针对项目的特点进行安全规划，设定作业安全目标，确定安全技术措施，最终形成的文件称为安全计划。

（2）项目安全计划的内容。主要有项目概况、安全控制与管理目标、安全控制与管理程序、安全组织机构、职责权限、规章制度、资源配置、安全措施、检查评价和奖惩制度等。

3. 项目安全控制

项目安全控制的目的是保证项目实施中能避免危险、避免事故、避免人员伤亡和财产损失。

（1）项目安全控制的工作内容。主要有进行安全立法、执法和守法；建立安全控制体系；进行安全教育与训练；采取安全技术措施；进行安全检查与考核；作业标准化。

（2）项目安全控制方法及工具。主要有安全系统工程和安全心理学的理论与方法。

8.6 项目监督

相对独立的项目监督体系及其有效运转是确保项目过程和结果绩效满足各方要求的必不可少的重要方面，项目监督主要包括项目监理、项目行政监督和项目审计等。

8.6.1 项目监理

1. 项目监理的含义

项目监理就是对项目的实施过程所进行的监督、检查、协调和评价，即监理的执行者依据有关法规和标准，综合运用法律、经济、行政和技术手段，对项目承担者的行为及其责权利进行必要的协调和约束，制止随意性和盲目性，确保其行为的合法性、科学性和经济性，使项目按预期的目标进行，并取得最佳的经济效益和社会效益。项目监理的主体是监理单位，客体是项目。

2. 项目监理的内容

项目监理的主要内容是控制投资、控制工期、控制质量，进行合同管理，协调有关单位的工作关系，即“三控一管一协调”。

（1）投资控制。投资控制的主要任务是在项目实施以前进行可行性研究，协助业主正确地进行投资决策，控制投资估算；在项目设计阶段审查设计方案、设计标准、总概算，修正总概算；在项目准备阶段协助确定标底和合同造价；在项目实施阶段进行设计变更审查，核实已完成工程量，进行进度款签证和控制索赔；在项目收尾阶段审核项目结算。

（2）工期控制。在项目实施以前，通过周密的分析研究确定合理的工期目标，在实施前将工期纳入承包合同；在项目实施阶段，采用网络计划技术、里程碑图法、甘特图法等科学方法，审查、修改施工组织设计和进度计划，并跟踪项目全过程，进行协调和监督，确保项目按期完成。

（3）质量控制。质量控制是项目监理最重要的内容，贯穿项目从可行性研究、设计、实施准备、实施到收尾、维修的全过程。对于工程建设项目，项目监理的质量控制包括组织设计方案评比、设计方案磋商、图样审核、控制设计变更；审查项目承包人的资质，检查项目所用材料、结构配件、设备的质量；审查施工组织设计，实施质量预控；在施工过程中通过重要的技术复核、工序操作检验、隐蔽工程验收和工序成果检查，确认监督标准、规范的执行状况；通过阶段验收及竣工验收，严把质量关。

（4）合同管理。合同是监理单位采取各种控制、协调与监督措施，履行纠纷调解职责的依据。在合同执行过程中，监理单位站在公正的立场上，监督合同的执行情况，及时沟通有关信息，处理合同执行中的有关问题，以便为项目的顺利进行创造良好的合同环境。

（5）组织协调。项目涉及很多利益相关者，参与方很多，对各个参与方之间的协调十分重要。监理单位应协调相关单位的协作关系，使之相互合作，减少矛盾，为实现项目目标而共同努力。

3. 项目监理与项目管理的关系

（1）项目监理的性质。项目监理也属于项目管理，是业主委托监理单位所进行的项目管理。监理具有服务性、公正性、独立性和科学性的特征。

（2）项目监理与项目管理之间的关系。主要有：

1）组织关系，指与项目承担者的监理与被监理的关系。

2）业务关系，具体包括签订合同中的业务关系、项目准备中的业务关系、项目实施中的业务关系。项目监理主要是督促项目准备工作，对项目实施阶段的费用、进度、质量进行控制，进行合同管理和组织协调工作。

（3）业主授予项目监理单位的权利。主要是工程规模、设计标准和使用功能的建议权；组织协调的主持权；材料和施工质量的确认权与否决权；项目进度和工期的确认权与否决权；项目合同内工程款支付与工程结算的确认权与否决权。一般业主与项目承包单位之间不直接交涉，而是通过监理与之协调。

8.6.2 项目行政监督

1. 项目行政监督的含义

为保证项目的开展符合有关法律和法规的要求，由政府行政部门对项目进行所实施的监督称为行政监督。不同的项目类型接受不同部门的行政监督，但监督内容有共性，如项目的立项是否符合国家或地区有关政策法规，项目实施中的有关环节、行为是否符合相关法律法规要求等。

政府对项目的行政监督，主要是从维护社会公共利益的职能出发，对项目立项、质量、交工、价格、合同、环境保护等进行监督管理。

2. 政府行政监督的性质

（1）强制性与法令性。政府部门代表公共利益对项目参与者及项目实施过程的监督管理是强制性的，被监督者必须无条件接受。政府行政监督的依据是国家或地区的法律、法规、方针、政策和国家或其授权机构颁布的技术规范、规程与标准，因而又是法令性的。政府行政监督主要通过监督、检查、许可、纠正、禁止等方式强制实施。

（2）全面性。政府行政监督既包含对全社会各种项目的参与人，即设计者、建设者、施工者和供应商及其行为的监督，又包含对从建设立项、设计、施工、竣工验收直到交付使用全过程中每一阶段的监督。

（3）宏观性。政府对项目的监督涉及面广，但深度并未达到直接参与项目日常活动监理的细节，而只限于维护公共利益、保证建设行为规范性和保障建设参与各方合法权益的宏观管理。

8.6.3　项目审计

1. 项目审计概述

（1）项目审计的内涵。项目审计是指审计机构依据国家的法令和财务制度，企业的经营方针、管理标准和规章制度，对项目的活动用科学的方法和程序进行审核检查，判断其是否合法、合理和有效，借以发现错误，纠正弊端，防止舞弊，改善管理，保证项目目标顺利实现的一种活动。项目审计的特征与一般审计的特征类似，即具有独立性、权威性和科学性。通过项目审计，可以促进项目管理的改进，提高效益；可以减少决策失误；可以有效减少舞弊与违纪行为；可以鞭策项目管理组织高效地开展工作。

项目审计按内容一般可分为项目质量审计、资金使用审计、合同审计等；按项目周期一般可分为项目前期审计、项目实施审计和项目竣工审计。

（2）项目审计的职能。项目审计具有经济监督、经济评价、经济鉴证以及项目支持等职能。其中，经济监督是对项目管理人员和项目活动进行监督；经济评价是对项目决策以及实施的效果进行评价；经济鉴证是通过审查项目管理与进行过程，确定相关经济资料是否符合实际，并给出书面的证明；项目支持是帮助项目组织更好地开展工作，减少失误。

（3）项目审计的范围。项目审计主要有项目质量审计、项目资金使用审计、项目合同审计。

1）项目质量审计主要是审计项目实施过程中各环节的质量、使用的材料、工艺流程是否符合政府有关政策、法规、标准的规定，是否满足项目合同的要求。

2）项目资金使用审计是对项目进行过程中资金使用状况进行财务审计，审查项目的资金使用计划和资金使用情况与预算是否一致，是否合理，有无违反财务管理政策或法规的现象。

3）项目合同审计是对项目合同的合法性、合规性所做的审计，并对项目合同的执行情况进行审查。

(4) 项目审计的任务。项目审计的任务主要有以下五个方面：

1) 检查审核项目活动是否符合有关政策、法规、标准的规定。

2) 检查审核项目活动是否合理。

3) 检查审核项目的效益。

4) 检查审核项目的各类报告，尤其是会计记录和财务报表是否真实、公允。

5) 提出改进建议。

(5) 项目审计的程序。项目审计工作的专业性强而且复杂，必须按照严格的程序进行。主要包括审计准备、审计实施、审计结果报告以及后续工作。

1) 审计准备。主要有以下具体工作：

- 选择审计科目，明确审计目的，确定审计范围。
- 组织项目审计工作。
- 分析调查，准备资料。
- 制定项目审计计划。

2) 审计实施。主要有以下具体工作：

- 针对确定的审计范围实施常规性审查，从中发现常规性的错误和问题。
- 对可疑的环节或特殊领域进行详细审核和检查。
- 协同项目管理人员纠正错误事项。

3) 审计结果报告。主要是在征求项目管理人员意见的基础上，对所获得的资料进行综合归纳与分析，进而对审计科目做出客观、公正和准确的评价，编制审计报告，报送有关部门。

4) 后续工作。主要有落实实施审计报告中的建议部分、吸取经验教训和文件归档工作。

2. 项目管理过程中的三阶段审计

(1) 项目前期审计。项目前期审计是在项目选择与确定阶段以及计划阶段的审计。做好项目前期审计，对于防止错误的投资决策和保证项目目标的顺利实现具有重要作用。项目前期审计主要包括项目可行性研究审计、项目计划审计、项目组织审计、项目招标审计、项目投标审计和项目合同审计。

1) 项目可行性研究审计。项目可行性研究审计是指对项目可行性研究的组织、过程和研究结果进行审核与调查，确定研究结果的正确性，避免或减少决策失误。主要内容涉及以下几个方面：

- 审查承担项目可行性研究的单位和人员是否具备应有的资质以及研究人员的构成是否满足项目的要求。
- 审查项目可行性研究报告中市场调查和预测的质量。
- 审查项目可行性研究报告中的技术研究情况。
- 审查项目可行性研究报告中项目建设与实施的方案。
- 审查项目可行性研究报告中项目的财务评价是否准确可行。

- 审查项目可行性研究报告中有关项目的生命周期是否恰当。
- 审查项目可行性研究报告中有关环保问题及其措施是否有效。

2）项目计划审计。主要包括：

- 对项目总计划的审计，包括信息、格式、条理、方法和条款等。
- 对项目进度安排的审计，包括技术、条件、关键环节等。
- 对成本估算与成本计划的审计，包括标准、方法、监控等。
- 对质量计划的审计，包括责任、标准、监控等。
- 对其他项目计划的审计，如验收、采购、组织、风险等计划。
- 对信息与沟通管理制度的审计。

3）项目组织审计。主要包括对项目组织形式的审计、对项目负责人的审计和对项目人员的审计。

4）项目招标审计。主要是项目发起方或甲方的审计部门进行的审计，项目招标要依据先进与合理的原则进行全过程审计。主要包括以下几个环节：

- 在项目投资之前，项目组织者将项目标底、招标方式、设想的合同类型及合同草稿、项目建议、项目工作内容和要求等文件报审计部门备案，由审计部门审查招标方式、合同类型及标底是否合理可行。
- 审查投标者是否具有投标必需的资质，如执照、许可证、相关经验与基本背景情况等。
- 审查投标者的技术与管理状况。
- 审查投标者的财务状况。
- 审计部门参加有关招标会议，审查招标过程是否合规、合法、合理。如发现问题，及时处理。

5）项目投标审计。主要是对投标者所做的审计，包括以下几个方面的工作：

- 审查投标工作小组对竞争对手的分析资料，判定资料是否准确全面，分析结果是否可靠，所用的分析方法和依据是否合理。审查中标的可能性。
- 审查投标工作小组制定的项目实施方案。主要包括资源、竞争性与可行性、与招标者的要求是否一致等。
- 审查成本估算。包括审核成本估算的基础、方法和全面程度。
- 审核项目的风险。审核投标工作小组对项目的风险识别、评估、应对计划以及监控措施是否进行了科学与全面的分析。
- 对招标者的财务状况、资信水平和以前的合作经历进行审查，避免中标后可能会发生的经济损失。

6）项目合同审计。主要是对项目合同的合法性、合规性所做的审计。主要有以下事项：

- 审查合同当事人是否具有法人地位，合同内容是否符合法律、法令、方针、政策及相关的财经纪律。
- 审查合同双方是否具有履行合同的能力，能否在资金、技术和管理诸方面保证项目正常实施。

- 审查合同内容与审定的中标要求内容是否相符，有无暗中交易问题。
- 审查合同条款是否全面，有无关键内容的遗漏和不合理的限制性条件；审查条款是否清晰，有无歧义，法律手续是否完备。
- 审查甲乙双方的权利与义务是否均衡合理，双方是否以平等的地位协商解决合同问题。

（2）项目执行期审计。在项目执行期间，需要对项目进展过程中的管理状况、财务收支情况以及财经纪律的执行情况进行强制性审查，做出客观、公正的评价，以改善管理，提高效益。项目执行期的审计主要有项目组织审计、项目报表与报告审计、设备材料审计、项目执行期收入审计、项目实施管理审计、合同管理审计。

1）项目组织审计。主要是审定项目组织的建设是否能够确保项目的执行，是项目执行期审计的重点。主要包括以下内容：

- 调查和评审项目组织结构、工作流程、工作职责以及工作标准。
- 审查项目组织与其他职能部门的关系，评价这种关系是否有助于项目资源的协调与项目监控。

2）项目报表与报告审计。主要检查项目组织提供的报表、报告等资料的可靠性、全面性和规范性，监控项目的进展。主要包括进度报告审计、成本报告审计、质量报告审计以及各种财务报表审计。

3）设备材料审计。由于项目实施需要设备与材料，且其一般占项目成本开支的相当一部分，加强设备材料在采购、运输、保管和使用等环节的审计，对于加强项目材料设备管理、节约使用资金、降低项目成本是十分重要的。设备材料审计主要包括以下几个方面的工作：

- 设备材料采购审计。主要包括审查设备材料的采购供应计划，审查订货合同，审查验收、入库和保管制度，审查各项采购费用，审查购入材料设备的会计核算工作等。
- 设备材料发出审计。主要包括设备材料拨付审计、已领取设备材料的审计。
- 材料设备其他收发业务的审计。主要包括拨入和拨出设备材料的审计、设备材料出售的审计、盘点盈亏的审计。

4）项目执行期收入审计。在项目建设期间，可能会发生一些收入，也需要进行审计。主要包括：审查收入是否符合有关规定；审查产品或服务的价格是否合理；审查产品或服务的质量；审查产品的收入是否全部入账，账务处理是否正确；审查收入的分配是否合法。

5）项目实施管理审计。对于工程性项目，对项目实施单位进行项目实施管理的审计主要包括进度审计、质量审计和成本审计。

6）合同管理审计。主要是对合同的执行与管理状况进行监督。主要包括审查项目管理组织是否具有合格的合同管理人员；对合同变更进行审计；对合同终止进行审计；对合同结算进行审计。

（3）项目完成期审计。主要包括项目竣工验收审计、项目竣工决算审计、项目建设经济效益审计和项目管理人员业绩评价。

1）项目竣工验收审计。它是指项目交付使用以后的审计，主要包括：审查剩余材料设备的处理情况；审查项目试运转情况；审查项目资料的归档和移交情况；审查索赔问题；审查项目管理人员的遣散与安置情况；对项目验收进行审计。

2）项目竣工决算审计。项目竣工决算是由项目组织或发起单位编制的综合反映竣工项目的建设成果和财务情况的总结性报告文件。项目竣工决算审计主要包括审查项目预算的执行情况；审查项目的全部资金来源和资金运用是否正确与合乎标准；审查项目交付使用的财产总表和明细表是否正确；审查项目竣工情况说明书的编制是否真实；审查项目竣工决算的编报是否及时。

3）项目建设经济效益审计。项目建设经济效益体现在降低项目建设成本、缩短项目工期和提高项目质量三个方面。项目建设经济效益审计主要包括项目工期审计、项目成本审计、项目质量审计、投资决策审计。

4）项目管理人员业绩评价。主要包括：项目负责人业绩的评价；项目管理人员业绩的评价；项目一般人员业绩的评价。

（4）项目费用审计。项目费用审计实际上贯穿项目实施的全过程。在项目计划时期即需要进行财务预算和费用控制计划的审计；在项目的实施过程中则需结合进度报告和质量报告进行实施成本的审计；在项目结束阶段则进行项目成本审计，对照项目预算来审核实际费用的发生情况，查明超支或节约的原因，并做出审计报告。

8.7　示例：某大型工程建设企业集团重大项目群管理模式

某大型工程建设企业集团是我国铁路工程建设领域重点骨干企业，随着我国铁路建设高潮的来临和企业工程项目的不断拓展，集团公司常常需要同时承担数十个大中型铁路工程建设项目，管理任务日益繁重。经过多年的持续努力，集团公司各职能部门、各业务单位推行全面项目管理，加强相互关联的部门之间、单位之间、建设项目周期各阶段之间的衔接、统筹和协调，不断强化动态项目管理，科学界定集团公司本部、所属公司和项目公司之间的管理外延和边界，通过母子公司法人治理结构和内部控制体系，贯彻落实集团公司战略项目规划与管理意图，建立健全投资管理和控制体系，加强全过程、全方位的组织、协调和控制，确保各个项目顺利建成并实现预期的目标、产出和经济与社会效益。

8.7.1　从建设项目整个周期来清晰把握和界定部门职能分工

建设项目是将投资转化为固定资产的经济活动过程。建设项目周期是指从建设意图产生到项目终止的全过程，通常分为决策期、实施期和生产运营期，实施期又可细分为实施准备阶段、实施阶段和投产竣工阶段。按照我国项目建设的基本程序，各阶段的主要工作内容各有侧重。

（1）决策期：初步可行性研究和可行性研究，分别对应集团公司的初步调查和尽职调研两个阶段。

（2）实施准备阶段：工程设计和实施准备。实施准备工作主要包括征地、施工场地和施工条件的准备、材料设备订货和施工安装招标等。

（3）实施阶段：施工安装和生产准备。生产准备贯穿实施准备阶段、实施阶段和投产竣工阶段，主要工作在实施阶段完成。

（4）投产竣工阶段：调试、试运行和竣工验收移交。

（5）生产运管期：项目后评价。

长期以来，集团公司将经营活动、内部控制和管理全部放到项目建设的全过程中予以考量。在集团战略管控的三层架构中，集团公司本部负责建设项目的投资决策和目标控制，协调和解决建设中出现的各类问题、情况，所属公司和项目公司则负责具体项目建设的投资控制、进度控制、质量控制、合同管理、信息管理、安全管理和组织协调等任务，完成建设目标。具体到集团公司本部各部门，项目从决策、建设到运营由项目管理部负责，财务、法律、人力资源和监察等部门的管控则贯穿项目全过程。

8.7.2 建立健全建设项目的动态目标管理体系

集团公司以战略规划为前提，科学制定建设项目的投资、进度和质量等总体目标，以年度计划为依据，将各种任务、指标层层分解落实，形成一个目标体系，并把目标完成情况作为考核的依据。在实施过程中，进行动态跟踪控制，定期比较目标的计划值和实际值，当发现目标偏离时立即采取纠偏措施，建立健全集团公司建设项目的动态目标管理体系。在动态控制的三大要素中，目标计划值是目标控制的依据和目的，目标实际值是进行目标控制的基础，纠偏措施是实现目标的途径。

（1）科学确定总体目标。建设项目总体目标包括投资目标、进度目标和质量目标，在项目市场可行的情况下，按照事先拟定的计划和标准，确定建设项目的建设方案，包括产品方案，建设规模，工艺技术方案，建设标准，工艺设备选择及配置，项目选址，主要原料、燃料，配套条件，总平面布置，环保、节能、节水等方面，在此基础上确定建设项目的建设工期和总投资。

（2）制定有效计划，并加以分解和落实。根据建设项目总投资、建设工期和建设方案，编制建设项目投资总预算计划和进度计划，制定长期、中期和近期计划，并分解和细化到年度、季度、月度，形成目标体系，使投资预算和进度计划具有可操作性和可控性，以便明确责任，使所有资金支付和项目进展处于审定的可控范围内。

（3）把握关键节点，实现全过程、全方位的有效控制。目标体系建立后，通过动态跟踪管理，比较各个阶段的目标值和实际值之间的差别，及时进行分析、预测，提出控制对策，必要时修正控制目标。在建设项目的实施阶段，把握建设周期中关键节点之间的联系，以投资控制为重点，兼顾进度控制和质量控制，实现对项目的有效控制。

（4）建立建设项目重大变更调整机制。随着项目建设的深入、外部条件的落实和工程建设方案的优化，项目的内外部环境可能会发生很大的变化，如建筑材料和设备涨价、管理人员更迭、行业供求平衡发生变动等，项目投资、建设周期和建设方案与初始控制目标可能有所偏差。为此，集团建立了重大变更调整机制，涉及重大变更，如建设投资、建设工期、建设规模、工艺路线选择等发生调整，需经集团公司董事会审批同意后实施。

8.7.3　不断加强项目管理的基础条件建设

（1）全面提高管理水平。建设项目的实施是一个庞大的系统工程，涉及技术、经济、管理等各方面的知识，技术复杂、建设周期长、面临问题多、各方面关系复杂，需要进行全过程管理和全局控制，才能实现建设周期短、工程投资少、生产效率高、运行成本低、经济效益好，这就要求完整、严密、高效的专业化管理与之匹配。集团公司上下不断完善学习机制，推进项目管理现代化，切实提高组织和驾驭建设项目的管理水平。一是系统培训建设项目管理的相关知识，相应同步提高管理水平；二是所属公司和集团公司本部的管理职能复合化和综合化；三是在集团公司内部健全人才流动机制，使各层次、各类人才得到不同岗位的培训和锻炼，实现项目内部互动、项目之间联动，以适应市场经济和集团公司发展不断提出的新要求。

（2）构建信息平台。信息是建设项目决策、监控和考核的依据，是连通各项工作的桥梁，是目标管理得以正常运转的纽带。建设项目在决策和实施过程中，由于建设周期长、参与单位多、建设内容一次性特征强，导致信息量大、变化多且错综复杂，信息管理工作任务十分繁重。集团公司一是在项目层面建立信息管理的处理平台，横向上促进项目管理方、设计方和施工方之间的信息传递和共享，纵向上有利于整个实施周期中包括决策、设计、招投标、施工等各阶段的信息管理工作的一致性和项目实施情况的跟踪与比较；二是在集团层面不断完善连通投资、资产运营、财务审计等职能部门并贯通单个项目整个建设阶段的信息平台，与动态目标控制相适应和匹配，为目标监控、考核和措施落实提供数据支持；三是不断强化集团公司层面与项目层面的信息渠道建设，重点是信息的准确性、时效性、共享性和系统性，规范月度生产经营快报、财务报告、季度投资分析等定期报告内容，完善重大事件处理机制，提高反应能力和危机处理效率。

（3）深刻把握投资、进度和质量之间的关系。投资目标、进度目标和质量目标通常称为项目管理的三大目标，这三者之间存在内在联系和相互制约，具有对立统一的关系。它们既有矛盾的一面，如要加快进度往往需要增加投资，欲提高质量也需要追加投资，过度地加快进度会影响质量目标的实现，也有统一的一面，如通过有效管理，在不增加投资的前提下也可缩短工期和提高工程质量。在处理这三者的关系时，集团公司以质量目标为中心，相互协调，综合平衡。如果投资目标、进度目标与质量目标发生矛盾，应以质量目标为先；如果投资目标与进度目标发生矛盾，在项目前期具有较大节省投资可能时，应以投资目标为重，在项目后期大量资金已投入时，则应以进度目标为主，全力推进，避免造成重大损失。

（4）健全配套的激励和考核机制。建设项目投资大、节约潜力大，考虑不周就可能造成重大损失，因此健全建设项目的激励机制意义重大。集团公司现已形成长期和短期相结合的激励约束机制，以年薪制和年度考核建立健全短期激励约束机制，以股权激励建立健全长期激励机制。长期激励中，增量投资方面构建包括经营层、技术骨干及员工在内的多元股权架构；存量投资方面以股份制改造积极推动所属公司建立健全自我发展与自我约束机制。对于建设项目的激励以中短期为主，与经济责任制考核相衔接，设置重大单项奖励指标。主要措施有三个：一是完善相关制度和流程，规范运作；二是科学设置考核目标并协商分解，明晰责任和授权；三是确定考评结果，实施奖惩，总结经验。

□ 思考题

1. 简述招投标的概念与基本特征。
2. 叙述招标和投标的一般程序。
3. 简述项目合同纠纷处理的几种方式。
4. 谈谈项目知识管理的主要措施。
5. 说明项目变更的原因和影响。
6. 谈谈项目变更控制的基本要求。
7. 谈谈你对项目实施要素管理的理解和认识。
8. 谈谈你对项目材料与设备管理的理解和认识。
9. 谈谈你对项目现场与环境管理的理解和认识。
10. 谈谈你对项目技术管理的理解和认识。
11. 谈谈你对项目监督的理解和认识。
12. 如何理解项目审计？谈谈项目审计的内涵、职能、范围与内容。

第 9 章 Chapter 9 项目收尾、验收与项目后评价

项目收尾、验收的主要工作包括成果确认、质量验收、费用决算与审计、资料验收与归档、项目交接等工作，是项目全过程的最后阶段，也是协调项目利益相关者冲突的重要环节。项目收尾、验收与项目后评价是总结与积累项目管理经验与知识、提高组织项目运作与管理水平的必要手段，为今后项目的运转管理提供了重要的参考资料。项目收尾工作要客观、公正、具体、严谨、翔实，项目收尾、验收与项目后评价形成的文件资料要规范化、标准化和文档化。

9.1 项目收尾

项目收尾是一项阶段性工作，属于项目生命周期的最后阶段。当项目的所有目标工作均已完成，或者虽未完成，但由于某种原因而必须终止时，项目就进入了收尾阶段。拥有清晰的收尾阶段是项目区别于其他工作任务的一个重要特征。

9.1.1 项目收尾的目的与主要任务

1. 项目收尾的目的

项目收尾的目的主要有：确认本次项目实施的结果；实现项目相关各方的利益；总结该项目中的经验教训，以期改善未来项目的工作绩效。此阶段的工作任务是采取各种适当措施以保证项目的妥善结束。

2. 项目收尾的主要任务

项目收尾的主要任务包括范围核实、行政收尾和合同收尾。范围核实即核查项目计划规定范围内的各项工作或活动是否已经完成，可交付成果是否令人满意；行

政收尾即编制、收集和分发项目信息，正式宣布项目结束；合同收尾即了结合同，进行结算，包括解决所有未尽事宜。

9.1.2 项目收尾的重要性与工作宗旨

1. 项目收尾的重要性

项目的成功结束标志着项目计划任务的完成和预期成果的实现。没有项目结束阶段的工作，项目成果就不能正式投入使用，不能生产出预期的产品或服务；项目利益相关者也不能终止他们为完成项目所承担的责任和义务，从而无法从项目的完成中获益。因此做好项目结束阶段的工作对项目的各参与方来讲都是非常重要的，项目相关各方的利益在这一阶段相对也存在较大的冲突。同时项目进入收尾期后项目成员的注意力常常已开始转移，加上这一阶段的工作往往又是烦琐零碎、费时费力的，容易被轻视和忽略，所以更需要特别强调其重要性。

2. 项目收尾的工作宗旨

理想的项目收尾方式应当是给予项目成果和为之付出努力的所有工作人员以明确的肯定，以使项目各参与方都能够感受到成功完成项目的喜悦与成就感，并都能从项目的完成中获得利益和经验。因此，那种在项目的结束阶段就把注意力和人力转向下一个项目，从而让当前项目的执行工作逐渐削弱并衰退的项目“自然死亡”方式是不可取的，这样做不仅剥夺了项目成员感受自己工作成果的机会和快乐，而且持续进行看不到成果的工作也会伤害他们的工作积极性。

所以，成功的项目应当以某种类型的庆祝活动作为结束，这种庆祝活动可以是非正式的，如工作完成后项目成员内部的庆祝晚宴；也可以是比较正式的，如有客户代表参加的庆功酒会等；如果是重要的大型项目，还可以举办有领导出席的隆重的庆典仪式和颁奖会，在会上向项目的执行者授予奖品和颁发荣誉证书，并通过新闻媒介进一步扩大项目的社会影响，这对项目相关各方都能起到很好的宣传和广告作用。

9.1.3 项目收尾应遵循的原则

由于项目进入收尾阶段后工作往往十分烦琐细碎而使人缺乏兴趣，同时一部分项目成员的注意力可能已经转移到新的项目上，而其他人则可能由于任务的结束而面临不确定的未来，产生失落或恐慌情绪，或者不愿意终止由此建立的个人地位和职业关系，因而不希望项目结束。这些情况可能使项目的结束工作遇到很多困难，因此需要一些行之有效的做法来保障项目妥善结束。

1. 完成计划内任务

结束一个项目首先要求做到完成所有列入目标计划的工作，获得所有必需的认可和批准，并对工作成果符合预期要求的程度做出评价。按部就班地完成项目进度计划表上的所有任务，并及时评价工作效果的满意度，对发生的各种偏差做出修正，是在项目进入结束阶段后一切工作都能井然有序地顺利收尾的保障。

2. 为项目收尾做详细计划

项目的收尾在某种程度上应当被当作一个独立进行的子项目来执行。应当召集所有未被调离的项目团队成员共同拟定一份详细的项目终止计划，对目标、活动及相关资源分配等做出合理的计划和安排，以顺利完成结束项目的任务。

建议制作一份列出所有已完成和应当完成工作的项目结束备忘录，以便对照检查为结束项目而需要的一切事项是否准备就绪。这些检查项应当包括：

（1）必须交付的产品或成果。

（2）必须通过的验收或测试。

（3）必须获得的认可或批准。

（4）必须编写的报表、报告或存档的其他书面材料。

（5）必须重新分配的项目资源。

（6）必须处理的其他行政事务。

项目结束备忘录上所列的每一个检查项的工作都应当明确分配到具体的责任人，以确保该项工作得到落实。

3. 保持团队稳定

项目进入结束阶段后，更需要采取措施保持项目团队情绪的稳定和精神的振作。可行的办法有：

（1）召集团队开会，重申大家成功完成整个项目的目标与使命，以及当前阶段工作的重要意义；重新明确每个人的任务，有针对性地做好团队成员的思想工作。

（2）不断使团队的注意力集中于最终成果的价值和重要性。

（3）密切监控项目结束阶段工作的执行情况，并向每位团队成员提供相关的反馈信息；加强成员间的及时沟通和交流。

（4）尽可能为每位项目团队成员做一份书面的员工绩效评估书，说明对于项目执行成果的获得，他个人付出的努力做出了怎样的贡献，他个人如何扩展了自己的经验和知识，还有哪些方面尚需改进和提高。这份评估书应归档并给当事人的直接上级主管提供备份。

（5）组织一些鼓舞人心的小型庆祝活动。

4. 做好保障工作

在开始着手结束项目之前，应当确保作为前提条件的各项先行工作都已就绪。事实上，在准备和执行项目计划时就应当为项目的结束预先奠定基础。在一开始的项目计划中就必须完整清楚地描述项目目标，并规定好所有相关的目标度量标准和规范。在项目的运行过程中，应当随时跟踪记录各项工作的进展以及内外部条件的变化情况，并保存好这些资料，以备在项目结束时作为收尾工作的参照依据和比较基数。同时，项目计划中应当包括项目的终止计划，为结束项目必须完成的所有工作都要明确地列入项目工作明细表中，并分配合理充分的时间、人力和资源。总之，周密制定并得到良好执行的计划是做好项目结束工作的保障。

5. 处理行政问题

为了结束项目，必须处理许多程序上或者法律上要求的行政问题。

（1）获得所有必需的认可或批准。项目结束之前，为了验证是否成功达到项目目标，所完成的工作成果必须接受必要的检验，通过各种相关的指标检查与性能测试，遵循所要求的标准并获取有关的证明，这样才能得到客户方的认可和接受。为顺利通过这些检验，需要做好充分的准备工作。

（2）调解矛盾冲突。项目结束阶段的工作密切关系到项目利益的最终实现，因此在这一时期，项目各参与方往往存在较大的利益冲突。同时，由于费用计划、工期计划、质量计划的要求以及项目结束工作自身的复杂性，在时间、人力、资金及其他资源的分配上都可能产生矛盾。这就需要随时调解因工作负荷或资源分配不当而产生的各种主观和客观上的矛盾与冲突，使项目的结束工作得以顺利进行。

（3）整理好有关的档案资料。项目执行过程中通常会留下大量的记录文件，形成项目档案。这些有形资料可能包括合同、计划、图纸、账目、报表、报告、文书、信函、单据、证书、工作日志、会议记录以及数据与程序等。项目档案既是项目结束时成果验收和质量保证的重要依据之一，也是项目移交、维护和后评价的重要原始凭证，在项目验收中起着十分重要的作用。对于大型项目，项目资料验收是项目竣工验收的前提条件，只有项目资料验收合格后，才能开始项目实体的竣工验收。因此，必须对这些文件资料进行清点、编目、立卷、归档，以方便随时调取和检索，为项目结束工作的顺利进行服务。

6. 做好人员管理工作

项目的所有工作都要靠人来完成，项目成员的工作态度和工作效率是决定项目执行成效的关键。因此，在项目结束阶段，必须使每一个团队成员都明确当前的目标与任务、自己的责任与权限，并帮助他们保持团结一致和工作热情。建议考虑以下的做法：

（1）感谢与表扬。对全体项目团队成员以及为项目的实施提供过帮助的人表示感谢，充分肯定他们为项目的完成所做的贡献，与他们分享成功完成项目的喜悦，对他们付出的努力给予热情的评价，最好能为每个人做出书面的绩效评估书，并将对他们的表扬通报给其直接上级主管。另外，应当公开与团队成员分享积极的反馈信息，而对工作中不足之处的批评与建议则应私下进行，并提出建设性意见以便今后改进。不论是召开会议还是与当事人进行私下谈话，随后都应当以书面文件的形式强化其效果以引起充分的重视。

（2）妥善安排人事变动。随着项目的结束，部分团队成员可能需要退出项目组织，这就需要帮助他们制定一个进度计划以实现平稳退出，确保他们完全履行项目内的重要义务，然后为他们安排或帮助他们联系新的项目。对剩余人员则要安排好各项事务和责任的交接，帮助他们尽快适应新的任务转换，实现人事的平稳过渡。可以考虑最后召开一次项目会议或颁布文件来宣布部分或全部项目工作关系的结束。

7. 宣布结束

在项目目标已经实现，项目全部计划任务都已完成后，向整个团队正式宣布项目结束（如可以采用庆祝活动的形式）是非常重要的，这可以让项目成员明确意识到自己的努力终于获得了结果，从而享受到成功的愉悦，并从中受到激励，增加自信。在一个小项目中，可能每个成员都很清楚项目何时结束以及所取得的成果，但对于一个大型、长期、涉及面广和结构复杂的项目来说，许多项目早期和中期的参与人员可能没有机会看到他们的工作最后产生的实际成果。所以，请务必花费一些时间让人们能了解到自己付出努力的实际意义，没有什么比这更能激发他们的积极性了，你将因此得到持续的和高品质的支持。

9.2 项目验收

项目验收是全面考核项目各项成果的一个重要环节。通过项目验收工作可以检查项目是否合乎规划计划（方案）中的各项要求，项目的目标是否达成，项目的各项成果是否满足标准。验收通过是项目成果转入运转使用阶段或能够发挥有效作用的一个重要标志。

9.2.1 项目验收概述

1. 项目验收的含义

项目验收又称项目范围确认或移交，是指项目结束或项目某一阶段结束时，项目团队将其成果交付给接收方以前，项目接收方会同项目团队、项目监理等有关方面对项目的成果进行审查，核查项目计划或合同规定范围内的各项工作或活动是否已经完成，应交付的成果是否令人满意。项目验收情况应记录在案，并经过验收各方的签字确认，形成文件。

2. 项目验收的意义

对项目成果或阶段性成果进行及时的验收，具有重要意义，主要表现为：可以转移项目建设的成果，实现项目成果的效益；可以总结经验教训，积累项目有关资料；使项目承担方与项目接收方终止各自的最终或阶段性权利、义务与责任，以获得各自的权益；对项目承担方进行鞭策与鼓励。

3. 项目验收的分类

根据项目的类型、验收的目的、验收的时段等因素，项目验收形成了按项目生命周期、按项目验收的范围、按项目的类型以及按项目验收的内容等几种分类方法。

（1）按项目生命周期，可分为合同期验收、中间验收和竣工验收。

1）合同期验收。项目承担者根据项目目标、范围、资源等编制出项目进度、质量、预算等计划文件，由项目业主对这些计划文件进行验收，再签订具有法律效力的合同，以此作为项目启动的依据和项目完成后进行评价的标准。

2）中间验收。它是指在项目实施过程中，由项目业主、项目承担者、监理部门等根据项目计划对项目实施进行跟踪检查，按照阶段性成果的里程碑进行时间、质量、资源、费用等因素的验收，以确保项目的过程质量、进度和费用基本在计划范围内。若存在项目变更，则应经过多方签字确认，方可生效。

3）竣工验收。它是指项目基本完成，在正式交付使用前，项目有关各方对项目的工作成果进行审查和验收，也是项目的总体验收。

（2）按项目验收的范围，可分为部分验收与全部验收，对于工程项目又可分为单项验收与整体验收。

1）部分验收。它是指项目在取得阶段性成果后，由项目接收方或其代理人对这一阶段成果进行检验。部分验收可以为总体验收奠定基础。一般由项目承担方向验收方发出验收申请，整理文件与技术资料，由验收单位按合同和各种相关标准进行验收。

2）全部验收。它是指项目全部完成以后，对取得的成果进行全面、综合的考核，以便为项目的终结做出合理的结论。所有的项目都要经过全部验收的环节。

（3）按项目的类型，主要可分为投资建设项目验收、生产性项目验收、研发项目验收、系统开发项目验收和服务性项目验收等。

（4）按项目验收的内容，可分为质量验收与资料验收。

4. 项目验收的范围与方法

（1）项目验收的范围。它是指项目验收的对象所包含的内容以及涉及的方面，即项目验收时，对验收对象的各个构成部分、相关的内容以及形成的无形成果进行验收。项目验收的范围依据项目合同、标准以及项目成果的实际状况确定。

（2）项目验收的方法。根据项目的类型、特征，项目验收方法主要有观测法、试生产法、试运行法、性能指标检验法以及技术指标、经济效益与社会效益考核法等多种验收方法。

5. 项目验收的结果

在项目验收完成后，对于符合合同条款及法律法规和项目目标规定的有关标准的项目，项目承担方与项目接收方需在标准的文件上签字确认。对于投资建设项目，一般在验收合格时要签署竣工验收鉴定书。竣工验收鉴定书表示项目已经竣工，是交付使用的依据。

项目竣工验收鉴定书的内容一般包括项目名称、地点、验收委员会成员、项目总说明、设计文件、成果鉴定（包括质量、成本与进度）、验收记录、验收结论等。

9.2.2　项目验收的依据与标准

1. 项目验收的依据

在项目验收时，主要根据有关标准和业主的目标，对项目的工作成果（包括实体成果和知识成果）进行验收。验收的对象就是项目的工作成果。其中知识性成果包括各种计划、管理报告以及技术设计与文件等。

2. 项目验收的标准

项目验收标准一般选用项目合同书，国际、国内的行业标准和有关政策法规，国际惯例等。验收标准应该具有权威性、科学性和公允性。

9.2.3　项目验收的组织与程序

1. 项目验收的组织

项目验收的组织是指对项目成果进行验收的组成人员及其组织，一般由项目承担方、项目接收方和项目监理人员构成，当然也可以邀请有关专家参加。对于一般的小型项目可以只由项目接收方验收，对于内部项目也可以由项目负责人或其上级部门验收。

对于投资建设项目，形成的验收组织一般包括投资方，银行，环保、劳动、消防等部门的人员。验收组织的主要职责有以下几个方面：

（1）审查预验收情况报告和移交报告。

（2）审查项目的各种资料，如可行性研究报告、规划设计文件、项目进展报告、总结报告、会议记录以及各种变更、协议与合同档案。

（3）对项目产生的各种成果的技术性能指标、运转、质量进行测评。

（4）处理交接验收过程中出现的有关问题。

（5）核定移交项目的清单，签发验收证书。

（6）提交验收工作总结报告。

2. 项目验收的程序

根据项目的类型、大小，项目验收工作的程序会有所不同，但一般应包括以下过程：

（1）验收的前期准备。主要包括细致的收尾工作、项目验收材料的准备、自检和提出验收申请几个过程。

（2）验收方的正式验收工作。主要包括成立验收组织、材料验收、现场实际验收、正式验收。若验收通过，则签发验收合格文件，办理项目成果移交。

9.2.4　项目验收的内容

项目验收包括项目质量验收和项目文件验收等内容。

1. 项目质量验收

项目质量验收是依据项目合同中的质量条款和指标要求，遵循相关的质量检验评定标准，对项目完成的质量情况进行测试、评定、认可和办理验收交接手续的过程。质量验收是项目接收方控制项目成果最终质量的手段，也是项目实体验收的最重要内容。

在复杂项目中，项目质量验收其实是贯穿整个项目实施过程的。随着项目进度的逐步推进，就要根据工作任务分解结构和质量规划对每一项已完成目标进行单个的评定和验收，然后对各项验收结果做出汇总统计，形成上一级目标的质量结果。在项目的结束阶段，质量验收的过程就是对项目实施阶段质量检验产生的每项结果进行汇总、统计、澄清，从而得出最终的项目整体质量结果。

项目质量验收的直接成果是产生质量验收评定报告和项目技术资料。项目成果每一个测评项的评定记录经汇总而成的项目技术资料，是项目档案的重要组成部分。

2. 项目文件验收

项目在执行过程中会形成各种形式的文件资料，包括合同、计划、图纸、账目、报表、报告、文书、信函、单据、证书、工作日志、会议记录以及数据与程序等。项目文件是项目结束时成果验收和质量保证的重要依据之一，也是项目移交、维护和后评价的重要原始凭证，在项目验收中起着十分重要的作用。因此，必须对其进行清点、编目、立卷、归档，以方便调取、检索和长久保存。另外，这些文件都是项目留下的宝贵财富，对以后的类似项目有重要的借鉴价值，其中的经验与教训可供后续项目执行时参考，还可为改进今后的工作提供依据。

对于大型项目，项目文件验收是项目竣工验收的前提条件，只有项目文件验收合格后，才能开始进行项目的实体成果验收。项目文件验收的范围主要有：

（1）项目启动与计划阶段的文件：项目可行性研究报告及相关附件；项目方案及论证报告；项目前评估与决策报告；项目计划资料（包括项目进度计划、质量计划、费用计划、资源计划）。

（2）项目执行阶段的文件：全部项目采购合同的招标书和投标书；全部项目供应商资料；全部合同变更文件，包括现场签证和设计变更等；项目质量记录、会议记录、备忘录、各类通知等；项目进度报告；各项变更控制申请及签证；现场环境报告；事故调查及处理情况；各种实验、检验的证明、报告等。

（3）项目结束阶段的文件：项目竣工报告及竣工图；项目质量验收报告；项目后评价资料等。

项目资料的交验方应按合同条款有关资料验收的范围及清单进行自检和预验收，再由接收方分项逐一进行查验、清点、立卷、归档。对验收时认为不合格或有缺陷的科目要通知责任方弥补或改正。验收合格后交接双方要在项目资料验收报告上共同签字确认。

项目资料验收的结果是形成项目资料档案和项目资料验收报告。

3. 项目费用决算

项目费用决算是对项目从开始筹备工作到结束交付成果整个生命周期内实际投入的全部费用的计算和确定。一般由项目业主编制，所需的资料由项目管理组织提供。

项目费用决算通过项目决算来完成。项目决算的依据主要是合同规定、有关变更条款和费用结算资料。决算的结果是形成项目决算书，经项目各参与方共同签字后作为项目验收的核心文件。项目决算书包括文字说明和决算报表两部分。文字说明部分主要包括项目概况、预算计划、计划执行情况、各项技术经济指标的完成情况、成本和投资效益分析、所获经验及存在问题、有关意见和建议等。决算报表包括项目概况表、财务决算表、交付使用资产总表、交付使用资产明细表等。

9.2.5 项目清算与交接

1. 项目清算

尽管项目各参与方无不希望项目能够成功实现目标，但仍应清醒地认识到项目确实存在失败的可能。由于种种原因，某些项目可能在未完成时就被迫终止，这种情况下就要以清算方式来结束项目。项目清算是项目结束的另一种结果和方式，是对失败的、无果而终的项目的终止程序，相对于正常的项目结束而言是非正常的项目终止过程。

导致项目清算的原因与条件包括但不仅限于以下内容：

（1）项目概念阶段决策失误。

（2）项目规划阶段设计中出现技术方向性错误。

（3）项目实施过程中出现重大质量事故，项目继续运作的经济或社会价值基础已经不复存在。

（4）项目实施管理中存在严重问题导致项目任务无法完成或目标价值无法有效实现。

（5）虽然项目顺利地进行了交接，但在项目试运行过程中发现项目的技术性能指标或经济效益指标无法达到项目概念设计时的标准，项目的经济或社会价值无法实现。

（6）因为资金近期无法到位并且无法确定可能到位的具体期限，项目出现烂尾。

项目清算主要以合同为依据。对于中途清算的项目，项目业主应该依据合同中的有关条款，成立由各项目参与方联合参加的项目清算工作小组，依合同条件进行责任确认、损失估算、索赔方案拟定等事宜的协商。协商达成协议后形成项目清算报告，由合同各方联合签证生效。协商不成则按合同约定将问题提交仲裁解决，或考虑向有管辖权的法院提起诉讼。

2. 项目交接

项目交接是指在项目完成和通过验收之后，项目业主与项目承揽方之间进行项目成果所有权移交的过程。项目通过成果验收是项目交接的前提。项目所有权移交标志着双方项目承揽合同关系的正式结束，当然这并不排除依据合同的约定，项目承揽方在今后一定时期内仍需负有提供支持服务与保修的责任。

项目交接的范围包括全部项目实体成果和完整的项目档案资料、项目合格证书、项目产权证书等。项目交接应当依照合同约定进行，移交和接收双方在核查完毕合同所要求的全部交接范围和内容之后，履行相关项目交接手续，制作项目交接报告并签字确认。

9.3 项目后评价

项目结束阶段的最后一项也是非常重要的一项工作是项目后评价。项目后评价的目的是评估项目绩效，以确定项目是否达到预期收益，并对项目的实施情况进行总结和分析，从中获取宝贵的经验教训，为后续的项目提供参考和借鉴，以期重复成功的实践，避免可能的错误。项目后评价是项目生命周期中一个不可缺少的重要环节，对项目价值的真正实现具有重要的意义。实施良好的项目后评价，才算是为项目的完全结束画上了圆满的句号。项目后评价和项目选择与确定阶段的项目前评估相对应。

9.3.1 项目后评价概述

1. 项目后评价的概念

（1）项目后评价的含义。项目后评价是相对于项目前评估（即项目论证）而言的，通常在项目完成以后、生命周期结束之前进行。项目后评价是指对已经完成项目的目的、执行过程、效益、作用和影响进行的系统、客观的分析。通过对项目活动实践的检查总结，确定项目预期的目标是否达到，项目是否合理有效，项目的主要效益指标是否实现，通过分析评价找出项目成败的原因，总结经验教训。通过及时有效的信息反馈，可以为未来新项目的决策和提高决策水平提出建议，同时为项目运营中出现的问题提出改进建议，从而达到提高投资效益的目的。

（2）项目后评价的对象。主要包括项目效益后评价和项目管理后评价。

项目效益后评价是在项目完成后对项目投资经济效益、环境影响以及社会影响进行的再评价。它是根据项目运营后的实际数据资料重新计算项目的各项经济数据指标、环境参数、社会贡献，同项目前评估时预测的有关效果值进行对比，从而对项目的实际投资效果做出评价，并分析产生偏差的原因，从中总结经验教训，供以后相关项目决策时参考和借鉴。

项目管理后评价是在项目实施工作结束后，通过对项目实施过程实际情况的分析研究，全面总结项目管理的经验和教训，对投资者的表现、借款人的表现以及项目执行机构的表现进行评价，为改进今后的管理工作服务。

（3）项目后评价与项目论证的区别。项目论证的目的是确定项目是否可以立项或建设，主要应用预测技术和方法来分析评价项目未来的效益，以确定项目是否可行。项目后评价则是在项目建成后，总结项目的准备、实施、完工和运营，并通过预测对项目的未来进行新的分析和评价，其目的是总结经验教训，以改进决策和管理服务，主要采取对比的方法。

2. 项目后评价的特点

（1）独立性。标志着项目后评价的合法性。项目后评价应从项目利益相关者以外的机构或个人出发，独立进行，特别是要避免项目投资者和管理者自己评价自己的情况出现。独立性应贯穿项目后评价的全过程，即从项目的选定、计划的编制、任务的委托、评价者的组成到评价过程的执行和评价报告的撰写。

（2）公正性。标志着项目后评价的信誉，即避免在发现问题、分析原因和得出结论时做出不客观的评价。公正性也应贯穿项目后评价的全过程。

（3）全面性。项目后评价是对项目实践的全面评价，是对项目立项决策、设计与实施、生产运营等全过程进行的评价，包括经济效益、社会影响、环境影响以及项目综合管理等方面。

（4）反馈性。项目后评价的结果需要及时反馈到决策部门，作为新项目的立项和评估基础，以及调整投资规划和政策的依据。

（5）实用性。项目后评价以实际情况为基础，应该具有针对性强、文字简练明确、具体的特点。

9.3.2 项目后评价的主要内容

1. 项目后评价的内容变化沿革

项目后评价的内容经历了一个渐进式发展的过程。20 世纪 60 年代以前，国际上项目后评价的重点是财务分析，以财务状况的好坏作为衡量项目成败的主要指标。随着项目观念的推广普及和人们价值衡量观念的改变，纯粹的微观经济效益在项目中的决定性地位有所动摇，特别是当项目不以盈利为主要目的时，比如能源、交通、通信等基础设施类项目，这些项目对国民经济的长远发展贡献巨大，而直接财务效益远不如工业生产类项目。为此，国民经济评价的概念开始引入项目后评价。70 年代前后，世界经济发展带来的严重环境污染问题引起了人们的广泛重视，各国纷纷颁布环保法规，根据立法的要求，项目后评价又增加了环境评价的内容。此后，随着社会文化的发展和大量福利性项目的出现，项目的社会作用和影响日益受到投资者关注，社会影响评价开始成为投资活动评估和评价的重要内容之一。此外，近年来管理科学备受重视，人们在实践中已经认识到项目的组织机构和管理机制的科学性是影响项目成败的重要因素之一，这使得对项目管理工作的评价也成为项目后评价的重要组成部分。综上所述，发展至今，项目后评价的内容主要包括经济、环境、社会和管理四个方面。

2. 项目后评价的内容

基于现代项目后评价理论的发展，项目后评价的基本内容如下。

（1）项目目标后评价。该项评价的任务是评定项目立项时各项预期目标的实现程度，是项目后评价所需完成的主要任务之一。因此，项目后评价要对照原定目标预定的各项主要完成指标，检查项目实现的实际情况和有关变更，分析偏差产生的原因，以判断目标的实现程度。描述项目目标的指标应当在项目立项时就已经确定，指标一般应可量化。大型项目通常还包括宏观目标，即对地区、行业或国家经济社会发展的影响和作用。

项目目标后评价的另一项任务是要对项目原定决策目标的正确性、合理性和实践性进行分析评价。有些项目原定的目标不明确，或者不符合实际情况，或者遇到政策变化或市场变化，项目实施过程中可能会发生重大变更，对此项目后评价要给予重新分析和评价。

（2）项目效益后评价。项目效益后评价即财务评价和经济评价，其主要评价内容和项目论证类似，主要分析指标仍是反映项目盈利能力和清偿能力的指标。但项目论证采用的是预测值，项目后评价则对已发生的财务流量和经济流量采用实际值，并按统计学原理加以处理，对后评价时点以后的流量做出新的预测。项目后评价以项目投入运营后实际取得的效益值及隐含在其中的技术影响为基础，重新测算项目的各类经济数据，得到相关的投资效果指标，然后与项目前评估时预测的有关经济效果值进行对比，分析偏差情况及其原因，总结经验教训，从而为提高项目的投资决策和管理水平服务。

（3）项目影响后评价。主要包括经济影响后评价、环境影响后评价、社会影响后评价。

1）经济影响后评价。主要从整体角度分析考察项目对所在地区、所属行业和国家产生的经济方面的效益影响。做经济影响后评价要注意与项目效益后评价中的经济分析区别开来，评价的内容要包括对国内资源成本、技术进步、分配、就业等宏观环境的贡献和影响。由于经济影响后评价一般难以量化，只能做定性分析，有的国家和组织把这部分内容列入社会影响后评价的范围。

2）环境影响后评价。环境影响后评价是对照项目论证时批准的环境影响报告书，重新审查项目环境影响的实际结果，包括项目环境管理的决策、制度、规范、参数的可靠性和实际效果。实施环境影响后评价要遵守所在国家和地方环保法规的规定，由于各国环保法规的规定细则多有不同，环境影响后评价的内容也相应有所区别，但一般都包括项目的污染控制、地区环境质量、自然资源利用和保护、区域生态平衡和环境管理等几个方面。另外，对有可能发生突发性事故的项目，还要做出环境影响的风险预测分析。

3）社会影响后评价。社会影响后评价是从促进社会发展的角度，对项目在当地所产生的有形和无形的社会效益的一种判断和分析，重点评价对象是项目对其所在地区和社区的各项社会发展目标的直接和间接影响。社会影响后评价一般包括贫困、发展、平等、就业、参与、妇女和可持续发展等方面的内容。

(4) 项目可持续性后评价。项目的可持续性是指在项目的资金投入全部完成之后，项目的既定目标是否还能继续实现，项目是否可以持续地发展下去，项目业主是否可能依靠自己的力量独立地实现既定目标，项目是否具有可重复性，即是否可在将来以同样的方式建设同类项目。可持续性后评价可作为项目影响后评价的一部分，但在许多福利和援助项目中，项目的可持续性被视为判定项目成败的关键之一，因此要求项目在评估和评价中进行单独的可持续性分析和评价。评价因素一般包括：本国政府的政策；管理、组织和地方参与；财务因素；技术因素；社会文化因素；环境和生态因素；其他外部因素等。

(5) 项目管理后评价。项目管理后评价是以项目目标和效益后评价为基础，结合其他相关资料，对项目整个生命周期中各阶段的管理工作进行评价。其目的是通过对项目各阶段管理工作的实际情况进行分析研究，做出比较和评价，了解目前项目管理工作的水平并通过总结经验教训使之不断改进和提高，为更好地完成以后的项目目标服务。项目管理后评价包括项目过程后评价、项目综合管理后评价以及项目管理者后评价。

9.3.3　内部项目后评价

1. 含义

项目完成后为评估项目绩效及总结经验教训，项目的实施者应当组织进行内部项目后评价。对于大中型项目来说，内部项目后评价是独立项目后评价的先行阶段；而对于不需要进行独立项目后评价的小型项目，内部项目后评价就是项目管理者总结项目经验和改进工作的主要手段。

2. 内部项目后评价的主要工作方式

内部项目后评价的主要工作方式是召开会议。会议议程应当包括如下主题：

(1) 技术绩效。最后的工作范围与项目初期的工作范围的比较结果是什么？有何变更？变更文件与批准行动处理是否得当？变更对项目成本和进度计划有什么影响？工作范围是否全面实现？项目工作和交付成果的完成质量如何？是否符合预期或期望？

(2) 成本绩效。最终的实际项目成本与原始项目预算和项目范围变更后最新预算的比较结果如何？项目是否在预算范围内完成？项目实施者是获利还是亏损？有没有突出的节约或者超支事项？是什么原因造成的？

(3) 计划绩效。项目实际进度计划和原始进度计划的比较结果如何？提前或延期的原因何在？每一项工作进度计划的完成绩效怎样？项目周期预算是否现实可行？

(4) 项目计划与控制。项目计划是否足够详细？是否对变更进行了及时更新？实际绩效与计划绩效是否定期比较？有关实际绩效的资料收集是否准确及时？项目管理是否定期应用了项目计划和控制系统？该系统是否被用来为决策提供参考？

（5）业主联系。是否在项目执行过程中保持了与业主的联系？是否实行了业主参与工作？是否定期征求业主对项目进程和工作的满意度？是否与业主定期会谈，及时通知对方潜在的问题，并邀请其参与解决问题的过程？

（6）团队联系。项目团队的合作情况如何？有无良好的团队观念和共同使命感？有无阻碍团队合作的情况？如果有，应该怎样解决？

（7）沟通与交流。项目团队对项目执行现状和潜在的问题是否能够及时了解并掌握？项目环境是否有助于公开、坦诚、及时的交流？项目会议是否有成果？项目团队内部以及团队与外部各方之间的沟通是否不够充分？

（8）识别与解决问题。项目实施中出现的问题是否能够被及时识别和解决？是否具备有效的机制使项目成员及早识别潜在问题？问题解决的方法是否合理全面？

（9）经验总结与建议。基于团队讨论和以上各方面的评估，可以总结出哪些经验？可以提出哪些对于未来项目绩效改善有帮助的建议？

在内部项目后评价会议结束之后，项目负责人应当及时向每一个应当获知的单位和个人分发记录会议成果的书面材料，以使项目绩效得到明确，有关建议得到充分重视。内部项目后评价工作结束后要特别注意经验的吸取和信息的反馈。

9.3.4 独立项目后评价

1. 含义

重要或大型、复杂的项目往往要求进行独立项目后评价，即项目后评价任务由独立或相对独立的专业咨询评价机构来完成。独立项目后评价有全面、系统、专业、客观、公正的特点，评价者不仅要对项目进行效益分析，结合项目的投入、建设成本、实施内容和财务经济结果分析评价项目的实际绩效，对项目进行效应分析，对照项目目标，从建设内容、财务效益、机构发展及其他相关政策方面分析项目的实际作用和后果，还要对项目进行宏观分析，从项目目标相关的各个方面特别是国家和行业产业政策、发展方向等角度，评价项目目标是否符合这些方针政策，对其有什么贡献和影响。评价结果要及时报告给任务委托方。

独立项目后评价的基本思路是：通过阅读文件资料和现场调查，对照项目原定的目标和指标，找出项目实施过程中的变化、问题及其影响；通过对变化和问题的分析，找出内部和外部的原因；通过对原因的分析，提出对策和建议；通过全面总结，找出可资借鉴的经验教训。

2. 独立项目后评价的实施步骤

（1）接受委托，明确任务。独立项目后评价委托方应以委托任务书或其他形式，正式委托独立的咨询机构实施独立项目后评价。委托书必须目的明确，一般都有确定的评价范围、工作内容、时间要求和经费来源。委托方同时要通知被评价项目实施者独立项目后评价任务的下达。

（2）制定工作计划。评价者根据委托书的要求，按照确定的评价时点和内容，编制工作计划和费用预算，确定独立项目后评价负责人，并与项目业主联系，必要时可以参与项目自我评价报告的编写。

（3）成立专家组。独立项目后评价任务一般需要成立一个专家组来完成。专家的选择必须考虑专业知识、评价经验和独立性，特别是专家组组长应由与被评价项目没有直接关系的人担任。

（4）收集资料。专家组成立后应立即着手收集与项目有关的信息和资料，收集的主要资料包括：项目可行性研究报告及其评估报告，初步设计文件，项目开工报告，概算调整报告，竣工验收报告，项目运营的主要财务报表等。

（5）编制调查提纲。专家组在认真阅读文件资料的基础上仔细研究项目自我评价报告，列出项目需要进行调查的内容，并根据委托任务的要求和编写独立项目后评价报告的需要，准备好现场调查提纲。

（6）现场调查。根据现场调查提纲，专家组赴项目实地了解情况，查找问题，分析原因。项目执行者、财务及管理人员和设计单位应予以配合协助。

（7）形成专家组意见。在现场调查完毕后应及时讨论形成专家组意见，特别是对有关重大问题应达成共识，但允许保留并记录不同意见。专家组要形成对项目整体评价的结论，所提出的意见应作为独立项目后评价报告的重要附件。

（8）编写独立项目后评价报告。独立项目后评价报告根据调查结果和专家组意见，按照规定格式和要求编写。初稿形成后，一般要征求独立项目后评价委托方的意见，以确定是否满足委托方的要求，并按照委托方的意见进行进一步补充和修改。

（9）报告和反馈。独立项目后评价报告做出后应在规定的时间内及时上报，并根据成果信息反馈的需要，经委托方同意，尽快传送到各有关单位和部门。

9.3.5　项目后评价的方法

国际上通用的项目后评价方法主要有统计预测法、对比方法、逻辑框架法、定性分析与定量分析相结合的方法以及成功度评价方法等。其中定性分析与定量分析相结合的方法与本书第 4 章中的方法类似，本章不再介绍。

1.　统计预测法

项目后评价包括对项目已发生事实的总结和对项目未来发展的预测，项目后评价的总结与预测是以统计学和预测学原理为基础的活动。

（1）统计原理方法。主要包括统计调查、统计资料的整理和统计分析。

1）统计调查。即统计资料的收集，主要有直接观察法、报告法、采访法和调查对象自填法。

2）统计资料的整理。主要有资料的检查、分组分类与汇总。

3）统计分析。主要有分组法、综合指标法、动态数列法、指数法、抽样和回归分析法、投入产出法等。综合指标包括总量指标、相对指标、平均指标和标准变动度等。这些方法可阅读有关书籍获取。

（2）预测原理方法。主要包括原则、方法和步骤。

1）原则。主要有惯性原则、类推原则、相关原则和概率推断原则。

2）方法。主要有回归预测、趋势预测、投入产出预测和专家调研预测等。

3）步骤。具体为预测因素分析、收集和审核资料、绘制散点图、选择数学模型和预测方法、检验预测技术的适用性、预测并选定预测值等。

2. 对比方法

项目后评价方法中有前后对比和有无对比两种对比方法。前后对比法（before and after comparison）主要是将项目前期可行性研究的预测结论与项目的实际运行结果相比较，以发现变化和分析原因。有无比较法是指将项目实际发生的情况与无项目时可能发生的情况进行对比，以衡量项目的真实效益、影响和作用。对比的重点是要分清项目自身的影响与项目以外因素的影响。

3. 逻辑框架法

（1）逻辑框架法（logical framework approach，LFA）的含义。该方法是用一张简单的框图来清晰地分析一个复杂项目的内涵和关系，将几个内容相关、必须同步考虑的动态因素组合起来，通过分析其中的关系，从设计、策划、目的、目标等角度来评价项目。该方法的核心是事物的因果逻辑关系。

LFA 通过对项目设计的清晰描述，更清楚地了解项目的目的和内容，从而改进和完善项目的决策立项、项目准备和评估程序。LFA 立足于项目的发展和变化，把项目管理的诸多因素相融合，进行综合分析。

（2）LFA 的基本模式是一个 4×4 的矩阵，如表 9-1 所示。

表 9-1　LFA 的基本模式

层次划分	客观验证指标	验证方法	重要外部条件
目标	目标指标	检测和监督手段及方法	实现目标的主要条件
目的	目的指标	检测和监督手段及方法	实现目的的主要条件
产出	产出物定量指标	检测和监督手段及方法	实现产出的主要条件
投入	投入物定量指标	检测和监督手段及方法	落实投入的主要条件

LFA 通过项目目标的结果来判断项目管理水平，通过实践学习，进行全面的系统分析和因果关系分析。

（3）LFA 的层次和逻辑关系。

1）层次划分。LFA 将目标及因果关系划分为四个层次，即目标、目的、产出、投入。

2）垂直逻辑关系。分为三级：第一级是直接资源投入与直接成果产出的关系；第二级是项目产出与中观环境的关系；第三级是项目产出与宏观环境的关系。

3）水平逻辑关系。各层次目标应尽可能有客观、可度量的验证指标，包括数量、质量、时间及人员。在项目后评价时，一般每项指标应包括原来预测值、实际完成值、预测和实际间的变化和差距。验证方法主要包括资料来源和验证所采用的方法。重要的假设条件主要是有关项目外部的一些风险识别与分析，如自然环境、政策环境、管理体制以及资源条件等。

4）问题树和目标树。对问题的分析可以用一棵树的模型来进行图示，而问题的解决是项目的目标，因此可以与问题树一一对应建立目标树。问题树和目标树是编制 LFA 结构的基础。目标树的建立可以分为问题分析和目标分析两个过程。问题分析的步骤是：记录下所有问题，选择核心问题，在核心问题下列出问题的直接原因，在核心问题下列出问题的直接效果，在直接原因下和直接效果下列出间接原因和间接效果。在目标分析中要确定总目标和分目标，确定目标的层次结构，列出达到各个目标的手段。

4. 成功度评价方法

（1）含义。成功度评价方法是指依靠评价专家或专家组的经验，综合项目后评价各项指标的评价结果，对项目的成功程度做出定性的结论。该方法以逻辑框架法分析的项目目标的实现程度和经济效益分析的评价结论为基础，以项目的目标和效益为核心进行全面系统的评价。

（2）项目成功度的标准。项目后评价的成功度可分为五个等级：

1）完全成功的。项目的各项目标都已全面实现或超越；相对成本而言，项目取得了巨大的效益和影响。

2）成功的（A）。项目的大部分目标已经实现；相对成本而言，项目达到了预期的效益和影响。

3）部分成功的（B）。项目实现了原定的部分目标；相对成本而言，项目只取得了一定的效益和影响。

4）不成功的（C）。项目实现的目标非常有限；相对成本而言，项目几乎没有产生什么正效益和影响。

5）失败的（D）。项目的目标是不现实的，无法实现；相对成本而言，项目不得不终止。

（3）项目成功度的测定步骤和方法。项目成功度评价表如表 9－2 所示，其中包括评价项目及其主要指标。在评价具体项目的成功度时，并不一定要测定表中所有指标，也可以重新设定指标。评价人员首先要根据具体项目的类型和特点，确定表中指标与项目相关的程度，把它们分为重要、次重要和不重要三类，在表中第二列（相关重要性）填注。对不重要的指标不用测定，只需要测定重要和次重要的项目内容，一般的项目实际需要测定的指标在 10 项左右。

表9-2　　项目成功度评价表（英国海外开发署1995年制定）

项目实施评价指标	相关重要性	成功度
经济适应性（economic liberalization）		
扩大生产能力（enhancing productive capacity）		
管理水平（good governance）		
对贫困的影响（poverty impact）		
人力资源：教育（human resource：education）		
人力资源：健康（human resource：health）		
人力资源：儿童（human resource：children）		
环境影响（environmental impact）		
对妇女的影响（impact upon women）		
社会影响（social impact）		
制度影响（institutional impact）		
技术成功度（technical success）		
进度控制（time management within schedule）		
成本控制（cost management within budget）		
项目辅助条件（adherence to project conditions）		
成本-效益分析（cost-effectiveness）		
财务回报率（financial rate of return）		
经济回报率（economic rate of return）		
财务持续性（financial sustainability）		
机构持续性（institutional sustainability）		
项目总持续性（overall sustainability）		
项目总成功度（overall success）		

在测定各项指标时，采用打分制，即按上述评定标准的2）至5）四级分别用A，B，C，D表示。通过指标重要性分析和单项成功度结论的综合，可得到整个项目的成功度指标，也用A，B，C，D表示，填在表格最后一行（项目总成功度）的成功度栏内。

在具体操作时，项目后评价组成员每人填好一张表格后，对各项指标的取舍和等级进行内部讨论，或经必要的数据处理，形成评价组的成功度评价表，再将结论写入评价报告。

9.3.6　项目后评价报告

项目后评价报告是项目后评价结果的汇总。该报告应该客观分析问题，真实反映实际情况，认真总结经验与教训，预测项目未来的发展。

1. 项目后评价报告的编写要求

项目后评价报告具有相对固定的格式，一般应符合以下要求：

（1）报告条理清晰，文字准确，尽可能使用通用的词汇。

（2）报告一般包括摘要、项目概况、评价内容、主要变化和问题、原因分析、经验教训、结论和建议、评价方法说明等。

（3）报告的发现和结论要与问题和分析相对应，经验教训和建议要把评价的结果同将来规划和政策的制定与修订联系起来。

2. 项目后评价报告的内容

项目后评价报告一般包括项目背景、实施过程评价、效果评价、结论和建议等部分。

（1）项目背景。主要包括项目目标和目的、项目建设内容、项目工期、项目资金来源与安排、项目后评价。

1）项目目标和目的。简单描述立项时对该项目的需求情况和立项的必要性，项目的宏观目标，与国家、部门或地方产业政策、布局规划和发展策略的相关性，建设项目的具体目标和目的，市场前景预测等。

2）项目建设内容。项目可行性研究报告和评估提出的主要产品、运营或服务的规模、品种、内容，项目的主要投入和产出，投资总额，效益测算情况，风险分析等。

3）项目工期。项目原计划工期，实际发生的可行性研究批准、开工、完工、投产、竣工验收、达到设计能力以及进行项目后评价的时间。

4）项目资金来源与安排。项目批复时所安排的主要资金来源、贷款条件、资本金比例以及项目全投资加权综合贷款利率等。

5）项目后评价。项目后评价的任务来源和要求，项目自我评价报告的完成时间，项目后评价的程序，项目后评价的执行者，项目后评价的依据、方法和评价时点。

（2）实施过程评价。实施过程评价应简单说明项目实施的基本特点，对照可行性研究和评估找出主要变化，分析变化对项目效益影响的原因，讨论和评价这些因素及影响。有时还要就变化对有关政策可能产生的影响进行分析。

1）设计。评价设计的水平、项目选用的技术装备水平，特别是规模的合理性。对照可行性研究和评估，找出并分析项目设计重大变更的原因及其影响，提出在可行性研究阶段预防这些变更的措施。

2）合同。评价项目的招投标、合同签订、合同执行和合同管理方面的实施情况，涉及工程承包商、设备材料供应商、工程咨询专家和监理工程师等。对照合同承诺条款，分析和评价合同实施中的变化和违约及其对项目的影响。

3）组织管理。组织管理的评价包括对项目执行机构、业主和投资方三者在项目实施过程中的表现和作用的评价。如果项目执行得不好，评价时就要认真分析相关的组织机构、运作机制、管理信息系统、决策程序、管理人员能力、监督检查机制等因素。

4）投资和融资。分析项目总投资的变化，找出变化的原因，分清是内部原因还是外部原因，分析投资变化对项目效益的影响程度。评价要认真分析项目主要资金来源和融资成本的变化，讨论原因及影响，重新测算项目的全投资加权综合贷款利率，作为项目实际财务效益的对比指标。如果政策性因素占主导，应对这些政策的变化提出意见、对策和建议。

5）项目进度。对比项目计划工期与实际进度的差别，包括项目准备期、施工建设期和投产达产期。分析工期延误的主要原因及其对项目总投资、财务效益、贷款偿还和产品市场占有率的影响，同时还要提出今后避免进度延误的措施和建议。

6）其他。包括银行资金的到位和使用，有关技术援助、贷款协议的承诺或违约，借款人和担保者的资信等。

（3）效果评价。效果评价应分析项目所能达到和实际实现的结果，根据项目运营和未来发展以及可能实现的效益、作用和影响，评价项目的成果和作用。

1）项目运营和管理评价。根据项目后评价时的运营情况，预测出未来项目的发展，包括产量、运营量等。对照可行性研究和评估的目标，找出差距，分析原因。分析评价项目内部和外部条件的变化和制约条件，如市场变化、体制变化、政策变化、设备设施的养护、管理制度、管理水平、技术人员和熟练工的短缺、原材料供应、产品运输等。

2）财务状况分析。根据上述项目运营及预测情况，按照财务程序和财务分析标准，分析项目的财务状况，主要应评价项目债务的偿还能力和维持日常运营的财务能力。可能时还应分析项目的资本构成、债务比例，以及需要投资者、政府和其他方面提供的政策和资金，如资本重组、税收优惠、增加流动资金等。

3）财务和经济效益的重新评价。一般的项目在项目后评价阶段都必须对项目的财务效益和经济效益进行重新测算，用测算结果与可行性研究和评估时的指标进行对比分析，找出差别和原因；还要与项目后评价计算的项目全投资加权综合贷款利率相比，确定其财务清偿能力。同时，根据未来市场、价格等条件，进行风险分析和敏感性分析。

4）环境和社会效果评价。这部分评价的关键是项目对受益者产生了什么样的影响，一般应评价项目的经济、文化、环境影响和污染防治等，如人均收入、就业机会、移民安置、社区发展、妇女地位、卫生与健康、扶贫开发、自然资源利用、环境质量、生态平衡、污染治理等。

5）可持续发展。项目的可持续性主要是指项目固定资产、人力资源和组织机构在外部投入结束之后持续发展的可能性。评价应考虑以下因素：技术装备与当地条件的适用性；项目与当地受益者及社会文化环境的一致性；项目组织结构、管理水平、受益者参与的充分性；维持项目正常运营、资产折旧等方面的资金来源；政府为实现项目目标所承诺提供的政策措施是否得力；防止环境质量下降的管理措施和控制手段的可靠性；对项目外部地域、经济及其他不利因素防范的对策措施。

（4）结论和建议。项目后评价报告的最后一部分内容是项目的综合评价与结论、经验教训、建议和措施等。

1）项目的综合评价与结论。综合评价应汇总以上报告内容，得出项目实施和成果的定性结论。要做出项目的逻辑框架，评价项目的目标合理性、实现程度及其外部条件。同时还要列出项目主要效益指标，评价项目的投入产出结果。在此基础上，做出成功度的定性评价，一般可分为成功、部分成功和不成功三个等级。

2）经验教训。经验教训包括项目具有自身特点的重要收获和教训，以及可供其他项目借鉴的具有共性的经验教训，特别是可供项目决策者、投资者、业主和执行者在项目决策、程序、管理和实施中借鉴的经验教训，目的是为未来项目服务。

3）建议和措施。根据项目存在的问题、评价结论和经验教训，提出相应的建议和措施。

9.4　示例：某企业集成产品开发管理体系建设

某企业是国际领先的工程机械制造公司，企业总部及下属控股子公司现有 1 万余名员工，主营业务收入超过 100 亿元。然而企业面临老国有企业的所有问题，在技术创新和产品研发方面存在六大类 12 个问题。

9.4.1　六大类问题

（1）研发战略与产品定位问题。

（2）研发过程管理与控制问题。

（3）研发管理模式与组织模式问题。

（4）研发人才成长环境问题。

（5）研发知识和资源的充分利用问题。

（6）研发管理工具和平台不足问题。

9.4.2　12 个问题

（1）企业主机产品定位不清。

（2）缺乏技术与元部件研发战略。

（3）研发过程中关键环节缺失或严重不足。

（4）产品研发过程缺乏有效的项目管理体系和手段。

（5）现有的研发组织结构与研发战略不匹配。

（6）研发人员供给不足，企业没有给研发人员的职业发展提供正确引导。

（7）研发人员的科研成果难以得到应有的承认和尊重，研发队伍不稳定。

（8）企业缺乏研发与技术管理人才的培养机制，人才储备不能满足企业发展的需要。

（9）研发绩效考核环节不合理。

（10）企业研发资源的管理和利用不充分。

（11）先进的研发设计方法和设计理念应用较少。

（12）研发相关工具和设备投入不足。

9.4.3 解决问题的主要措施

(1) 根据企业整体战略发展的需要，企业集成产品开发（IPD）管理体系建设项目组对企业及其分公司、子公司各个层面的人员、产品生命周期价值链上相关各环节部门、渠道及最终用户等相关人员，进行了深入、详细和全面的调研，并对国外竞争对手的产品特征和竞争力进行了深入的分析和研究，参照企业整体战略要求，制定了产品战略，改变了当前产品线良莠不齐的混乱局面，使企业能将优势研发力量集中在最有市场前景的产品上。

(2) 在产品战略的指导下，项目组在企业的统一组织结构和管理指挥线的框架下，参照国际先进的IPD模式构建了研发管理模式与研发组织结构，并建立了具体的管理制度和保障体系。

(3) 根据企业产品和市场的特点，把产品分为全新产品、系列新产品、换代产品、技术研发产品等，并分别建立了各自完整的IPD流程，流程全面、详细地定义了各类产品开发的活动、活动关系、角色、成本、资源利用、协同关系等众多信息，直接指导研发各级参与人员的具体工作，并把IPD的思想完全融入IPD流程，为保证IPD流程的落实建立了相应的管理控制机制与管理制度。

(4) 一切工作都要由人来完成，研发人员在企业中是一个特殊的群体，项目组根据研发体系的整体规划和运营模式，设计了一整套适合技术研发人员的绩效体系、考核体系和激励体系方案，以及配套的管理制度。项目组在整个项目进行过程中进行了大量、全面、详细和卓有成效的工作，同时与企业各级管理者、员工、产品生命周期价值链上与研发相关的各环节人员进行了充分沟通，并对国际领先的同行进行了深入的分析和研究，得到了大量的第一手资料。另外，对国际上风行的IPD模式进行了大量的改革和适合国有企业的定制，使其完全适合企业的市场特点、人员特点和文化特点。项目成果能及时得到成功的推进和应用，与企业各级领导以及研发员工的大力支持密不可分，他们积极参与到项目中，共同解决了不少棘手的问题，为项目的最终落实奠定了基础。同时，项目组对企业的相关研发人员进行了多次认真的培训和深入的沟通，最终使该项目方案顺利落地、生根、开花、结果。

(5) 研发模式由原来研究院集中研发模式转变为由研究院和事业部集体领导的矩阵型研发管理模式；由原来按部门组织开发的方式转变为完全按照更加科学的项目管理模式进行产品开发；专业产品研发人员直接进入产品事业部，接受事业部和研究院的双重领导；按项目需要完善了知识管理和知识产权管理的职能和机构；加强了外部合作开发和人才合作开发，及时获得了企业所需要的技术和骨干人才；研发人员的积极性和热情得到了较大的提升。

□ 思考题

1. 如何理解项目收尾？

2. 项目收尾应遵循的原则有哪些?
3. 如何理解项目验收?
4. 请谈谈项目验收的主要内容。
5. 如何理解项目清算?
6. 项目交接应注意哪些事项?
7. 如何理解项目费用决算?
8. 项目后评价的作用是什么?
9. 项目后评价的主要内容有哪些?

实践篇

篇首语

项目管理是一门在工程实践中发展起来的系统性应用学科，其最大的特色就是实践性与应用性，现已广泛应用于人类社会活动的各个领域。项目管理学科吸收了工程技术学、管理学、系统工程学、心理学、经济学、法学、社会学等各个学科中旨在解决实际问题的理论知识和实践方法，并在实践中加以综合归类，以实践应用为导向，获得了显著的社会政治、经济、文化和军事效益。项目管理已形成共性的管理理念、体系、流程和方法，在与相应专业领域技术需求相结合的过程中，通过项目管理者的创造性才能和系统集成能力，发挥着巨大的作用。可以说，小到组织一次聚会、炒一道特色菜、完成一篇论文，大到研制宇宙飞船、建设大型水利设施、筹备与实施体育赛事等活动，均可以部分或全部采用项目管理的理念、体系、流程和方法去运作。

本篇通过近年来在企业、公共组织和家庭中应用项目管理的成功模式介绍和跨行业的项目管理综合案例演练，加强读者的项目管理实践意识，提高读者的项目管理实践能力。

第 10 章 Chapter 10 成功的项目管理模式介绍

项目管理的应用已经渗透到人类社会活动的各个领域，对组织的发展与社会的进步发挥着越来越重要的作用。项目管理在应用过程中，由于生产力发展水平、组织类型、项目类型以及行业背景等多方面的差异，在知识体系、工作体系以及工具方法体系等方面呈现出不同的特点，但成功的项目管理模式因其在共性思想、共性方法和共性工具体系方面有着独到的建树，具有极高的参考与推广应用价值。当今世界，信息会爆炸，资讯也会爆炸，但方法论不会爆炸，应透过有代表性的成功项目管理示例，去领会和把握其中的共性方法论。本章所介绍的成功项目管理模式旨在从企业、公共组织以及居民家庭等不同的领域，为项目管理学习者与工作者在学习和应用项目管理的过程中提供一定背景下的基本思路，为其胜任项目管理工作、提高项目管理实践能力提供先进且较为成熟的项目管理理念和方法。

10.1 成功的企业项目管理

除了前面各章所提供的有关企业项目管理示例，本节将介绍 AT&T、长天、秦山核电站、“××艺谷”项目管理的成功做法。

10.1.1 AT&T 的项目管理*

1988 年，美国政府解除了对电话行业的管制，AT&T 宣布将分解为 19 个独立的战略业务单元（strategic business unit，SBU），商用通信系统（business communication systems，BCS）就是其中一个业务单元，它的重点客户是程控交换机市

* 原载 *PM Network*。

场。与母公司分离之后，BCS的经营者意识到，过去老的经营方式在新的开放式市场中不再具有竞争力，必须对整个经营过程进行重组。BCS决定按项目管理的方式进行重组，这将使它更好地控制企业的经营状况，并给企业带来竞争优势。因此，BCS自己设定了这一目标：成为本行业中项目管理的领先者。

在这之前，AT&T已经在许多活动中使用过项目管理方法，不过是以截然不同的方式实现的，强调的是协调作用，通过完成任务清单中的活动来达到完成项目的目的。但这种项目的地位是较低的，而且被看作一项临时性的工作，只是为某些人在某个职能部门获得更好的职位创造机会。通常对表现良好的项目参与者的奖励就是提升其在职能部门的位置，然后脱离项目管理。

BCS认识到，要使自己的战略获得成功，必须改变企业内部项目管理的现状和现行的组织结构。需要培养职业化的项目负责人，并建立一整套支持体系，以提高其项目管理能力，发展其项目管理职业道路。那种做两三年项目然后回到职能部门的管理思想必须转变，对项目管理应树立职业荣誉感，并以项目管理为职业。同样重要的是，必须改变过去以拯救困难项目为英雄行为的观点，转而鼓励项目负责人从一开始就胜任自己的工作，并善始善终。BCS面临的挑战是如何安全度过向这种纯项目管理组织转变的这几年。

项目管理重组本身就是一个大的项目，包括项目负责人候选人的选拔、教育和培训、职业发展、组织重构及方法的开发等。从组织结构的角度考虑，应在公司层次成立一个全国项目管理组织，直接向服务运营副总裁汇报。全国项目管理主任下辖三位项目主任（分管遍布全国的服务）、一个系统支持机构、一个行政支持部门。大项目负责人、项目负责人及其下属向项目主任汇报。这种结构形成了一个完整的、自我控制的项目管理群体。

现在，项目负责人的职业角色包括：

（1）受训者：接受6个月的项目管理岗位培训。

（2）成本/进度分析工程师：担任6～18个月的项目负责人助理，直接向项目负责人汇报。

（3）现场经理：做6～12个月的现场经理，负责一个大型项目的现场，向大项目负责人汇报。

（4）小项目负责人：独立负责一个价值100万～300万美元的项目。

（5）大项目负责人：负责一个期限长、价值超过2 500万美元的项目。

为挑选项目负责人的候选人，BCS专门制定了一个人才持续计划，该计划在组织内部挑选有潜力发展为承担中高层管理责任的人选。挑选的标准包括人际领导技能、口头及书面沟通能力、全局观念、政治敏感性、乐观精神、敢作敢为、不断进取、统筹规划能力、责任心和可靠性等。

现在，BCS的项目管理组织包括在丹佛的行政管理人员，以及遍布洛杉矶、旧金山、亚特兰大、芝加哥、华盛顿特区及纽约的项目负责人群组。这些项目负责人管理着总价值超过5亿美元的项目。这些项目的规模从100万～9 200万美元不等。项目管理方式被认为是最合适该领域的工作方式，也为AT&T的竞争对手树立了榜样。

10.1.2 长天的项目管理*

项目管理是 20 世纪 50 年代后期发展起来的一种计划管理方法，它一出现就引起举世瞩目。1957 年美国杜邦公司把这种方法应用于设备维修，使维修停工时间由 125 小时锐减为 7 小时；1958 年美国人在北极星潜艇远程导弹设计中应用项目管理技术，竟把设计完成时间缩短了 2 年。

传统的项目管理以技术为导向，而在网络技术快速发展、知识成为企业核心竞争力的今天，项目管理更有了新的发展。长天在项目管理方面的做法给了我们耳目一新的感觉：它充分利用现代先进技术手段，将知识管理、管理会计等先进的管理理念与科学严谨的项目管理方法有机结合，既发挥了项目管理方法上的优势，又为传统的项目管理插上了知识管理的翅膀。

学习是一个必不可少的过程。长天首先是从美国项目管理协会引入了国外整套成熟的项目管理方法。在全公司范围内进行项目管理思想的普及培训，使项目管理深入到公司的每一个层面，由此长天成为全员项目管理的企业。当然，学习借鉴可以，原样照搬或许就没有出路了。在深入学习和大量实践、探索的基础上，长天形成了独具特色和竞争力的项目管理方法，并运用此方法不断提高项目水平，在激烈的市场竞争中胜出。

1. 长天的方法论

长天竞争力促进中心的负责人认为，长天的项目管理主要体现出管理方法、风险控制、知识管理等方面的特色，而且，公司还在不断调整组织结构，研究和推广更加有效的项目管理。

在方法论上，长天的项目管理有阶段化管理、量化管理和优化管理三个层面。

阶段化管理指的是从立项之初直到系统运行维护的全过程，长天按照自己的运作模式将项目分成小的阶段。比如，对于应用开发项目，划分为项目准备、业务调研、外观包系统、系统设计、开发及测试、联调及验收、上线、推广、维护九个阶段；而对于产品开发项目，则划分为市场调研、产品设计、编程、测试、制作手册、产品打包六个阶段。每个阶段都有明确的目标和成果验收，以及必要的监督反馈，这样就能够很好地减少项目负责人和客户的分歧，增加项目风险的可控性。在项目负责人提交给客户的需求分析和初始报告里，就已经把每个阶段要完成的工作、可得到的成果，甚至具体到有多少个界面，都清晰地描述出来。这样，在每个阶段完成后，客户和项目负责人都能够比较清楚地了解项目的进展、完成情况，以及客户对项目完成部分的满意程度。同时，也方便对项目组成员进行绩效评估。

量化管理也很重要。长天把项目的方方面面尽可能地进行量化，做到责任清

* 袁丽. 一切都将成为项目——长天企业如何做好项目管理. IT 经理世界，2000 (8)：68.

楚。给客户做软件，时常碰到这种问题——某阶段成果A（比如，包括A_1，A_2，A_3等不同部分）形成了，客户可能认为A_1完全符合要求，A_2根本就不对，A_3虽然有毛病但改改还可用。那么，这其中的问题出在哪里？责任该由谁负？责任又有多大呢？为此，必须把各种目标、投入、成果等分类量化。比如，用明确的模块或子系统表达客户需求，精确计算A_1，A_2，A_3每部分花费的人力、物力、财力等。把各种量化指标存入数据库，就能够轻而易举地解决上述问题了。而且，每个阶段都有清晰的量化管理，也非常有利于整个项目进程的推进。

优化管理就是分析项目每部分所蕴涵的知识、经验和教训，更好地发挥项目进程中的经验，吸取教训，在全公司传播有益的知识。如在前面的例子中，通过分析发现A_1部分的领头人能力强，就可以让他以后多承担一些工作，使他的知识和经验更好地发挥。A_2，A_3部分为什么不成功？是客户的需求没提清楚？是理解的错误？还是设计的问题？通过这些分析，有利于进一步优化项目管理。

2. 项目风险控制

对于风险控制，长天认为，目前国内项目管理最困难的在于需求分析。国外企业的业务较规范，需求很清楚，但国内企业或组织往往不能清楚地描述自己的需求，造成软件项目管理的难度加大，甚至导致项目失败。对此问题，长天的解决办法是运用信息分析模型来形成外观包需求说明书。信息分析模型对业务调研的结果进行分析，然后将其转型为外观包，即使用对设计员和程序员都清晰、直观的图表或其他表达方式。另外，长天在与客户订立合同时还明确界定，一定程度的客户需求变更或需求引申将视为合同变更，客户需要负责，应重新评估费用。

在项目运作过程中，通过部门合作，用提供项目信息报告的方法，共同监控风险。财务部的报告运用ABC（activity based costing）核算法，主要报告关于项目花费的去向、阶段财务状况等信息。分析项目各阶段的钱是如何花的，就能够大致清楚项目进展的情况。比如了解某阶段需求说明、市场推广、开发或者其他行为各花了多少钱，通过对比这个阶段是否该在这种活动上花这些钱，就能够及时地判定当前或者前一阶段项目管理上存在的问题。商务部主要提供收款情况方面的报告。商务部的收款计划和对外订货付款计划都是向前看的（forecast），将收支计划提供给财务部以方便财务部调拨资金，如有盈余可做另外安排。人力资源部则主要提供全公司员工知识、技能方面的报告，并根据项目进程不断更新人员知识库，帮助每个项目组随时找到所需人员。所以，项目需要所有部门的配合，记录有关信息，分析项目进程，保障项目顺利进行。以前可能是项目负责人掌握着80%以上的有关项目的专有信息（只在他的脑子里），在进行规范化管理后，项目负责人掌握的专有信息只有40%或更少，如果项目负责人因故离职，接任者便可以比较容易地把握项目进展，从而降低公司因人员流动造成的风险。

合适的项目管理过程是重要的。但如果缺乏有效的测评体系，项目团队将无法了解自己的绩效，企业也可能对项目失去控制。长天在项目的每个阶段结束时，都有规范的报告送交无形资产管理部，每位员工也递交工作报告到信息管理部，项目结束时，还要递交详尽的项目报告给项目管理部。同时，还使用项目计划与进展分析表全面反映项目各阶段的财务、人力以及成果情况，通过预测过程和实际进展状况的对比分析，由各相关部门、客户一起监管项目进程，及时发现问题，尽早调整偏失，最大限度地避免损失。

3. 组织的知识积累

长天项目管理的第三个特色就是组织的知识积累。软件行业不同于传统行业。比如建筑业，建第一幢房子花 1 000 万元，建一模一样的第二幢、第三幢房子同样各需要 1 000 万元，费用差别不大。但对于软件行业，设计开发第一个软件系统花费1 000 万元，再完成第二个、第三个类似的系统，需要多少投入可就不一定了，成本差别会非常大。其关键就在于公司的知识积累做得如何。

长天积累知识的方法是：人员专业化培养，知识与载体分离。公司培养员工朝不同方向发展：有技术特长的，培养其发展技术的深度；有其他专业特长的，比如精通税务、财务等，则培养成业务专家。公司要求员工各有专业特长，这样他会热爱这个工作，更重要的是，他拥有个人核心竞争力，会很自信，对未来充满信心。在长天，人力资源部提供的专业支持可帮助项目负责人方便快捷地组成项目团队。长天的人力资源部利用一套知识指数（长天自创）对每个员工以及全公司的知识进行评估管理。具体的做法是，把需要度量的知识实体分为固定知识（项目成果）和流动知识（参与人员），再把知识实体的价值体系分成不同的度量平面，根据所有知识实体在不同度量平面上的知识度量值，可以形成不同的知识平面指数和公司知识指数，并可根据此知识指数体系来全面分析公司的知识积累状况，迅速做出恰当的反应。比如，一段时期内公司金融行业知识指数下降较多，那么人力资源部可能就要考虑招聘精于金融行业的人员。再如，某财务系统项目需要组织团队，只要查询一下系统中的知识指数，就能找到合适的人才。

知识与载体分离体现的是，在组织中人力资本与组织资本是有区别的。简单地说，人力资本属于员工个人，企业只可租借使用；而组织资本就是 8 小时以外员工带不回家的企业资产，为公司所有。对企业来说，相对于人力资本，组织资本更为重要。一个管理者（领导者）必须知道如何容纳和积累知识，使之为公司所有。长天认为，软件开发项目最重要的是人的思想和潜能，所以项目管理成果积累的核心就在于积累思想和隐性知识。长天建立了动态适应性的组织结构，而且不停地进行调整，调整的目的在于更加有利于项目的管理。长天将其总部划分为多个逻辑公司（logical company，LC），其中有两个比较特殊，分别是公司的行政管理平台（LCO）和价值管理体系（LCV），而其他的 LC 则分别组织各个行业的项目和产品开发。LCV 下设竞争力促进中心、协作协调中心、风险商务中心、管理财务中心等机构，这些价值管理机构开发并构建长天公司的价值体系，并在每个项目进行过程中真正实施知识积累。

这套管理模式的运用使长天公司的知识积累显性化，将人力资本转化为组织拥有的资产，留在企业发挥作用。

长天的脚步没有停止。在项目管理方面，它还在创造更多、更好的模式和方法。将来，一切都将成为项目，管好了项目，就能赢得一切！

10.1.3 秦山核电站安装工程进度计划管理与控制*

1. 概述

秦山三期（重水堆）核电站工程（以下简称秦山核电三期）是国家重点建设项目，是一座装机容量为2×700MW级的核电站，设计寿命为40年，工程造价为28.8亿美元，项目建设采用交钥匙合同模式，由加拿大原子能有限公司（AECL）总承包，其主要工艺采用加拿大技术——先进、安全可靠、具有成熟运行经验的CANDU6堆型，是目前国内在建的唯一重水堆核电机组。

2. 进度计划管理与控制的重要性

核电站建设是一项庞大复杂的系统工程，而且项目投资大、建设周期长，这两大要素要求实行严格的进度计划管理与控制。

据业内人士测算，若秦山核电三期工程延期1个月，将增加财务费用约2 000万美元；若延期1年，电站的运营单位将损失5亿美元，这仅仅是经济效益，作为一个年发电量92亿度的电站，延期发电对于国民经济造成的影响可以说是难以估计的，所以在建设过程中必须实行严格的进度管理与控制，通过制定严谨的进度计划对工程进行进度控制和资源控制，保证项目按期发电。因此，进度控制至关重要。

3. 进度计划管理

进度计划在工程管理中起着统率的作用，质量、安全、生产和经营管理等工作，图纸和设备材料的交付，质量计划编制，系统移交，系统调试，历史文件及图纸包的移交等都参照各级计划来跟踪催交和提交。

进度计划应用国际先进进度计划管理软件P3编制，采用五级进度计划管理模式，实行各级计划的网络共享，承建方与设计供货方（BECHTEL公司）共同应用各级进度计划进行设备供货、设计资料交付和土建移交等的跟踪和协调。

在总结常规火电安装经验的基础上，秦山核电三期工程的进度计划管理和控制有了较大的提高和创新，监控的力度加大，方法和手段进一步提高，工程进度一直处于在控、受控状态。

(1) 分级管理。项目采用的是网络计划技术，分五级对整个项目进行控制，业主的控制范围是一、二级进度计划的控制管理，并根据工程进展适时对关键路径上的专项计划进行控制。三、四、五级计划则由分承包商负责编制，由监理和承包商

---

* 卢文强，徐宏伟. 秦山核电站（BOP）安装工程进度计划管理与控制. 安装，2007 (7)：6-7.

控制，四、五级进度计划不在业主的控制范围之中。

1）一级进度计划。一级进度计划也称为总进度，包含主进度和里程碑进度。其中主进度包含大约 260 个活动，包括工程的主要建造及调试活动；里程碑进度包含 76 个节点。

2）二级进度计划。也称为控制与协调进度，是整个项目进行进度控制的一条主线。它是设计、采购、土建、安装、调试和各承包商接口的重要文件。在时间安排上必须满足主进度的要求，与主进度不同的是，在二级进度计划中明确指出工程项目建设施工中的关键路径、各个专业之间的逻辑关系以及各个建造活动的责任单位，可操作性更强。

二级进度计划由总承包商最初在工程正式开工之前制定并经业主审查批准，是签订各分包合同的主要进度依据。

二级进度计划根据现场实际的进展进行升版，升版主要是调整各个阶段活动之间浮动时间以及调整部分不合理的逻辑关系。

3）三级进度计划。三级进度计划是各合同分承包商按其承包范围编制的总进度计划以及专项进度计划，由总承包商审查、批准，三级进度计划必须满足二级进度计划的要求。

4）四级进度计划。四级进度计划是月度施工作业进度计划，各分承包商在三级进度计划中提取当月的工作项目和工作内容，并结合施工现场的客观实际条件，将本月应完成的工作内容进一步细化编制和发放，采用“一上二下”的形式。月度施工作业进度计划分解到每一张施工图纸（设备号、管道、电缆等）并落实到相关的施工队。

5）五级进度计划。五级进度计划是周施工作业进度计划，是保证月施工作业进度计划得以实现的班组施工作业计划，由施工队编排，进度计划部汇总调整并下达，直接指导施工现场的建造活动，避免盲目施工。

（2）科学编制。进度计划编制的科学性是严格执行进度计划的基础，是进度得到有效控制的保证。为编制好符合合同的进度计划，以总承包商的二级计划和合同工作量为基准，严格按图纸、设备和土建交付计划以及详细的安装活动编制三级进度计划，达到对工程进度控制的目的。在编制计划时，充分考虑本工程项目的关键路径、总体安装层次、先后次序和步骤，避免重复工作。

（3）严格执行。月度施工作业进度计划下达后，全力组织实施和协调。通过对月、周计划的逐级组织落实，使计划得到较好的贯彻，完成计划的可能性大大提高。

（4）平衡调整。

1）进度计划的调整。进度计划永恒不变是不现实的，也是不能严格执行的。由于上游条件和各方面的变化，常规岛安装有 35 个系统申请提前开工，对 22 个系统的竣工时间做了调整，较好地控制了安装进度，使其符合总体计划。

2）赶工措施。工程拖期在国际工程项目施工中屡见不鲜，关键是找出存在的主要问题和关键路径，抢重点；根据情况采取增人、加班加点、增加机械装备、分班交叉工作和改善外部环境等多种可行的赶工措施，保证工程按期完工。

（5）动态管理。秦山核电三期工程的三级计划实行动态管理和控制。根据设备材料的到货情况、设计文件的交付情况和土建设备基础、区域的移交情况，以及安装活动的进展情况，每周进行更新，与工程进度同步进行。

4. 进度的动态控制

（1）开发工作负荷点。以准确的百分比数据反映工程的完成情况，以统一的计量单位将不同专业的工作量进行计算和比较，简化了工作量的统计步骤，并根据三级进度计划安排生成工程总体和各专业S曲线。

（2）进度分析及调控。在建立计划S曲线后，通过每周统计完成的工作量和实耗用工，生成实际完成的进度曲线和实耗的用工曲线。通过比较和分析得出进度状况、劳动效率情况，以此为依据制定各项措施来调整计划，从而有效控制工程进度。

5. 结束语

秦山核电三期工程的2台机组在严格的质保体系监督下，克服了供货、设计和大量缺陷、缺件的影响，系统提前移交调试，且进度始终控制在进度计划要求的可控范围内，充分证明了秦山核电三期常规岛安装工程的进度计划管理和控制是有效的。

10.1.4 “××艺谷”策划项目*

1. 需求背景

在我国全面建成小康社会进入决胜阶段和教育现代化进入关键时期的当下，“大众创业、万众创新”已上升为国家战略。加强大学生创业创新教育，大力发展现代职业教育，培育更多管用实用的高技能人才、创新人才和拔尖人才，将会为我国经济转型、产业升级发挥关键支撑作用。在国家“创新驱动”“一带一路”和统筹东、中、西部区域发展相关战略方针指导下，充分发挥陕西省高等教育规模大、学科门类齐全的比较优势，依托省内部分特色高校开发建设一批学科专业特色鲜明、推广应用前景广阔的大学生创新创业教学示范基地，将具有重要的意义。习近平总书记在全国文艺工作座谈会的讲话中明确指出：“实现‘两个一百年’奋斗目标、实现中华民族伟大复兴的中国梦……文艺的作用不可替代，文艺工作者大有可为。”“优秀的文艺作品，最好是既能在思想上、艺术上取得成功，又能在市场上受到欢迎。”2015年10月，国务院印发了《统筹推进世界一流大学和一流学科建设总体方案》，推动一批高水平大学和学科进入世界一流行列或前列，多部门联合出台政策措施，引导部分地方普通本科高校向应用型转变。

---

* 摘自本书作者刘国靖教授《“××艺谷”——西部大学生文艺双创教学示范基地项目建议书》。

作为地方普通本科应用型高校，在各级主管部门的指导下，立足陕西，辐射中西部，积极推动民办高等教育创新基层实践，经过近20年的办学发展，在应用型高校办学中已积累了较为丰富的理论和实践经验，在国内同类高校中处于领先地位，特别是学校文化艺术传媒类学科专业已成为国内同类高校的优势学科专业，在新的时期拟进行战略转型，逐步发展为一所以艺术传媒类为主体的应用型高等院校。依托高校相关学科专业齐全、体系相对完备的优势特色教育资源，以学校已有的待建土地（已办理国有土地使用权证）为核心区域，整合学校周边具有转型升级潜力的部分农村建设用地，立项开发建设开放性的“××艺谷暨西部大学生文艺‘双创’教学示范基地”，作为陕西省乃至西部地区文化艺术传媒类学科专业大学生创新创业的集聚地，有效开展西部高校文化艺术传媒类学科专业实践教学协同创新活动，打造特色鲜明的西部大学生文化艺术创新创业重镇，对于深入探索应用型高校大学生“双创”教育改革，贯彻落实中央省、市大学生“双创”配套政策，促进区域经济社会文化产业升级发展将产生重要影响。拟建成的“××艺谷暨西部大学生文艺‘双创’教学示范基地”将主要参考借鉴威尼斯水街格调和旧金山卡梅尔艺术小镇建筑风格，并结合秦岭自然风光，融入陕西人文历史文化，通过线上线下的摄影摄像、音乐舞蹈、诗书绘画、影视戏剧、三维动漫、校园文学、演示观摩、客户体验等系列文艺创作、表演、交流等活动，在现实世界和网络空间开展文化艺术传媒领域的“双创”教学实践、经验交流、题材挖掘、项目孵化、市场模拟、产业培育等延伸探索，创造出较为显著的社会效益，并发挥一定的区域经济带动作用，为文化强省建设和教育现代化发展做出应有的贡献。

2. 实施目的

本项目的立项建设，秦岭为伴，水系为韵，文艺为魂，花木为媒，“双创”为基，是高校深入学习贯彻习近平总书记2013年8月在全国宣传思想工作会议上重要讲话精神和2014年10月在全国文艺工作座谈会上重要讲话精神的具体实践，也是高校学习2015年10月国务院印发的《统筹推进世界一流大学和一流学科建设总体方案》，探索陕西省民办高等教育应用型改革实践、开放办学培养高素质创新创业人才的一项重大举措。实施目的主要有以下四个：

（1）构建一个深入开展中国特色社会主义文化宣传教育的平台，通过健康向上的文化艺术创作、交流、体验和传播，积极培育和践行社会主义核心价值观，全面提高文化艺术传媒类学科专业大学生的道德素质，并积极影响参与其中的观摩体验和参观交流者。

（2）引导和扶持文化艺术传媒类学科专业大学生面向市场和社会，增强创新创业意识，提高创新创业能力，使学生毕业前具备较强的社会衔接能力。

（3）使学校特色学科专业大学生“双创”教育能够有效整合国内文化艺术传媒领域政、产、学、研以及市场资源，开放办学，开展协同创新，把握好时、度、效，增强吸引力和感染力，持续创作孵化一批群众爱听爱看、产生共鸣，充分发挥正面宣传鼓舞人、激励人作用的文化艺术作品和服务品类，推动区域性文化事业全面繁荣和文化产业快速发展。

（4）打造特色鲜明的西部大学生文化艺术创新创业重镇，深入探索应用型高校大学生“双创”教育改革，在文化艺术传媒学科专业领域培育更多管用实用的高技能人才和创新人才，促进区域经济社会文化产业升级发展。

3. 建设地点与预计效果

项目建设地点在秦岭北麓关中环线环山观光路以北、西安市长安区西沣路与环山观光路什字以西1公里处的高校东南角及东侧。

项目参照威尼斯水街和旧金山卡梅尔风情艺术小镇分两期建成后，将形成一个占地约300亩的独具特色的现代化文化艺术小镇，建筑群落在环境营造、景观绿化、建筑布局、建筑风格、功能设置以及大学生“双创”运营服务上达到4A标准，能吸引众多游客和观众，实现学生作品有人观赏、节目有人观看、培训有人参与、体验有人感受、成果有人购买。同时，面向国内外，实现线上与线下文化艺术创作、成果展示、交流和交易。项目的建设和运营对于引导文化艺术传媒类学科专业大学生增强创新创业意识，提高创新创业能力，改善就业状况，有效提高就业率将发挥重要作用；对于有效整合陕西省乃至国内外的文化艺术传媒类学科专业实践教学资源，改善陕西省高等教育创业创新和就业指导服务，实现地方部分普通本科高校向应用型转变具有重要价值。项目建成后，将会成为长安区乃至西安市的一张特色文化艺术名片，对于西安市区域性文化艺术氛围营造和文化艺术品质改善，以及周边相关产业带动将具有重要影响。

4. 建设内容

项目一期建设利用学校已有的待建用地70亩，建筑面积约1万平方米。主要有以下4项内容：

（1）环形水街环绕小镇。打造水、桥、船空间布局，水街两岸建设卡梅尔小镇小平房，作为大学生文化艺术创作室。采取前店后室的建筑布局，主要包含美术、装饰、诗书、绘画、剪纸、手工、民俗、陶艺等文化艺术品类的创作、展示、培训、观赏、体验、交流与销售。建成文化艺术创作室150个。

（2）一条旱街贯穿小镇。旱街一侧建成多个小型文化艺术参观体验场馆，安排主播、摄影、表演、编导、音乐、舞蹈、戏剧、电影、网游、卡通、动画等学科专业学生开展文艺创作、汇演、培训、交流、展示等相关活动，吸引观众观看并参与其中，开展体验式教学培训等。建成文化艺术创作室50个，小型室内舞台3个，露天大舞台1个。旱街另一侧配套建成沿街门店，提供住宿、餐饮、咖啡、茶歇、酒吧等配套休闲服务。

（3）大数据信息化网络运营与管理平台。线上小镇（艺谷）建设同步推进，通过网络推广大学生文化艺术“双创”系列教学成果。

（4）配套设施。引入海绵城市规划建设理念，采用绿色环保节能规划布局设计，水、电、气、暖、通信、网络全覆盖，统筹交通、停车、生态环保、安检安防、人流集散、洗手间、雨水收集、水处理、水循环、垃圾收集等设施建设。

项目二期建设拟流转周边农村建设用地约 230 亩，建筑面积约 5 万平方米。主要有以下 5 项内容：

（1）西部大学生文化艺术博物馆暨文化艺术“双创”成果展示中心。主要收集和展示西部高校文化艺术传媒类学科专业大学生在校期间完成的优秀创新创业成果，包含实物成果、汇演成果、创意方案、经验材料、声像资料、版权资料等。

（2）西部大学生文化艺术创作项目孵化基地暨多功能会议中心。联系政、产、学、研、咨询、金融等相关领域的党政部门、企事业单位，通过举办专题研讨会、论坛、讲坛、培训、对接会，线上线下发布项目信息等，培育具有产业前景的优秀大学生“双创”项目成果，为毕业学生提供“双创”延伸服务。

（3）西部大学生文化艺术“双创”剧院。剧院内划分不同功能区，线上线下演出或播放优秀作品，包含但不限于播放微电影，表演情感剧、话剧、歌剧、朗诵、舞蹈，以及举办校园音乐会、演唱会等。

（4）西部大学生文化艺术交易中心。开展大学生文化艺术“双创”成果实物交易、版权交易以及产品创作成果预订、演出活动预订等服务。

（5）西部大学生文化艺术园林。大学生绘画、雕塑、工艺美术创作展示功能区，并为游客提供停车、住宿、餐饮、咖啡、茶歇、酒吧等配套休闲服务。

5. 投资估算

项目总投资预计约为人民币××亿元，一期投资××亿元，二期投资××亿元。包含前期策划、论证评审、土地流转整理、规划设计、景观绿化、土建安装、设备器材、网络平台以及配套设施投资等。

6. 预计工期

项目一期建设从前期策划、论证评审、规划设计、报批立项、招投标和合同签订，到施工和竣工验收移交，总工期预计为 24 个月（××年 7 月至××年 6 月）。项目二期建设从土地整理、规划设计、报批立项、招投标和合同签订，到施工和竣工验收移交，总工期预计为 24 个月（××年 10 月至××年 9 月）。

7. 项目运营经济效益

小镇运营将集线上线下“双创”文艺教学、文艺创作、文艺体验、文艺博览、旅游休闲于一体。小镇入驻只对陕西高校各相关专业学生开放，入驻须持学校介绍信，经基地办公室审批，签署入驻协议。学生无收入时免收场地使用、水电卫生等费用。项目运营管理、广告宣传、市场推广、财务核算、配套服务均以学生为主体。小镇推行所有进入人员身份认证及一卡通全覆盖，确保安全有序良性运转。

项目一期建成运营后，每天可安排 150～180 个大学生“双创”小组，约 600 名大学生参加各个创作单元的文艺创作、展示和表演、演出活动，结合水街、旱街、绿化景观等，可吸引旅游观光客人，周六、周日每天可达 3 万人以上，周一到周五每天亦可吸引观众2 000人以上。项目二期建成运营后，每天可安排国内300～400个大学生“双创”小组，约1 500名大学生参加各个创作单元的文艺创作、展示和表演、演出活动，结合水街、旱街、绿化景观、“双创”成果展示中心、“双创”剧院、文化艺术交易中心以及文化艺术广场开放等，周六、周日每天可吸引旅游观光客人6万人以上，周一到周五每天亦可吸引观众5 000人以上，仅每天晚上的系列演出活动即可吸引观众3 000人以上。

由于本项目是学校教育改革探索试点项目，项目围绕省内外大学生素质教育、“双创”教育实践以及区域性文化艺术品质提升的需求，进行规划布局、项目建设和运营，属于非营利性公益项目，项目运营收入主要用以支付大学生参加“双创”教学实践的劳务报酬，弥补投资成本和运营成本。按照现行价格和税费政策，预计项目一期建成运营后，每年的运营收入为××万元，须支付学生劳务报酬××万元，教师劳务补贴××万元，运营管理、水电气消耗以及设施设备折旧等费用××万元，财务费用等××万元，每年亏损××万元，每年需要申请中央、省、市补助资金××万元。二期建成运营后，每年运营收入为××亿元，用于支付学生劳务报酬××亿元，教师劳务补贴××万元，运营管理、水电气消耗以及设施设备折旧等费用××万元，财务费用等××万元，缴纳税费××万元，处于盈亏平衡状态。

8. 建设管理思路

由于项目建设时间紧、任务重，为降低项目建设风险，节约投资，增强项目建设全过程的可控性，并达到项目实施目的，实现预期的建设效果，应做好以下几点：

（1）在董事长直接领导下成立精干的项目管理办公室，项目管理办公室主任实行聘任制，明确目标任务和责任分工，由创业学院、校办、财务处、总务处选派人员专职参加项目工作。多方筹措项目建设资金，采取强矩阵式管理模式，协调学校相关部门，对项目进行全过程管理。

（2）加强项目计划管理工作，主动联系协调政府主管部门按项目计划日程表办理有关手续，争取获得国家、省、市宣传、教育、人社等部门的专项支持。

（3）高度重视项目前期工作，尽早明确项目需求，足额拨付项目启动和前期工作资金，组织力量编制规范明晰的项目建议、可研、环评、能评、交评、稳评等报建备案文件，细化项目规划设计、预算和合同文件，编制工程综合说明和工程量概览，细化项目需求和建设内容，使外协合作方能够尽早理解项目建设意图。

（4）选择具备特色小镇建设运营专业可研、环评、能评、交评、稳评编制能力，规划设计能力、工程管理能力和施工能力的多家单位同时参加项目前期洽谈，通过充分竞争性方案优化议价，采取工程总承包交钥匙工程管理模式，降低成本，缩短工期，提高质量，以实现节约高效。

（5）引入现代项目管理的理念、流程和机制，按国家、行业、陕西省、西安市有关政策法规以及工程规划、建设管理的标准和程序推进项目建设。

（6）在施工过程中，由项目管理办公室派人现场全程监督施工，达到优化管理、提高经济效益、控制工期和确保建设质量的目的。

10.2　成功的公共项目管理

公共项目本质上是提供公共物品的投资项目，是一种旨在提供公共物品和公共服务、由公共组织整合和配置相关资源专门投入与组织的建设性活动，是一种代表公众意志的公共组织行为。根据公共项目的价值增值属性、经济福利性质和循环经济特征，公共项目可划分为平台型、福利型和资源型三种类型。

10.2.1　公共事务项目化管理模式的建立

公共领域包含大量的活动，需要占用和消耗大量的资源，将公共活动按照现代项目管理的理念、体系、流程和方法进行分类管理，将是我国公共领域贯彻落实科学发展观的一个有力抓手。建设节约型和高效型政府，需要大力推广项目化管理模式。推行公共事务项目化管理模式将对提高我国行政资源的配置效率，有效整合现有行政资源，加快我国现代化建设的步伐，具有重大的现实意义。

各级干部特别是各级领导干部可以通过项目化管理模式树立全局观念，提高系统思维能力，掌握有效操作方法论；公共事务项目化管理的观点和方法，为我国现代化建设领域各项公共事务加强系统统筹、压缩组织规模、促使组织结构扁平化、进行成员授权以及借助外部资源，提供了有效的参考方法。公共项目可按以下三种方法进行分类。

1. 按照公共事务所属的领域

公共项目可分为以下 7 类：

（1）党务活动。主要包括党务研究、发展建设规划、会议筹办、宣传教育、纪检监察、检查评估、要员互访、考察调研、人事调整等活动。

（2）法务活动。主要包括法务研究、立法活动、司法活动、发展建设规划、会议筹办、检查评估、要员互访、考察调研、执法监察、宣传教育、人事调整等活动。

（3）政务活动。主要包括政务研究、发展建设规划、公共服务管理、社会管理、经济调节、市场监管、公共服务、要员互访、考察调研、检查评估、宣传教育、人事调整、外交等活动。其中，社会管理活动包含治安、卫生、食品、资源、医药等领域的管理活动；公共服务管理活动包含政策制定、专项治理整顿、生态环境保护、基础设施建设以及科技、教育、文化、卫生、体育、安全、社保、水文、气象、统计、档案、史志、老龄人口、慈善、残疾人、妇女儿童、红十字会等社会事业发展活动等。

（4）监察活动。主要包括考核、监督、监察、检查以及审计等活动。

（5）考务活动。主要包括考试、评价、认定活动。

（6）国防与军事活动。主要包括国防与军事科学技术研究、国防与军事战略制定、国防动员、备战与作战、武器装备研制生产、国防采办、军事训练、军事教育、军事演习、国防与军事体制改革等活动。

（7）社团活动。主要包括社会团体等非政府组织的活动、民间社团集会、庆典、仪式等活动。

2. 按照公共事务具体的活动类型

公共项目可分为以下13类：

（1）理论创新活动。主要是公共管理与服务领域有关的理论创新活动。

（2）发展建设规划活动。主要是涉及经济、政治、文化、社会、军事、生态等领域的布局规划、建设规划、产业规划以及事业规划活动。

（3）政策、法规制定活动。

（4）公共领域的编制和机构调整活动。

（5）会议筹办活动。包括各类工作会议、论坛等的筹办活动。

（6）专项检查活动。

（7）专项整治活动。主要是涉及经济、政治、社会、文化等领域的专项整治活动。

（8）公共投资活动。主要包括基础设施投资活动、社会事业发展活动、生态环境保护或改善活动等。

（9）专项采购活动。主要包括工程、货物、服务和劳务等专项采购活动。

（10）品牌推广与招商引资活动。

（11）外联活动。

（12）庆典筹办活动。

（13）宣传教育活动。

3. 按照公共组织的工作目标、责任考核指标体系

公共项目可分为经济发展类公共项目、社会发展类公共项目、人民生活改善类公共项目、资源环境开发与保护类公共项目、社会安全类公共项目、班子和队伍建设类公共项目、综合评价指标改善类公共项目等。

10.2.2 PPP模式

基础设施是指社会为了向人们提供必要的公共服务所需的实体设施和相关的服务（physical facilities and related services），主要包括技术基础设施和福利基础设施两方面的内容。前者包括市政工程、能源、交通、通信、城市供水等，后者涉及住宅、医疗卫生、文化教育、幼儿保健等，基础设施还包括与这些设施有关的管理和人力资源。基础设施是国民经济发展的基础，是衡量投资环境的一项重要内容，也是提高城乡居民物质文化水平的基本保障。比较世界各国近现代经济的发展，那些经济发达的国家和地区基础设施都相当完备；而经济落后的地区基础设施相对薄弱，成为制约国民经济发展的主要因素。

长期以来我国基础设施建设一直沿用传统模式，主要是由国家直接投资，由政府部门负责建设，交付国有企业经营。单靠我国政府直接投资基础设施建设已经无法满足公众日益增长的需要。显然，基础设施项目通常投资巨大。随着经济突飞猛进地发展，政府的资金不足以完成基础设施的建设、更新、维护等工作，而通过借贷方式完成基础设施建设，会使政府部门面临巨大的债务压力。同时政府直接参与基础设施项目的建设，离不开一批专业技术和管理人员，这不仅需要支付巨大的费用，而且随着项目的结束和新项目的启动会有较大的人员变动，不利于管理，效率较低。此外，由政府直接参与基础设施项目的建设，会造成政府管得过细，不利于专业化分工，也会使政府部门不能很好地强化其应有的职责。而由政府部门来经营基础设施或提供基础设施的服务，由于其自身的特殊地位，又不利于竞争。

政府从纷繁复杂的具体项目中分离出来，由原来服务的直接提供者转变为服务的购买者或管理者，这种变化的合理性在于使公私机构都能把精力集中到它们各自擅长的方面。政府部门通过合理的风险转移，将风险最大限度地分配给最适合承担风险的项目参与方，通过风险的压力来刺激项目公司提高效率、改善服务。这不仅有利于改善以往由政府直接从事基础设施项目建设造成的效率低下的局面，也能使政府节省资金，将之转移到急需资金的领域。20 世纪 80 年代以来，我国引进了项目融资建设模式，这对拓宽我国基础设施建设的资金和建设渠道起到了一定的作用，并在一些项目上取得了一定程度的成功。

PPP 模式是指政府与私人组织之间，为了合作建设城市基础设施项目，或是为了提供某种公共物品和服务，以特许权协议为基础，彼此之间形成一种伙伴式的合作关系，并通过签署合同来明确双方的权利和义务，以确保合作的顺利完成，最终使合作各方达到比预期单独行动更为有利的结果。PPP 模式以政府参与全过程经营的特点受到国内外的广泛关注，它将部分政府责任以特许经营权方式转移给社会主体（企业），政府与社会主体建立起“利益共享、风险共担、全程合作”的共同体关系，政府的财政负担减轻，社会主体的投资风险减少。

狭义的 PPP 模式可以理解为一系列项目融资模式的总称，包含 BOT，DBFO 等多种模式，更加强调合作过程中的风险分担机制和项目的衡工量值（value for money）原则。广义的 PPP 模式指公共部门通过与私人部门建立伙伴关系来提供公共产品或服务。虽然私人部门参与提供公共产品或服务已有很长的历史，但 PPP 这一术语的出现不过是近十年的事情，在此之前人们广为使用的术语是 BOT，PFI 等。PPP 本身是一个意义非常宽泛的概念。

1. PPP 模式的内涵

（1）PPP 模式是一种新型的项目融资模式。PPP 模式融资是以项目为主体的融资活动，是项目融资的一种实现形式，主要根据项目的预期收益、资产以及政府扶持措施的力度而不是项目投资人或发起人的资信来安排融资。项目经营的直接收益和通过政府扶持所转化的效益是偿还贷款的资金来源，项目公司的资产和政府给予的有限承诺是贷款的安全保障。

（2）PPP模式可以使民营资本更多地参与到项目中，以提高效率，降低风险。这也正是现行项目融资模式所欠缺的。政府公共部门与私人部门以特许权协议为基础进行全程合作，双方共同对项目运行的整个周期负责。PPP模式的操作规则使私人部门参与到项目的确认、设计和可行性研究等前期工作中，这不仅降低了私人部门的投资风险，而且能将私人部门在投资建设中更有效率的管理方法与技术引入项目，还能有效地实现对项目建设与运行的控制，从而有利于降低项目建设投资的风险，较好地保障国家与私人部门各方的利益。这对缩短项目建设周期、降低项目运作成本甚至资产负债率都有值得肯定的现实意义。

（3）PPP模式可以在一定程度上保证私人资本"有利可图"。私人部门的投资目标是寻求既能够还贷又有投资回报的项目，无利可图的基础设施项目是吸引不到私人资本的投入的。而采取PPP模式，政府可以给予私人投资者相应的政策扶持作为补偿，从而很好地解决了这个问题，如税收优惠、贷款担保、给予私人部门沿线土地优先开发权等。通过实施这些政策可提高私人资本投资项目的积极性。

（4）PPP模式在减轻政府初期建设投资负担和风险的前提下，提高了公共服务质量。在PPP模式下，公共部门和私人部门共同参与项目的建设和运营，由私人部门负责项目融资，有可能增加项目的资本金数量，进而降低较高的资产负债率，不但能节省政府的投资，还可以将项目的一部分风险转移给私人部门，从而减轻政府的风险。同时双方可以形成互利的长期目标，更好地为社会和公众提供服务。

2. 广义PPP模式的三大类型

（1）外包类PPP模式项目。一般是由政府投资，私人部门承包整个项目中的一项或几项职能，例如只负责工程建设，或者受政府委托代为管理维护设施或提供部分公共服务，并通过政府付费实现收益。在外包类PPP模式项目中，私人部门承担的风险相对较小。

（2）特许经营类项目。需要私人部门参与部分或全部投资，并通过一定的合作机制与公共部门分担项目风险、共享项目收益。根据项目的实际收益情况，公共部门可能会向特许经营公司收取一定的特许经营费或给予一定的补偿，这就需要公共部门协调好私人部门的利润和项目的公益性两者之间的平衡关系，因而特许经营类项目能否成功在很大程度上取决于政府相关部门的管理水平。通过建立有效的监管机制，特许经营类项目能充分发挥双方的优势，节约整个项目的建设和经营成本，同时提高公共服务的质量。项目的资产最终归公共部门保有，因此一般存在使用权和所有权的移交过程，即合同结束后要求私人部门将项目的使用权或所有权移交给公共部门。

（3）私有化类PPP模式项目。需要私人部门负责项目的全部投资，在政府的监管下，通过向用户收费收回投资实现利润。由于私有化类PPP模式项目的所有权永久归私人拥有，并且不具备有限追索的特性，因此私人部门在这类 PPP 模式项目中承担的风险最大。

3. PPP 模式的典型结构

政府部门通过政府采购形式与中标单位组成的特殊目的公司签订特许合同（特殊目的公司一般是由中标的建筑公司、服务经营公司或对项目进行投资的第三方组成的股份有限公司），由特殊目的公司负责筹资、建设及经营。政府通常与提供贷款的金融机构达成一个直接协议，这个协议不是对项目进行担保的协议，而是向借贷机构承诺将按与特殊目的公司签订的合同支付有关费用的协议，以便特殊目的公司能比较顺利地获得金融机构的贷款。采用这种融资形式的实质是：政府通过给予私人部门长期的特许经营权和收益权来换取基础设施加快建设及有效运营。

适合采用 PPP 模式的工程包括水利、环保、交通（公路、铁路、机场、港口）、卫生（医院）、公共安全（监狱）、国防、教育（学校）、公共不动产管理等。

4. 成功运作 PPP 模式的必要条件

（1）政府部门的有力支持。在 PPP 模式中公私合作双方的角色和责任会随项目的不同而有所差异，但政府的总体角色和责任——为大众提供最优质的公共设施和服务却是始终不变的。PPP 模式是提供公共设施或服务一种比较有效的方式，但并不是对政府有效治理和决策的替代。在任何情况下，政府均应从保护和促进公共利益的立场出发，负责项目的总体策划，组织招标，理顺各参与机构之间的权限和关系，降低项目总体风险等。

（2）健全的法律法规制度。PPP 项目的运作需要在法律层面上，对政府部门与私人部门在项目中需要承担的责任、义务和风险进行明确界定，保护双方的利益。在 PPP 模式下，项目设计、融资、运营、管理和维护等各个阶段都可以采用公私合作的方式，通过完善的法律法规对参与双方进行有效约束，以最大限度地发挥优势和弥补不足。

（3）专业化机构和人才的支持。PPP 模式的运作广泛采用项目特许经营权的方式进行结构融资，这需要比较复杂的法律、金融和财务等方面的知识。一方面要求政策制定参与方制定规范化、标准化的交易流程，对项目的运作提供技术指导和相关政策支持；另一方面需要专业化的中介机构提供具体专业化的服务。

5. PPP 模式的目标

一是低层次目标，指特定项目的短期目标；二是高层次目标。

PPP 模式的组织形式非常复杂，既包括私人营利性企业、私人非营利组织，也包括公共非营利组织（如政府）。合作各方之间不可避免地会产生不同层次、类型的利益和责任的分歧。只有政府与私人部门形成相互合作的机制，才能使得合作各方的分歧模糊化，在求同存异的前提下完成项目的目标。

PPP 模式的机构层次就像金字塔一样，金字塔顶部是项目所在国的政府，是引入私人部门参与基础设施建设项目的有关政策的制定者。项目所在国政府对基础设施建设项目有一个完整的政策框架、目标和实施策略，对项目的建设和运营过程的参与各方进行指导和约束。金字塔中部是项目所在国政府有关机构，负责对政府政策指导方针进行解释和运用，形成具体的项目目标。金字塔底部是项目私人参与者，通过与项目所在国政府的有关部门签署一个长期的协议或合同，协调本机构的目标、项目所在国政府的政策目标和项目所在国政府有关机构的具体目标之间的关系，尽可能使参与各方在项目进行中达到预定的目标。这种模式的一个最显著特点就是项目所在国政府或者所属机构与项目的投资者和经营者之间的相互协调及其在项目建设中发挥的作用。PPP 模式是一个完整的项目融资概念，但并不是对项目融资的彻底更改，而是对项目生命周期过程中的组织机构设置提出了一个新的模型。它是政府、营利性企业和非营利企业基于某个项目而形成以“双赢”或“多赢”为理念的相互合作形式，参与各方可以达到与预期单独行动相比更为有利的结果。参与各方虽然没有达到自身理想的最大利益，但总收益却是最大的，实现了帕累托最优，即社会效益最大化，这显然更符合公共基础设施建设的宗旨。

PPP 模式使公共部门和私人部门能够充分利用各自的优势，即把政府部门的社会责任、远景规划、协调能力与私人部门的创业精神、民间资金和管理效率结合到一起。

6. PPP 模式的优点

（1）消除费用的超支。公共部门和私人部门在初始阶段共同参与项目的识别、可行性研究、设施和融资等项目建设过程，保证了项目在技术和经济上的可行性，缩短前期工作周期，使项目费用降低。PPP 模式下，只有当项目已经完成并得到政府批准使用后，私人部门才能开始获得收益，因此有利于提高效率和降低工程造价，消除项目完工风险和资金风险。研究表明，与传统的融资模式相比，PPP 模式平均为政府部门节约 17%的费用，并且建设都能按时完成。

（2）有利于转换政府职能，减轻财政负担。政府可以从繁重的事务中脱身出来，从过去基础设施、公共服务的提供者变成一个监管者，从而保证质量，也可以在财政预算方面减轻政府的压力。

（3）促进投资主体的多元化。利用私人部门提供资产和服务能为公共部门提供更多的资金和技能，促进投融资体制改革。同时，私人部门参与项目还能推动在项目设计、施工、设施管理过程等方面的革新，提高办事效率，传播最佳管理理念和经验。

（4）公共部门和私人部门可以取长补短，发挥各自的优势，弥补对方的不足。双方可以形成互利的长期目标，以最有效的成本为公众提供高质量的服务。

（5）使项目参与各方整合组成战略联盟，对协调各方不同的利益目标起关键作用。

（6）风险分配合理。与 BOT 等模式不同，PPP 模式在项目初期就可以实现风险分配，同时由于政府分担一部分风险，使风险分配更合理，减少了承建商与投资商的风险，从而降低了融资难度，提高了项目融资成功的可能性。政府在分担风险的同时也拥有一定的控制权。

(7) 应用范围广泛。该模式突破了引入私人部门参与公共基础设施项目组织机构的多种限制，可适用于城市供热等各类市政公用事业及道路、铁路、机场、医院、学校等。

管理学家德鲁克曾经指出：“政府必须面对一个事实：政府的确不能做，也不擅长社会或社区工作。”进入知识经济时代，资源的获取与分配应该以高效率的方式进行。政府负责政策制定与规划，而将政策执行落实于民间社区或私人部门，这样不仅可以减轻政府长久以来的财政负担，又可将社区及民众力量引入公共服务的提供进程当中，强化公民意识与社会认同感，同时提高资源使用效能和建设、运营效率。因此，在现代化社会的发展进程中，PPP 模式的研究具有积极现实的意义。在基础设施建设领域引入 PPP 模式，具有极其重要的现实价值。

10.2.3 “大学生艺术节”策划项目——首届“丝路长安”大学生国际艺术节总体方案*

1. 背景意义

习近平总书记在全国文艺工作座谈会的讲话中明确指出：“文艺事业是党和人民的重要事业，文艺战线是党和人民的重要战线。”“文艺是时代前进的号角，最能代表一个时代的风貌，最能引领一个时代的风气。”

在国家“创新驱动”“一带一路”和统筹东、中、西部区域发展相关战略方针指导下，深入贯彻落实文化强国、强省战略，在当前和今后一个时期，定期举办“丝路长安”大学生国际艺术节，为建设大西安提供有力的文化艺术事业创新发展支撑，协同为西安市打造一张独具特色的文化艺术“名片”，将具有特别重要的现实意义。艺术节系列活动的举办，首先对于扩大西安市的国际国内影响，促进西安市区域经济社会文化产业升级发展将产生积极作用；其次，将会创造出较为显著的社会效益，并发挥较强的区域经济带动作用，为陕西文化强省建设做出应有的贡献；再次，对于有效整合西部乃至丝路沿线国家文化艺术传媒类学科专业实践教学资源，营造西安市区域性文化艺术氛围，提升西安市的文化艺术品质，拉动大众文化艺术消费，以及带动相关产业发展将具有重要影响；最后，对于引导西安市和相关省区文化艺术传媒类学科专业大学生增强创新创业意识，提高创新创业能力，改善就业状况，有效提高就业率将发挥重要作用。

2. 指导思想

“丝路长安”大学生国际艺术节将以习近平总书记系列重要论述为指导，深入贯彻党的宣传思想教育方针和文艺工作方针，深入挖掘和持续培育出一批能够深刻

* 摘自本书作者刘国靖教授《“丝路长安”大学生国际艺术节总体方案》。

反映时代风范，彰显中国气派、中国风格、中国品格和中国精神的优秀文艺作品（成果），有效激发大学生的文艺创新热情和创新活力。“丝路长安”大学生国际艺术节立足大西安，宣传推广大西安，引领中西部，辐射带动全国高校，有效整合丝路沿线友好国家大学生文艺创作、表演方面的优秀作品（成果），为西安市居民和各方游客提供一系列能够启迪思想、净化灵魂、陶冶情操、赏心悦目、难以忘怀的文化艺术盛宴。

3. 基本原则

整体筹划，统一布局，科学决策，集中指导，精心组织，分步实施，协调推进，协同创新。

4. 活动主题

感恩时代，放飞梦想。

5. 活动目标

艺术节将充分发挥西安市特别是长安区高等教育规模大、学科门类齐全、在校学生多的比较优势，依托西安市特色高校，有效整合丝路沿线省区和欧亚国家部分高校文艺创作与表演团体以及大学生文艺“双创”教育资源，围绕时代主题，依托高校，征集大学生文艺作品，有效整合高校、政府、传媒、社会团体、企业及广大文化艺术创作、表演工作者和消费者，通过“展（展览、巡展）、赛（比赛）、演（汇演、巡演）、评（评论）、转（转化）、宣（宣传）”等方式，倾力打造独具特色、可持续发展升级的一张区域性国际艺术名片。艺术节将吸引众多游客和观众，实现优秀作品有人观赏，优秀节目有人观看，文艺培训有人参与，文艺体验有人感受，文艺成果有人购买，并面向国内外，实现线上与线下的文化艺术创作、成果展示、交流和交易，繁荣西安市文艺创作，推动西安市文艺创新。艺术节的定期举办将推动西安市创造出更好更多的文艺精品，为推动西安市文化大发展大繁荣、建设文化强市做出积极贡献。

6. 机构设立、主要工作及责任分工

（1）机构设立。按拟办艺术节的等级和规模如下，可二选一。

1）主办：长安区政府；承办：长安区文体广电局；协办：高校、新闻媒体、社会团体、赞助企业等。

艺术节设筹委会，下设筹委会办公室，筹委会办公室设策划组织组、作品征集组、宣传推广组、新媒体推广组、招商组、保障组。

2）主办：西安市政府；承办：长安区政府；协办：高校、新闻媒体、社会团体、赞助企业等。

艺术节设筹委会，下设筹委会办公室，筹委会办公室设策划组织组、作品征集组、宣传推广组、新媒体推广组、招商组、保障组。

（2）主要工作及分工（以长安区政府主办为例）。

1）主持艺术节筹备与举办全局工作：筹委会。

成员：区政府领导（区长、分管副区长）等，分别任筹委会主任、副主任。

专家顾问：相关领域专家学者。

2）艺术节筹备与举办组织落实工作：筹委会办公室。

成员单位：区文体广电局、旅游局、公安局、财政局等，相关领导分别任筹委会办公室主任、副主任、成员等。

3）艺术节策划、统筹、资源调配与计划安排工作：策划组织组。

成员：专家顾问，文体广电局、财政局等的工作人员，分别任筹委会办公室首席顾问、总策划、副主任、策划组织组负责人、成员等。

4）艺术节形象设计、宣传资料印制及广告宣传组织工作：宣传推广组。

成员：文体广电局、陕西日报、西安晚报、华商报、西部网、文化广告企业等的相关人员，分别任筹委会办公室副主任、宣传推广组负责人、成员等。

5）艺术节网站、手机 APP 开发及运营，微信公众号开设以及信息推送工作：新媒体推广组。

成员：专家顾问，媒体、网站开发企业等的相关人员，分别任筹委会办公室首席顾问、新媒体推广组负责人、成员等。

6）艺术节文艺作品（成果）征集、评选与奖励组织工作：作品征集组。

成员：文体广电局领导及工作人员、专家顾问、相关院校团委负责人、大学生艺术团体负责人等，分别任筹委会办公室首席顾问、副主任、作品征集组负责人、成员等。

7）艺术节场地租赁、布展、舞台搭建组织工作：保障组。

成员：文体广电局、相关高校、场馆的相关人员等，分别任保障组负责人、成员等。

8）艺术节招商组织工作：招商组。

成员：社会机构、文体广电局的工作人员，分别任筹委会办公室招商组负责人、成员等。

7. 运作模式

这是陕西省省内首个文化艺术 PPP 项目实施案例。通过政府与社会资本合作协同创新，深入挖掘整合中西部地区区域性的大学生文化艺术事业创新、产业发展资源，积极培育优秀艺术成果，激发大学生文艺创作热情，优化大众文艺消费结构，提高大众文艺消费潜力。

8. 活动内容与形式

（1）开幕式。包含线上线下嘉宾邀请、领导讲话、开幕仪式、西安大学生文艺“双创”宣言、大型文艺汇演、大学生文艺“双创”高峰论坛等。

（2）大学生文艺作品展览。包含主题性的线上与线下艺术作品展，对获奖作品组织巡展活动。

1）“丝路长安”大学生美术作品展。

2）“丝路长安”大学生摄影作品展。

3）“丝路长安”大学生书法作品展。

4）“丝路长安”大学生文学作品展。包含诗歌、散文、小说、报告文学、剧本等。

5）“丝路长安”大学生影视作品展。包含微电影、微剧、网络剧、电视剧、公益片、广告片、宣传片等。

6）“丝路长安”大学生音乐作品展。包括大学生创作的歌曲、乐曲等。

7）“丝路长安”大学生艺术设计作品展。

（3）大学生艺术大赛。包含主题性的线上与线下大学生艺术大赛活动。

1）“丝路长安”大学生礼仪模特大赛。

2）“丝路长安”大学生校园歌手大赛。

3）“丝路长安”大学生播音主持人大赛。

4）“丝路长安”大学生艺术设计大赛。

5）“丝路长安”大学生朗诵表演大赛。

（4）大学生艺术汇演、巡演。对获奖作品和成果组织主题性的线上与线下汇演与巡演，特别是推出一批与时俱进的实景历史情景剧。

1）朗诵表演（汇演、巡演）。

2）歌舞表演（汇演、巡演）。

3）舞台剧表演（汇演、巡演）。包括话剧、音乐剧、小品、情景剧等。

4）乐器演奏表演（汇演、巡演）。

5）校园音乐会（汇演、巡演）。

（5）文艺评论征集、评选。组织媒体、记者、评论人、观众等撰写相关文艺评论，并组织入选文艺评论的线上与线下评奖推介活动。

（6）优秀文艺作品与成果的转化。积极引入政府和社会资本，整合各方力量，通过高雅艺术驻校园、校园文化进社区、学生艺术走乡镇等活动，开展大学生优秀文艺作品鉴赏、创作与经营“双创”培训，开展文艺“双创”项目孵化、产业培育、版权交易等活动，将大学生文艺“双创”教育与经济社会发展有效对接。

（7）艺术节的宣传推广。艺术节将融入大西安人文历史文化元素，开设艺术节专题网站、手机APP和微信公众号，并广泛深入借助移动互联网、广播电视、报纸杂志等各类新媒体和传统媒体，宣传报道相关资讯，不断提升艺术节的知名度、关注度、美誉度、影响力和感召力。

（8）发起设立“丝路长安”大学生文艺“双创”发展基金。以首届“丝路长安”大学生国际艺术节的筹备与举办为契机，发起设立西安（长安）大学生文艺“双创”发展基金。若由西安市政府作为主发起人发起设立，规模为××亿元；若由长安区政府作为主发起人发起设立，规模为××万元。主要用于定期举办大学生艺术节，挖掘大学生文艺“双创”题材，评选大学生文艺“双创”优秀作品（成果），开展大学生文艺“双创”项目孵化与产业培育等。

（9）闭幕式。包括线上线下同步播出、嘉宾邀请、领导总结讲话、部分优秀作品（成果）表演、颁奖仪式、优秀作品（成果）展出等。

9. 时间安排

（1）××年 3 月，艺术节活动总体方案、实施方案编制及报批备案阶段。包含总体方案编制与报批；实施方案编制与备案；组织机构设立，筹委会工作人员到位及财政资金拨付到位；策划组织、作品征集、形象设计、品宣推广、招商服务、对外联络、后勤保障等合作代理机构确立等。

（2）××年 4 月至 7 月，通知下发、对外联络、作品（成果）征集与评审阶段。包含省内外和国外高等院校、政府相关部门、社会团体、新闻媒体以及赞助协办单位联络和合作意向确立；艺术节网站开发，手机 APP、微信公众号开设；系列宣传短片制作；入选作品（成果）政府补助发放等。

（3）××年 8 月，各项筹备活动收尾完成阶段。包含形象宣传资料印制；宣传推广；重点作品（成果）彩排；主会场及各分会场布置等。

（4）××年 9 月至 10 月，艺术节举办阶段。通过主场馆举办开幕式、闭幕式、重要汇演、重要展览以及大学生文艺“双创”高峰论坛活动；结合各高校学科专业特点，通过各高校场馆举办特色艺术展览、演出、研讨活动；通过各类新媒体和传统媒体集中宣传报道艺术节活动和花絮，发表相关评论；通过线上线下的大学生书画艺术、摄影摄像艺术、音乐舞蹈艺术、文学创作艺术、影视戏剧艺术、三维动漫艺术、网游开发、艺术设计等系列创作、表演、展览、大赛、交流等活动，在现实世界和网络空间开展丝路沿线省区大学生文化艺术交流合作、题材挖掘、项目孵化、产业培育等方面的延伸探索。

10. 费用估算

两种不同规模和等级的艺术节费用估算如下，可二选一。

（1）艺术节由长安区政府主办，区文体广电局承办。立足长安区范围，辐射陕西及西部省区。定位为长安区 34 所高校大多数参加，西部省区部分高校参加；邀请丝路沿线友好国家教育机构代表 2 个以上、知名高校 3 个以上、大学生艺术团体 5 个以上、优秀作品（成果）10 项以上参加。费用为××万元。其中政府拨款××万元，社会资本资助××万元。具体如下：

1）策划与组织费：××万元。包含艺术节总体方案、实施方案及各专项活动方案编制，筹委会与筹委会办公室各组工作人员补贴，专家咨询，调研，会务，食宿，差旅，组织协调，劳务补贴，交通，通信等支出。

2）形象设计、宣传资料印制及广告宣传费：××万元。包含艺术节形象设计，宣传册印制，户外广告，媒体广告费等支出。

3）网站、手机 APP 开发及运营，微信公众号开设以及信息推送费：××万元。包含网站开发运营，手机 APP 开发运营，微信公众号开设运营，信息制作编排与推送等支出。

4）作品（成果）征集、评选与奖励费：××万元。包含作品（成果）征集，作品（成果）资助补贴，评审，优秀作品（成果）奖励等支出。

5）场地租赁、布展、舞台搭建费：××万元。包含艺术节场地租用，主场馆以及各高校分场馆的装修，舞台搭建等支出。

(2) 艺术节由西安市政府主办，长安区政府承办。立足大西安，引领中西部，影响全国范围高校，辐射丝路沿线国家部分高校。定位为陕西省大多数高校参加，中西部省区主要高校参加，全国范围各省区均有高校选送作品和成果；邀请丝路沿线友好国家教育机构代表5个以上、知名高校10个以上、大学生艺术团体20个以上、优秀作品（成果）50项以上参加。费用为××万元，其中政府拨款××万元，社会资本资助××万元。具体如下：

1）策划与组织费：××万元。包含艺术节总体方案、实施方案及各专项活动方案编制，筹委会与筹委会办公室各组工作人员补贴，专家咨询，调研，会务，食宿，差旅，对外联络，组织协调，劳务补贴，交通，通讯费等支出。

2）形象设计、宣传资料印制及广告宣传费：××万元。包含艺术节形象设计，宣传册印制，户外广告，媒体广告费等支出。

3）网站、手机APP开发及运营，微信公众号开设以及信息推送费：××万元。包含网站开发运营，手机APP开发运营，微信公众号开设运营，信息制作编排与推送等支出。

4）作品（成果）征集、评选与奖励费：××万元。包含作品（成果）征集，作品（成果）资助补贴，评审，优秀作品（成果）奖励等支出。

5）场地租赁、布展、舞台搭建费：××万元。包含艺术节场地租用，主场馆以及各高校分场馆的装修，舞台搭建等支出。

11. 艺术节筹备与举办期间所需文案编制

(1)《“丝路长安”大学生国际艺术节总体方案》。

(2)《“丝路长安”大学生国际艺术节实施方案》。

(3)《“丝路长安”大学生国际艺术节作品（成果）征集评选方案》。

(4)《“丝路长安”大学生国际艺术节形象设计与宣传推广方案》。

(5)《“丝路长安”大学生国际艺术节新媒体开发、开设与信息推送推广方案》。

(6)《“丝路长安”大学生国际艺术节企业合作与招商方案》。

(7)《“丝路长安”大学生国际艺术节筹备与举办合作协议》。

(8)《“丝路长安”大学生国际艺术节参展、参演、参赛作品（成果）征集与评选办法》。

(9)《“丝路长安”大学生国际艺术节优秀参展、参演、参赛作品（成果）资助与奖励办法》。

(10)《“丝路长安”大学生国际艺术节开幕式活动方案》。

(11)《“丝路长安”大学生国际艺术节之大学生美术作品展实施方案》。

(12)《“丝路长安”大学生国际艺术节之大学生摄影作品展实施方案》。

(13)《“丝路长安”大学生国际艺术节之大学生书法作品展实施方案》。

(14)《“丝路长安”大学生国际艺术节之大学生文学作品展实施方案》。

(15)《“丝路长安”大学生国际艺术节之大学生影视作品展实施方案》。

(16)《“丝路长安”大学生国际艺术节之大学生音乐作品展实施方案》。

(17)《“丝路长安”大学生国际艺术节之大学生艺术设计作品展实施方案》。

(18)《“丝路长安”大学生国际艺术节之大学生礼仪模特大赛实施方案》。

(19)《“丝路长安”大学生国际艺术节之大学生校园歌手大赛实施方案》。

(20)《“丝路长安”大学生国际艺术节之大学生播音主持人大赛实施方案》。

(21)《“丝路长安”大学生国际艺术节之大学生艺术设计大赛实施方案》。

(22)《“丝路长安”大学生国际艺术节之大学生朗诵表演大赛实施方案》。

(23)《“丝路长安”大学生国际艺术节之大学生朗诵汇演及巡演实施方案》。

(24)《“丝路长安”大学生国际艺术节之大学生歌舞汇演及巡演实施方案》。

(25)《“丝路长安”大学生国际艺术节之大学生舞台剧汇演及巡演实施方案》。

(26)《“丝路长安”大学生国际艺术节之大学生校园音乐会汇演及巡演实施方案》。

(27)《“丝路长安”大学生国际艺术节之大学生获奖艺术设计成果展览实施方案》。

(28)《“丝路长安”大学生国际艺术节之文艺评论征集与评选实施方案》。

(29)《“丝路长安”大学生国际艺术节之优秀文艺作品（成果）转化实施方案》。

(30)《“丝路长安”大学生文艺“双创”发展基金设立实施方案》。

(31)《“丝路长安”大学生国际艺术节闭幕式活动方案》。

10.3　成功的家庭项目管理

家庭项目包含家庭投资理财项目、家庭大型活动项目以及家庭基本建设项目三大类，涉及学习、生活、投资和消费等各个方面，如置业投资、婚丧嫁娶、装修搬迁、旅游聚会、求学就医、子女培养等家庭生活中的各项重大事项。

10.3.1　子女高考复习项目计划示例

高考可以说是迄今为止国内最受关注的大事，每年约千万考生牵动着全国数亿人的神经，高考的结果将直接决定或影响千万考生的人生。合理安排高考复习期间的学习与生活，把握节奏、沉着应对，将会取得事半功倍的成效。以下就是由著名学者、教育专家刘国靖教授为广大考生及家长设计的一套高考复习总体安排，奉献给迎战高考的广大考生、考生家长以及有应届毕业生的高级中学，希望能够为广大考生、考生家长及有应届毕业生的高级中学提供有益的参考。

1. 指导思想

树立信心，不骄不躁，调节状态，提早投入，把握节奏，健康快乐。

2. 阶段划分

（1）本年7月5日—次年1月20日（按25周计）：全面复习、打牢基础阶段。该阶段的主要任务是明确目标，齐头并进，稳扎稳打，认真听讲，掌握技巧，充分利用整块和点滴时间，准确掌握知识点，要按每门课程复习模块紧跟学校复习的进程，不断推进。同时，按照高中期间每门课程课本的各个单元（章目），从头到尾对每个细节予以掌握，如对课本和教辅资料中概念、词汇、语法、性质、公理、定理、推论等进行研读、理解、背诵、记忆等，扩大词汇量。练习主要围绕课本上的练习和学校为每门课程推荐的一套高质量核心教辅参考资料展开。每周日都要将上一周复习过的知识串上（最好回想记忆）一遍。本阶段研读书目与做题的时间之比约为7∶3。

（2）次年1月22日—3月25日（按8周计）：重点突破、查漏补缺阶段。该阶段按模块再复习一遍，围绕高质量考试辅导资料，以模块为单位集中研读考试辅导资料的核心重点内容以及问题与例题的解析，并按模块做好练习，通过做练习有规律地回想各个模块的知识点，在每周日都将上一周复习过的各个模块回想并串上一遍。本阶段研读复习资料与做题的时间之比约为5∶5。

（3）次年3月26日—5月26日（按8周计）：模拟考试、精益求精阶段。该阶段围绕考试实况，以3天为一组，按照真实考试的场景，认真做16～20套试题，并紧抠细节，寻找差距，追溯本源，精心掌握失分知识点。本阶段研读复习资料与做题的时间之比约为2∶8。本阶段家长要安排专人做好每天的三顿饭。

（4）次年5月27日—6月6日（按2周计）：考前放松、状态调整阶段。放松心态，只做1～2套模拟试题，最多是背几篇语文和英语的范文、做几篇阅读理解，再看看数学、物理、化学的大题、难题的题解等。起居饮食要按照高考时间表，将身体与心理调整到最佳状态，每天在家住宿和定点起居用餐。

（5）次年6月7日—6月8日（2天）：平和心态、参加考试阶段。沉着应考，有条不紊，安心细心。每天在家住宿和定点起居用餐，家长接送。

3. 作息时间表

8时至12时，14时30分至18时，19时30分至23时30分3个时段，每个时段分割为4个小段，每小段50分钟。坚决不熬夜，坚持午休，做到饮食起居有规律。

10.3.2 家庭装修项目管理示例

家庭装修工程属于家庭重大项目，关乎家庭和睦幸福，需要耐心细致、精心谋划、整体安排、把握全程，严密跟踪装修全过程。家庭装修项目中，可概括为结构工程、装修工程、安装工程和弱电工程四个类别，它们分别在家庭装修工程中发挥不同的作用。家庭装修结构工程主要有阳台的封闭和改造、非承重墙的移位改造、电线电路的改造、上下水的改造、门窗的拆改、暖气管线和设施的改造等。家庭装修装修工程主要包括顶棚装修、墙体装修、地面装修、门窗装修等，它是家庭装修工程的主要内容。家庭装修安装工程主要包括配套电器安装、照明灯具安装、卫浴设备安装、厨房设备安装和其他配件的安装等内容。家庭装修弱电工程主要涉及电话线、网线、有线电视线、音频线、视频线、音响线等。

家庭装修工程 WBS 示例如表 10－1 所示。

表 10－1　　家庭装修工程 WBS 示例

编号	内容	编号	内容
1000	某家庭装修项目	1410	对居室进行检测，包括墙、地、顶的平整度和排水管道
1100	选择装修公司	1420	对电、气畅通情况进行检测，并做好记录，交付业主（代理人）签字认可
1110	了解装修公司设计流程	1430	材料准备：列材料清单，与配货中心协调
1120	看样板房	1440	人员调度：确定施工人员，并明确工地负责人
1130	向装修公司提要求	1450	工场与现场放样：展示施工图、施工制作要求
1140	了解装修公司收费计价的方式	1500	装修施工
1150	反复比较，选定合适的装修公司	1510	拆除及清运
1200	装修方案洽谈	1511	拆除：如是结构性的要办妥手续
1210	签订委托设计合约（初谈）	1512	搬运：拆除的垃圾及废旧物资
1211	装修公司进行实地测量记录	1513	清理：做施工场地清扫工作
1212	装修公司提供平面、顶面初步方案	1520	水电气改造
1213	初步方案沟通、定稿	1521	冷热水管的排放及供水设备的安装
1220	全套方案设计（深谈）	1522	电源、电器、电信、照明各线路排放，确定暗盒安装位置，开关箱、插座定位安装
1221	装修公司提供工程设计详图、效果图	1523	燃气管道和燃气器具的排放安装
1222	设计详图、效果图沟通、定稿	1530	泥瓦施工
1230	拟定建材表	1531	砌砖、隔墙、门窗
1231	建材、预算讨论定稿（细谈）	1532	粉刷（水泥黄沙和纸筋石灰）
1232	讨论建材适用性	1533	晒衣架安装
1233	确认工程预算书	1534	贴瓷砖
1234	确定建材表	1540	金属工程
1300	装修合同签订	1541	铝合金门窗、塑钢门窗安装
1310	工程预算书确认	1542	防盗门窗、雨棚安装
1320	正式签订装修合同书	1543	晒衣架安装
1330	支付部分装修费用	1550	木工工程
1400	施工进场准备	1551	木制品的制作：门窗套、护墙板、顶角线、吊顶隔断、厨具、玄关等

续前表

编号	内容	编号	内容
1552	软卧家具制作：衣橱、书橱、电视柜、鞋柜等	1581	电器开关、插座面板安装，灯具安装
1553	铺设地板、踢脚线（板）	1582	门锁、门铃
1554	玻璃制品的镶嵌配装	1583	卫生洁具三件套及五金配件（水龙头、皂缸、毛巾架、纸盒、浴缸扶手、镜面玻璃）
1560	饰面工程	1584	脱排油烟机、热水器、排气扇
1561	裱糊施工	1600	竣工总验收
1562	软装饰制作	1610	清场，已装修的居室逐室逐项进行清理打扫
1570	油漆工程	1620	按验收标准进行验收（如需整改，再进行检验）
1571	批嵌墙面、顶面、腻子、油漆	1630	提供管线电路图、设备产品的保修卡
1572	木质制品批嵌腻子、油漆	1640	根据实际装潢工程量进行总结算，开具发票
1573	地板、踢脚线（板）油漆	1650	发给装修工程信誉保修卡
1574	墙顶面粉刷乳胶漆	1700	尾款结算
1580	安装工程		

总之，家庭装修的一般流程为：装修设计—材料选择和寻价—确定施工方和施工方案—装修辅材选择和寻价—施工方案修改确定—施工过程监督—木工、泥瓦工、电工、水工等交工检验—交还装修押金—通风晾置—入住等。

10.3.3 婚庆项目计划示例

婚姻是维系人类血缘、亲缘的核心纽带，是人生最为重要的大事，关乎个人、家庭的幸福安康。婚庆活动在家庭活动中往往涉及面广、头绪多、关系复杂，最具影响力，需要精心筹划、合理安排、把握全局。

婚庆活动 WBS 示例如表 10-2 所示。

表 10-2　婚庆活动 WBS 示例

编号	内容	编号	内容
10000	婚庆筹办项目	11140	确定伴郎、伴娘
11000	婚庆前期第一阶段准备	11150	确定主婚人、证婚人
11100	召集好朋友讨论婚礼计划	11200	成立婚礼筹备组
11110	研究婚礼日期、地点、仪式及婚宴方式	11210	召开项目启动会
11120	确定婚礼支出估算	11220	制定婚礼项目计划书
11130	草拟客人名单	11230	明确筹备组分工

续前表

编号	内容	编号	内容
12000	婚庆前期第二阶段准备	12510	请保洁公司彻底打扫新房
12100	与婚礼主要干系人沟通	12520	布置新房
12110	就婚礼筹备计划和进展与父母沟通	13000	婚庆前期第三阶段准备
12120	发喜帖给亲友	13100	确定婚礼主持人，就婚礼当天的计划和设想与之沟通
12130	电话通知外地亲友	13200	婚宴预约及确定
12140	网上发布结婚通知	13210	估计来宾人数
12150	再次确认主婚人、证婚人	13220	估计酒席数量
12160	及时反馈亲友受邀信息	13230	再次踏看婚宴地点
12170	对于重要亲友再次确认	13240	确认酒席菜单、价格
12200	结婚物品购置	13250	确认婚宴现场的音响效果
12210	新家布置用品	13260	与酒店协调婚宴布置等细节
12211	家电、家具	13270	预订酒席规模及细节调整
12212	床上用品	13300	婚礼化妆预约及确定
12213	彩色气球	13310	选择化妆地点
12214	彩灯（冷光）	13320	与发型师、化妆师沟通
12215	纱	13330	确认婚礼当天的造型
12216	蜡烛	13340	预约化妆具体时间
12217	胶布	13400	婚庆车辆预约及确定
12218	插线板	13410	确定婚车数量
12219	其他物品	13420	选定婚车司机
12220	婚礼用品订购	13430	预约扎彩车的时间、地点
12221	新郎、新娘婚纱、礼服	13440	婚车行进路线勘察并确定路线及所需时间
12222	结婚戒指	13450	预约婚车
12223	新娘化妆品	13500	婚庆摄像预约
12224	喜帖、红包、喜字	13510	确定摄影、摄像数量
12225	彩带、拉花、喷物	13520	选定婚礼当天摄影、摄像人员
12226	烟、酒、饮料	13530	安排摄影、摄像分工
12227	糖、花生、瓜子、茶叶	13540	准备摄影、摄像器材
12228	预订鲜花、蛋糕	13550	预约摄影、摄像
12229	水	13600	其他事项
12300	新郎、新娘形象准备	13610	调换崭新钞票
12310	新娘开始皮肤保养	13620	确定滚床儿童
12320	新郎理发	13630	为远道而来的亲友准备客房
12400	拍婚纱照	14000	婚礼前一天准备
12410	挑选婚纱影楼	14100	与婚礼的所有项目干系人沟通
12420	预约拍摄日期	14110	就婚礼准备工作完成情况与父母沟通
12430	拍照	14120	就准备情况和婚礼当天分工与筹备组做最后沟通
12440	选片	14130	根据准备情况就婚礼当天仪式进程与主持人做最后沟通
12450	冲印或喷绘	14140	与伴郎、伴娘再次沟通
12500	布置新房	14150	最后确认帮忙的亲友

续前表

编号	内容	编号	内容
14160	最后确认婚宴、车辆、摄影、摄像、化妆等细节准备情况	15140	化妆师、美发师红包发放
14200	确认婚礼当天发言人的发言准备情况	15200	婚车事务
14210	主婚人、证婚人发言准备情况	15210	6：30 开始扎彩车
14220	父母代表发言准备情况	15220	8：40 所有婚车到达新房
14230	来宾代表发言准备情况	15230	司机红包（或烟酒）发放
14240	抢亲时新娘提问准备	15300	迎亲、“抢”新娘
14250	设想新郎、新娘在仪式上或闹洞房可能会遇到的问题	15310	8：00 伴郎准备好鲜花、红包
14300	最后确认婚礼当天所有物品的准备情况	15320	9：00 在新房外整理好车队、出发迎亲
14310	最后试穿所有礼服	15320	8：30 新娘娘家人藏好新鞋
14320	将婚礼当天要穿的所有服装分装口袋	15330	8：40 新郎带领兄弟们开始挤门、“抢”新娘
14330	准备两瓶新郎、新娘专用酒	15340	8：45 敲门、盘问、塞红包、挤门
14340	准备婚礼当天新郎、新娘的快餐干粮	15350	8：55 新郎找新鞋，向女方家人承诺
14350	最后检查所有物品并交给专人保管	15360	9：00 彩带师到位、气球到位
14351	新娘的新鞋	15370	9：05 新郎背新娘出门，放彩带，踩气球
14352	结婚证书	15380	9：05 同时安排专车送女方家近亲随车队一起去看新房
14353	戒指	15390	9：10 车队出发
14354	红包	15400	迎新娘
14355	佩戴首饰	15410	10：00 车队到达新房
14356	新娘补妆盒	15420	10：05 新郎抱新娘进门，放彩带，踩气球
14357	糖、烟、酒、茶、饮料	15430	10：10 小孩滚床
14358	焰火道具	15440	10：15 伴娘准备好茶
14400	新郎、新娘特别准备	15450	10：20 新娘给男方父母敬茶
14410	新郎、新娘反复熟悉婚礼程序	15460	10：40 新郎、新娘出发至酒店
14420	预演背新娘动作	15500	酒店准备
14430	预演婚礼进行台步	15510	10：00 将糖、烟、酒、茶、饮料等带至酒店
14440	预演交杯酒动作	15520	10：10 最后检查酒席安排、音响、签到处等细节
14450	放松心情，互相鼓励	15530	10：30 准备好新郎、新娘迎宾香烟、火柴、糖
14460	注意睡眠，早点休息	15540	10：45 彩带师到酒店门口
14500	准备闹钟	15600	酒店迎宾
14510	确认闹钟正常工作	15610	10：50 新郎、新娘到酒店，放彩带
14520	将闹钟调到 6：20	15620	11：00 签到处人员就位
15000	婚礼当天事务	15630	11：00 引导人员门口就位
15100	化妆事务	15640	11：00 新郎、新娘、伴郎、伴娘门口迎宾
15110	6：30 起床	15700	婚礼仪式
15120	7：20 新郎发型做好后在新房等待	15710	11：45 婚礼仪式准备
15130	7：45 新娘在娘家化妆完成，通知新郎	15711	11：45 主持人准备

续前表

编号	内容	编号	内容
15712	11：45 音响准备	15810	12：30 新郎、新娘退场、进食，新娘换礼服
15713	11：45 结婚证书、戒指准备	15820	12：45 新郎、新娘逐桌敬酒
15714	11：45 气球、彩带到位	15830	13：45 宴席结束，宾客与新人合影
15720	11：55 婚礼仪式系列活动	15840	14：00 送宾客离场
15721	11：55 主持人宣布婚礼开始、介绍来宾	15850	清点收集所剩烟、酒、糖等物品
15722	12：05 奏乐，新人入场，放彩带，踩气球	15860	婚礼帮忙人员及新郎、新娘进餐
15723	主婚人致辞、证婚人宣读结婚证书、新人父母上	15900	摄像、摄影事务
15724	新郎、新娘交换戒指，三鞠躬	15910	7：10 摄像 A 从新娘化妆开始全程拍摄新娘
15725	新人给父母敬茶	15920	摄像 B 从新郎车队迎亲准备开始全程拍摄新郎
15726	双方父母代表讲话	15930	摄像 C 拍摄婚礼仪式全过程
15727	双方父母退场	15940	摄影适时拍摄
15728	新人开香槟、切蛋糕、喝交杯酒	15950	摄影、摄像人员红包
15729	台上游戏	16000	婚礼项目结束及总结
15800	12：30 婚宴事务		

□ 思考题

请根据本章所介绍的成功项目管理模式，写一篇从事某一领域（企业项目、公共项目或社团项目、家庭项目）管理相关工作的心得体会，字数 2 500～3 000 字。内容可以涉及促使项目成功（又好又快）的全系统与全过程的相关管理性及保障性工作。

第 11 章 Chapter 11 项目管理综合案例模拟演练

项目管理学是一门实践性极强的应用学科，涉及工程学、管理学、经济学、心理学以及社会学等多种学科领域，但由于项目的一次性、结果的不可逆转性等特点，需要项目管理实践者从事项目管理的过程中，有比较清晰的项目管理思路，掌握必备的项目管理流程。本章旨在提供一些实际项目背景，从管理角度出发，根据实际需要，将项目管理的理念、体系、流程、方法具体应用其中，通过案例模拟演练，快速改善项目管理实践者的学习曲线，缩短项目管理实践者从事项目管理工作过程中的摸索时间，提高项目管理实践能力。

11.1 项目管理综合案例演练科目

（1）请描述该项目的背景和目标。

（2）假设该项目由你所在单位负责实施，请为实施该项目设计一个合理的组织管理结构。要求采用项目负责制的管理形式，统筹考虑计划、人力、资源、费用及质量等方面的管理问题。

（3）针对项目的目标要求，初步拟定该项目的重大里程碑计划，制作该项目实施的反映重大里程碑事件关系的里程碑计划图。

（4）针对项目的实施要求及重大里程碑事件，对该项目实施的过程进行分解，要求分解后的项目工作活动数目大约为 20 个，并用工作任务分解结构图或工作任务分解结构表表示，在工作任务分解结构图或表中编制工作编码。

（5）为项目的每项工作活动指派责任人，并制定项目的责任分配矩阵。

（6）针对项目的工作任务分解结构制定项目的人力与资源使用计划。

（7）针对项目总投资，结合工作任务分解结构及人力与资源使用计划，进行项目费用的分解，编制项目的费用分解结构。

(8) 分析项目各项工作活动之间的先后关系，编制项目网络图。

(9) 估计项目各项工作活动的执行时间，并编制项目计划（项目计划以网络图或甘特图的形式表示），确定项目的关键工作活动。

(10) 按照项目的执行周期绘制项目的费用曲线和累计费用曲线，并结合项目的执行情况进行项目费用的分析，制定项目的进度与费用控制计划。

(11) 分析项目实施过程中可能遇到的实施风险，并提出应对计划。

(12) 描述项目的进度管理过程，报告项目进展状态。

(13) 编制项目质量考核评定管理计划。

11.2　企业项目管理综合案例演练专题

以下专题按 11.1 节中所列的演练科目进行演练。

11.2.1　某温泉度假山庄项目管理案例

(1) 地点：河北省××市。

(2) 规模：项目起步区占地 2 000 亩，规划核心区占地 1 万亩，规划辐射区占地 20 万亩；温泉项目占地约 50 亩。

(3) 项目背景：项目是集生产示范、科技培训、都市农业、采摘休闲、农耕度假等为一体的新型现代农业科技园，位于河北省××市，庄园采取“公司＋院所＋基地＋农户”的运营方式，由中国农业大学、河北农业大学、科协、××市农林科学院提供科技支撑，并负责全程培训、指导、监督，从而形成有机食品种养基地、绿色生态乐活基地、现代农业示范基地。该项目作为省级重点项目，着眼于产业整合与整个项目的可持续发展和长远规划，打造旅游转型升级样板项目。

(4) 项目规划设计与综合管控任务：明确需求和总体创意，整合总体方案、概念方案、园区策划、商业策划、招商、可研、环评、政府立项、管控体系设计、项目综合计划、预算、招标、工程管理、进程控制等各类相关资源，全程指导。项目总投资 10 亿元，前期策划、文件资料、报批手续到建成运营时间为 2017 年 6 月至 2020 年 10 月。

11.2.2　某花园高层商住楼工程设计项目管理案例

某花园高层商住楼工程由两栋商住楼组成，其中地下室 2 层、裙楼 3 层、塔楼 25 层，总建筑面积 58 734 平方米，项目由香港某地产发展有限公司投资，工程造价为 1.325 亿元。该工程计划于 2018 年 5 月开工，为保证工程的顺利开工，商住大楼的设计工作必须在 2019 年 3 月底之前完成，商住大楼的设计费为 420 万元。

11.2.3　某公司笔记本电脑营销项目案例

某公司进军 IT 代理行业之初，推出国际最低价笔记本电脑抢占中国笔记本电脑市场，但由于笔记本电脑市场竞争激烈，刚刚进入笔记本电脑市场的该公司需要进行大规模的品牌形象宣传和策划活动，以提高其低价笔记本电脑在电脑市场的销售量和影响力。为此，该公司做出业内领先行为，推出了“2 000 元非常笔记本电脑”，掀起了全国低价笔记本电脑的销售热潮。营销工作涉及战略分析、市场定位、广告宣传、媒体选择与组合、营销渠道建立及变化应对等方面，该项目的特点是全国范围内大规模行动，迅速、有力地进行，要求充分应对市场变化。本次营销策划与宣传项目总投资 1 000 万元，时间为 2018 年 6—10 月。

11.2.4 某综合服务大楼建设项目管理案例

某政府机关要建设一栋高 12 层、建筑面积 20 000 平方米的综合服务大楼，安装必要的水、电、气及通信设备，装修工程总经费 8 000 万元。工程计划开始日期为 2018 年 8 月 1 日，工程计划完工日期为 2019 年 9 月 20 日。要求项目施工设计 2018 年 10 月 31 日之前完成，主体框架工程 2019 年 4 月封顶。

11.2.5 某新款家用电动汽车研制项目管理案例

某汽车制造厂家多年来效益持续下滑，为了改变这一现状，企业领导决定开发市场前景较好的家用电动汽车。家用电动汽车的生产面临许多新的技术，包括电动机的研究与试验、配套电池的研究与试验等，该项目研制费用 5 000 万元，计划研制时间为 2018 年 1 月 1 日至 2019 年 6 月 30 日。

11.2.6 某旅游度假村开发建设项目管理案例

由××公司规划、设计和建造某温泉旅游度假村工程，该项目总投资 1.86 亿元，总建筑面积 2.52 万平方米，规划、设计、建造总工期为 23 个月，从 2018 年 8 月 1 日开始，至 2020 年 6 月 30 日主体封顶。内容包括房屋建筑、装饰装修、强弱电、供热通风、给排水、无动力污水处理、空调、园林绿化及道路等。质量要求符合各种国家及行业标准。

11.2.7 某客运专线铁路土建工程项目管理案例

某客运专线铁路工程是国家西部开发、中部崛起重点工程，该工程全长 245 千米，总工期 36 个月，总投资 200 亿元，工程主要工程量为土方 12 亿立方米，中桥 13 座/86 延米，大桥 6 座/125 延米，隧道 3 座/2 750 延米。工程开始施工日期为 2018 年 1 月。

11.2.8 30 万千瓦核电站大修项目管理案例

某核电站计划在每年 10 月 1 日至 12 月 1 日进行整体大修，大修工作涉及核燃料换料、反应堆检修、安全监控设施检修、热交换系统检修、汽轮发电系统检修等多个子系统。要求大修安全、高效，系统整体大修后不间断安全运行 150 天，符合国家核安全标准。预算 1.8 亿元。

11.2.9　某企业整体搬迁项目管理案例

从 2018 年 3 月 1 日开始，到 2018 年 6 月 10 日结束，在 50 万元的资金预算范围内，将高压公司整体从某企业二厂区搬迁至家电城 909 号厂区。要求所有设备能正常运转，生产效率和产品质量达到搬迁前的水平，在规定的时间和预算范围内，项目负责人具体负责搬迁全过程的工作，工厂各部门协作，保证质量完成搬迁工作。

11.2.10　某企业技术改造项目管理案例

从 2018 年 3 月 1 日开始，到 2018 年 9 月 28 日结束，在 100 万元的资金预算范围内，完成设备技术改造，以适应产品设计、制造和环保的要求。交付物符合项目总体方案、设备技术协议、商务协议，满足产品制造的要求。企业成立专门项目组，通过项目调研、方案设计、技术协议签订、设备采购、设备安装、设备验收等，完成焊接设备的技术改造。

11.3　公共项目管理综合案例演练专题

公共投资项目可分为公共基础设施投资建设项目、公共基础产业开发投资项目以及公共服务开发投资项目等。以下专题可由授课教师参照企业项目管理综合案例，结合实际，在明确具体的项目目标及限定条件（包含建设成果，起止时间，阶段过程划分，质量标准，成本费用以及经济、社会、环境效益等）后，按 11.1 节中所列的演练科目进行演练。

（1）某市疾病预防控制中心改造及新建工程项目管理案例。

（2）某省地质灾害预报监测及救援指挥控制中心建设项目管理案例。

（3）某市高新技术产业开发区产业功能定位、发展战略及总体规划布局设计项目管理案例。

（4）某市人防工程改造及新建工程项目管理案例。

（5）某省基础教育系统评估体系建设项目管理案例。

（6）“十三五”期间某省公共卫生保障体系建设项目管理案例。

（7）某省低收入群体住房保障体系建设研究项目管理案例。

（8）某省生态环境综合治理体系构建及重大项目建设管理案例。

（9）某市社会治安综合治理专项工程项目管理案例。

（10）某省招商引资洽谈会筹办项目管理案例。

（11）某市棚户区改造项目管理案例。

（12）某市扶贫移民搬迁安置工程项目管理案例。

（13）某市地铁建设及运营开发工程项目管理案例。

（14）某市沿山休闲度假、医疗卫生保健及养老院集群规划布局建设项目管理案例。

（15）某政策法规制定项目管理案例。

（16）某市特色小镇规划布局策划项目管理案例。

（17）某市全域旅游规划编制项目管理案例。

11.4 家庭项目管理综合案例演练专题

家庭项目可分为衣食住行保障类项目、投资理财类项目、教育类项目、娱乐类项目以及婚丧嫁娶类项目。以下专题可由授课教师参照企业项目管理综合案例，结合实际，在明确具体的项目目标及限定条件（包含建设成果、起止时间、阶段过程划分、质量标准、成本费用以及经济效益等）后，按11.1节中所列的演练科目进行演练。

（1）某高校某班级同学迎新年晚会筹办计划安排。

（2）某大学生（或研究生）暑期社会实践计划安排。

（3）某大学生（或研究生）备考GRE/托福（或雅思）计划安排。

（4）某大学生（或研究生）备考某项国家职业资格认证计划安排。

（5）某高校大学生（或研究生）团队参加全国大学生创新创业大赛计划安排。

（6）某大学生（或研究生）团队组织某社会公益活动计划安排。

（7）某大学生毕业设计（或研究生论文撰写）计划安排。

（8）某大学生（或研究生）毕业前择业计划安排。

（9）某家庭子女出国留学项目计划安排。

（10）某新婚家庭孕育宝宝计划安排。

（11）某家庭子女中考复习计划安排。

（12）某家庭新房装修项目计划安排。

（13）某家庭全家自驾外出旅游计划安排。

（14）某家庭老人过世吊唁及葬礼计划安排。

参考文献

1. 马尔科姆·沃纳. 管理思想全书. 北京：人民邮电出版社，2009.

2. 张文昌，于维英. 东西方管理思想史. 北京：清华大学出版社，2007.

3. 韩康，史美兰. 中国政府管理案例. 北京：国家行政学院出版社，2006.

4. 乐嘉栋，彭胜林. 建设项目投资管理. 上海：同济大学出版社，2004.

5. The PMI Standards Committee. A guide to the project management body of knowledge. Philadelphia：Project Management Institute，2000.

6. 斯蒂芬·P. 罗宾斯. 管理学：第 4 版. 北京：中国人民大学出版社，1997.

7. 毕星，翟丽. 项目管理. 上海：复旦大学出版社，2000.

8. Frame J，Davidson F J. The new project management. Jossey-Bass Publishers，1994.

9. 吴照云. 管理学. 3 版. 北京：经济管理出版社，2000.

10. 吴之明，卢有杰. 项目管理引论. 北京：清华大学出版社，2000.

11. 卢家仪，卢有杰. 项目融资. 北京：清华大学出版社，1998.

12. 中国项目管理研究委员会. 中国项目管理知识体系与国际项目管理专业资质认证标准. 北京：机械工业出版社，2003.

13. 傅家骥，仝允桓. 工业技术经济学. 3 版. 北京：清华大学出版社，1996.

14. 杰克·吉多，詹姆斯·P. 克莱门斯. 成功的项目管理. 北京：机械工业出版社，1999.

15. Mockler R J. Strategic management：an integrative context-specific process. Harrisberg：IDEA Group Publishing，1993.

16. 凯西·施瓦尔贝. IT 项目管理. 北京：机械工业出版社，2002.

17. 斯坦利·波特尼. 如何做好项目管理. 北京：企业管理出版社，2001.

18. 张三力. 项目后评价. 北京：清华大学出版社，1998.

19. 彼得·圣吉. 第五项修炼——学习型组织的艺术与实务. 上海：上海三联书店，1997.

20. 斯蒂芬·P. 罗宾斯. 组织行为学. 北京：中国人民大学出版社，1997.

21. 张一弛. 人力资源管理教程. 北京：北京大学出版社，1999.

22. 毕星，邓韬．项目管理精要．北京：化学工业出版社，2002.

23. Andersen E S，Grude K V，Haug T. Goal directed project management. Coopers & Lybrang，1997.

24. 加里·德斯勒．人力资源管理：第6版．北京：中国人民大学出版社，1999.

25. Knutson J. Succeeding in project-driven organization，people，processes and politics. John Wiley & Sons，2001.

26. 刘国靖．军事活动项目化管理论．北京：军事科学出版社，2008.

27. 刘国靖，等．军事设施建设项目综合管控研究．北京：军事科学出版社，2009.

28. 刘国靖．现代项目管理教程．北京：中国人民大学出版社，2004.

29. 刘国靖．现代项目管理教程．2版．北京：中国人民大学出版社，2009.

30. 刘国靖．现代项目管理教程．3版．北京：中国人民大学出版社，2013.

31. 刘国靖．现代项目管理——形成、发展、体系、模式、实践．西安：西安交通大学出版社，2002.

32. 刘国靖，邓韬．21世纪新项目管理——理念、体系、流程、方法、实践．北京：清华大学出版社，2003.

33. 罗伯特·P. 巴特里克．项目进程测评与管理：第2版．北京：电子工业出版社，2003.

图书在版编目（CIP）数据

现代项目管理教程/刘国靖编著．—4版．—北京：中国人民大学出版社，2018.3
教育部经济管理类主干课程教材．管理科学与工程系列
ISBN 978-7-300-25429-6

Ⅰ.①现… Ⅱ.①刘… Ⅲ.①项目管理-教材 Ⅳ.①F27

中国版本图书馆CIP数据核字（2018）第007802号

教育部经济管理类主干课程教材·管理科学与工程系列
现代项目管理教程（第4版）
刘国靖　编著
Xiandai Xiangmu Guanli Jiaocheng

出版发行	中国人民大学出版社		
社　　址	北京中关村大街31号	**邮政编码**	100080
电　　话	010－62511242（总编室）		010－62511770（质管部）
	010－82501766（邮购部）		010－62514148（门市部）
	010－62515195（发行公司）		010－62515275（盗版举报）
网　　址	http://www.crup.com.cn		
经　　销	新华书店		
印　　刷	北京昌联印刷有限公司	**版　　次**	2004年2月第1版
规　　格	185 mm×260 mm　16开本		2018年3月第4版
印　　张	20.25插页1	**印　　次**	2022年4月第6次印刷
字　　数	433 000	**定　　价**	39.00元

教师教学服务说明

中国人民大学出版社管理分社以出版经典、高品质的工商管理、统计、市场营销、人力资源管理、运营管理、物流管理、旅游管理等领域的各层次教材为宗旨。

为了更好地为一线教师服务，近年来管理分社着力建设了一批数字化、立体化的网络教学资源。教师可以通过以下方式获得免费下载教学资源的权限：

在中国人民大学出版社网站 www. crup. com. cn 进行注册，注册后进入“会员中心”，在左侧点击“我的教师认证”，填写相关信息，提交后等待审核。我们将在一个工作日内为您开通相关资源的下载权限。

如您急需教学资源或需要其他帮助，请在工作时间与我们联络：

中国人民大学出版社　管理分社

联系电话：010－82501048，62515782，62515735

电子邮箱：glcbfs@crup. com. cn

通讯地址：北京市海淀区中关村大街甲 59 号文化大厦 1501 室（100872）